극우,
권위주의,
독재

극우,
권위주의,
독재

STRONGMEN   무솔리니에서 트럼프까지

루스 벤 기앳 지음
박은선 옮김

글항아리

등장인물

이디 아민: 우간다 대통령(1971~1979). 군사 쿠데타를 통해 대통령
직에 올랐으며 반대 세력에 의해 강제 추방됨.

무함마드 시아드 바레: 소말리아 민주공화국 대통령(1969~1991).
군사 쿠데타를 통해 대통령직에 올랐으며 반대 세력에 의해 강제
추방됨.

실비오 베를루스코니: 이탈리아 총리(1994년 5~12월, 2001~2006,
2008~2011). 매번 선거를 통해 집권. 그의 1994년 정부는 부패 혐
의로 몰락. 2006년에는 투표로 해임되었고, 2011년 유로존 위기
때는 자진 사임.

자이르 보우소나루: 브라질 대통령(2019~2022). 선거를 통해 집권.

로드리고 두테르테: 필리핀 대통령(2016~2022). 선거를 통해 집권.

레제프 타이이프 에르도안: 튀르키예 대통령(2014~현재). 튀르키예
국무총리(2003~2014, 2018~현재). 선거를 통해 집권.

프란시스코 프랑코 바아몬데: 스페인의 카우디요(총통)(1939~1975). 군사 쿠데타를 통해 집권했으며, 그로 인해 일어난 내전(1936~1939) 동안 민족주의 세력을 이끎. 재임 중 자연사로 사망.

무아마르 카다피: 리비아 혁명의 형제적 지도자이자 안내자(1969~2011). 군사 쿠데타를 통해 집권했으며 2011년 혁명 도중 반대 세력에 의해 처형됨.

아돌프 히틀러: 독일 수상(1933~1945), 독일 퓌러(총통)(1934~1945). 파울 폰 힌덴부르크 대통령에 의해 수상으로 임명됨. 1945년 4월에 자살로 생을 마감.

사담 후세인: 이라크 대통령(1979~2003). 군사 쿠데타로 집권. 2003년 미국 주둔군에 의해 수감되었고, 반인륜적 범죄 혐의로 이라크 특별 재판소에서 재판을 받음. 2006년 교수형을 선고받아 그해 사형에 처해짐.

나렌드라 모디: 인도 총리(2014~현재). 선거를 통해 집권.

베니토 무솔리니: 이탈리아 총리(1922~1925), 이탈리아 국가 원수이자 두체(최고통치자)(1925~1943), 이탈리아 사회공화국 국가 원수이자 두체(1943~1945). 국왕 비토리오 에마누엘레 3세에 의해 총리로 임명됨. 1943년 7월 파시즘 대평의회가 그를 퇴진시키고 수감함. 1943년 9월, 아돌프 히틀러가 그를 석방시키고 나치 의존국인 이탈리아 사회공화국의 원수 자리에 앉힘. 1945년 4월 이탈리아 유격대원들(파르티잔)에 의해 처형됨.

빅토르 오르반: 헝가리 총리(2010~현재). 선거를 통해 집권. 2020년 4월부터 법령에 의해 통치.

아우구스토 피노체트 우가르테: 칠레 군사 정부 대통령(1973~1990), 칠레 대통령(1974~1990). 군사 쿠데타를 통해 집권했으며 1988년 국민투표에 의해 퇴임.

블라디미르 푸틴: 러시아 대통령(2000~2008, 2012~현재), 총리 (2008~2012). 두 번 다 선거를 통해 집권.

모부투 세세 세코: 자이르 대통령(1965~1997). 군사 쿠데타를 통해 집권. 원래 이름은 조제프-데지레 모부투였으나, 1972년 "승리를 향한 인내와 불굴의 의지로 지나가는 곳마다 불을 남기며 정복에 정복을 거듭하는 전지전능한 전사"라는 뜻의 모부투 세세 세코 쿠쿠 응벤두 와 자 방가로 이름을 바꿈. 1997년 반대 세력에 의해 강제 추방됨.

도널드 J. 트럼프: 미국 대통령(2016~2021). 선거를 통해 집권. 2019년 권력 남용과 의회 방해 혐의로 탄핵됨. 2020년 상원이 두 가지 혐의에 대해 모두 무죄 판결을 내림.

용어 및 어휘에 대한 참고 사항

이 책에 나오는 모든 인물은 첫 언급 때 외에는 성으로 지칭한다. 스페인어권 인물은 첫 언급 때 부계 및 모계 성을 모두 소개하고, 이후에는 부계 성으로만 표기한다. 예를 들어 아우구스토 피노체트 우가르테는 이 책 전반에서 피노체트로 부른다.

일부 고유명사에 대한 지배적인 철자는 없다. 예컨대 리비아의 독재자 카다피는 본문에서 'Gaddafi'로 통일했지만, 인용구나 그 외 자료에서는 'Kadafi'나 'Qaddafi' 등으로 명시되기도 했다.

제1차와 제2차 세계대전 사이 정부의 전반적인 체제를 일컬을 때는 '파시즘fascism'을, 이탈리아 독재 정부를 일컬을 때는 '파시즘 Fascism'을 사용했다. 일반적인 용법을 따라 1945년 이후 생겨난 파시즘의 모든 변종을 신봉하는 움직임 혹은 사람들에게는 '네오파시즘'과 '네오파시스트'라는 용어를 사용했고, 20세기와 21세기 전반에서 파시즘의 모든 변종을 반대하는 움직임 혹은 사람들에게는

'반파시즘anti-Fascism'과 '반파시스트anti-Fascist'라는 용어를 사용했다.

모든 용어는 당시의 자료와 논의에서 쓰인 것을 따랐다. 모부투 세세 세코가 콩고의 국명을 자이르로 바꾸었으므로, 그가 집권하던 기간(1965~1997)의 나라를 언급할 때는 자이르로 불렀다. 한 세기 동안 이어진 LGBTQ+ 사람들에 대한 탄압을 언급할 때, 20세기의 일에는 '동성애자homosexual'를, 21세기의 일에는 'LGBTQ+'를 사용했다.

프랑스어, 이탈리아어, 스페인어, 독일어, 포르투갈어로 된 자료의 모든 번역은 따로 언급하지 않은 이상 모두 내가 한 것이다.

차례

등장인물 **5**
용어 및 어휘에 대한 참고 사항 **8**
시작하는 말 **13**

제1부   **권력으로 가는 길**
1장   파시스트 점령 **37**
2장   군사 쿠데타 **63**
3장   새로운 독재자의 출현 **85**

제2부   **통치의 수단**
4장   더 위대한 국가 **111**
5장   프로파간다 **151**
6장   정력 **195**
7장   부패 **231**
8장   폭력 **269**

제3부   **권력의 상실**
9장   저항 **311**
10장   최후 **355**

맺는 말 **397**
감사의 말 **419**
주 **425**
참고문헌 **507**
찾아보기 **541**

시작하는 말

　세계 정상들이 미국 대선 결과가 나오길 손꼽아 기다리던 2008년 11월 4일, 이탈리아 총리 실비오 베를루스코니는 로마 총리 관저에서 정사를 나눌 준비를 하고 있었다. "샤워하고 올게." 그가 그날 밤 잠자리 상대였던 파트리치아 다다리오에게 말했다. "먼저 씻고 나오거든 큰 침대에서 기다리고 있어."

다다리오: 어떤 침대요? 푸틴 침대?
베를루스코니: 그래, 푸틴 침대.
다다리오: 아, 그거 좋아요. 커튼 달린 거잖아요.

　그 침대가 러시아의 전 대통령이자 당시 총리였던 블라디미르 푸틴이 그에게 준 선물이었는지, 아니면 단순히 푸틴이 거기서 잔 적이 있었다는 것인지는 확실치 않다. 어쨌거나 베를루스코니의 "푸틴 침대"는 정치체제가 허용하는 한 사적인 권력을 최대한 행사하고, 세상과 서로에게 정력 넘치는 모습으로 보이고자 하는 공통의 욕망을 바탕으로 한 둘 사이의 남다른 우정을 상징하는 것이었다.[1] 두 사람은 서로를 가장 많이 방문한 국가 원수들이라는 신기록을 세웠다. 이들은 2003년 2월 모스크바 인근 도시 자비도보에 있는 푸틴의 별장에서 유대를 다졌고, 뒤이어 8월에는 베를루스코니의 별장이 있는 이탈리아 사르데냐에서 합동 기자 회견을 열었다. 같은 해 로마에서 초연된 다리오 포와 프란카 라메의 연극 「이두동체 The Two-Headed Anomaly」는 푸틴이 살해당해 그의 뇌가 베를루스코니에게 이식된다는 이야기를 담았다.[2]

지극히 사무적인 관계였던 베를루스코니와 푸틴은 21세기 독재 정권의 각기 다른 길을 걸으며 점차 가까운 사이로 발전했다. 베를루스코니는 명목상의 민주주의 내에서 독재 정치 스타일의 정부를 구축했다. 그는 자신의 정당인 포르차 이탈리아에 엄격한 통제권을 행사했으며, 상업용 TV 방송국을 소유한 덕에 베니토 무솔리니 이후 그 어떤 이탈리아 지도자보다 여론에 더 강한 영향력을 미쳤다. 푸틴은 의회와 언론, 사법부를 지배하고, 자기를 비판하는 사람들을 암살하거나 투옥했으며, 경제를 약탈해 민주주의를 억압했다.

두 정상의 친밀한 관계는 로마 주재 미국 대사였던 로널드 스포글리를 걱정에 빠뜨렸다. 2009년 1월 그는 당시 새로 출범한 버락 오바마 행정부의 국무장관이었던 힐러리 클린턴에게 베를루스코니가 '푸틴으로부터 직접 전달받은 의견이나 선언'을 수시로 발언하고 있다고 알렸다. 베를루스코니의 개인 특사였던 발렌티노 발렌티니

실비오 베를루스코니와 블라디미르 푸틴. 2003년 2월, 러시아 자비도보.
VIKTOR KOROTAYEV / AFP / GETTY IMAGES

베를루스코니와 푸틴. 2003년 8월, 이탈리아 사르데냐.
STR / AFP / GETTY IMAGES

가 그를 대신해 자주 러시아를 방문했고, 두 사람은 이탈리아 외무부 '몰래' 이탈리아의 대러 정책을 결정했다. 스포글리는 이 비밀스러운 일 처리가 '범죄적 관계' 때문이라고 의심했다. 이탈리아 정상은 "유럽에서 미국의 안보 이익을 약화시키려는"[3] 러시아의 노력에 힘을 보태는 대가로 이탈리아와 러시아의 에너지 기업인 ENI와 가스프롬 간의 계약에서 이익을 얻고 있었을 가능성이 크다.

후에 위키리크스가 정보 공개 요청을 받아 다량의 서류를 제공하여 스포글리의 메모가 공개됐을 때, 이탈리아 의회는 조사에 착수했다. 그리고 베를루스코니가 ENI와 가스프롬이 흑해 해저에 건설하려던 사우스스트림 파이프라인 프로젝트에서 일정 비율의 수익을 얻기로 했던 것이 확인되었다. 2012년 송유관 건설이 시작될 무렵, 베를루스코니는 섹스 및 부패 스캔들과 유로존 위기로 인해 자리에서 내려왔다. 같은 해, 포와 라메의 연극을 각색한 러시아 연극 「베를루스-푸틴」이 모스크바에서 상연되었다. 각색된 버전에서는 베를루스코니가 살해당하고, 둘 중 정치적 생존자였던 푸틴에게 그의 뇌가 이식되는 것으로 바뀌었다.[4]

―

우리 시대는 민주주의를 훼손하거나 파괴하고, 남성성을 정치적 정당성을 위한 도구로 사용한 베를루스코니와 푸틴 같은 국가 수장들이 존재하는 독재자의 시대다. 미국, 튀르키예, 브라질 등 지정학적으로 중요한 국가들에서는 그러한 통치자들이 자국의 자원을 착취해 제 욕망을 채우고 기후변화에 대처하기 위한 노력을 저해해왔다. 그들의 부정부패와 검열에 대한 의존성 및 공익에 대한 태만은 그들이 국가 위기에 직면해 엉망으로 대처하고 종종 자국민에게 파멸을 가져온다는 것을 의미한다. 이러한 독재자들의 지배력에 대항해 어떻게 맞서 싸우는가 하는 것은 우리 시대의 가장 시급한 문제 중 하나다.[5]

　자유를 억압하는 국가 원수들이 2020년 코로나19 팬데믹을 맞아 내놓았던 초기 대응이 바로 그 예다. 모든 위기는 통치자와 그 협력자들의 핵심 가치, 성격, 통치 유형이 극명하게 드러나는, 리더십에 대한 시험대다. 그중에서도 공중보건 비상사태는 독재 정치의 지속적인 특징으로 인한 피해를 특히 더 잘 드러낸다. 바로 투명성과 책임이라는 규범의 거부다. 코로나 바이러스는 일당 독재 정권이 공고히 자리 잡은 시진핑 휘하의 중국에서 처음 발생했다. 우한 지역의 의사 리원량은 2019년 12월 동료들에게 이 바이러스의 파괴적 잠재력에 대해 경고했다. 이는 이 질병이 "충분히 예방 가능하며 통제될 수 있다"고 했던 정부의 주장과 상충했기 때문에 중국 공안은 그의 진실 폭로를 '불법 행위'로 규정하며 그를 침묵시켰다. 헝가리에서는 총리 빅토르 오르반이 팬데믹이라는 상황을 활용해 독재 정권 확립 과정을 마무리 지었다. 그는 국가 비상사태를 선포하고 독재 권력을 쥐기 위해 법령에 의한 통치를 제정했다. 민주주의가 공격받고 있는 브라질에서는 자이르 보우소나루 대통령이 코로나19는 독감 수준에 지나지 않는다고 주장하며, 대중에게 사회적 거리 두기를 조언했다는 이유로 보건부 장관 루이스 엔리케 만데타를 해임했다. 이 모든 경우에서 통치자의 우선순위는 국민의 생명을 구하는 것이 아니라 자신의 권력을 유지하고 확장하는 데 있었다. 기후변화가 앞으로도 질병과 자원 부족 문제를 더 악화시킬 가능성이 높은 이 시기에 독재 스타일 통치의 확산은 단순히 민주주의를 위협하는 수준에서 그치는 것이 아닌, 우리 모두에게 실존적 위협을 가하는 일이 될 것이다.[6]

"이미 세상을 뜬 사람의 머릿속에 들어가볼 수 있는 역사학자는 없다. (…) 하지만 충분한 자료가 있다면 그들의 생각과 행동의 패턴을 유추해낼 수 있다." 로버트 단턴의 글이다.[7] 이 책 또한 정부 입법부와 사법부를 희생시키면서 행정 권력을 주장하는 정치체제로 규정되는 독재주의의 진화를 관찰해 그와 같이 하는 것을 목표로 한다. 이 책은 베니토 무솔리니, 아돌프 히틀러, 프란시스코 프랑코 바하몬데, 무아마르 카다피, 아우구스토 피노체트 우가르테, 모부투 세세 세코, 실비오 베를루스코니, 레제프 타이이프 에르도안, 블라디미르 푸틴, 도널드 트럼프에 초점을 맞추며, 이디 아민, 무함마드 시아드 바레, 자이르 보우소나루, 로드리고 두테르테, 나렌드라 모디, 빅토르 오르반 등이 조연으로 등장한다.

민주주의가 어떻게 퇴보 혹은 붕괴되었는지부터 시작해 독재 정치의 전체적인 궤적을 조명하기 위해 나는 이미 폐쇄된 체제에서 권력을 장악한 시진핑 같은 공산당 지도자는 포함시키지 않았다. 물론 공산당과 다른 독재 정권들이 서로 영향을 미치며 발전했다는 것은 분명히 인정한다. 자이르의 반공산주의자 대통령 모부투는 루마니아의 니콜라에 차우셰스쿠나 중국의 마오쩌둥 같은 공산당 지도자들의 개인 숭배로부터 많은 것을 배웠다. 자신에게 붙인 여러 칭호 가운데 조타수Helmsman는 후자에게서 따온 것이다.[8]

내가 왜 영국의 총리였던 마거릿 대처나 인도 총리 인디라 간디 같은 현대사의 강력한 여성 지도자들에 대해 다루지 않는지 궁금해하는 독자들도 있을 것이다. 물론 이 여성들 중 일부가 독재자적 특성을 보이거나(대처의 별명은 '철의 여인'이었다) 소수 인구에 대해 탄압 정책을 펼치기도 했지만, 민주주의 자체를 붕괴시키려 했던 사람은 없었기에 이 책에서 다루지 않았다.

많은 연구가 오늘날의 민주주의에 대한 외면을 설명하기 위해 2008년의 경기 침체와 인종차별적 정서를 고조시킨 국제적 이민 증가 등 최근 일어난 역사적 사건들을 언급한다. 1989~1990년의 공산주의 붕괴 시절을 되짚어보는 연구들도 있다. 동유럽에서 민족주의와 동족주의 정서를 불러일으킨 이 사건은 서유럽에서도 극우파의 부활을 촉진했다. 한때 공산당원이었다가 이제는 세계 우파의 수장이 된 푸틴은 정치적 대격변과 이념적 변화의 흐름에 성공적으로 올라탔다.[9]

포퓰리즘은 민주주의 정치를 이처럼 자유를 억압하는 방식으로 변화하게 만드는 정당과 움직임을 일컫는 일반적인 용어다. 포퓰리즘이 본질적으로 독재적인 것은 아니지만, 과거부터 현재의 많은 독재자는 그들의 국가가 법적 권리가 아닌 신앙, 인종, 민족성으로 묶여 있다고 정의하는 포퓰리즘적 미사여구를 사용해왔다. 독재자에게 있어 '국민'이란 출생지나 시민권 소유 여부와 관계없이 특정한 사람들만을 의미하며, 오직 그 지도자만이 어떤 기관도 초월해 그 집단을 상징한다고 믿는다. 이것이 바로 독재 국가들에서 지도자를 공격하는 것이 국가 자체를 공격하는 것으로 간주되며, 지도자를 비판하는 사람들에게 '국민의 적' 혹은 테러리스트라는 꼬리표가 붙는 이유다.[10]

이 책은 오늘날의 리더들 또한 더 깊은 뿌리를 두고 있다는 것을 분명히 보여준다. 그들은 독재주의가 태동하던 1920년대로 거슬러 올라가는 역사가 유구한 수사법과 행동을 재활용하고 있으며, 독재적이었던 전임자들의 명예를 되살리기 위해 노력한다. 푸틴은 노보시비르스크와 모스크바 같은 도시에서 이오시프 스탈린의 동상을 세우는 것을 허가했으며, 스탈린의 피해자들이 묻힌 공동묘지에 대한 글을 쓰는 러시아 학자들은 감옥에 가두었다.[11] 베를루스코니는 무솔리니가 "아무도 죽이지 않았다"는 거짓말을 퍼뜨렸다. 보우소나루는 나치즘이 좌파적 현상이었다는 허위 주장을 펼쳤다. 오스트리아 수상 세바스티안 쿠르츠는 2018년 불법 이민과 맞서 싸우기 위해 헝가리, 이탈리아, 오스트리아(모두 제2차 세계대전 당시 파시스트였거나 그에 협력한 국가들)가 힘을 합쳐 '의지의 축'을 구축해야 한다고 주장하며 파시즘에 대한 향수를 내비쳤다. 오늘날의 독재주의자와 그 협력자들을 이해하기 위해서는 역사를 고찰할 필요가 있다.[12]

수많은 사람의 삶에 영향을 미치는 정치체제에서 독재주의는 아직까지 놀라울 정도로 애매모호한 개념으로 남아 있다. 시민적 자유를 억압하면서도 그들의 권력을 유지하기 위해 선거 제도를 이용하는 21세기 독재 통치자들의 정부에 대해 우리가 논할 수 있는 공통된 언어는 아직까지도 없다. 오르반은 퍼리드 저카리아가 1997년 『포린 어페어스』에 실은 글에서 만들어낸 말을 활용해 자신이 헝가리를 '자유 억압적 민주주의' 국가로 변모시킨 것에 대해 자축했다. 얼마 전부터는 학자들이 반민주주의적 통치의 새로운 물결을 분류하는 과정에서 '하이브리드 정권'이나 '선거제 독재 국가' '신독재주의'(이 책에서 사용된 용어) 같은 명칭이 확산되고 있다.[13] 다양한 역사적 상황에서 되풀이되는 기본적인 특징과 시간이 지나면서 변화해온 특징을 조명하는 독재적인 통치 방식에 대한 장기적 관점은 오늘날에도 분명히 드러나는 독재주의를 이해하는 데 도움이 될 것이다.

무솔리니부터 푸틴까지, 이 책에 소개된 모든 독재자는 국내 및 대외 정책을 수립하는 데 있어 한 사람의 정치적, 재정적 이익이 국가 전체의 이익보다 우선하는 방식으로 한 사람에게 막대한 권력이 집중되는 일인 독재의 형태를 구축했다. 전문성보다 독재자와 그의 협력자들에 대한 충성심, 그리고 독재자의 부정부패 계획에 참여할지 여부가 공직에 앉을지를 결정하는 주된 자격 요건이다. 일인 독재자들은 공모와 두려움이 얽힌 관계로 사람들을 결속하는 후원적 네트워크를 통제하기 때문에 장기 집권하는 통치자가 될 수 있다. 모든 정치 활동을 자신의 지위를 높이는 데 활용한 프랑코는 스페인에서 36년간이나 정권을 유지했다.[14]

이 책에서 논의된 지도자들은 모두 한 세기에 걸쳐 발전해온 상호 연결된 수단과 전술의 총체와도 같은 독재주의 전략에 한 획을 그은 사람들이다. 이 책은 독재에 얽힌 프로파간다, 정력virility 과시, 부정부패, 폭력뿐만 아니라 사람들이 독재주의에 저항하고 그 몰락을 앞당기기 위해 사용한 수단에 집중한다.[15] 오늘날 통치자들, 그리고 그 반대 세력의 관행과 행동 양식에는 그들 나름의 역사가 있다. 푸틴이 상의를 벗고 카메라 앞에서 포즈를 취한 행동에서는 무솔리니의 선구적이었던 육체 과시가 떠오른다. 필리핀 대통령 두테르테가 헬리콥터 밖으로 적들을 떨어뜨린 일을 자랑하는 모습은 칠레의 독재자 피노체트가 저지른 일들을 떠올리게 한다. 자원 추출은 무솔리니와 히틀러부터 베를루스코니와 푸틴에 이르기까지, 오랫동안 독재자 파트너십에 영감이 되어온 요소다. 2019년 트럼프 미국 대통령이 시리아에 대한 자국의 이익과 관련해 보인 관점은 이 말에 아주 잘 드러나 있다. "석유는 우리가 가진다. 석유는 우리 것이다. 석유는 안전하다. 우리가 병력을 남긴 것은 오로지 석유 때문이다." 나는 초국가적, 초역사적 틀 안에서 좀처럼 찾아보기 힘든 폭력과 약탈의 역사에 초점을 맞추었다.[16]

　이 책은 남성적 정력이 가진 중요성과 그것이 어떤 식으로 통치를 위한 다른 수단과 함께 작용하는지에 주목함으로써 독재주의에 대한 논의를 더한다. 그들이 남자다움 및 다른 남성 지도자들과의 유대를 과시하는 것은 단순한 허세가 아니라 국내에서 자신의 권력을 행사하고 외교정책을 수행하는 한 가지 방법이다. 남성적 정력은 그가 자신보다 약한 개인들이 반드시 따라야 하는 법보다 위에 있다는 생각을 투영하며 그의 부정부패를 가능하게 한다. 그것은 또한 검찰과 언론 못지않게 독재자의 적이라 할 수 있는 여성과 LGBTQ+ 인구를 대상으로 하는 국가 정책에도 반영된다. 모부투와 우간다 대통령 아민 같은 반식민지주의적 지도자들은 그들의 인종차별적인 제국주의자 동료들만큼이나 여성 혐오적이며 반동성애적이었다.

　독재주의 전략은 이 책에서 독재 통치를 1919~1945년의 파시스트 시대, 1950~1990년의 군사 쿠데타 시대, 1990년부터 현재까지의 신독재주의 시대의 세 시기로 나눈 그 모든 기간 내내 연속성을 제공한다. 제1부 '권력으로 가는 길'은 그 리더들이 어떻게 권력의 중심에 서게 되었는지에 초점을 맞춘다. 제2부 '통치의 수단'은 먼저 그들이 내세운 정책의 논리를 파악함으로써 그들이 추진한 국가 부강 계획을 면밀히 살펴보고, 이어서 권력을 유지하기 위해 프로파간다, 남성적 정력, 부패, 폭력을 활용한 방식에 대해 탐구한다. 제3부 '권력의 상실'은 독재자에 대항하는 세력과 권위의 쇠퇴, 그리고 결과적으로 정권에서 내려오는 과정을 담고 있다. 이 책은 유럽, 남북 아메리카, 아프리카를 넘나들며, 법과 질서를 약속해놓고서 경제적, 성적 약탈자들에 의한 무법 행위를 허용하는 지도자들의 한 세기 동안의 독재 정치를 다룬다. 또한 그러한 독재적 지도자들은 어떤 사고방식과 행동 방식을 가지고 있는지, 어떤 사람들에게 의지하는지, 그들에게 어떻게 저항해야 하는지를 보여준다.

一

　지난 100년간 카리스마 있는 지도자들은 불확실성과 변화의 시기에 인기를 끌었다. 종종 정치체제 바깥에서 나타나는 그들은 새로운 움직임과 동맹을 만들어내고 독창적인 방식으로 그들의 추종자들과 소통한다. 독재주의자들은 사회가 양극화되거나 대립하는 두 개의 이념 진영으로 분열됐을 때 호소력을 가지며, 그렇기 때문에 그들은 갈등을 악화시키기 위해 갖은 수를 다 쓴다. 젠더, 노동, 혹은 인종 해방의 시기 또한 남성 지배력과 계층적 특권, 그리고 백인 기독교인 '문명'이 사라질지도 모른다는 두려움을 달래주는, 대놓고 인종차별과 성차별을 일삼는 야망가들이 권력을 잡는 기회의 시기가 되어왔다. 문화적 보수주의자들은 그러한 역사적 시점마다 반복해서 반민주적 정책에 이끌려왔으며, 그렇게 함으로써 위험한 사람들이 주류 정치에 입문해 정권을 장악할 수 있도록 만들었다.[17]

　독재주의자들은 처음부터 부정적인 경험과 감정에 호소함으로써 여느 종류의 정치인들과는 다른 행보를 보인다. 그들은 국가적 피해자 의식이 점철된 망토를 두르고 국민이 외세에 의해 경험한 굴욕감을 상기시키며 그들이 국가의 구세주임을 선언한다. 그들은 사람들이 느끼는 강력한 분노나 희망, 공포를 알아주는 동시에, 자신을 영토나 다른 인종으로부터의 안전, 남성적 권위를 지키는 것, 내외부 적이 착취해간 것으로부터의 보상 등 사람들이 가장 원하는 것을 얻기 위한 수단으로 내세운다. 조국을 위한 정의를 부르짖으며 커다란 제스처를 취했던 무솔리니는 일부 사람에게는 더없이 작위적인 "바람잡이 카이사르"처럼 비치기도 했지만, 그가 행했던 원초적인 감정의 정치는 오늘날에도 여전히 강력하다. 위기와 비상을 강조하는 수사법과 국가의 문제에 대해 누구를 비난해야 하는지, 그리고 누가 그 문제를 단번에 해결할 수 있는지를 아는 편안함 역시 그 힘을 잃지 않고 있다. 이에 관해 인류학자 어니스트 베커는 다음과 같은 통찰을 보여주었다.

> 사람들로 하여금 자신만만하고 강해 보이는 (…) 그러나 모호함, 나약함, 불확실성, 악으로 가득한 이 세상을 말끔히 정리할 수 있을 것만 같은 선동 정치가들을 기꺼이 따르게 만드는 것은 〔두려움〕이다. 아, 누군가의 지시에 스스로를 내맡기는 그 평온과 안도감이란.[18]

추종 세력을 얻은 야망 있는 리더는 후에 자신이 권력을 잡는 데 도움이 될 프로파간다나 부패 같은 수단들을 시험하기 시작한다. 진실의 붕괴와 민주주의의 파멸은 기성 언론이 거짓되거나 편향된 정보를 전달하고 있으며 그 사람만은 진실을 말하고 '진짜 사실'을 밝히기 위해 모든 것을 걸고 있다는 반대 분자들의 주장에서 시작해 그와 밀접하게 진행된다. 지지자들은 일단 한번 그 사람과 유대감을 형성하면 그의 거짓말에 대해서는 신경 쓰지 않는다. 그들은 그를 믿기 때문에 그를 믿는다.[19] 많은 미래의 독재자가 무솔리니나 히틀러처럼 전과가 있거나, 트럼프, 푸틴, 베를루스코니처럼 수사를 받는 중임에도 불구하고 자신을 도덕적으로 파탄 난 정치체제에 대한 새로운 대안으로 내세운다. "그들이 신경 쓰는 건 오로지 그 자신과 자신의 부패한 추종자들의 이익뿐이다." 1922년에 한 친파시스트 변호사가 이탈리아 정치체제에 대해 남긴 글이지만, 한 세기가 지난 지금 포퓰리즘 정당과 독재적 리더들을 지지하는 사람들에 대한 말처럼 들리기도 한다.[20]

모든 통치자가 권력을 얻기 위해 탄압이라는 수단을 쓰지는 않지만, 하나같이 협박의 기술에 능통한 것만은 사실이다. 공직에 출마하면서 개인의 폭력적 능력에 대해 호언장담하는 것 또한 21세기에 흔히 보이는 전략이다. 2016년 1월 트럼프가 당장 뉴욕 5번가에서 누군가를 총으로 쏴도 단 한 명의 추종자도 잃지 않을 거라고 호언장담했던 것처럼 말이다. 특정 범주의 사람들을 표적으로 삼고 있다며 국가에 경고하는 경우도 있다. 2015년 두테르테는 대통령에 당선되면 수천 명의 마약상과 범죄자를 죽여버리겠다는 공약을 내세우며 "필리핀 국민 여러분, 나를 뽑지 마세요. 내가 당선되면 거리에 피가 가득할 겁니다"라고 말했다.[21]

국가 비상사태를 선언하게 하는 충격적인 일이나 중대한 사건은 독재적 역사를 촉진한다. 그런 사건들은 어떤 사람들을 공직에 서게 만들며, 이미 권력을 쥔 사람들에게는 정부에 대한 장악력을 공고히 하고 반대 세력을 입 다물게 하는 것처럼 안 그래도 하고 싶었던 일들을 실행할 권한을 준다. 이러한 상황에서 일시적인 비상사태는 반나치 철학자 발터 벤야민의 표현대로 "더 이상 예외가 아니라 규칙"이 됨으로써 정상적인 것이 될 수 있다. 한 세기 동안 자신이 어떤 재난과 관련이 있든 없든 간에 그 재난을 활용할 줄 아는 것은 독재자의 필수적인 기술이었다.[22]

—

이탈리아계 오스트리아인 언론인이자 작가인 쿠르치오 말라파르테는 1931년 저서 『쿠데타의 기술』에서 무솔리니는 그가 집권했던 10년 동안 '냉정하고 대담하며 폭력적이고 계산적인 현대인'이었다고 경고했고, 당시 대공황 때문에 인기를 얻고 있던 히틀러는 그보다 더 심할 것이라고 예측했다. 비록 그 오스트리아인은 웨이터 같은 모습에, 고함을 질러대는 꼴이 더없이 얼간이처럼 보였을지 모르겠으나, 독일인들은 수많은 이탈리아인이 무솔리니에게 했던 것처럼 히틀러를 '행위를 숭배하는 금욕주의자이자 신비주의자'라며 칭송했다. 말라파르테는 히틀러가 정권을 잡으면 '독일의 자유, 영광, 권력이라는 이름으로 독일인들을 타락시키고 열등하게 만들며 노예처럼 부리려 할 것'이라고 경고했다.[23]

언론인, 보좌관, 그리고 독재자의 위험한 성격을 직접 목격한 사람들은 말라파르테의 소름 끼치도록 정확한 예측에 공감했다. 독재주의는 한 세기 동안 변해오면서 색다른 결과를 만들어냈다. 파시스트들은 대량학살을 저질렀지만, 21세기 지도자들은 표적이 명확한 암살과 대규모 구금을 선호하는 경향이 있다. 이는 한 통치자의 특성이 다른 통치자와 묘하게 닮아 있다는 점에서 그 집단적 인물상이 갖는 일관성을 더 두드러지게 만든다. 히틀러는 전지전능한 나치 총통이라는 허울 이면에 실제로는 우유부단하고 자신감 없는 통치자의 모습을 감췄다는 점에서 많은 후대의 지도자들과 닮아 있다. 그의 의견은 그가 마지막으로 이야기를 나눈 사람의 의견을 반영하곤 했다. 모부투는 자이르 주재 미국 대사 브랜든 그로브가 말한 것처럼 '대통령직에 대한 모욕에 지나칠 정도로 집착하는' 유일한 독재자는 아니었다. 마찬가지로 언론인 조지 셀데스가 1935년 관찰해 밝힌 것처럼 매일같이 "뭔가를 찾는 듯한 분위기로 하급자들이 표시해준 자신과 관련된 모든 기사를 읽었던 것" 역시 무솔리니뿐만이 아니었다. 푸틴은 "지위 상실, 분노, 존경받고자 하는 욕구, 취약성"에 관한 자신의 집착을 국가 정책에 반영함으로써 일인 독재의 혈통을 이어갔다.[24]

독재자의 충동적이고 화를 잘 내는 성격과(대부분이 심각한 분노 조절장애를 가지고 있다) 다른 이에게 지나친 권력이 가지 않도록 하기 위해 실시했던 '분할 통치' 정책은 갈등과 혼란으로 가득한 정부를 만들어낸다. 주변을 자기 친인척과 아첨꾼으로만 채우는 바람에 더 악화된 에르도안의 예측 불가능한 의사결정은 전형적인 독재자적 행동이다. 독재적 지도자가 또다시 "상대방을 모욕하고, 보좌관들을 무시하고, 계속해서 노선을 변경하고 (⋯) 혼란을 야기할 때" 관리들이 그로 인한 뒷수습을 하느라 진땀을 빼는 것도 마찬가지다. 카다피는 하루가 다르게 법적인 틀 전체를 뒤엎어 극도의 혼란을 일으켰다. 아민의 개인 주치의였던 데이비드 바캄 박사는 아민과 '원대한 아이디어를 품고 있고 자신이 복잡한 문제에 대한 해답을 가지고 있다고 믿으며 어느 정도 현실과 동떨어져 있는" 사람들은 예측할 수 없는 행동을 하며 거기서 힘을 얻었다고 말했다. 아민이 스스로에게 부여한 '지상의 모든 동물과 바닷속 모든 물고기의 제왕이자 아프리카 전반, 특히 우간다에서 대영제국을 무찌른 정복자인 종신 대통령 육군 원수 VC, DSO, MC 알 하지 이디 아민 다다 박사 각하'라는 칭호만 봐도 그렇다.[25]

독재자는 한 가지 사안에 대해서만큼은 일관된 태도를 보인다. 바로 개인적 이익을 위해 모든 사람과 모든 것을 통제하고 착취하려는 욕구다. 그의 눈에는 자신이 통치하는 모든 남성, 여성, 어린이는 자식을 낳거나, 적과 싸우거나, 공개적으로 자신에게 비위를 맞추는 한에서만 가치가 있다. 통치를 위한 모든 수단은 이 체계 안에서 각각의 역할을 담당한다. 프로파간다는 국가의 주의를 독점하게 해주고, 남성적 정력은 리더로서의 자질을 갖춘 남자처럼 자신을 포장하는 데 활용된다. 탄압은 포로로 가득한 구금 시설을 만들어낸다. 부패는 국민의 노동의 결실을 내 것으로 주장할 수 있게 해준다. 작가 존 리 앤더슨은 독재자들이 일반적으로 보이는 소유의 병리학을 다음과 같이 요약한다. "편집증적 기술, 학살과 공포의 이야기, 금고, 재산처럼 사용되는 국가 경제, 정신 나간 애완동물, 매춘부, 금으로 만든 세간." 즉, 자신이 가진 게 충분하지 않거나 이미 가지고 있는 것을 잃을지도 모른다는 두려움을 몰아낼 수 있는 모든 것이다. 이들은 죽어서든 살아서든 마침내 그 자리에서 물러날 때, "그 집착 덕에 나라에 남아나는 게 없었겠다"라는 느낌을 남긴다.[26]

일인 독재자는 개인적인 안건과 요구 사항을 국가적인 것과 구분하지 않기 때문에 가장 파괴적인 독재자가 될 수 있다. 히틀러의 유대인과의 전쟁에서 가장 잘 드러났듯, 이들의 사적인 집착은 공적 담론의 전체적인 분위기를 조성하고 제도적 우선순위를 왜곡하며 대규모 자원 재배치를 강요한다. 독재주의의 역사는 통치자의 오만과 과대망상을 바탕으로 밀어붙여졌으나 처참한 결과를 가져온 프로젝트와 운동으로 가득하다. 무솔리니는 1935년 이탈리아의 식민지로 만들려고 에티오피아를 침공했고, 그 결과 이탈리아는 파산에 이르렀다. 모부투가 콩고강에 벌였던 대규모 프로젝트, 잉가 폭포댐 프로젝트와 잉가-샤바 송전선 프로젝트는 자이르에 채무 위기를 초래했다. 멕시코와의 국경에 장벽을 세우는 트럼프의 계획은 본래 방위와 재난 방지를 위한 것이었던 연방 기금을 앗아갔다.

독재주의는 효율적인 통치 방식으로 알려져 있지만, 일인 독재의 역학과 그로 인해 치러야 하는 대가에 대한 내 연구에 의하면 오히려 그 반대다. 지도자 혹은 그 핵심층이 수사를 받을 때 통치는 그의 변호를 중심으로 이루어지며, 그의 무죄를 밝히고 검찰이나 언론인처럼 그를 폭로할 수 있는 사람을 처벌하는 데 시간과 자원이 집중된다. 반정부 엘리트들을 살해하고 그들의 가족 모두를 추방하는 것은 여러 세대의 인재를 낭비하는 일이다. 몇십 년에 걸쳐 이룬 수익성 있는 사업을 장악하거나 이를 파산시키면 경제가 타격을 입는다. 자유를 억압하는 통치는 생산적인 힘은커녕 지구와 지구에 사는 수없이 많은 존재에게 파괴적인 결과를 가져왔다.[27]

"독재자는 대개 낮은 곳에서 올라와 그보다 더 낮은 구덩이로 자신을 내던지는 사람이다. (…) 온 세상이 그를 지켜본다. (…) 그리고 그의 뒤를 따라 공허로 뛰어든다." 찰리 채플린이 1939년 독재자와 추종자 간 역학의 핵심을 포착해 한 말이다.[28] 이 책은 사람들이 도대체 왜, 어떤 때는 몇십 년 동안이나 자신과 국가가 어떤 대가를 치르든 상관하지 않고 이런 독재자들에게 협력하는지를 살펴본다. 또한 독재자가 숨기고자 부단히 노력하는 바로 그 진실, 즉 추종자들이 없다면 자기는 아무것도 아니라는 사실을 돌아본다. 추종자들은 집회에서 그를 응원하는 얼굴, 그의 부패 공모자, 그의 적을 박해하는 사람들일 뿐만 아니라 그를 선택받은 자로 신격화하고 그의 권력을 유지시켜주는 힘이기도 하다.

대중문화에서 독재자의 카리스마적 브랜드는 종종 사람의 마음을 완전히 사로잡아 시키는 것은 뭐든 하게 만드는 힘으로 묘사된다. 하지만 카리스마를 '개인의 성격'에서 기인한 '초자연적, 초인적, 혹은 적어도 아주 남다른 힘이나 자질'이라고 정의한 이론가 막스 베버는 한 세기 전 카리스마는 주로 보는 사람의 눈에만 존재하던 것임을 분명히 했다. 대부분의 독재자는 남다른 설득력을 가지고 있다. 그러나 독재자의 추종자와 협력자들이야말로 그의 능력을 알아봐줌으로써 그의 명성을 '만드는' 주체들이다. 이는 독재자의 카리스마적 권위를 본질적으로 불안하게 만든다. 특별함이라는 그의 아우라는 여론이 바뀌면 언제라도 사라질 수 있으며, 왕조 및 기타 다른 형태의 권력과 달리 그에게 정당성을 부여하지 않는다. 바로 이것이 독재 국가들이 지도자 추종에 투자하고, 사람들에 대한 지도자의 지배력이 흐려지기 시작하면 검열과 탄압을 강화하는 이유다.[29]

엘리트는 독재자의 가장 중요한 옹호자이자 협력자다. 계급, 젠더, 인종적 특권을 잃을까봐 두려워하는 영향력 있는 인물들은 반란자가 자신의 문제를 해결하는 동안(여기에는 종종 좌파 세력을 박해하는 것이 뒤따른다) 충분히 그를 통제할 수 있을 거라 생각하면서 그를 정치체제 안으로 불러들인다.[30] 그 통치자가 일단 권력을 잡으면 엘리트들은 통치자에게 충성하고 권리를 유보하는 것을 용인하는 대가로 권력과 안전을 약속하는 '독재 협상'을 벌인다. 일부는 이를 정말 믿는 사람들이고 나머지는 그들의 지지를 잃는 결과를 두려워하는 사람들이지만, 이 협상에 동의하는 이들은 심각한 부실 운영이나 탄핵, 국제적 망신을 겪으면서도 그 지도자 편에 서는 경향이 있다.[31]

   국외 엘리트들 또한 독재자를 지지한다. 이 책은 두 종류의 조력자들을 조명한다. 히틀러부터 피노체트, 에르도안에 이르기까지, 산더미 같은 해외 부채가 독재자들이 이루었다고 알려진 경제적 기적을 뒷받침한다. 도이치은행은 히틀러가 지배하던 독일부터 푸틴이 지배하는 러시아까지 여러 독재 국가에 기금을 댔으며, 독재자들과 그 측근들의 돈세탁을 도운 혐의를 받고 있는 트럼프 그룹 같은 사업체에 자금을 대출해주었다. 국제적인 로펌과 협력하고 있는 미국 및 영국의 금융기관들은 독재자들이 불법적으로 축적한 부를 익명의 계좌와 해외 유령 회사를 통해 은닉할 수 있게 해준다. 2018년까지 금융 기밀이 유지되던 금고와 은행에서 카다피, 모부투 및 그 외 독재자들의 자본 일부를 보관하고 있던 스위스도 마찬가지다.[32] 홍보 및 로비 회사들 또한 독재 국가들을 생산적이고 안정적이라고 알리는 데 중요한 역할을 했다. 민심 공략은 혼란과 부패를 덮는 데 도움이 된다. "고객에게 문제가 많으면 많을수록 관계자들에게는 좋다." 차우셰스쿠, 이라크 대통령 사담 후세인, 모부투를

대변했던 에드워드 폰 클로버그 3세의 동료가 과거를 회상하며 한 말이다.[33]

독재자의 역사를 읽다보면 불편한 마음이 들 수 있다. 이 통치자들은 자국의 밝은 미래를 약속하지만 그들이 이끌어내는 감정은 암울하기만 하다. 독재 국가 안에서 일상과 두려움 사이의 경계는 아슬아슬하다. 아민은 캄팔라의 호화로운 나일 호텔 지하에서 현재 자신의 보안군이 반체제 인사들을 두들겨 패고 있다는 사실에 만족스러워하며 위층에서 대사들을 접대했다. 피노체트의 군대는 좌익 인사들로 하여금 파란 조명이 켜진 '무대'에서 자기 주변 사람들이 고문당하는 것을 실시간으로 보도록 했다. 카다피는 자신에게 성적 포로를 조달하는 '의전 전담 부서'를 따로 두었다. 철학자 한나 아렌트가 말했듯, 독재 국가들은 관료주의와 폭력의 시너지를 통해 번성한다.[34]

이러한 역사와 더불어 희망과 영감을 주는 역사도 있다. 이 책은 가브리엘레 헤르츠가 1937년 독일 모링겐 강제수용소에 있으면서 쓴 글처럼 "시공간을 초월해 상상할 수 있는 가장 최악의 외부 조건 하에서도" 사회적 유대와 가족관계를 굳건히 유지하려 했던 남자와 여자들의 조용한 영웅적 행위를 소개한다. 유대인으로서 수용소에 9개월간 갇혀 있다가 가족과 함께 이민 간 헤르츠는 비교적 가볍게 풀려나서 운이 좋았다고 생각했다. 그의 회고록은 모링겐에서 그가 찾은 연대감과 다른 수감자들이 보여준 굴하지 않는 정신에 경의를 표한다. 공산당원 노동자였던 빅토리아 회슬은 그래픽 아티스트였던 한 수감자가 그려준 자신의 초상화를 자신이 게슈타포에게 끌려 간 후 수녀원에 보내진 아들에게 보냈다. 그 그림을 받은 아들은 감 동적이게도 이런 답장을 보냈다. "사랑하는 엄마, 엄마를 못 본 지 몇 년이나 지났지만 전 엄마 얼굴을 바로 알아봤어요."[35] 이처럼 모 든 것을 무너뜨리려 했던 국가적 시도에 저항한 사랑 이야기는 지 금의 우리에게도 큰 울림을 준다.

제1부

권력으로
가는 길

1장

파시스트 점령

민주주의를 독재 정권으로 탈바꿈시킨 최초의 인물은 어린 시절부터 20세기와 21세기의 독재자가 될 자질을 여실히 보여주었다. 난폭한 성미, 기회주의적 사고방식, 빼어난 말솜씨. 이 모든 것은 무솔리니를 이탈리아 로마냐 지역 프레다피오의 여느 노동자 계층 아이들과 다르게 만들었다. 그는 동급생과 여자친구를 칼로 찌른 전력이 있었고, 교사가 되어서는 브라스 너클을 가지고 다니며 여성들을 성폭행하는 것으로 소문이 났다. 그의 제자로 후에 아내가 된 라켈레 귀디는 사회주의 반란을 촉구하는 그의 격렬한 부르짖음이 얼마나 무서웠는지 모른다며 당시를 회고했다.[1]

그러나 무솔리니는 자기 앞날에 도움이 될 것 같다 싶은 사람에게는 한없이 친절하고 점잖게 굴 줄 알았다. 그의 정치적 부상은 정치 인생의 중요한 순간에 어떻게 행동해야 하는지를 그에게 가르쳐준 권력층 보수주의자 남성들과 영향력 있는 여성들의 마음을 사로

잡은 그의 능력과 관련 있었다. 러시아 태생의 이탈리아 사회당PSI 당수 안젤리카 발라바노바는 무솔리니를 활발하게 활동하는 이탈리아 좌파 집단 내의 높은 자리에 앉혀주었다. 그렇게 1912년 그는 PSI 혁명 조직을 이끌며 사회주의 신문인『아반티!』의 편집장 자리에까지 올랐다. 그러나 2년 후 그는 제1차 세계대전 당시 이탈리아의 개입을 지지했다는 이유로 PSI에서 제명당한다(사회주의자들은 전쟁이 전 세계 노동자들의 단결을 약화시켰다고 생각했다). 이때 많은 이가 그의 정치생명이 끝났다고 생각했지만, 그는 곧 파시즘에 대한 자신의 이념을 실험해볼『이탈리아 인민』을 창간했다. 1915년 5월 이탈리아 군사 동원으로 이익을 본 자국과 해외의 기업가 및 자본가들이 이 신문에 일부 자금을 댔다.[2]

　　파시즘과 현대적 독재자는 전쟁에 몸담았던 많은 군인이 말로는 그 끔찍한 참상을 이루 다 표현할 수 없다고 한 재앙과도 같은 참사인 제1차 세계대전(1914~1918)의 소용돌이 속에서 탄생했다. 민간과 군사적 경계를 허물어뜨려 최초의 총력전이라 불린 이 전쟁은 체제적 충격을 야기했다. 오스만, 합스부르크, 독일, 러시아 제국이 모두 붕괴했다. 그 격동의 5년과 러시아 혁명(1917~1921) 기간에 파시즘과 공산주의가 세상 밖으로 나왔다. 두 정치체제 모두 자유민주주의에 대한 거부와 현대적 힘을 활용해 우월한 사회를 만들겠다는 남성 지도자들에 대한 숭배를 기반으로 세워진 것이었다.[3]

　　무솔리니는 전쟁이 끝나면 세상은 결코 전과 같은 모습으로 되돌아갈 수 없다는 사실을 깨달았다. 군사 훈련 중 입은 부상으로 전장에 나갈 수 없게 된 1917년, 그는 낡은 정당과 그 정당을 이끌던 '낡

아빠진 남자들'은 '완전히 척결될 것'이라고 주장했다. 전쟁은 귀족 출신이 아닌 전투를 통해 만들어진 남성 엘리트 계층인 '트렌초크러시trenchocracy(전장 귀족)'를 출현시켰다. 이 엘리트 남성들은 히틀러에게도 영향을 준 독일 철학자 프리드리히 니체의 저서를 읽고 무솔리니가 내린 결론인 '나는 법을 깨우칠 수 없는 사람은 빨리 추락하도록 밀어버려야 한다'는 것을 잘 아는 사람들이었다. 폭력의 바다에서 출현한 파시즘은 이탈리아와 독일에서 그런 무자비한 태도를 표방한 정치적 표현을 제공함으로써 나라에서 지급한 군복을 파시스트와 나치 당원복으로 바꿔 입은 참전 용사들의 마음을 사로잡았다. 전쟁적 사고방식과 전략을 사회에 그대로 가져온 이 참전 용사들은 자국 내 적을 박해하고 괴롭히는 것을 애국의 의무로 여겼다. 이는 무솔리니와 히틀러가 정권을 잡은 후 모든 시민의 의무가 되기도 했다.[4]

파시즘은 민족주의와 사회주의라는 상반되어야 할 두 가지를 하나로 합침으로써 많은 이를 혼란스럽게 하고 기존 정치 분야를 붕괴시켰다. 좌파들은 파시스트 정권이 맨 처음으로, 그리고 가장 오랫동안 박해 대상으로 삼은 집단이었다. 노동자를 위한 8시간 근무제 요구 같은 1919년의 초기 이탈리아 파시스트 강령에 담겼던 진정한 진보적인 요소는 금세 자취를 감췄다. 그러나 과거에 사회주의자였던 무솔리니는 사람들을 움직이는 선동적 언어의 힘을 잘 알고 있었다. 그는 파시즘을 '체제 전복적이면서도 보수적인' 것으로 홍보했다. 계층 갈등 대신 국가적 단합을, 국제적 연대 대신 제국주의를 추구하며, 전통을 잃지 않으면서도 현대화를 약속하는 사상이

라고 말이다.[5]

　1921년 무솔리니가 창당한 국가 파시스트당PNF과 1921년부터 히틀러가 이끈 국가사회주의 독일 노동자당NSDAP 모두 혁명이 전쟁으로 인해 일어난 전반적인 정치·사회적 해방을 가능케 하기보다는 억압하는 데 활용될 수 있다는 생각으로 그 추종자들을 열광하게 만들었다. 수많은 남성의 부상과 출산율 하락의 시기에 여성의 권리 향상을 저지하는 것은 파시즘의 목표 중 하나였고, 러시아 혁명과 1918년 독일 및 헝가리 혁명에 자극받아 더 많은 권리를 주장하는 노동자들의 목소리를 잠재우는 것 역시 그 목표 중 하나였다. 무신론적 공산주의의 확산은 백인 기독교인들을 위협하는 것처럼 느껴졌고, 유색인종에 대한 제국적 통제력을 상실했다는 인식도 마찬가지였다. 1919년 베르사유 조약은 독일이 거느리고 있던 식민지를 박탈했고, 해당 조약을 체결한 파리강화회의는 이탈리아령 리비아 내에 위치한 세계 최초의 아랍 독립 국가인 트리폴리타니아 공화국을 인정했다.[6]

　모든 것을 폐허로 만든 전쟁 이후 불거져 나온 기존 정치와 정치인들에 대한 불만은 새로운 지도자에 대한 갈망으로 이어졌다. 1920년대 초 무솔리니와 히틀러를 중심으로 일어난 숭배는 남성의 지위 하락, 전통적인 종교 권위의 약화, 도덕적 명확성의 상실에 대한 불안에 응답했다. 범독일연맹 의장 하인리히 클라스와 평론가 우고 오제티처럼 이 남자들이 실제로 말하는 것을 본 사람들은 '우리 나라에서 경험한 정치 인생을 통틀어 생판 처음 접하는 새로운 것'을 목도하는 것 같았다고 했다. 바로 '자신과 자신의 설득력에 대

한 절대적인 믿음'을 가진 사람이 제시하는 '모든 것이 흑백으로 구분되는 세상'의 편안함이었다.[7]

이 혹독한 시련의 시기에 억울함과 굴욕감 같은 감정을 정당의 강령을 위한 긍정적인 요소로 바꿔놓은 희생자 숭배의 기류가 등장했다. 국가 간 충돌로 인한 모든 피해의 책임을 독일에 돌린 베르사유 조약은 나치 총통 히틀러를 비롯한 많은 이가 독일의 국내외 엘리트들에게 '독일의 뒤통수를 쳤다'며 비난하는 것에 불을 붙였다. 마찬가지로 이탈리아는 프랑스 및 영국과 동맹을 맺었기에 결과적으로 승전국 쪽에 서게 됐지만 무솔리니는 베르사유 조약이 이탈리아에 피우메를 비롯한 그 외 영토를 돌려주지 않았으므로 이탈리아의 승리는 더 강한 국가들에 의해 '난도질된 것'이라는 비판을 제기해 사람들의 지지를 얻었다.[8]

무솔리니는 가브리엘레 단눈치오로부터 '두체'라는 칭호(군사 지도자를 뜻하는 라틴어 Dux에서 따옴), 파시스트 당원을 의미하는 검은 셔츠, 로마식 경례를 따왔다. 이 제국주의자 시인은 1919~1920년 그가 항의의 뜻으로 피우메를 점령했을 때 이런 요소들을 처음 사용하기 시작했다. 그러나 무솔리니는 한발 더 나아가, '금권정치적' 강대국들의 차별로부터 '프롤레타리아적' 이탈리아를 해방시키기 위해 혁명이 필요하다고 주장하는 데 계층 갈등에 대한 사회주의자적 언어를 적용했다. 무솔리니는 지도자를 자국 내 적들과 자국을 기만하는 국제 시스템의 피해자처럼 묘사하는 오늘날의 독재자들이 사용하는 각본을 작성했다.[9]

—

　무솔리니가 전후 심각한 경제 위기 속에서 1919년 창설한 파시스트 전투단은 이탈리아의 극단적인 양극화를 예기하는 한 징후였다. 1919년부터 이탈리아 공산당이 창당된 1921년까지 200만 명에 달하는 산업 노동자와 소작농들은 파업과 농장 및 공장 점령에 가담했다. 참전 용사로 가득했던 파시스트 부대는 산업 및 농업 경영자들로부터 돈을 받고 노동 불안을 종식시키기 위해 활동하는 사적 민병대로 시작했다. 수천 명의 사회주의자와 좌파 성향의 사제들이 살해당했고, 그들의 집과 일터는 쑥대밭이 되거나 불태워졌다. 트리에스테와 같은 국경지역에서는 파시스트 부대가 인종차별적인 반슬라브 정서를 표출하기도 했다. "최전선에서 전쟁의 참상을 실제로 본 사람들조차 그 잔인한 폭력에 놀랄 정도였다." 1921년 피렌체 출신의 한 젊은 파시스트 부대원이 남긴 글이다.[10]

　무솔리니와 보수주의자들의 결탁관계는 이후의 독재자들에게 본보기가 되었다. 파시스트들은 혼자서는 아무것도 해내지 못했을 것이다. 1921년 선거에 독자적으로 출마한 파시스트들은 고작 0.4퍼센트의 득표율을 거두었다. 그러나 이탈리아 총리 조반니 졸리티의 국민 블록National Bloc 연합과 손을 잡으면서 국가 파시스트당으로 의회에 입성했다. 졸리티와 그 동료들은 파시스트의 폭력성에 대해 크게 신경 쓰지 않았다. 좌파를 길들이는 것은 지배층이 지도자에게 가장 바라던 능력이었기에, 그들은 이탈리아의 민주주의를 구하기에는 너무 늦어버린 때까지 무솔리니와 함께했다.

베니토 무솔리니, 1920년대.
PHOTO 12 / ANN RONAN PICTURE LIBRARY
/ AGEFOTOSTOCK

　그 무렵 사람들 사이에서는 무솔리니의 신비로움에 대한 말이 퍼지고 있었다. 170센티미터 정도의 키에 건장한 체격, 대머리에 돌출된 턱을 가진 그는 사람들 앞에서는 훨씬 더 커 보였다. 많은 이가 그를 보며 이탈리아의 인기 있는 근육질 영화배우인 마치스테를 떠올렸다. 신비로운 힘의 원천에서 뿜어져 나오는 듯한 무솔리니의 강렬한 눈빛은 사람들의 이목을 집중시켰다. 한 추종자는 무솔리니의 '사람을 끌어당기는 강력한 힘'에 압도되는 느낌이었다고 하고, 또 어떤 추종자는 '몸에 전기가 통하는 듯한' 느낌을 받았다고 했다. 젊은 장교였던 카를로 치세리는 1920년 무솔리니가 연설하는 것을 보기 전까지는 정치인들을 혐오했다. "그를 보는 순간 곧바로 강하게 이끌렸다. 그가 하는 말, 그의 자부심, 힘, 눈빛, 그 모든 게 너무나 마음에 들었다. (…) 나는 이 남자에게서 특별함을 봤다." 그가 일기에 남긴 글이다.[11]

"파시즘은 국가를 재건하려는 것인가, 아니면 전복시키려는 것인가?" 무솔리니는 자기가 펼치는 운동의 이념적 모호함을 이용해 자신의 추종자들에게 말장난을 했다. 무솔리니는 은행가, 시골 사람, 주부처럼 별의별 사람들로 이루어진 그의 지지자들에게 있어서 파시즘에 대한 유일한 기준이자 해석자였다. 제국주의자들 또한 무솔리니의 파시즘을 단결시켰다. 당시 이탈리아가 에리트레아, 리비아, 소말리아, 도데카네스제도를 점령하고 있긴 했지만, 무솔리니는 프랑스 제국과 대영제국이 이탈리아가 식민지를 둘 권리를 부정함으로써 이중 잣대를 들이밀고 있다고 주장했다. "지중해를 다시 우리 땅으로 만드는 것은 우리 운명이다." 1921년 그가 이탈리아인들에게 한 말이다.[12]

셀 수 없이 많은 폭력을 저지르고 난 무솔리니는 권력을 잡기 위해 굳이 쿠데타를 계획할 필요도 없었다. 이탈리아 군대 사령관이었던 국왕 비토리오 에마누엘레 3세는 인구가 약 4000만 명인 나라에서 3만 명도 채 되지 않는 파시스트들을 쉽게 무장 해제할 수도 있었다. 그렇지만 이 소심한 남자는 1922년 10월 무솔리니를 차기 총리직에 앉히면서 물리적 충돌을 최소화하는 길을 선택했다. 로마 주재 미국 대사 리처드 워시번 차일드는 이미 무솔리니에게 미국은 파시스트가 이끄는 연합 정부를 반대하지 않을 것이라고 장담했다. 오늘날까지 파시스트들이 포퓰리즘 봉기의 날로 기리는 10월 28일,

'로마 진군'은 분명 폭력이 닦아준 길이었지만 그 권력의 이양은 엘리트들이 승인해준 것이었다.[13]

그 후 2년 동안 파시스트 당원들의 폭력은 계속되었고, 무솔리니는 독재 정치 전략을 개척하며 이탈리아 민주주의를 무력화했다. 그는 의회를 자신의 뜻을 발언하기 위한 무대로 만들어버렸고, 자신과 파시즘에 대한 부정적인 보도를 내놓는 언론을 '범죄자'라며 규탄했다. 그는 수평적 통치 제도이자 방어 구조로서 파시즘 대평의회와 국가 안보를 위한 자발적 민병대Voluntary Militia for National Security를 만들었지만, 엘리트들은 이 적신호에 주의를 기울이지 않았다. 1920년대 이탈리아 지도자의 연인 중 가장 중요한 인물이었던 예술평론가 마르게리타 사르파티는 금융 및 산업 분야 엘리트들을 무솔리니 편으로 끌어들일 수 있도록 그의 이미지를 쇄신해주었다. 전기, 전화, 보험 부문의 민영화는 더 큰 도움이 됐다. 이탈리아 의회는 파시스트의 후원을 얻어 25퍼센트 이상의 표를 획득한 정당에 의석의 3분의 2를 부여하는 선거법 개정안을 통과시켰다. 이 법안에 유권자에 대한 협박과 사기를 더해 파시스트들은 1924년 4월에 실시된 선거에서 64.9퍼센트의 득표율을 이루어냈다.[14]

이제 '일 두체'가 된 무솔리니는 세상의 정점에 서 있었다. 그러나 사회주의 지도자 자코모 마테오티가 이 모든 것을 무너뜨리겠다며 그를 위협해왔다. 변호사 훈련을 받은 마테오티는 큰 키, 세련된 태도, 진실성 등 무솔리니에게는 없는 모든 것을 가진 인물이었다. 파시스트 폭력배들은 그가 파시스트의 선거 개입과 법치주의 파괴를 비난했다는 이유로 이미 여러 차례 그를 폭행한 적이 있었다.

1924년 5월, 의회에서 이탈리아가 절대주의 체제로 빠져들고 있다고 소리 높여 비판하던 마테오티는 자신을 향한 파시스트 당원들의 죽여버리겠다는 협박을 무시하며 자기편 사람들에게 이런 농담을 던졌다. "이제 내 장례식에 쓸 추모 연설을 작성하면 되겠네요."[15]

독재자에게 가장 빨리 살해당하는 법은 공공연히 그의 부패를 비판하는 것이다. 마테오티는 거침없이 비판의 목소리를 낸 반파시스트였을 뿐만 아니라, 밤을 새우고 주말도 반납하며 국가 파시스트당이 저지른 범죄에 대한 철저한 서류를 작성한, 정부 윤리 회복을 위해 노력한 운동가였다. 그 자료에는 이미 미국의 티포트 돔 스캔들에 연루되어 있던 미국 정유 회사 싱클레어가 이탈리아 석유 탐사 독점권을 대가로 파시스트 관리에게 제공한 뇌물과 같은 불법적인 금융 거래의 증거가 포함되어 있었다. 또한 마테오티가 다음 의회 회기 때 발표하려 했던 문서에는 무솔리니의 해결사 역할을 했던 그의 동생 아르날도에 대한 내용이 담겨 있었다.[16]

6월 10일 오후, 목격자들은 두 명의 남성이 로마의 분주한 룽고 테베레 지역에서 마테오티를 습격해 차로 끌고 가는 것을 보았다. 이 차는 이후 로마를 빠져나가 종적을 감췄다. 살해범들은 아마추어처럼 행동했다. 그중 한 명인 아메리고 두미니는 자신이 여덟 명을 살인한 사람이라며 말하고 다니던 전 파시스트 부대원이었는데, 마테오티의 피로 얼룩진 바지와 함께 발견됐다. 범행에 쓰인 차도 무솔리니의 개인적 비밀경찰단의 대장 겸 공보실장이었던 체사레 로시의 것으로 신속히 밝혀졌다. 이 차는 그 전날 밤 내무부에 주차되어 있던 것이 목격됐다.[17]

마테오티의 시신은 8월이 되어서야 발견됐지만 로시와 두미니는 체포되었고 특검이 살인 수사를 시작하면서 무솔리니는 수세에 몰렸다. 반대 측 언론은 일 두체가 범행을 공모했다는 혐의를 제기했다. 이탈리아 길모퉁이마다 마테오티를 기리는 추모 제단이 세워지는 분위기가 전역으로 확산되자 무솔리니의 보수 협력자들은 그에게 퇴진하라며 압력을 가했다. 그의 오랜 핵심 지지층이었던 참전 용사들은 당원 카드를 반납했다. 토리노 출신의 타로 카드 점술사 로사 B.는 그 전해에 총리에게 "머지않아 재앙이 닥쳐올 겁니다. (…) 두체여, 당신의 몰락, 배은망덕, 불명예에 대비하세요"라고 경고한 바 있다. 그리고 그 예언은 맞아떨어진 듯 보였다. 일자리나 도움을 바라며 그를 찾아오는 사람은 거의 없었고, 이는 그의 지위 하락을 보여주는 진정한 척도였다. 12월이 되자 그가 사임할 거라는 소문이 퍼지면서 사람들은 기뻐했다. 오제티는 "현실적으로 마테오티와 무솔리니 둘 다 죽은 것이나 다름없었다"라는 글을 남겼다.[18]

무솔리니의 통치하에서 성장한 그의 전기작가 라우라 페르미는 일 두체가 이 시기에 겪은 사람들의 외면을 잘 받아들이지 못했다고 언급한다. "아첨과 찬사를 받는 데만 익숙했던 그는 한때 사람들로 북적이던 그의 집무실 밖 대기실이 갑자기 텅 비어 찬바람이 쌩 부는 곳이 되었다는 사실을 받아들이지 못했다." 불면과 궤양에 시달렸던 이 이탈리아 지도자는 권력을 유지하기 위해서라면 무엇이든 한다는 독재자의 황금률을 적용함으로써 늪에서 탈출하는 데 성공한다. 진보 측 리더 조르조 아멘돌라가 『타임스』에 무솔리니는 "끝났다"라고 말한 바로 다음 날인 1925년 1월 3일 무솔리니는 자신과 그의 당은 법 위에 있다고 선언하면서, 의회에 자신을 탄핵하고 싶으면 한번 해보라며 최초의 파시스트 독재 정권을 선언한다.

> 바로 저, 오직 저만이 지금껏 일어난 모든 일에 대한 정치적, 도덕적, 역사적 책임을 집니다. (…) 파시즘이 범죄 집단이라면 저는 그 범죄 집단의 수장입니다. (…) 여러분, 이탈리아는 평화, 고요, 노동, 평온을 원합니다. (…) 우리는 가능하면 사랑으로, 필요하다면 무력을 써서라도 그것을 이탈리아에 바칠 것입니다.[19]

새로운 독재자에 대한 일련의 암살 시도는 비밀경찰단(반파시즘 경계 및 탄압 단체OVRA)을 만들어내고 파업, 정당 등을 금지하는 국가 방위법(1925~1926) 제정으로 이어졌다. 반파시스트들은 해외로 망명하거나 잠적했고, 상당수는 살해됐다. 취리히에서 망명 중이던 전 총리 프란체스코 사베리오 니티는 국왕에게 "폭력적이고 무지한 사람들이 만들어낸 굴욕에서 우리 나라를 해방시켜달라"고 호소했지만, 아무런 응답도 듣지 못했다.[20] 마테오티 살해 사건과 관련해 아직 마무리되지 않은 일을 마저 처리하기 위해 무솔리니는 1925년 7월 모든 정치범을 사면하고 진행 중인 마테오티 수사를 감독하는 치안판사를 해고했다. 그 후임 판사는 비자발적 과실치사라는 판결을 내림으로써 무솔리니에게서 범죄에 대한 직접적인 책임을 면하고 권력에 어떤 제한도 없이 통치할 수 있는 발판을 마련해주었다. 무솔리니는 생존을 위한 마지막 보장을 갖추지 못한 상태였다. 바로 국제적 정당성과 경제적 지원이었다. 하지만 1926년 J. P. 모건의 파트너로 파시스트 전도사였던 토머스 러몬트는 미국 정부로부터 1억 달러의 대출을 이 정권에 중개해주었다. 무솔리니의 권력 장악을 암묵적으로 승인한 이 법은 한 세기 동안 이어진 우파 독재자들에 대한 미국의 지원이 시작되게 했다.[21]

무솔리니는 3년도 채 되지 않는 시간 안에 이탈리아 민주주의를 무너뜨리고, 엘리트들을 매수했으며, 언론과 노동을 장악했다. 무솔리니의 극단주의 정당을 투표에 부침으로써 그가 정치의 길로 들어서게 해준 전 총리 졸리티가 1928년 사망했을 때, 무솔리니와 국왕 모두 그의 장례식에 참석하지 않았다. 새로 거듭난 이 독재자를 찬양하는 이들 중에는 일 두체가 아닌, 완벽한 파시즘의 전형으로 자신만의 위치를 확실히 구축하기 전까지 '독일의 무솔리니'라고 알려져 있었던 히틀러도 있었다.[22]

—

독일 제3제국은 그 종말처럼 불길과 함께 시작을 알렸다. 제1차 세계대전이 남긴 불타는 풍경은 히틀러를 추종하던 많은 사람으로 하여금 그가 약속한 새로운 독일을 위해 횃불을 들고 진격하게 만들었다. 그중에서도 1933년 2월 27일 독일 의회를 불태운 화재는 특히 치명적이었다. 누가 이 화재를 일으켰는지에 대해서는 역사학자들 사이에서 의견이 분분하지만, 그날 밤 의회 건물에서 네덜란드 출신의 공산주의자 마리누스 반 데르 루베가 발견되었을 때 히틀러는 좌파 운동가들을 대거 체포하고 모든 독일인의 시민적 자유를 박탈할 구실을 얻었다. "여러분은 지금 독일 역사상 가장 위대한 새로운 시대의 시작을 보고 있는 것입니다." 그날 밤 화마가 의회를 집어삼키는 것을 보며 그가 영국 언론인 세프턴 델머에게 한 말이다. "불은 이 모든 것의 시작입니다."[23]

히틀러는 20대 초반에 중요한 깨달음을 얻었다. 그는 리하르트 바그너의 오페라나 자신의 목소리처럼 숭고한 어떤 것에 마음이 사로잡힌 순간 살아 있음을 가장 강렬하게 느꼈다. 어머니의 죽음 이후 린츠에서 빈으로 온 그는 화가 겸 건축가라는 꿈이 좌절되기는 했지만(그는 빈 미술 아카데미 입시에 두 번이나 떨어졌다) 길고 신랄한 비난 연설을 통해 사람들의 마음을 사로잡고 겁주는 데 소질이 있음을 발견했다. 히틀러도 무솔리니처럼 폭력적인 성미를 지녔지만 물리적인 폭력보다는 복종과 주목을 얻어내는 수단인 언어적 공격을 선호했다. "아돌프의 요구는 끝이 없었습니다. (…) 저를 손발처럼 부렸죠." 그의 친구 아우구스트 쿠비체크가 과거를 회상하며 나치 지도자로서 히틀러의 행세를 예감하면서 한 말이다.[24]

히틀러의 야망은 그를 독일로 이끌었다. 그곳에서 그는 제1차 세계대전에서 복무한 공로로 두 차례 철십자 훈장을 받았다. 국가사회주의 독일 노동자당 대표 자리에 앉게 해준 그의 뛰어난 웅변술은 이제 더 많은 주목을 끌었다. 뮌헨에 있는 본거지에서 그는 '강제 수용소'에 처넣어버려야 하는 '국가에 기생하는 더러운 기생충' 같은 유대인, 마르크스주의자, 전쟁으로 인한 부당 이득자들, 외세, 이 모든 것이 독일의 미래를 앗아가고 있다며 열변을 토했다. 그의 말과 감정에 담긴 힘은 후에 그의 선전장관이 된 요제프 괴벨스와 같은 협력자들을 끌어모았다. 히틀러의 연설을 들은 괴벨스는 일기에 이런 감상을 남겼다. "이 얼마나 대단한 목소리, 제스처, 열정인가. 심장이 멈추는 것 같다. (⋯) 나는 이 남자를 위해 내 모든 걸 희생할 준비가 되어 있다." 히틀러는 신의 섭리라고 확신하고 하룻밤에 여러 차례 집회를 열었는데, 미래의 스타답게 보통 측근들을 대동하고 늦게 도착했다.[25]

무솔리니에게는 파시스트 부대가 있었고 히틀러에겐 나치 돌격대, 즉 스톰트루퍼Stormtroopers, SA가 있었다. 스톰트루퍼는 에른스트 룀과 함께 설립한 준군사 부대로, 제1차 세계대전에 참전한 최정예 기습 부대원들로 구성되어 있었다. 스톰트루퍼는 집회 때 히틀러의 안전을 지키던 단체에서 국가사회주의 독일 노동자당의 자체 암살단으로 자리 잡았다. 독일의 민주주의는 정치 극단주의자들에 의해 공격받고 있었고, 스톰트루퍼와 좌파 무장단체들 간의 충돌은 흔하게 일어났다. 끝없이 치솟는 인플레이션과 독일의 국가 배상금 지급 불이행은 1923년 프랑스와 벨기에의 루르 지방 점령으로 이어졌고, 일부 독일인들 사이에서는 조국을 살리기 위해 극단적인 조치가 필요하다는 인식이 퍼져나갔다.[26]

그러나 히틀러에게는 광신적인 추종자들로 이루어진 작은 기반을 뛰어넘을 만한 견인력이 거의 없었다. 1923년 11월 바이에른 맥주홀 폭동의 실패는 그의 명성에 금이 가게 만들었고 국가사회주의 독일 노동자당이 정권을 차지하는 것을 금지하는 조치를 촉발시켰다. 국가사회주의 독일 노동자당 자체 출판사만이 폭동 시도로 1924년 감옥에 갇혀 있는 동안 그가 쓴 장황한 저서 『나의 투쟁』을 출판해주었다. 게다가 혐오 발언으로 독일의 여러 지역에서 대중 연설을 하는 것이 금지되는 바람에 청중도 모두 잃었다. 그에게 내려진 금지령에 항의하는 1926년 국가사회주의 독일 노동자당의 한 포스터는 그를 바이마르 민주주의를 통제하는 "사기꾼과 뚱뚱한 고양이들"에 의해 재갈이 물려진, 대중의 편에 서서 진실을 말하는 인물로 묘사했다.[27]

발목 잡힌 처지라 느낀 히틀러는 무솔리니로부터 독일에 파시스트 점령을 일으키는 방법에 대한 조언을 구하기 위해 더 열심히 노력했다. 누가 봐도 명백한 패배자가 자신의 파시스트 브랜드와 결부 지으려 시도하는 것에 짜증 난 일 두체는 사진을 보내달라는 히틀러의 요청을 무시했지만, 히틀러는 거기서 멈추지 않았다. 그는 자기 책상에 무솔리니의 흉상을 올려놓고, 그가 "무솔리니 중독"에 빠졌다는 국가사회주의 독일 노동자당 동료들의 말을 일축했다. 그리고 무솔리니의 베를린 연락책인 군 소령 주세페 렌체티에게 그와의 만남을 주선해달라고 졸랐다.[28] 히틀러는 이미 무솔리니로부터 정치 주류로 들어가기 위해 더 많은 대중에게 어필하는 것의 중요성을 배웠다. 1925년 그는 국가사회주의 독일 노동자당에 내린 금지령에서 벗어나기 위해 바이마르 헌법을 준수하겠다고 약속했고, 1927년 마침내 그의 연설 금지령은 해제됐다. 또한 그는 후에 그의 공식 사진작가가 되는 하인리히 호프만을 고용했다. 호프만이 1929년에 찍은 강렬함과 남성적인 면이 강조된 히틀러의 인물 사진은 1933년 이후 그를 상징하는 이미지가 되었다. 사업가 에른스트 폰 한프슈탱글은 사르파티가 무솔리니에게 해주었던 것처럼 이렇

히틀러의 연설 금지령에 항의하는
국가사회주의 독일 노동자당의
포스터, 1926년.
COURTESY OF THE BUNDESARCHIV,
KOBLENZ

아돌프 히틀러, 1929년.
HEINRICH HOFFMANN / EVERETT
COLLECTION / AGEFOTOSTOCK

게 다듬어진 히틀러를 영향력 있고 돈 많은 사교계 인사들에게 소개해주었다.[29]

독일에 경제 위기가 닥치고 1932년 선거에서 국가사회주의 독일 노동자당이 사회민주당과 공산당 사이에 끼어 두 번째로 큰 당이 되었을 때, 히틀러는 준비가 되어 있었다. 그리고 마침내 무솔리니는 서명한 자기 사진을 히틀러에게 보내주었다(히틀러는 재빨리 "정말 큰 영광입니다"라고 답장했다). 국가사회주의 독일 노동자당은 1930년부터 1933년까지 『나의 투쟁』 요약판을 28만7000부나 판매했다. 히틀러는 집회에서 독일의 아픔과 불안을 원초적인 감정으로 풀어내 사람들의 열광을 일으키며, 그를 본 이들이 '신비에 가까운 마성의 매력'으로 생각하는 힘을 발휘하며 청중의 수를 배로 늘렸다. "우리는 이제 더 이상 정부에 대해 듣고 싶지 않습니다. 우리 지도자, 우리의 유일한 힘, 우리 독재자이신 아돌프 히틀러만을 원합니다." 슐레지엔 출신의 관리 P. F. 베크가 1932년 히틀러에게 쓴 편지의 일부다.[30]

이탈리아에서와 마찬가지로, 대중의 찬사보다 소수의 보수주의자 엘리트들의 행동이 독재자에게 권력을 가져다주었다. 1930년경 미디어 거물이자 독일국가인민당 당수 알프레트 후겐베르크와 독일 대통령 파울 폰 힌덴부르크는 히틀러가 재무장을 지원하고 선거에서 점차 커지는 좌파 세력을 내리누르는 데 힘을 보태주리라는 생각으로 히틀러의 마음을 얻으려 애쓰기 시작했다. 1933년 1월 힌덴부르크는 국가사회주의 독일 노동자당의 선거 결과에 힘입어 히틀러를 수상에 임명함으로써, 히틀러는 바로 앞 전임자들과 마찬가지로 의회 과반수가 아닌 법령에 의해 통치할 수 있게 되었다. 독일의 보수주의자들은 히틀러가 자신들의 도구가 될 것이라 생각했다. 기업가로 국가사회주의 독일 노동자당에 자금을 대주던 프리츠 티센은 히틀러의 통치를 독일 군주제 부활로의 전환이라고 보았다. 그는 1939년 독일을 떠난 후 "나 역시 당시의 정치 상황을 잘못 판단했다"라는 글을 썼다.[31]

10년을 기다려 마침내 정권을 잡은 히틀러는 무솔리니의 전례를 따라 "조심스럽게 움직이고 서두르지 마라"라는 렌체티의 조언을 귀담아들을 생각이 전혀 없었다. 2월 독일 의회 화재 사건은 그에게 그럴 필요가 없다는 확신을 심어주었다. 힌덴부르크 대통령이 언론과 의회 등의 자유를 종식시키는 비상령을 선포했을 때, 의회 건물에서는 여전히 연기가 피어오르고 있었다. 수천 명의 좌파 운동가가 감옥과 수용 시설에 구금되었고, 한 무기 공장이 독일 제국 최초의 강제수용소인 다하우 강제수용소로 개조됐다. 3월에는 총통에게 독일 의회나 대통령과의 상의 없이 통치할 수 있도록 하는 수권법이 발효됐다. 두 달도 채 되지 않아 히틀러는 권한 행사에 대한 어떤 견제도 없이 통치할 수 있는 능력을 얻었다. 그가 이루어낸 파시스트 점령은 그 속도나 강도 면에서 무솔리니를 능가했다. 이탈리아 망명자 주세페 보르제세의 표현처럼, 고양이가 호랑이 새끼를 낳은 격이었다.[32]

160센티미터 정도의 체격에 새된 목소리, 카메라 앞에서의 희미한 존재감, 프란시스코 프랑코는 훗날 장기 집권 지도자가 될 거라고 상상하기 어려운 인물이었다. 하지만 그는 결국 파시스트 점령기에서 군사 쿠데타 시대로 넘어가는 과도기의 핵심 인물이 되었다. 프랑코는 현재의 정치적 환경에 맞게 자신의 수사법과 동지를 바꿀 줄 아는, 결정적인 독재자적 재능을 가지고 있었다. 그는 1930년대에는 파시스트였고, 냉전 시기에는 친미파였다. 좌파에 대한 폭력만큼은 끊이지 않았지만 말이다.[33]

1930년대 중반 스페인은 좌파와 우파의 최후 격전지가 되었다. 1923년부터 1930년까지 스페인은 미겔 프리모 데 리베라 장군의 독재 정권하에 있었다. 이 시기에 일부 스페인 사람들은 독재 정권을 받아들일 준비를 했던 반면, 목숨 걸고 그에 항거할 준비를 한 사람들도 있었다. 1931년 좌파 세력이 출범해 이끌었던 스페인 제2공화국은 부르봉 왕조를 몰아내고 교회와 국가를 분리했으며, 노동자 권리를 확대하고 여성에게 투표권과 법적 독립성을 부여하는 동시에 군 장교단을 축소했는데, 보수주의자들과 우파는 이를 사회 무정부 상태의 기점으로 보았다. 독일에서와 마찬가지로 대공황은 정치적 극단을 더 부추겼다. 1933년에는 중도우파 정부가 정권을 잡았고, 1933년에는 파시스트 당인 팔랑헤당이 등장했다.[34]

프랑코는 스페인령 모로코에서 반란군과 맞서 싸운 군사령관으로 명성을 쌓았다. 그곳에서 그는 자신에게 특별한 힘이 있다는 생

프란시스코 프랑코,
1936년 7월.
BETTMANN / GETTY IMAGES

각을 하게 되었다. 1916년 스물네 살의 장교였던 그는 복부에 보통 사람이라면 목숨을 잃었을 큰 상처를 입은 뒤 살아났고, 이 일을 두고 그의 모로코 군부대원들에게 자신이 이슬람 문화권에서 특별한 운명을 타고난 자에게 내려지는 신성한 축복을 뜻하는 바라카를 가지고 있다는 식으로 말했다. 신에게서 마르크시즘으로부터 스페인을 구하라는 명을 받았다는 생각은 그의 카리스마적 권위를 구성하는 한 요소로 자리 잡았다. 1934년 프랑코는 아스투리아 지역에서 일어난 반란과 광부들의 파업을 진압하기 위해 '비상 독재자' 권한을 부여받았다. 그는 "이것은 사회주의, 공산주의, 그리고 문명을 야만으로 대체하기 위해 문명을 공격하는 모든 것에 대한 국경 전쟁이다"라고 선포했다.[35]

프랑코에게 권력을 안겨준 내전은 중도우파 세력이 1936년 2월 선거 결과에 승복하지 않으면서 시작되었다. 이 선거에서 좌파 정당의 인민전선 정부가 집권하면서 폭력과 쿠데타에 대한 소문이 퍼져나갔다. 당시 스페인 총리 마누엘 아사냐는 정부에 대한 모의를 저지하기 위해 프랑코를 카나리아 제도로 보냈지만, 신중한 프랑코는 호세 산후르호와 에밀리오 몰라 장군이 계획한 7월 봉기에 가장 마지막으로 합류했다.[36]

쿠데타가 일어나자 프랑코는 재빠르게 무솔리니와 히틀러를 상대로 무기, 물자, 자금에 대한 개인적인 계약을 맺어 동료들을 놀라게 했다. 그리고 모로코에서 근무한 경험이 있던 프랑코만이 폭력적이고 자유분방한 스페인 외인부대 내에서 파시스트 준군사 조직에 준하는, 자기 명령이라면 무조건 따르는 직속 부대를 두고 있는 사람이었다. 이 부대는 레굴라레스라고 알려진 그의 모로코인 부대와 함께 아프리카군을 결성했다. 그의 부대는 이탈리아와 독일 전투기를 타고 모로코에서 스페인으로 이동했고, 그곳에서 프랑코는 스페인 좌파 세력을 마치 몰살해야 할 식민지 적처럼 취급했다. 그때 스페인에 자기 군대를 보냈던 히틀러와 무솔리니는 제2차 세계대전 때 프랑코의 전술을 상대방에게 그대로 적용했다.[37]

1936년 10월, 이미 민족주의 세력의 지도자가 된 프랑코는 자신을 군이 이끄는 반란 국가의 수장이라고 선언했다. 그는 1939년 4월 민족주의자들의 승리로 내전이 끝났을 때 유일하게 살아남은 주요 쿠데타 참가자였다. 프랑코에게 정말 바라카가 있었는지는 모르겠지만, 그의 경쟁자들이 종종 안 좋은 결말을 맞는 행운이 이 독재자에게는 확실히 따랐다. 몰라 장군과 산후르호 장군 모두 비행기 추락 사고로 사망했으며, 봉기에 가담했던 다른 장군들은 공화당원들에게 처형되거나 사고를 당했다.[38]

무솔리니와 히틀러가 죽은 지 한참 후에도 프랑코의 권력 장악은 계속됐다. 그의 잔혹성과 교활함은 피노체트에게 영감을 주었고, 피노체트는 1975년 그의 장례식에도 참석했다. 마드리드에서 이 칠레 출신의 지도자는 프랑코의 극우적 대의를 이어가겠다는 뜻에서 그와 관련된 비공식 사업을 진행하기도 했다. 이탈리아에서 도망쳐 나와 프랑코의 보호하에 스페인에 살았던 신파시스트 테러리스트이자 선전자 스테파노 델레 치아이에를 피노체트는 고용했고, 자신의 비밀경찰을 위해 일하도록 했다. 파시스트들이 통치를 위해 사용했던 수단들은 군사 쿠데타의 시대에 와서 새 삶을 찾았다.[39]

2장

군사 쿠데타

"표범의 얼룩은 바뀌지 않는다"라는 말이 있다. 사람의 천성은 쉽게 변하지 않는다는 뜻이다. 하지만 표범 가죽으로 만든 모자를 쓰고 다닌 덕에 '자이르의 표범'이라는 별명을 얻었던 모부투는 프랑코와 같은 방식으로 후원자들의 요구에 맞춰 움직여 32년이나 장기 집권했다. 탈식민지화와 냉전이라는 거대한 두 역사적 움직임은 제2의 독재자 시대를 가속화했다. 모부투는 그 둘 다를 상징하는 인물이었다. 그는 1965년 미국의 지원에 힘입은 군사 쿠데타를 통해 집권한 뒤 반제국주의자인 동시에 반공산주의자이자 친자본주의자라는 기묘한 포지션을 유지했다. 그는 경제 자원을 국영화하고 유럽 자본가들을 몰아냈지만, 동시에 미국과 유럽인들이 중앙아프리카의 공산주의를 억제하고 그들의 경제적·전략적 이익을 유지하는 데 도구로서 역할했다. 1970년 모부투가 백악관을 방문했을 때, 리처드 닉슨 대통령은 자이르를 '강하고 활기차며 안정적인 국가'이자

'좋은 투자처'라고 묘사했다. 닉슨은 편리하게도 모부투의 부패와 4년 전 5만 명의 군중 앞에서 각료들을 공개 처형한 일은 못 본 체 했다.[1]

제1차 세계대전은 파시스트 점령 시대를 위한 조건을 형성했고, 제2차 세계대전은 군사 쿠데타의 시대를 위한 발판을 마련해주었다. 전쟁이 영국과 유럽의 제국 영토들에 미친 불안정한 영향은 민권운동가 맬컴 엑스가 '유색인종이 일으킨 파도'라고 일컬었던, 권력의 얼굴을 바꿔놓은 반제국주의 반란을 촉진했다. 1956년 프랑코가 스페인령 모로코를 잃은 것은 1940년대 후반부터 1970년대까지 인도, 베트남, 알제리, 콩고 등의 지역에서 일어난 비유럽인으로의 광범위한 정권 교체 움직임의 일환이었다. 카다피가 리비아에서 세력을 장악한 1969년, 수단과 소말리아에서도 군사 쿠데타는 성공했다.[2] 이 새로운 지도자들은 서구 식민지 개척자들의 폭정에 대한 국민의 분노를 활용해 추종자들을 결집했다. 그중에서 카다피, 바레, 모부투처럼 독재자가 된 이들은 본인의 목적을 달성하기 위해 식민지 지배자들이 행했던 폭력의 전통을 그대로 이어갔다.

군 복무는 언제나 점령당한 국가의 야망 있는 남자들이 사회에 진출할 수 있는 길이었으며, 쿠데타는 이런 아웃사이더들이 권력을 잡기 위한 좋은 방편처럼 보였다. 제국주의 적들로부터 받은 전투와 소통 훈련을 다른 목적으로 써먹는 것은 그들에 대한 달콤한 복수였다. 아민은 영국령 케냐의 왕립 아프리카 소총 연대 부대에서 복무했고, 모부투는 벨기에령 콩고의 국민군에 입대했다. 바레는 이탈리아령 소말리아의 헌병 부대 자프티에의 일원이었으며, 카다

백악관에서 만난 자이르 대통령 모부투 세세 세코와 미국 대통령 리처드 닉슨,
1970년. 리처드 닉슨 대통령 도서관 및 박물관 제공

피와 그의 리비아 동료 공모자들은 영국과 미국에서 군사 훈련을 받았다. 무력 충돌에 대한 초국가적 지식 체계는 군부 독재자의 권력 부상에 영향을 미쳤다. 한 군사 쿠데타의 성공이 다른 이들에게 자극을 주었다. 히틀러가 무솔리니의 행보를 주의 깊게 지켜봤던 것처럼, 카다피 또한 가말 압델 나세르 중령의 1952년 이집트 군주제 전복으로부터 많은 것을 배웠다.[3]

군사 쿠데타는 오늘날에 그렇게 흔히 일어나지 않지만, 제2차 세계대전 이후 전 세계 민주주의 붕괴 사례의 75퍼센트에 해당될 만큼 과거에는 가장 흔한 독재 정치 수단이었다. 군사 쿠데타는 확실히 가장 드라마틱한 변화 사례다. 이는 종종 아침에 발생하는데, 이 말은 곧 아침에는 민주주의 사회에서 출근이나 등교를 했다가 저녁에는 비상계엄령이 선포된 상태에서 집으로 돌아오거나, 최악의 경우 다시는 집에 돌아오지 못한다는 뜻이다.[4] 쿠데타로 유혈사태가 발생하면, 군인들이 보통 외부 적을 향해 사용하던 무력을 자국민에게 행사했다는 충격적 사실은 대중으로 하여금 앞으로 국가 내에서 군대의 역할 변화에 대해 각오하게끔 만든다. 군사 쿠데타를 통해 정권을 장악한 독재자는 국가를 책임지는 가장의 모습을 취할지 모르지만, 사실 이 가장은 거리낌 없이 제 자식을 난도질하는 아버지다. 쿠데타coup라는 단어는 여러 언어에서 '자르다' 혹은 '치다'라는 의미로 해석되며, 종종 국가를 위협한다고 알려진 반대적 요소의 제거를 수반한다.

순조롭게 실행된 쿠데타라면 국민은 그것이 일어난 줄도 모르지만, 언제 어디서든 쿠데타는 거의 항상 '국민'을 위한다는 명분으로 자행된다. 경제 참사 혹은 좌파로 인한 대재앙을 막기 위해서라든가, 부패한 지도자들을 숙청하기 위해서 등 쿠데타의 명분은 지난한 세기 동안 똑같이 반복되어왔다. 쿠데타를 통해 집권한 많은 독재자는 비슷한 방식으로 권력에서 물러났다. 1950년부터 2000년 사이 독재자의 3분의 2가 쿠데타에 의해 제거되었다. 쿠데타를 통한 점령은 각각 42년과 17년씩 집권했던 카다피와 피노체트에게 무소불위의 권력을 쥐여주었다. 그들의 국가는 여전히 그들의 통치로 인해 얼룩져 있고, 그들에 대한 기억으로 고통받고 있다.[5]

—

쿠데타는 본래 놀라운 사건이지만, 국왕 이드리스 1세 왕정을 전복시킨 카다피의 쿠데타는 충격 그 자체였다. 잔혹성 때문이 아니라(처음에는 거의 무혈 쿠데타였다), 권력자 중 누구도 카다피라는 이름을 들어본 적이 없었기 때문이다. 1969년 9월 1일, 한 낯선 목소리가 리비아 전역에 울려 퍼졌다.

리비아 국민 여러분! 여러분의 자유의지와 가장 절실한 소망을 받들어 (…) 여러분의 군대가 시대 흐름을 역행하는 퇴보하고 부패한 정권을 타도했습니다. (…) 이제부터 리비아는 자유롭고 자주적인 국가가 될 것입니다. (…) 우리는 힘을 합쳐 조국의 영광을 되찾고 우리 유산을 되살리며 상처 입은 존엄에 대한 복수를 할 것입니다.

이 목소리의 주인공이 가난하고 못 배운 베두인 가정에서 자란 스물일곱 살의 대위임이 밝혀지자 충격은 더 커졌다. 이전까지 아웃사이더였던 카다피는 어떻게 그처럼 효율적인 작전을 수행할 수 있었던 것일까?[6]

마지막 순간에 쿠데타에 참여한 프랑코와 달리, 카다피에게 있어 쿠데타는 평생의 꿈을 이루는 길이었다. 카다피의 목표는 나세르의 점령을 그대로 반복하는 것이었고, 벵가지의 왕립 사관학교 생도 시절이었던 1960년대부터 이미 자신의 자유 장교 운동Free Officers 단원들을 모집했다. 182센티미터의 키에 호리호리한 체격, 강렬한 눈빛과 눈에 띄는 외모를 가졌던 카다피는 후에 그의 오른팔로 총리 자리에 오르는 압데살람 잘루드 같은 동료 공모자들에게 카리스마적인 영향력을 행사했다. 1966년 군사 통신 교육을 수료하며 영국에서 보낸 9개월은 서구 제국주의자들과 그들의 세속적이고 물질만능주의적인 문화에 대한 혐오를 한층 더 굳히는 계기가 되었다.[7]

카다피의 반식민주의 사상에는 더 개인적인 뿌리도 있었다. 이탈리아의 리비아 점령(1911~1943)과 카다피의 출신 부족인 베두인족에 대한 파시스트들의 집단 학살은 그가 식민지 범죄의 희생자라는 인식을 심어주었다. 영적 지도자이자 게릴라전 전문가였던 오마르 알무크타르가 1931년 이탈리아인들에게 처형당한 지 38년이 되는 날에 카다피가 지도자로서의 첫 주요 연설을 했다는 점은 중요한 의미를 갖는다. 무솔리니 시대에 일어난 사건들은 일평생 카다피를 움직이게 한 복수의 정치를 이해하는 데 있어 중요한 열쇠다.

이탈리아가 이탈리아-튀르크 전쟁(1911~1912) 때부터 리비아를

무아마르 카다피, 1973년.
MICHEL ARTAULT / GAMMA / GAMMA-RAPHO / GETTY IMAGES

점령해오긴 했지만, 이탈리아 군대는 리비아 내부로 파고들지 못하고 있었다. 1918년 트리폴리타니아 공화국이 선포되자 이탈리아 자유주의 정부는 전략을 수정했다. 도살자라는 별명을 가진 로돌포 그라치아니 장군은 저항군 리더 무함마드 페키니를 이탈리아 통치에 복종시키기 위해 그의 집에 서신과 폭탄을 퍼부었다. 페키니는 이 '폭탄과 서신 세례'를 '미개하다'며 비난하고, "나는 당신의 전투기 따위는 결코 두렵지 않고, 내 행동에 대한 모든 책임을 진다. 영원히 사는 사람은 없다"고 답했다. 이탈리아는 파시즘 세력이 집권한 후 무기고에 화학 무기를 추가하고 나서야 트리폴리타니아 사람들의 저항을 진압할 수 있었다. 페키니는 페잔으로 이주했으나, 1930년 그라치아니의 명령을 받은 전투기들이 폭격을 퍼붓자 안전

을 위해 사막을 가로질러 망명했다.[8]

키레나이카 동부 지역에서는 1만 명 이상의 군인과 수십 대의 가스가 장착된 폭격기 공격이 지역 종교 집단이자 통치 세력인 세누시Senussi 소속 베두인 보병들의 게릴라 전술에 가로막혀 실패했다. 1930년부터 1931년까지, 그라치아니는 저항 세력을 꺾기 위해 10만 명 이상의 베두인과 반유목민들을 사막 한가운데에 있는 강제 수용소로 보내버렸다. 이곳에서 약 4만 명의 수감자가 처형되거나 굶어 죽거나 질병으로 사망했다. 이탈리아인들은 저항군 지도자 알무크타르를 붙잡아 쇠사슬에 묶어 사진을 찍은 뒤, 2만 명의 베두인이 지켜보는 앞에서 교수형에 처했다. 알무크타르를 순교자로 기리는 시와 노래가 카다피 가족을 포함한 리비아의 모든 가정에 퍼져나갔다.[9]

이탈리아가 제2차 세계대전에서 패전해 리비아를 잃을 때까지 30년간 이어진 이탈리아의 점령은 리비아인들에게 40퍼센트의 영아 사망률과 90퍼센트의 문맹률을 남겼다. 인구의 3분의 1이 사망했고(초기 저항군이었던 카다피의 할아버지도 그중 한 명이었다), 1만 4000명의 리비아인이 어쩔 수 없이 망명을 선택했다.[10] 이러한 참상은 영국과 미국의 지지로 1951년 집권한 이드리스 국왕에게 많은 어려움을 안겨주었다. 제한적 권리의 군주제로 통치를 이어가던 이드리스 국왕은 리비아를 민주주의로 이끄는 데 관심이 거의 없었다. 1963~1964년, 파리에서 교육받은 무함마드 페키니의 아들 모히딘 페키니가 총리직을 맡아 여성에게 투표권을 주는 등의 개혁을 추진하기도 했지만, 사람들의 분노는 극에 달했다. 1960년대 말 리

이탈리아 군인들에 의해 처형되기 직전의 오마르 알무크타르, 1931년.
HISTORICAL VIEWS / AGEFOTOSTOC

비아는 세계에서 네 번째로 큰 석유 생산국이 되었지만 그로 인한 이익은 고스란히 이드리스 국왕의 리비아 및 해외 협력자들의 주머니로 들어갔기 때문이다.[11]

그해 여름 에게해로 여행을 떠나는 국왕과 왕비의 400개에 달하는 짐가방은 그들이 외국에 오래 머무르리라는 점을 암시했고, 마침내 작전을 실행하기 위한 때가 온 듯했다. 영국 정보기관은 힘 있는 가문 출신으로 엘리트의 연속성을 보장하면서 국왕을 끌어내릴 수 있을 만한 압둘 아지즈 엘 샬리 대령이 쿠데타를 일으킬 거라 예상했다. 엘 샬리 일당은 8월 31일 밤 쿠데타를 일으킬 준비를 시작했지만, 이튿날 아침 카다피가 선수 친 것을 알게 됐다. 이렇게 새로운 통치자가 된 카다피는 궐석재판에서 이드리스 국왕에게 사형을 선고하고 군주제와 관련 있어 보이는 모든 사람을 체포했다. 엘 샬리와 육군 장교 대부분도 여기에 포함됐다. 쿠데타가 일어났을 때 젊은 장교 자발라 마타르는 영국에 있었다. 그는 변화에 대한 희망을 안고 곧바로 고국으로 날아왔지만, 공항에 발을 딛자마자 교도소로 호송되어 5개월간 '재교육'을 받아야 했다.[12]

카다피의 일인 독재 통치 스타일은 빠르게 본색을 드러냈다. 스스로를 리비아 군대 총사령관이자 혁명위원회RCC 의장으로 임명한 그는 자신만이 새로운 정부의 얼굴이 될 수 있도록 동지들에게 익명으로 남으라고 강요했다. 외교관들과 언론이 일부 내각 각료들의 이름을 알아내기는 했지만, 혁명평의회 의원들의 이름과 사진은 쿠데타 이후 4개월 동안 공식적으로 공개되지 않았다. 권력을 손에 쥔 카다피는 더 변덕스러워졌고, 주요 정책 변경 과정에서 늘 소외되며 그의 불같은 성미를 감당해야 했던 두 명의 혁명평의회 의원은 몇 년 못 버티고 사령부를 떠났다. 여기에 추가로 세 명이 모여 카다피에 대한 쿠데타를 계획하면서 앞으로 수십 년간 휘몰아칠 혼란을 예고했다.[13]

고품질의 풍부한 석유와 아랍 통합, 사회주의를 통한 자유, 반제국주의는 새로운 정부를 떠받치는 주축이었다. 그 마지막 요소에는 반시온주의도 포함되어 있었지만, 카다피는 반유대주의적 메시지를 전하는 능력을 높이 사 전 나치 선전원을 고용했던 나세르의 전철을 밟지는 않았다. 카다피는 자국 내에 유럽인들이 있는 것을 원치 않았기에 머잖아 외국 석유 기술자들을 제외하고 이탈리아 공동체를 추방할 생각이었다. 석유는 많은 독재자의 협상 테이블에 반드시 등장하는 중요한 요소이기에, 석유 보유는 무상 교육, 저렴한 주택 공급 등의 주목할 만한 이익을 국민에게 제공하는 자금처가 됨으로써 카다피의 권력을 유지시켜주었다.[14]

하지만 오일 머니로 모든 걸 살 수 있는 것은 아니었다. 군사 쿠데타를 통해 집권했다는 사실은 카다피를 뒷받침하는 거대 정당이나 세력이 없다는 것을 의미했다. 쿠데타가 일어난 지 4개월 후, 그는 리비아의 입법기관인 총인민회의 수장으로 누구를 앉힐지 결정하기 위해 대중 의회를 만들었다. 그다음 아랍 사회주의 연합을 풀뿌리 정치 조직으로 추가했다. 그러나 실질적인 권력은 모두 혁명평의회가 쥐고 있었고, 카다피는 리비아인들이 그걸 원한다고 주장했다. "리비아인들은 혁명평의회가 자신들을 이끌어주기를 바란다." 1971년 그가 활동가이자 학자인 루스 퍼스트에게 한 말이다. 혁명의 기쁨은 순식간에 국가 압제에 대한 공포로 대체됐다. 1972년에는 아랍 사회주의 연합이 지지하지 않는 모든 정치 활동은 사형의 대상이 되었다. 많은 리비아인이 국내 정치를 완전히 회피하고 전통적인 부족적 충성심으로 도피했다. "정부가 없는 베두인 사회에서, 아이에게 벌을 주는 아버지를 막을 자 누구인가? 그들이 아버지를 사랑하는 것은 맞지만, 동시에 두려워하는 것도 사실이다." 카다피가 자신의 저서 『지옥으로의 탈출』에서 쓴 글이다. 그의 반제국주의 혁명의 결과로 수백만 명의 리비아인이 겪어야 했던 현실을 한마디로 요약한 제목이라 할 수 있다.[15]

"무조건적인 항복을 받아내라! 협상이란 없다! 무조건적인 항복이다!" 1973년 9월 11일 아침, 피노체트가 수화기 너머 해군 중장 파트리시오 카르바할에게 외친 말이다. 사회주의자 대통령 살바도르 아옌데는 대통령궁 라 모네다에서 바리케이드를 치고 있었고, 산티아고에서는 쿠데타에 대한 저항이 거세게 일어났다. 좌파 세력 중 일부는 준군사 훈련을 받아 이런 사태에 대비가 되어 있었지만, 곧 칠레군이 우위를 점했다. "권총으로 어떻게 탱크를 상대할 수 있겠습니까?" 이 일을 실제로 시도한 공산당 공작원 아나 마리아가 말했다. "몇 명은 쓰러뜨릴지 모르지만 그 뒤에 수천 명이 더 있습니다. 그리고 계속 늘어납니다. 그러니 대체 뭘 할 수 있겠습니까?"[16]

그날이 오기 전까지 칠레인들은 군사 쿠데타로 자유를 잃은 중남미 이웃 국가들의 운명을 자신들만큼은 피했다고 생각했다. 1954년에 과테말라와 파라과이에서 체제 전복이 일어나 군사 정부가 집권했고, 브라질과 볼리비아는 1964년에, 아르헨티나는 1966년에 독재 국가가 되었다. 탈식민지화에서 영감을 받았던 쿠데타처럼, 한 체제의 전복은 다른 체제의 전복에 영향을 주었다. 이 모든 것은 미국과 같은 반공산주의 민주주의 국가가 지지하는 냉전 국가 안보 교리에 의해 정당화되었다. 그들은 소비에트의 영향력 확산을 억제할 목적으로, 좌파 세력에 대한 고문 및 대량학살과 더불어 라틴아메리카에서의 정권 교체를 정당화했다. 피노체트가 이끌던 우파 군사 정권의 콘도르 작전단은 이러한 분위기에서 시작됐다. 이 집단은 칠레와 다른 라틴아메리카 정권을 피난처 삼은 전 나치 친위대SS 대원 발터 라우프와 클라우스 바르비, 그리고 델레 치아이에 같은 신파시스트 테러리스트들의 전문 기술에 기대어 반란 진압 활동 및 탄압과 관련된 정보를 공유했다.[17]

엄청난 카리스마를 지녔던 아옌데는 프랑코와 쿠바의 마르크스주의 지도자 피델 카스트로를 개인적인 친구로 여겼다. 그가 계획한 반제국주의적 경제 및 사회 프로그램에는 칠레 구리 광산 국영화와(칠레는 전 세계 구리 소비량의 20퍼센트를 생산한다) 농지 및 사업체의 50퍼센트를 취해 부를 재분배하는 것이 포함되어 있었다. 반제국주의적 사상에 영향을 받은 그는 칠레 내 ITT 같은 다국적 기업의 존재를 국가 주권에 대한 위협으로 보고 1971년 '초과 이윤'에 반대하는 법을 통해 그들을 겨냥했다.[18]

그러한 반자본주의적 조치들은 미국 관료들에게 적신호를 울렸다. 그들은 닉슨이 자신의 국가안보보좌관 헨리 키신저에게 말했던 것처럼 '아옌데를 물러나게 할' 상황을 조성하기 위한 경제전과 심리전에 착수했다. 키신저는 쿠데타가 일어나고 몇 주 뒤 국무장관으로 승진했다.[19] "그들의 경제가 비명 지르게 하라." CIA 국장 리처드 헬름스가 1970년 9월 키신저 및 닉슨과의 회동에서 하달받은 지시였다. 그 지시는 칠레에 대한 신용 동결과 국제 대출 금수 조치로 이어졌다(프랑코는 아옌데를 돕기 위해 4000만 달러를 지원했다). 젊은 시절 나치 독일로부터 망명한 키신저는 아옌데가 히틀러와 마찬가지로 '일당 국가'를 세우려 한다며 1971년 닉슨에게 압박을 높일 것을 촉구했다. 1972년에는 CIA의 지원을 받은 트럭 운전사 파

업이 식량 공급에 심각한 차질을 일으키며 사회 내 불안을 한층 고조시켰다.[20]

"칠레에서 공동묘지 냄새가 난다. 민주주의가 부패하는 냄새가." 주 칠레 미국 대사 에드워드 코리가 1970년 아옌데의 선거 직후 만족해하며 쓴 글이다.[21] 그러나 사실 칠레군의 법치주의에 대한 헌신이 쿠데타 지원자를 모으는 과정을 어렵게 만들었다. "행동 범위가 무척 좁고 실행 가능한 선택지가 상당히 제한되어 있다." 산티아고 CIA 지부장이 워싱턴 DC에 있는 상관들에게 불평한 내용이다. 쿠데타 문건의 주요 작성자였던 호세 토리비오 메리노 제독은 CIA, 칠레군, 칠레 보수주의자들, 극우 단체인 파트리아 이 리베르타드를 연결하기 위해 노력했다. 이 모든 관계자는 다른 미국 정부 기관 및 브라질군과 함께 쿠데타에 유리한 분위기를 조성했다. 기독교민주당과 아옌데의 인민연합당 간의 양극화 또한 칠레의 민주주의를 약화하는 데 일조했다. 입법 과반수가 없고 야당이 자신들의 계획을 막기로 결심한 상황에서 아옌데는 법률상의 허점과 행정 명령에 의지했고, 이는 그에 대한 탄핵 요구를 불러일으키는 계기가 됐다. 1973년 8월, 하원은 그의 정부를 위헌이라 선언했다.[22]

'이모님이 돌아가셨다My aunt has died'는 쿠데타를 의미하는 CIA의 암호문이었고, 1973년 여름 그 이모님은 여러 차례 사망 직전까지 갔다. 6월 29일, 아옌데의 충신 카를로스 프라츠 사령관의 지휘하에 산티아고 지부 사령관을 맡고 있던 피노체트는 아옌데 정부에 반대하는 군 장교들의 체제 반란 시도를 무력화시켰다. 7월과 8월에는 정치와 경제 상황이 더 악화되었다. 사회주의 상원의원 마리아 엘레나 카레라는 언제라도 망명해야 할 상황에 대비해 가족들의 '쿠데타 대비 가방'을 싸둘 정도였다. 8월 말, 중상모략을 받아 프라츠가 사임하자 피노체트가 그를 대신해 칠레군 최고위 자리에 올랐다. 그러나 상관이었던 프라츠에 대한 피노체트의 예우는 쿠데타 개시 불과 사흘 전에 이를 알려준 것이 전부였다. 피노체트는 곧 권력에 대한 열망과 잔인성을 어김없이 드러내며 모두를 놀라게 했다.[23]

9월 11일 아침, 군사 정권 핵심 인원 명단에서 메리노, 공군 사령관 구스타보 리, 무장 경찰 조직 카라비네로스 대장 세사르 멘도사 옆에 피노체트의 이름이 적힌 걸 본 아옌데는 아연실색했다. 사회주의 지도자 아옌데는 호커 헌터 제트기가 라 모네다에 폭격을 퍼부을 때도 그곳에서 자리를 지켰고, 항복 대신 자살을 선택했다. 그날 늦은 오후 군사 정권은 계엄령을 선포했고, 저녁에는 아옌데의 시신이 공군기에 실려 수도에서 멀리 떨어진 비냐 델 마르의 매장지로 옮겨졌다. 이때 공군 정비사 마리오 곤살레스가 아옌데의 시신이 든 관의 운구를 책임졌는데, 싸구려 소나무 관을 들자 플라스틱 관 손잡이의 일부가 부러지면서 그의 손안으로 떨어져나왔다. 곤살레스는 이 조각을 집으로 가져왔고, 피노체트가 실시한 여러 차례의 군대 숙청 과정에서 체포되었을 때는 이것을 아내에게 맡겨두었다가 이후 망명길에도 챙겨갔다. 그에게 있어 이 조각은 회복하는 데 17년 걸린 민주주의 칠레가 남긴 유품과도 같은 것이었다.[24]

다른 독재자들처럼 피노체트는 신의 섭리에 따라 국가를 구해야 하는 위치에 올랐다고 믿었다. 그러나 무솔리니, 히틀러, 프랑코, 카다피와는 달리, 권력을 잡기 전의 그를 만난 어떤 사람도 그가 특별하다고 생각하지 않았다. 제복을 입은 모습이 수려하긴 했지만, 다들 그를 평범하다 여겼고 칠레 육군 사관학교도 세 번의 시도 끝에 겨우 합격했다. 상원의원의 딸로 영향력 있는 사람들을 접하며 자란 그의 아내 루시아 히리아르트는 남편이 대령급 이상으로 올라갈 거라는 기대를 아예 하지 않았다. 그러나 쿠데타는 권력에 대한 그의 은밀한 욕망을 충족시킬 기회를 안겨주었다.[25]

수많은 칠레인이 국외로 망명하기 시작하자(총 20만 명이 망명했다), 군사 정권은 국가 비상사태를 선언하고 시민권을 정지하면서 좌파 인사들을 대거 체포했다. 북부의 피사구아 수용소와 같은 교도소 및 수용소는 넘쳐나는 수감자로 발 디딜 틈이 없었다. 적십자사는 산티아고 국립경기장에 7000명을 수용했고, 로커룸은 고문실로 변했다. 군이 정권을 장악했을 때 산티아고 바로스 루코 병원에 있던 구급대원 파트리시오는 군부대가 혈액은행을 털고 여성 직원들을 강간하는 것을 목격했다. 후에 도시 외곽에 있는 콘차 이 토로 포도원에 간 그는 40명의 노동자가 처참하게 죽어 있는 것을 발견했다.[26]

브라질 출신의 노동자 주랑디르 안토니오 자비에르는 냉전 시대의 쿠데타 참전 용사로, 브라질에서 볼리비아로, 볼리비아에서 칠레로 망명한 뒤 이곳에서 "작은 평화, 작은 휴식"을 찾길 바랐다. 그랬던 그는 군인들에게 구타당하는 동안 "모든 폭력을 그냥 받아들이면서 조용히 있었다"고 한다. 그렇게 목숨을 부지한 그는 세 번째 망명길에 올랐다. 산티아고 밖에서는 마누엘 콘트레라스 장군과 다른 군 장교들이 아옌데 정부의 주요 인사들을 추적하기 위해 헬기를 타고 이동하면서, 100여 명에 이르는 사람을 살해하고 피해자들의 시신을 갱도에 숨기거나 바다에 내던졌다. '죽음의 카라반'으로 알려진 이들의 행위는 군부 정권의 국가정보국DINA 비밀경찰이 하던 방법의 예행연습이나 다름없었다. 라틴아메리카에서 일어난 초기 '실종' 사건의 일부는 이들의 소행이었다.[27]

정치적 양극화와 좌파에 대한 공포는 칠레 엘리트들과 중도 세력으로 하여금 피노체트의 쿠데타 이후에 들어선 군부 정권에 항거하지 못하게 만들었다. 몇십 년 전 이탈리아와 독일의 보수주의자들이 무솔리니와 히틀러에 대해 했던 것처럼, 전 대통령 에두아르도 프레이 몬탈바와 같은 기독민주당 야당의 주요 인사들은 피노체트에 대해 잘못 판단했다. 프레이는 군부 정권이 질서를 회복하고 '권력을 다시 민주주의에 넘겨줄 것'이라고 칠레 국민에게 장담했다. 후에 그가 군부 정권에 반대하고 나서자 피노체트는 그를 독살해버렸다.[28]

카다피가 리비아에서 그랬던 것처럼, 피노체트 또한 빠르게 동료들에 대한 자신의 우위를 주장하고 나섰다. 1973년 9월 18일에 가진 기자 회견에서 그는 자기 뒤에 경호하는 장교까지 한 명 세우고 왕좌 같은 의자에 팔짱을 끼고 앉아 있었다. 그는 선글라스를 벗어달라는 네덜란드 사진가 하스 헤레천의 요청을 거절하며 이렇게 말했다. "나는 피노체트요." 그는 군부 정권의 통제권이 교대로 넘어갈 거라면서, 일단은 자신이 군부 정권의 수장을 맡겠다고 했다.

아우구스토 피노체트, 1973년 9월.
CHAS GERRETSEN / NEDERLANDS FOTOMUSEUM

"나는 야망가가 아닙니다. 권력 찬탈자처럼 보이고 싶지 않습니다." 그러나 1974년 12월 그는 자신을 칠레 대통령으로 임명했다. 그리고 1976년에는 행정권을 장악했으며, 1978년에는 자신에게 맞섰던 유일한 군부 정권 멤버인 구스타보 리를 명령 불복종으로 해임했다. 칠레는 대부분의 반공산주의 군부 정권의 특징인 집단 통치 대신, 17년간 일인 독재 정치를 경험했다. 이후 1990년 피노체트가 국민투표에서 패해 자리에서 물러날 무렵 냉전은 종식됐다.[29]

3장

새로운 독재자의 출현

1994년 1월 26일, 뉴스를 시청하던 이탈리아인들은 예상치 못한 광경을 목격했다. 화려한 백만장자 기업가이자 미디어 제국 및 AC 밀란 축구팀의 소유주인 베를루스코니가 책상 앞에 담담히 앉아 이탈리아 총리 선거에 출마하겠다고 발표하는 장면이었다.

이탈리아는 제가 사랑하는 나라입니다. 이 나라는 저의 뿌리이자 희망, 미래입니다. (…) 이곳에서 저는 자유에 대한 열망을 키워나갔습니다. (…) 자유가 없는 나라에서 살고 싶지 않기에, 저는 정계에 입문하여 국민을 위해 헌신하기로 결심했습니다. (…) 이제 저는 여러분도 정치에 함께해주시기를 부탁드리는 바입니다. 너무 늦기 전에, 바로 지금부터 말입니다.

그가 공개한 정치적 운동, 유명한 축구 응원 구호에서 이름을 따온 포르차 이탈리아는 보수적인 강령을 세워두고 있었다. 그것은 자유시장, 가족, 질서, 효율을 추구했다. 이미 5년 전 공산주의가 막을 내린 터였지만, 베를루스코니는 좌파 폭정의 위험을 강조했다. 그러나 그는 기자들 앞에서 실시간으로 질문을 받는 현장 출마 선언 대신 선례를 깨고 비디오를 통해 선거운동을 시작했다. 이런 과감한 행보는 그가 정치 규칙을 모두 파괴하기 위해 정치에 입문했다는 것을 이탈리아 사람들에게 확실히 알렸다. 베를루스코니가 공개한 정치 세력은 순식간에 온 이탈리아를 사로잡았고, 두 달 뒤 그는 선거에서 승리를 거두었다. 그가 만든 중도우파 연합은 1945년 이후 처음으로 유럽에서 신파시스트들을 정부로 끌어들이며, 민주주의를 위협하는 새로운 문을 열었다.[1]

피노체트가 정권에서 물러난 1990년경, 군사 쿠데타는 더 이상 흔한 일이 아니었고 선거는 새로운 세대의 독재자들이 권력을 잡는 길이 되었다. 선거는 열린 사회의 오랜 지표였고 선거의 부재는 독재의 기준이 되어왔지만, 새로운 독재자들은 필요한 결과를 얻기 위해 사기나 유권자 탄압과 같은 반민주적 전술을 써가며 선거를 통해 권력을 유지했다. 이들이 선거를 조작하기 위해 투입한 자원은 보통 제값을 톡톡히 했다. 쿠데타가 아닌 선거를 통해 집권한 지도자들은 공직에서 쫓겨나지 않을 가능성이 더 높으며, 처벌받을 가능성이 더 적다. 이런 식으로 새 세대의 독재자는 일단 통제권을 확립하면 과거의 전통적인 독재자들만큼이나 오래 집권할 수 있다. 2020년 러시아 헌법 개정안에 따라 이미 총 16년간 대통령직에 머

무른 푸틴은 2036년까지 국가 수장의 자리를 유지할 수 있게 되었다.[2]

그럼에도 불구하고 선거에 출마하는 새로운 독재자들은 탐사보도 기자와 반부패 감시단들에 의해 자신의 죄와 비밀이 드러날 위험을 감수해야 한다. 법적 문제에 계속 휘말린다면 대중에게 자신의 역량을 설득하는 것이 어려워진다. 베를루스코니는 선거운동 기간에 세금 사기와 뇌물 수수 혐의에 직면했고, 트럼프는 다수의 성폭행 혐의와 트럼프 대학 관련 사기 혐의로 계속되는 법적 조치 속에서 정치 경력을 시작했다. 그것이 바로 그러한 사람들이 앞으로 수면 위로 떠오를 수 있는 불리한 정보를 왜곡하거나 억제하기 위해 법 전문가, 선동가, 보안 요원들을 무더기로 고용하는 이유다. 이들은 정권을 잡으면 자기 가족, 그리고 성장기나 사회생활에서 만난 충신들로 핵심 내부 세력을 구축한다. 이들 중 상당수는 범죄자들과 긴밀한 관계를 맺고 있다. 이런 점은 독재자도 마찬가지지만, 독재자는 거의 항상 그를 위해 죄를 뒤집어쓰는 그 측근들에 비해서는 기소될 가능성이 현저히 적다. 무솔리니 이후로 자신을 대신해서 더러운 일을 해준 사람들이 감옥에 가는 동안 본인은 확실히 면책 특권을 확보하는 것은 독재자의 필수적인 기술로 자리 잡았다.

두 가지 중요한 사건이 베를루스코니의 정치 행로를 닦아주었다. 1989~1991년 유럽 전역에서 일어난 공산주의의 붕괴는 새로운 우파 세력과 새로운 독재 시대가 열릴 수 있는 여건을 형성했다. 동부 유럽에서는 오랫동안 소비에트 체제에서 관리되던 초국가주의, 부족 중심주의적 정서와 민족 갈등이 확산되고 있었다. 국가가 천명한 적이 사라지면서, 폴 호케노스의 표현대로 '혐오할 자유'를 누렸던 일부 사람은 자발적으로 새로운 적을 찾아 나서기 시작했다. 이민자들은 처음부터 아주 좋은 대상이었다. 서부 유럽에서도 공산주의 정당의 쇠퇴는 좌파 세력을 약화시키는 동시에 우파들이 자기주장을 펼칠 기회를 제공했다. 파다니아 연방 공화국 설립을 선언한 포퓰리즘 정당 북부 동맹Northern League(현재는 the League)은 1991년 이탈리아 북부에서 창설됐다.[3] 극단주의의 새 물결과 함께 오스트리아의 외르크 하이더, 이탈리아의 잔프랑코 피니 같은 극우 정치인들이 등장했는데, 이들은 비즈니스 정장을 입고 권력을 얻기 위해 기꺼이 타협하는 모습을 보였다. 하이더의 자유당은 1995년 호주 선거에서 20퍼센트 이상의 표를 얻었다. 피니의 신파시스트 정당인 이탈리아 사회운동MSI은 수십 년 동안 이탈리아 정치 변두리에서 활동했지만, 1993년 피니는 로마 시장직에 출마해 46.9퍼센트의 표를 얻었다.[4]

좌파 정치를 위한 새로운 모델을 모색하던 일부 유럽인은 미국도 주목했다. 1980년대 미국에서는 로널드 레이건 대통령 시절 확산된 거대 정부 반대주의와 친백인 기독교 정서 덕분에 좀더 급진적인 형태의 보수주의가 확고히 자리 잡았다. 1994년 공화당 정치인 뉴트 깅리치와 딕 아미가 공동으로 작성한 '미국과의 계약Contract with America' 문건은 신뢰에 기반한 정치와 재정적 책임을 약속했다. 이는 '이탈리아의 깅리치'라고 불렸던 피니와 프랑스 국민전선당이 1995년에 내놓은 문건 '프랑스를 위한 프랑스 국민과의 계약', 그리고 베를루스코니의 2001년 '이탈리아 국민과의 계약'에 영향을 미

쳤다.[5]

　베를루스코니는 정치 정당의 뇌물 수수 실태와 불법 자금 조달을 폭로한 1992~1993년의 '깨끗한 손' 스캔들에서도 이득을 봤다. 이 일은 제1공화국과 제2차 세계대전 이후 조성된 정치질서를 종식시켰다. 그 전까지 정계를 지배하던 기독교민주당과 사회당 모두 이때 무너졌다. 이 시기에 살아남은 유일한 주류 정당은 과거 서유럽에서 가장 큰 규모였다가 붕괴한 이탈리아 공산당의 사회민주주의 정신을 계승한 좌익 민주당뿐이었다. 베를루스코니는 파산한 정치 계급의 대안이자 자신의 사업 경력을 제쳐두고 좌파 통치로부터 국가를 구하기 위해 나선 애국자를 자처했다. 그 일이 있기 몇 달 전, 그는 일 두체에 빙의해 "이탈리아에는 강력한 치료제와 강력한 사람이 필요하다"라고 말하기도 했다.[6]

　그러나 베를루스코니는 1994년 총리에 당선되었을 때 검찰의 기소를 코앞에 두고 있었던 터라 개인적 자유가 박탈될까 두려워하고 있었다. 훗날 그는 '깨끗한 손' 시절이 '공포'로 가득한 때였다고 회상했다. 그의 지주회사 핀인베스트는 위험할 정도의 부채를 지고 있었고, 그가 알고 지내던 영향력 있는 인사들은 차례로 감옥에 갔다. 핀인베스트 이사인 베를루스코니의 동생 파올로가 수사를 받게 됐을 때, 베를루스코니는 다음 순서는 자신일지도 모르겠다고 생각했다. 1993년 12월, 그의 총리 출마 소식이 알려지자 검사 프란체스코 보렐리는 다음과 같은 의미심장한 성명을 발표했다.

　정치 후보자가 되고 싶은 사람은 먼저 스스로를 돌아봐야 한다. 만약 자기가 깨끗한 사람이라면 차분히 그 길을 가면 된다. 하지만 떳떳하지 못한 일을 한 사람이라면 (…) 우리가 찾아가서 밝히기 전에 스스로 죄를 고백하고 정치에서 물러나야 한다.[7]

독재자에게 있어 정치는 언제나 개인적인 것이다. 그로부터 한 달 뒤 베를루스코니가 이탈리아 국민에게 "너무 늦기 전에, 바로 지금" 행동해달라고 호소한 것에도 얼마든지 또 다른 의미가 있었을 것이다. 총리가 되면 이탈리아 국민을 공산당의 폭정으로부터 구할 수도 있지만, 동시에 면책 특권을 통해 기소로부터 자신을 구할 수도 있었기 때문이다.

정치에서와 마찬가지로 사업 면에서도 베를루스코니는 1970년 대와 1980년대에 건설과 미디어 분야에서 활동한 것을 시작으로 위험을 감수하며 전통을 깨는 걸 두려워하지 않았다. 그의 변함없는 파트너 중 일부는 이 시기부터 연을 맺은 사람들인데, 예를 들어 홍보 회사 푸블리탈리아를 운영하던 마르첼로 델우트리는 강력한 오푸스 데이 성직 자치단, 그리고 조직범죄를 포함하는 남부 이익단체와 베를루스코니를 이어주는 연결 고리였다(델우트리는 2004년 마피아 연루 혐의로 유죄를 선고받았다).[8] 베를루스코니가 1980년대에 이탈리아 텔레비전을 민영화하기 위해 벌였던 투쟁은 정부 통제로부터의 해방이라는 의미에서 자유에 대한 신자유주의적 개념을 형성했다. 과거 이탈리아 텔레비전은 국영 방송국 라이의 세 개 채널로 제한되어 있었지만, 1980년대에는 베를루스코니의 대기업 언론사 메디아세트가 세 개의 가장 큰 민영 채널(카날레 5, 레테 4, 이탈리아 1)을 보유하게 됐다. 베를루스코니의 절친인 베티노 크락시 총리가 행정 명령을 통해 상업 방송국에 의한 전국 방송 금지를 해제해주었을 때, 많은 이는 이를 편파 행위로 여겼다.[9]

베를루스코니의 방송국은 이탈리아 텔레비전의 내용과 스타일을 완전히 바꿔놓았다. 그의 채널들은 벌거벗은 여성들이 등장하는 버라이어티 쇼와 「댈러스」 같은 미국 쇼들, 그리고 광고로 점철되어 있었다. 그 채널들의 뉴스는 베를루스코니에 대한 부정적인 보도를 반박하고 무시함으로써 언론인 알렉산더 스틸의 표현대로 그의 '사실적 진실과의 비정상적인 관계'를 여실히 보여주었다. 1980년대 말, 베를루스코니는 『일 지오날레』 신문사와 거대 출판사인 몬다도리의 소유권뿐만 아니라 방송 매체의 85퍼센트의 시청자 점유율과 TV 광고 수익의 95퍼센트를 차지했다. 1990년에 발효된 마미법 Mammi law은 향후 이런 식으로 미디어가 집중되는 것을 어렵게 만들었지만, 베를루스코니에게는 아무런 영향을 미치지 않았고, 모든 방송국이 생방송을 할 수 있도록 허용했다. 그리하여 1994년 그가 정계에 입문했을 때, 무솔리니 이후로 여론을 조성하는 데 그만큼이나 큰 힘을 가진 사람은 없었다.[10]

베를루스코니의 선거운동은 기업이 정당을 만들고 출범시킨 최초의 사례였다. 모든 도시의 포르차 이탈리아 '클럽들'이 기본 구조를 제공했는데, 이 클럽들에는 위성 TV가 연결되어 있어 어디서든 그가 모습을 내비칠 수 있었다. 푸블리탈리아 직원들은 잠재적인 국회의원 후보자들에 대한 스크린 테스트를 진행하고, 마케팅 조사와 메시징을 담당했다. 베를루스코니 미디어 자산은 '이탈리아의

"이탈리아의 새로운 기적을 위하여." 베를루스코니의 선거운동 옥외 광고판, 1994.
FOTOGRAMMA

새로운 기적'을 약속하는 옥외 광고판으로 이탈리아를 뒤덮었고, 어딜 가도 보이던 베를루스코니의 얼굴은 일부 이탈리아인에게 무솔리니에 대한 인격 숭배를 떠올리게 하기에 충분했다.[11]

이로써 파시즘의 발상지였던 이탈리아는 다시 한번 우파 정치 혁명의 도가니가 되었다. 베를루스코니는 포르차 이탈리아, 북부 동맹, 그리고 피니가 과거 이탈리아 사회운동MSI에서 설립한 국가 동맹AN을 성공적인 중도우파 연합으로 뭉치게 하는 아교 역할을 했다. 100만 개의 일자리 창출 같은 선거 공약이 뉴스의 이목을 끌기는 했지만, 베를루스코니는 그 전의 독재자들처럼 상실과 변화의 시대를 살아가는 사람들의 불안 심리를 이용했다. 반공산주의에 대한 그의 단호한 입장은 이탈리아 국민으로 하여금 익숙한 적을 유지한다는 위안을 느끼게 해주었다. 베를루스코니는 성직자, 불량배, 주부들(베를루스코니의 열렬한 팬층이었다), 자신들의 특권을 지키기 위해 그를 지지했던 엘리트들 등 과거의 독재자들이 집권할 수 있게 힘을 보탰던 다양한 사람으로 이루어진 지지층을 보유하게 되었다. "그가 승리한다면 우리 모두가 승리하는 것이다. 그러나 그가 패배한다면 그 사람 혼자 패배하는 것이다." 자동차 제조사 피아트 회장 잔니 아넬리가 시대를 초월한 냉소를 담아 한 말이다.[12]

베를루스코니의 도박은 결국 성공했다. 포르차 이탈리아는 1994년 3월 국민투표에서 21퍼센트의 표를 얻으며 창당 2개월 만에 이탈리아의 가장 큰 정치 세력으로 자리 잡았다. 불안했던 연합은 6개월 만에 해체되기는 했지만, 신파시스트들을 정부에 불러들인 일은 파시즘 재건을 위한 길을 열어주었다. 국가 동맹의 지도자 피니는 일 두체를 '20세기의 가장 위대한 정치인'이라 선언하면서 선거운동 기간에 분위기를 조성했다. 적지 않은 이탈리아 국민이 드디어 무솔리니에 대한 긍정적인 감정을 표현할 수 있게 되었다는 점에 안도했다. 로마의 한 세탁소 직원은 무솔리니가 "이탈리아를 위해 좋은 일을 많이 했고 반동분자와 유대인들만 해쳤다"라고 말해 단골 고객을 놀라게 했다.[13]

1994년 5월부터 12월까지, 베를루스코니 정부는 자신의 재정적, 법적 문제를 위한 해결책 모색을 정부의 최우선 업무로 삼으며 새로운 독재자 시대를 위한 일인 독재 통치의 선례를 만들었다. 그해 7월, 핀인베스트가 뇌물 수수 건으로 조사받는 상황에서 그는 구금을 요하는 범죄 목록에서 뇌물 수수와 부패를 제외하는 법령을 통과시켰으나, 이후 대중의 항의로 이를 철회해야 했다. 베를루스코니와 포르차 이탈리아 내 그의 협력자들은 또한 사법부에 반대하는 여론을 조성하려고 했다. 그의 협력자들은 1994년 11월 뇌물 수수로 그를 기소한 검사들을 '제도적 쿠데타를 통해 민주주의 질서를 무너뜨리려는' 범죄자들로 규정했다. 사법적 문제가 가중되면서 북부 동맹은 정부에서 물러났다. 그러나 12월 치안판사들이 베를루스코니를 심문하면서 그의 중도우파 실험은 끝났고, 이로써 많은 이가 그의 정치생명도 끝났다고 생각했다.[14]

프랑코가 파시스트 시대에서 군사 쿠데타로 넘어가는 과도기의 인물이었던 것처럼, 베를루스코니는 극단주의적 정치 세력을 주류 정치로 편입시키면서 개인의 이익을 위해 민주주의 제도를 약화시키는 21세기 독재자의 시대로 가는 가교 역할을 했다. 그의 집권은 냉전 종식과 전후 이탈리아의 혼란스러운 정치질서가 만들어낸 빈 자리를 채웠으며, 그의 짧았던 첫 번째 정부는 새로운 무언가가 자리 잡기 위한 토대를 마련했다. 그는 1996년 이런 말을 했다. "나는 뭔가를 만들어낼 줄 알고, 사람들을 이끌 줄 알며, 사람들이 나를 좋아하게 만들 줄 안다." 독재자의 핵심적인 재능을 압축한 말이라 할 수 있다.[15]

—

푸틴이 집권하기 몇 년 전까지만 해도 그 또한 이런 재능들을 갖췄다고 생각하는 사람은 아마 한 명도 없었을 것이다. 블라디미르 레닌의 빛나는 지성도, 스탈린의 위엄도 갖추지 못했던 푸틴은 파시스트 이탈리아와 더불어 독재자 숭배를 개척했던 나라에서 훗날 정치적 우상이 되리라고는 차마 상상도 할 수 없었던 인물이다. 정보기관에서 훈련받은 그는 카리스마적 리더가 으레 그러하듯 자신의 존재감을 강요하는 대신, 상대방을 따라 하는 것을 통해 신뢰를 구축했다. 첫 임기 때 "추종 세력은 있지만 (…) 뚜렷한 개성은 없다"라는 농담이 나돌 정도였다.[16]

모든 독재자는 자신의 개인적 권력을 약화시킬 만한 요소를 최소화하기 위한 통치 체제를 구축하지만, 푸틴의 경우 처음에는 동독에서, 이후에는 러시아에서 공산주의가 붕괴되는 시기를 모두 겪으며 유독 날카로운 생존 본능을 갖게 됐다. 푸틴의 성격을 형성한 결정적인 사건은 1985년부터 1989년까지 국가보안위원회KGB 정보담당관으로 일하며 머물렀던 드레스덴에서 일어났다. 1989년 12월, 베를린 장벽이 무너진 후 강경 시위자들이 자신들이 겪은 억압에 대한 정의를 요구하며 푸틴과 그의 KGB 동료들이 일하고 있는 슈타지 비밀경찰 본부 바깥에 모여들었다. 푸틴은 불편한 상황을 대면하는 데 익숙했다. 그는 무술을 연마해 내면의 폭력성을 이끌어내기 전까지, 어린 시절 수많은 싸움에 휘말렸다. 동료들이 허겁지겁 수년간의 정보 활동의 결실을 불태우는 동안 그는 밖으로 나가 시위대와 대화했다. "아무도 우리를 보호할 생각이 없는 것 같았다." 푸틴이 모스크바의 지원 병력 파견이 지연되던 것을 회상하며 한 말이다.[17]

해체된 소련으로 돌아온 후, 민주화가 나약한 리더십과 사회 불안을 야기했다는 그의 생각은 더 확고해졌다. 그 시작은 1991년 8월 소련 대통령 미하일 고르바초프에 반대하는 군사 강경파가 일으킨 쿠데타로, 이는 당시 러시아 연방 대통령이던 보리스 옐친에 의해 일단락되었다. 옐친은 수백 명의 의원과 수천 명의 지지자 앞에서 탱크 위로 올라가 정부를 지지해달라고 호소했고, 이 일로 12월에 러시아 최초의 자유선거로 당선된 대통령이 되었다.[18]

옐친의 정부는 경제 개혁과 신자유주의 긴축 정책을 실시했는데, 이는 소비에트 시대의 사회 안전망을 제거하고 극심한 경제적 어려움을 가져왔다. 1990년대 초 수백만 명의 러시아인, 특히 25세에서 35세 사이의 남성들이 알코올 관련 질병, 심장마비, 자살, 살인으로 사망했다. 경제를 약탈했던 엘리트들의 행동 역시 가치 체계의 붕괴를 드러냈다. 민영화로 인해 과두제 집권층 사이에서 자산 통제권을 둘러싸고 치열한 투쟁이 벌어졌으며, KGB 요원들은 국가가 보유한 금과 재산을 대거 해외 계좌로 빼돌렸다. 고위층이 쌓아올린 막대한 부와 대비되는 대중의 처참한 현실은 일부 러시아인 사이에서 민주화에 대한 부정적인 시선을 만들어냈다. "공산주의의 가장 나쁜 점은 공산주의가 끝난 뒤 밀려드는 후폭풍이다"라는 씁쓸한 말이 나돌았다.[19]

푸틴의 대통령 집권은 이러한 배경에서 이루어졌다. 비록 그의 초기 정치 활동은 성공적이라고 보기 어려웠지만 말이다. 1994년 상트페테르부르크 부시장으로 임명된 그는 도박 규제와 관련해 범죄 조직과 협력한 일로 시의회의 비판을 받았다. 내무부는 후에 그가 상트페테르부르크 예산을 트웬티스 트러스트라는 건설 회사로 빼돌렸는지 여부를 조사할 예정이었다. 이 회사는 시에서 대출받은 2800만 달러 상당의 돈을 갚지 않았고, 정기적으로 자금을 해외로 빼돌렸다.[20]

푸틴의 정치 행보는 공직자의 책임 면에서 보자면 상당히 무책임했을지 모르지만, 보리스 베레좁스키와 과두제 집권층을 길들이고 싶어했던 옐친 주변의 권력자들에게는 잠재력으로 다가왔다. 이 때문에 특히 주 러시아 미국 대사 토머스 피커링 같은 사람들에게 푸틴은 '떠오르는 스타처럼 보이지 않았지만', 그는 1996년 모스크바의 옐친 핵심 그룹에 진입했고 1998년에는 KGB의 후신인 러시아 연방보안국FSB의 첫 민간인 책임자가 되었다. 1999년 8월 옐친이 민주적 전환의 처리 문제로 의회의 탄핵에 직면했을 때, 옐친과 그의 측근들은 사태를 안정시키고 옐친의 유산을 이어갈 사람을 총리 겸 대통령 후계자로 택했는데, 그가 바로 푸틴이었다.[21]

"푸틴이 누구라고요?" 1999년 8월 9일 한 뉴스 인터뷰에서 모스크바 거리에서 핫도그를 파는 제냐 몰차노바가 한 말처럼 대부분의 러시아인은 이런 반응을 보였다. 정치인 보리스 넴초프는 옐친의 선택에 대해 "정신 나간 일을 논리적으로 설명하기란 어려운 법이다"라고 말했다. 전환에 대한 민주적 해결책보다 독재자를 옹호하던 군부 강경파들은 냉소적인 반응을 보였다. 한 퇴역 장교는 이렇게 말했다. "우리는 늘 피노체트를 원했지만, 푸틴은 피노체트가 아니다."『모스크바 타임스』는 "대통령, 모든 정치 진영으로부터 비판받다"라는 머릿기사를 실었다.[22]

그로부터 채 한 달도 지나지 않아 푸틴의 모든 것을 바꾼 폭탄 테러가 시작되었다. 1999년 8월 31일부터 9월 16일까지 네 건의 아파트 폭탄 테러를 포함해 이어진 여러 차례의 폭탄 테러는 총 300명의 사망자와 1000명이 훌쩍 넘는 부상자를 발생시키며 모스크바 및 여타 도시들을 크게 뒤흔들었고, 두려움에 빠진 시민들은 거리로 나와 잠을 잤다. 푸틴이 TV에 나와 체첸족을 이 일의 배후로 지목했을 때도 사람들은 여전히 푸틴이 누구인지 잘 몰랐다. 1994~1996년 러시아가 체첸의 분리 독립을 막기 위해 벌인 전쟁은 휴전으로 끝났고, 긴장 상태는 지속되었다. 푸틴은 희생자 가족들에 대한 일반적인 동정의 표현은 건너뛰고, 암살자들을 '처단하겠다'고 다짐하며 독재자의 언어를 구사했다. "우리는 그들을 끝까지 추적해 찾아낼 것입니다. 그리고 찾아내는 대로 말살할 것입니다."[23]

　이러한 위기 속에서 푸틴은 유능하고 수완 좋은 지도자의 모습으로 등장했는데, 그의 다부진 몸은 옐친의 늙고 병든 몸과 대비되어 강인해 보였다. 2000년 1월 러시아는 체첸 공화국과의 전쟁을 재개했고, 옐친은 사임했다. 대선이 3월로 예정되며 당시 대통령 권한대행이었던 푸틴은 전시에 출마한 대통령 후보자가 되었다. 그때부터 그는 갑자기 상대 후보와의 토론이나 민중 중심 선거운동을 거부하며 고압적인 면모를 보였다. 폭탄 출처에 대한 의혹이 난무한 상황에서(폭탄 중에 일반인이 구하기 어려운 군용 폭발물이 포함되어 있어 FSB의 개입 가능성이 제기되었다) 대본에 없는 질문을 받는 것은 현명하지 않은 듯 보였다. 석 달 전까지만 해도 대중에게 낯선 인물이었던 푸틴은 2000년 3월 대선에서 53퍼센트에 가까운 득표율로 당선되었으며, 유권자 협박, 투표함 채우기, 투표용지 바꿔치기 등은 그가 이후 시도한 전략들의 예고편에 불과했다.[24]

이제 일부 평론가는 군부 정권의 대규모 폭력을 모른 체하고 피노체트가 반인륜적 범죄로 런던에서 가택연금되었다는 사실을 외면하며, 러시아를 위해 '피노체트 방식'이 필요하다고 목소리 높였다. 키신저는 푸틴 집권하의 러시아가 '기본적으로 독재 국가'가 될 것이라고 예측하며 조심스레 그 모델로 피노체트보다는 포르투갈의 지도자 안토니우 살라자르를 꼽았다. 푸틴의 생각은 1999년 12월에 발표해 크렘린궁 웹사이트에 게시된 사설 「새천년의 시작을 앞둔 러시아」에 잘 드러나 있는데, 이는 그의 통치에 대한 전반적인 분위기를 담고 있다. "러시아 국민에게 있어 강한 국가란 반대해야 할 이상 상태가 아니라 (…) 질서의 근원이자 보증, 모든 변화의 시작이자 주된 원동력이다." 독재자들은 개인적 이익과 국가의 이익을 구분하지 않으며, 푸틴에게 있어 강한 국가 역시 자기 보호의 수단이었다. 정치학자 카렌 다위샤의 표현을 빌리자면, 그의 리더십 아래 러시아는 실패하는 민주주의 대신 '성공으로 가는 과정에서의 독재 프로젝트'가 되는 것이었다.[25]

—

미국의 전 대통령 조지 W. 부시는 2017년 1월 20일의 트럼프 대통령 취임사에 대해 이런 말을 했다. "거참 이상한 소리네." 취임식 연설에서 트럼프는 미국을 '온 나라에 낡아빠진 공장들이 묘비처럼 흩어져 있는' 황량한 곳으로 묘사했다. '미국 우선주의'를 표방하는 트럼프가 등장하기 전까지 자국민은 외국에 의해 약탈당하고, 나라의 '부와 국력, 자신감'이 상실된 상태라고 말이다. 극우 선전가 스티브 배넌 트럼프 선거대책 본부장이 작성한 그 연설문에 담긴 포퓰리즘적 언어의 일부는 티 파티 운동에서 기인했다. 그러나 위기를 강조하는 수사와 남성 지도자를 구세주처럼 묘사한 것은 무솔리니부터 이어진 모든 독재자의 공식을 따른 것이었다. 부시가 미국 민주주의의 맥락에서 이상하다고 본 것은 독재의 전통에서는 정상적인 것이었다. 청중을 불안하게 하고 다음에 뭘 할지 예측하지 못하게 만드는 것 또한 마찬가지다. "빈말 따위나 할 시간은 이제 끝났다. 지금은 행동할 시간이다." 트럼프의 말이다.[26]

선대 독재자들이 그러했듯, 트럼프 또한 자신을 힘없는 사람들이나 따르는 법 같은 건 필요치 않은 이단아라고 생각했다. 2015년 이전까지는 사업이 이러한 태도를 잘 보여줄 수 있는 분야로, 이는 아버지로부터 배운 것이었다. 아버지 프레드 트럼프는 자기 가문이 10억 달러의 부동산 제국을 세우는 동안 탈세와 부정 거래를 이용해 미국 재무부로부터 수억 달러를 편취했다. 베를루스코니와 마찬가지로 트럼프는 합법과 불법 사이의 선을 넘나드는 사업 관행에서 얻은 교훈을 정치에 적용했다. 대통령 선거에 출마할 무렵, 트럼프가 러시아 마피아와 연루된 정황은 수년간 문서로 기록된 상태였다.[27]

"범죄자들도 어디서든 살긴 해야 하잖아요." 뉴욕의 한 부동산 중개인이 트럼프의 거주지이자 트럼프 기업의 본부인 트럼프 타워를 두고 한 말이다. 조지프 비첼바움 같은 마약 밀매자들, 아드난 카쇼기 같은 무기 거래상, 아이티 대통령 장 클로드 뒤발리에 같은 독재자가 모두 그곳에 살았다. 러시아 마피아와 관련 있으며 1990년대에 증권 사기로 유죄를 선고받은 부동산 개발업자 펠릭스 세이터도 트럼프 타워의 거주자였다. 그는 2006년 사업 도모를 위한 모스크바 출장길에 트럼프의 딸 이방카와 장남 도널드 주니어를 데리고 갔고(이방카는 크렘린궁에서 푸틴의 의자에 잠시 앉아보기도 했다), 2015년 모스크바에 트럼프 타워를 건설하는 협상에 참여했다. 트럼프 타워, 그리고 세이터 같은 그곳의 거주민들은 캘리포니아 민주당 하원의원 애덤 시프가 '트럼프 기업의 확실한 돈세탁 혐의'라고 표현했던 자금 세탁 혐의 관련 조사에 등장했다. "독재자요? 좋습니다. 어서 오세요. 미국에 도움 되는 거라면 뭐든 환영입니다." 이제 미국의 대통령이 되어 국가적 규모로 악마와의 거래를 할 수 있게 된 트럼프가 2019년에 한 말이다.[28]

트럼프는 오랫동안 대선에 출마할 생각을 했지만, 2016년 대선 시기에 마침 세계적으로 이민이 증가하고 8년간의 오바마 통치에 대한 반발심을 바탕으로 유색인종에 대한 분노가 형성되면서 모든 상황이 다 맞아들어갔다. "나는 여러분의 목소리입니다." 그가 경제적으로 취약하고 점차 다민족 사회로 변해가는 분위기를 불편해하는 미국인들에게 말했다. 그의 '보호자' 페르소나는 국가의 짐을 짊어지겠다고 맹세한 과거의 지도자들과 닮아 있었다.[29] 민주주의가 막바지에 이른 독일, 이탈리아, 칠레의 상황과 마찬가지로, 미국 정치 또한 양극화가 최고조에 이르며 트럼프의 분열을 조장하는 미사여구가 먹힐 수 있는 환경이 조성됐다. 정치학자 노먼 J. 오른스타인과 토머스 E. 만이 2012년 실시한 공화당에 대한 평가에는 공화당원들이 트럼프의 출마를 받아들이도록 만든 독재주의적 전환의 핵심 요소가 잘 포착돼 있다.

> 공화당은 미국 정치에서 반란적 아웃라이어가 됐다. 이념상 극단적이고, 타협을 경멸하며, 사실과 증거, 과학에 대한 통상적인 이해에 흔들리지 않고, 반대 정치 세력의 정당성을 무시한다.[30]

2015년 트럼프가 대선운동을 시작할 무렵, 공화당은 상호 인내라는 민주적 개념을 버리다시피 했고 양당 통치에 대한 의지도 약해진 상태였다. 라디오 토론, 폭스 뉴스 등 활발한 우파 미디어 세계관이 이러한 변화를 뒷받침했다. 칠레에서 쿠데타가 일어나기 전, 보수주의자와 우파들은 아옌데를 '악마의 화신'이라고 불렀다. 인종차별주의로 촉발된 그와 비슷한 분노가 오바마에게 향했고, 그가 내놓는 입법 의제는 필리버스터 등의 전략을 남용하는 국회의원들에 의해 가능할 때마다 가로막혔다. 트럼프는 오바마에 대한 적대심을 형성하는 데 지대한 역할을 했다. 2011년 트럼프는 공개적으로 인종차별적인 대통령 후보로서 당시 대통령이던 오바마가 케냐에서 태어났기 때문에 미국을 통치할 자격이 없다는 음모론을 퍼뜨리며 좌중의 반응을 살폈다. 이제 그는 반反오바마 정서의 물살을 타게 됐다.[31]

보수주의자 및 우파 엘리트들과 더불어 상원 공화당 원내대표 미치 매코널 같은 공화당 실세들은 트럼프를 오바마 재임 기간에 가로막혀 있던 자신들의 목표를 이루기 위한 수단으로 보았다. 여기에는 백인 기독교인 헤게모니를 수호하거나 사회보장기금 삭감처럼 피노체트의 경제 정책을 모델로 한, 재정 지원 혜택에 대한 신자유주의적 개혁 등이 포함됐다. 트럼프는 이전 세대의 독재자들처럼 자신의 신뢰도를 구축하기 위해 이러한 기성 정치인들에게 의지했다. 반이민 정책 열성 지지자로 앨라배마에서 오랫동안 공화당 상원의원을 지낸 제프 세션스는 가장 먼저 트럼프 지지를 선언한 인물 중 한 명이었다. "이런 말 하긴 좀 그렇지만, 제가 대세가 되고 있어요." 트럼프가 2016년 2월의 한 행사에서 세션스와 나란히 서서 한 말이다. 그러나 그 무렵 공화당은 강령 면에서 극단주의 정당이 되어 있었다. 주류 독일 기독민주당이나 영국 토리당보다는 독일을 위한 대안Alternative for Germany 같은 극우 유럽 정당에 더 가까웠다. 그런 의미에서 트럼프의 우파 포퓰리즘적 관점은 그들과 잘 맞았다.[32]

트럼프의 선거운동 캠프와 자문 집단에는 우파 독재 지도자들을 지지하거나 그 밑에서 일했던 사람들이 대거 포함되어 있었다. 그중 배넌은 전 세계 극우 정치를 발전시키는 데 평생을 바친 인물이다. 그는 무솔리니를 '20세기의 가장 중요한 인물 중 한 명'이라고 생각했다. 극우 선전 매체 브라이트바트의 전 CEO이자 데이터 분석 회사 케임브리지 애널리티카의 부회장인 배넌은 브렉시트, 이탈리아 북부 동맹 지도자 마테오 살비니, 두테르테, 그 외의 수많은 극우 후보 및 대의명분을 지지했다.[33] 푸틴의 오랜 고문이자 독재 역사의 주동자인 키신저 또한 트럼프 선거 캠프의 비공식 법률 고문으로 활동하며 중국의 시진핑 주석을 비롯해 트럼프가 존경하는 지도자들에 대한 정보를 제공했다.[34]

키신저와 마찬가지로 트럼프의 고문 로저 스톤과 트럼프의 대선 캠프 책임자 폴 매너포트 역시 군사 쿠데타 시절부터 독재자들을 보좌해온 이력이 있다. 이들은 로비 회사 블랙, 스톤, 매너포트, 켈리의 일원으로, 모부투, 바레, 그리고 페르디난드 마르코스의 사기 혐의가 제기되었던 1985년 선거운동 기간에 마르코스를 위해 일했다. 매너포트는 2006년에서 2009년까지 푸틴을 대변하면서 자연스레 새로운 독재자 시대로 넘어왔고, 트럼프의 대선 캠프 책임자가 되기 전까지 10년 동안 친러 성향의 우크라이나 대통령 빅토르 야누코비치를 위해 일했다. 그러나 그는 2016년 8월 연방 수사 결과 친러파 우크라이나 정당으로부터 1200만 달러 이상의 돈을 받은 사실이 드러나자 자리에서 물러났다. 이후 매너포트는 대선 기간에 트럼프를 위한 러시아의 선거 개입에 대한 로버트 뮬러의 특별 수사에서 가장 먼저 형을 선고받았고, 캠프 부책임자 릭 게이츠가 뒤이어 처벌받았다.[35]

트럼프의 세계에서는 모든 것이 거래다. 그리고 부를 늘리는 것이든, 대통령이 되는 것이든, 누군가가 자신의 목표를 이루는 데 도움이 된다면 그 사람은 좋은 파트너다. 재정상 여유가 있어 푸틴이 처음부터 환심을 사려 했던 베를루스코니와 달리, 트럼프는 오랫동안 푸틴의 돈과 호의를 바라며 매달리는 쪽이었다. 모스크바 트럼프 타워 건설을 위해 푸틴에게 도움을 청했던 것도 한 가지 예다. 트럼프와 그의 가족은 푸틴에게 매달리는 입장임을 대놓고 밝혀왔다. 2013년 트럼프는 푸틴에게 모스크바에서 열리는 트럼프 가문 소유의 미스 유니버스 대회에 참석해 그의 '절친'이 되어달라는 글을 트위터에 올렸다. 트럼프의 두 아들 도널드 트럼프 주니어와 에릭 트럼프는 2008년과 2014년에 트럼프 기업이 상당한 러시아 자금을 보유하고 있다고 공개적으로 밝혔다. 이러한 역사가 있었기에 트럼프는 정치 부문에서도 러시아의 도움을 받는 데 거리낌이 없었다. 2015년과 2016년, 그의 선거 캠페인은 러시아 정부 내 그의 협력자들과 100차례 넘게 연락을 주고받았다.[36]

트럼프의 민주당 라이벌인 전 국무장관 힐러리 클린턴에 대한 그의 태도는 독재자적 전략에 충실한 모습을 잘 보여준다. 그가 클린턴을 투옥해야 한다고 주장한 것과 클린턴이 총을 맞을 수도 있다고 암시한 부분은 파시스트 국가나 군부 정권과 직결되는 행동이다. 2017년 7월에 실시된 한 여론조사에서 공화당 지지자의 47퍼센트는 트럼프가 일반 투표에서 이겼다고 믿는다는 결과가 나왔다(실제로는 클린턴이 300만 표 차이로 이겼다). 그야말로 그의 캠페인 책임자인 켈리앤 콘웨이가 '대안적 사실'이라고 표현한, 트럼프의 현실관을 뒷받침하는 거짓말의 시대가 온 것이다. 엑슨모빌의 전 CEO로 2013년 푸틴의 우정훈장 수여자인 렉스 틸러슨이 국무장관에 임명된 것을 보면 트럼프-러시아 관계의 새로운 시대가 열린 것 또한 분명해 보였다.[37]

한 세기 동안 독재자들은 새로운 질서를 세우려면 사회를 분열시켜야 한다고 믿었다. 배넌은 오랫동안 우파의 포퓰리즘적 반란을 촉발할 수 있도록 '체계에 충격을 주고' 싶어했는데, 이제 자신의 이론을 실험해 볼 권력을 갖게 되었다. 그는 백악관 수석 고문 스티븐 밀러에게 트럼프 행정부 출범 100일 내로 시행할 200개의 행정 명령 목록 초안을 작성해달라고 요청했다. 혼란과 공포를 불러일으키기 위한 전격전이었다. 그 야심찬 계획은 결국 실현되지 않았지만, 이슬람교가 지배적인 특정 국가 사람들의 미국 입국을 금지하는 명령은 통과되었다. 이는 그 의도대로 국가를 혼란 속으로 몰아넣었다. 여행자들은 오도 가도 못 하게 되었고, 연방 공무원들의 직무는 방해를 받았으며, 출입국 항에서는 대규모 시위가 일어났다. 이 일로 대중은 독재 선전가들이 오랫동안 사용해온 심리전을 직관적으로 접하게 되었고, 미국인들은 이것이 통상적인 정치적 전환이 아님을 인식하게 되었다. 콘웨이는 선거 일주일 후 트위터에 이런 글을 올렸다. "다들 익숙해지세요. @POTUS(역대 미국 대통령의 공식 트위터 계정—옮긴이)는 행동과 충격으로 보여주는 사람입니다. 그는 약속했고, 이것은 지켜질 것입니다. 시스템에 충격을. 이제 시작일 뿐입니다."[38]

제2부

통치의
수단

4장

더 위대한 국가

히틀러 치하의 독일에서 생활하던 한 공장주 허 S.는 어느 날 밤 끔찍한 악몽을 꾸었다. 괴벨스가 그의 일터로 찾아왔고 허 S.는 공장 직원들을 나란히 세워 이 나치 선전장관을 맞았는데, 결정적으로 자신이 팔을 들어올려 나치 경례를 하지 못했던 것이다. 그는 괴벨스의 싸늘한 시선을 받으며 30분 동안 팔을 올리려 애썼다. 그리고 마침내 그가 팔을 들었을 때, 괴벨스는 그에게 "당신의 경례 따윈 필요 없소"라고 말하며 전 직원 앞에서 망신을 줬다. 그 장면은 계속 꿈에 나타나 허 S.를 괴롭혔고, 어느 날엔가는 척추가 부러지며 꿈에서 깨기도 했다.[1]

나라를 위대하게 만드는 독재자라는 개념은 독재 역사의 근간을 이룬다. '하일 히틀러' 경례 같은 의례는 집단적 변화를 위한 노력의 핵심이다. 이는 지도자가 국민의 몸과 마음을 길들이도록 돕는다. 히틀러는 팔을 쭉 뻗는 제스처를 무솔리니로부터 차용해왔고, 일 두체를 따라 하는 것이라는 항의를 무시하며 1926년 이를 국가사회주의 독일 노동자당 내에서 의무화했다. 1933년 7월 이후부터는 독일의 모든 공무원도 이 제스처를 해야만 했고, 이는 곧 사회 규범이자 시민의 의무가 되었다. 이후 히틀러를 구체적으로 지칭하는 구두 인사말을 추가해('하일'이라는 말에는 건강 혹은 구원과 더불어 환호하며 맞이한다는 뜻도 있다) 그의 인격 숭배를 강화했다. 또한 이 경례는 허 S.가 꿈에서 저항했던 바로 그것, 즉 지도자에 대한 물리적 복종을 확실히 보여주는 제스처를 포함하고 있었기에 일상적인 순간들을 정치적 충성도의 시험대로 바꿔놓았다.[2]

인간다운 감정을 불러일으키는 악수를 대체하게 된 히틀러 경례는 독일인을 대상으로 한 나치즘적 정서 교육을 가속화하려는 목적도 가지고 있었다. 그것은 지도자에 대한 결속 및 다른 모든 이와의 거리감, 즉 유대인 동료들이 박해당하는 모습이나 장애가 있는 이웃이 소리 소문 없이 사라지는 것을 못 본 체하는 데 유용한 감정 상태인 소격감을 반영했다. 팔을 곧게 편 이 경례 동작은 가정 내에서마저 친밀감을 저해하는 요소로 작용했다. 잉게보르크 샤퍼는 친위대 고위 관리였던 아버지와 함께 길을 걸으면 동료들과 만날 때마다 경례하느라 아버지의 손을 제대로 잡을 수 없었다고 회상했다. 정보원들은 경례를 단속하는 데 여념 없었다. 게슈타포는 빵집에 들어가면서 경례하지 않은 여성을 잡아다 심문했다. 학생들은 양손 가득 교과서를 들고 교실에 들어오느라 경례하지 못한 교사들을 신고했다. 히틀러 숭배를 거부하며 히틀러를 빼고 '하일'을 말한 여호와의 증인들은 거리에서 히틀러 유겐트 단원들에게 뺨을 맞고 강제

수용소로 보내졌다. 침팬지 모리츠가 등장해 경례하는 트라우베르트 페터의 쇼 같은 보드빌 쇼들은 오래가지 못했다. 1937년부터 유대인들이 이 경례를 하는 것이 금지된 것을 보면, 히틀러 경례는 그들의 적이 누구인지 명확히 보여주었다고 할 수 있다. 그러나 허 S.의 꿈에서와 마찬가지로, 그 경례의 진짜 목적은 모든 독재 정권의 중대 목표, 즉 모든 사람의 존엄성을 무너뜨리고 시민사회의 결속을 약화시키는 것이었다.[3]

—

국가 부흥이라는 독재자의 프로젝트는 자신의 정부를 하나로 결속하는 접착제다. 그것은 자신이 절대 권력을 가져야 한다는 주장과 자국 내 위기 및 외세의 굴욕으로부터 나라를 구하기 위해 모든 것을 건다는 그의 내러티브를 정당화한다. 그의 국가적 프로젝트는 프랑코와 피노체트의 경우처럼 좌파 반동분자들에 맞선 반혁명적 운동을 중심으로 조직되거나, 혹은 카다피나 모부투 같은 반제국주의 지도자들의 경우처럼 외국 점령의 잔재에 맞서는 행동을 중심으로 전개된다.

여성과 다른 남성들에 대한 지도자의 지배력의 한 형태로 표현되는 남성성 과시는 국가적 변혁에 대한 그의 계획에서 가장 중요한 자리를 차지한다. 자신의 명성을 위협하는 다른 국가적 남성 인사의 평판을 떨어뜨리는 것은 종종 최우선 사항이 된다. 아옌데의 유산을 지우려 했던 피노체트나 오바마의 유산을 없던 일로 만들기 위한 트럼프의 움직임이 바로 그 예다. 인구 증가라는 미명하에 여성들의 신체를 통제하는 것 역시 또 다른 불변의 행보다. 비정상적이고 비생산적 성적 행위의 주체들로 간주되는 LBGTQ+ 개인들에 대한 박해도 마찬가지다. 백인의 출산율 감소와 비백인 인구의 쇄도로 인한 인구학적 비상사태는 오늘날 유럽, 브라질, 미국에서 파시스트적 정책을 불러일으키며 새로운 독재적 정책들을 촉발시켰다.

독재 국가 프로젝트들은 일반적으로 세 가지의 시간 프레임 및 마음 상태를 활용한다. 유토피아, 향수, 위기가 바로 그것이다. 때 묻지 않은 완전한 공동체에 대한 열망인 유토피아는 사람들이 이 국가에서 결핍되어 있거나 빼앗겼다고 생각하는 것을 가져다주겠다는 지도자의 약속과 연결된다. 이는 근대성과 국제적 위신이든, 혹은 권리 확장이든 언제나 암울한 현재를 만회하는 빛나는 미래를 수반한다. 무솔리니는 집권 첫해인 1922년을 파시스트 시대 원년으로 선언하는 이례적인 방식으로 통치를 시작했다. 그러나 "10년 안에 이탈리아를 자국민과 외국인들이 못 알아볼 정도로 바꿔놓겠다"는 그의 약속만큼은 이례적인 것이 아니었다.[4]

좋았던 시절에 대한 향수 또한 그 공식의 일부다. 통치자들은 나라를 다시 위대하게 만들겠다고 맹세하기 때문이다. 여기에는 남성적 권위가 유지되고 여성, 유색인종, 노동자들이 자신들의 위치를 알았던 시대로 돌아가는 환상이 수반된다. 이러한 지도자들은 잃어버린 제국의 위엄을 들먹이기도 한다. 프랑코와 무솔리니는 스페인 제국과 로마 제국을 언급했고, 푸틴은 러시아 제국과 소비에트 제국을, 에르도안은 오스만 제국을 언급했다. 독재자들은 보우소나루가 브라질의 군부 독재 시절에 그랬던 것처럼 민주주의를 무너뜨리는 것을 정당화하기 위해 과거의 법질서 정부를 인용할 수도 있다. 히틀러의 '아리아 문명'처럼, 이러한 제국주의적 판타지에는 종종 인종적 관점이 뒤따른다. 오늘날 이탈리아, 헝가리, 브라질의 우파 세력이 이민자나 원주민들에 의해 포위당한 것처럼 보이는 백인 유럽인 유산을 수호하기 위해 중세시대로 거슬러 올라가 '기독교국 Christendom'에 대한 충성을 호소하는 것만 봐도 그렇다.[5]

가장 독재 통치 특수적인 세 번째 시간 프레임은 위기의 프레임이다. 위기의 시간은 비상사태, 그리고 자국 내 혹은 국경 너머에서 나라를 위험에 빠뜨리는 적들에 대한 마녀사냥을 정당화한다. 이는 9·11 테러 이후 미국처럼 위급한 순간을 맞은 민주주의 국가들에서도 발동될 수 있지만, 정치적·인구학적 혹은 국제적 위협에 대한 대응의 일환으로 독재 국가들에서 지속적으로 일어나고 있다. 이것은 또한 국가의 안전에 대한 위협으로부터 스스로를 지킬 권리와 필요한 자원을 확보하기 위해 외국 영토로 확장할 권리를 가진 유기적 독립체로 보는 국가 개념과도 연결된다. 일반적으로 지정학으로 알려진 이런 사고방식과 전략의 여러 버전은 독재 역사 전체를 관통하며, 이는 통치와 전쟁에서의 예외 상태를 주장한 이론가인 나치 법학자 카를 슈미트의 영향을 받았다. 피노체트의 교과서였던 『지정학』은 독일의 영향을 받은 칠레 육군 사관학교 커리큘럼의 필독서였고, 오늘날 알렉산드르 두긴의 지정학적 관점은 러시아 바깥에서도 이목을 집중시키고 있다.[6]

독재자의 이상적인 국가는 종종 그 국가의 현재 국경을 넘어서고, 구성원은 물리적 위치보다는 혈통에 의해 규정되곤 한다. 이런 논리를 따라 제국주의적 책략은 '동포들'을 다시 우리 국민으로 복구시키는 것을 암시한다. 히틀러가 1938년 체코 주데텐란트를 독일 제국으로 통합한 것과 2014년 푸틴이 크림반도의 우크라이나 영토를 병합한 것도 그런 맥락에서다. 이민자들은 이 더 위대한 국가를 위한 귀중한 자원이다. 무솔리니는 이민자들을 '국외 이탈리아인'이라 부르며 브루클린부터 부에노스아이레스에 이르는 광범위한 지역에 파시스트에 대한 충성을 다지고 관련 활동을 펼치기 위한 전초 기지인 '작은 이탈리아'들을 만들었다. 에르도안은 특히 선거철에 튀르키예 밖에 사는 튀르키예인들에게 조국을 위한 '대사'가 되어달라고 호소했다. 두테르테는 집권을 위해 소셜미디어에서 수백만 명의 해외 거주 필리핀인을 동원했다. 인도 총리는 여러 대륙에서 열린 대규모 집회와 인스타그램에서 매일같이 디아스포라를 겨냥해 "모디 매직"을 선보이고 있다.[7]

독재자가 신봉자들을 자기 쪽으로 끌어모으는 동안, 목숨을 부지하기 위해 조국을 떠날 수밖에 없었던 사람들 사이에서는 고국과 꼭 닮은 가상의 국가가 형성된다. "죄책감은 망명자의 영원한 동반자다." 카다피의 반대파 자발라 마타르의 아들로 타국에서 조국의 운명을 따랐던 수백만 명의 망명자 가운데 한 사람이 된 히샴 마타르의 글이다. 망명을 했음에도 조국의 통치자를 비판하는 일에는 대가가 따른다. 튀르키예의 농구 스타이자 에르도안 비판자로 2011년부터 미국 농구팀에서 뛰고 있는 에네스 칸터는 2017년 에르도안이 그를 테러리스트라 낙인찍고 여권을 취소하면서 무국적자가 되었다. 망명자들이 새로 정착한 나라에서 꼭 안전한 것만도 아니다. 독점욕 강한 독재자는 비밀경찰을 동원해 망명자들을 사살하거나(무솔리니, 카다피, 피노체트), 납치하거나(에르도안), 독살하는(푸틴) 식으로 해외로 도망간 "자신의" 사냥감들을 끈질기게 뒤쫓기 때문이다.[8]

독재 집권 국가의 미운 오리 새끼와 적들이 모여 이룬 이 망명자들의 나라에는 슬픔이 짙게 깔려 있다. 히샴 마타르는 망명 중에 '조국과 사랑하는 사람들을 떠나 사는 법'을 터득했다고 회상했다. 1976년 칠레를 떠나 미국으로 간 이반 자크시치는 다음과 같은 글을 통해 조국에 대한 그리움을 담아냈다.

어쩌면 영원히 돌아갈 수 없는 내 고향의 공기, 햇빛, 사람들의 목소리, 바다, 산, 음식 냄새. 내가 살아볼 수도 있었던 삶에 대한 갈망도 있다. (…) 이런 비극이 없었다면 내가 살 수 있었던 삶, 내가 있어야 할 고국에서의 삶에 대한 갈망 말이다.[9]

망명은 회복과 치유의 공간이기도 하다. 루이스 카로 목사는 유럽 전역을 돌며 고문 후유증 및 친구와 가족을 잃은 슬픔으로 고통받는 칠레 망명자들을 돕는다. 무솔리니와 카다피에 반대해 각각 파리와 카이로에서 결집했던 저항 세력처럼, 해외로의 망명은 저항 작전 계획을 더 수월하게 만들어주기도 한다. 망명자와 이민자가 많이 모여 사는 외국 도시들은 지도자의 협력자와 적 사이에서 대

"당신이 있어 영광이 있습니다." 카다피의 선전 광고.
M. PENSCHOW / F1ONLINE / AGEFOTOSTOCK

리 투쟁이 벌어지는 장소가 되기도 한다. 파시스트 시대에는 로스앤젤레스도 이러한 장소 중 하나였는데, 이곳에서 강성 친나치 독일인 공동체와 반나치 망명자들이 격돌했다.[10]

독재 통치와 함께 일어나는 전면적인 변화의 구심점 역할을 하는 결정적인 원칙이 하나 있는데, 바로 독재자 자신이 민주주의 국가 수장들처럼 국가를 대표할 뿐만 아니라 국가 그 자체를 상징하며 국가의 아픔과 꿈을 한 몸에 담고 있다는 주장이다. 모부투와 카다피 모두 스스로에게 인도자라는 칭호를 부여해 자신이야말로 조국의 잠재력을 알아보고 조국을 위대한 국가로 이끌 수 있는 유일한 인물이라고 공표했다. 지도자는 국민의 뜻을 거행하는 사람이기에 초월자적인 존재가 그의 통치를 허락해주었다는 것이다. 온 국민의 찬양을 받으며 하늘을 바라보는 카다피의 모습과 함께 '당신이 있어 영광이 있습니다With you, we embrace glory'라는 문구가 실린 2000년대 초의 한 선전 광고는 이러한 이중 의무를 잘 보여준다. 통치자의 행동에 내려진 신성한 축복은 인격 숭배에서 한결같이 등장하는 주제다. 피노체트의 영감은 동정녀 마리아였지만, 대부분의 지도자는 자신을 창조주와 연관 지었다. "신은 도널드 트럼프가 대통령이 되길 바랐다." 백악관 대변인 세라 허커비 샌더스가 이러한 전통에 따라 한 말이다.[11]

—

"남성 여러분, 우리가 움츠러들면 제국을 이룩할 수 없습니다. 오히려 식민지가 되고 말 것입니다!" 1927년 무솔리니가 파시스트 국회의원들에게 인구 생산의 의무를 다할 것을 상기시키며 한 말이다. 히틀러가 정권을 잡기 몇 년 전, 일 두체는 인구 소멸 위기에 직면한 유럽인들과 달리 인구를 많이 생산하는 아프리카와 아시아 사람들을 언급하며 인종 비상사태에 대해 경고했다. "요람은 텅 비었는데 묘지는 자꾸만 늘어갑니다. (…) 백인 인종 전체, 우리 서양인들이 우리와 비교할 수 없는 속도로 증식하는 유색인종들에 의해 잠식될 수도 있습니다." 그의 획기적인 1927년 예수 승천 대축일 연설에서 그는 이탈리아를 백인종 구조의 선봉에 놓으며 자신을 마피아, 알코올 중독자, 슬라브족, 정치적 반체제 인사 등의 타락한 인간들로부터 이탈리아 국민을 지키기 위해 "필요한 위생 조치"를 취하는 "의사"라고 묘사했다. "의사가 감염된 환자를 치료하듯, 우리는 이런 사람들을 우리 사회에서 제거할 것입니다." 그가 냉담하게 내린 결론이다.[12]

건강한 사람들은 자손을 늘리도록 장려하고 건강하지 못한 사람들을 가두거나 소멸하도록 하는 것, 이것이 국가 개선bonifica에 대한 파시스트적 논리였고, 이것은 한 세기 동안 여러 독재 국가에 영향을 미쳤다. 국가의 적들을 감금하고 죽임으로써 그들이 출산할 수 없게 하고, 동시에 "아기를 위한 전투"와 국립 산모 및 유아국을 통해 우수한 이탈리아인들이 출산하는 것을 장려했다. 무솔리니는 1933년 로마에서 대규모 결혼식을 열었고 25세 이상의 독신남들에게 별도의 세금을 부과했으며, 다산한 어머니들에게 상을 수여하고 낙태와 피임을 금지시켰다.[13]

독재자들은 수치심과 불안감을 자극하고 자신의 리더십을 연고처럼 발라주면서 나라의 아픈 부위를 검진한다. 무솔리니는 이탈리아의 호전성 결여와 후진성에 대한 고정관념을 바로잡아 국가를 현대화하는 동시에 과거 로마 제국의 영광을 부활시키겠다고 약속했다. 파시즘이 자유주의 무정부 상태와 공산주의적 억압 사이의 현대성으로 가는 '제3의 길'이라는 그의 생각은 이탈리아 바깥에서도 관심을 끌었다. 이탈리아는 1935년 10월부터 국제연맹 회원국인 에티오피아를 대규모로 침공했는데, 이는 파시즘으로 이탈리아와 이탈리아인들이 새롭게 태어났다는 것을 보여주기 위함이었다. 이탈리아가 민주 국가였던 1896년, 에티오피아인들은 아두아 전투에서 이탈리아군을 물리쳤다. 이 사건은 이탈리아인들에게 치욕적이었던 나머지 당시 이탈리아 총리였던 프란체스코 크리스피를 사임하게 만들었다. 무솔리니는 에티오피아 점령에 보복 및 독재 통치 우월성의 증명이라는 프레임을 씌웠다. 1936년 5월, 그가 승리와 함께 이탈리아 동아프리카 제국 수립을 선언했을 때 그의 인기는 하늘을 찌를 정도였다.[14]

외부로의 확장과 국내의 탄압 가중은 이탈리아를 위대하게 만들기 위한 무솔리니의 공식이었다. 그는 1936년부터 히틀러와 동맹을 맺으며 이탈리아를 계속해서 새로운 갈등 상황으로 몰고 갔다. 그는 프랑코를 돕기 위해 스페인 내전에 병력을 파병했고, 뒤이어 아드리아해 지역에 대한 이탈리아의 통제력을 확대하기 위해 1939년 알바니아를 점령했다. 지속적인 병력 동원은 새로운 정화 조치를 정당화했다. 1937년부터 1941년 사이 이탈리아 식민지들에 공포된 아파르트헤이트 유형의 법률들은 '인종적 위신'을 옹호하는 것이었다. 이탈리아 내에서는 동성애자나 소수 인종처럼 국가 재건에 방해가 되는 듯 보이는 집단에 대한 박해가 점차 증가했다.[15]

무솔리니가 1938년 공포한 반유대주의 법안 또한 이러한 맥락에서 볼 수 있다. 이는 1935년 나치의 뉘른베르크 법을 바탕으로 하고 있다고 볼 수도 있지만, 일 두체는 본디 오랫동안 반유대주의자였다. 그는 실용적인 이유로 이탈리아 내의 유대인들을 참아왔던 것이고 그의 연인이자 조력자였던 마르게리타 사르파티처럼 그들 중 일부는 귀중한 협력자였다. 하지만 이제 파시스트 프로파간다는 '여느 의학적 수술과 마찬가지로' 몸 전체의 건강을 지키기 위해 병든 부분을 제거한다는 논리로 이 고도로 동화된 소수 민족(전체 인구의 1퍼센트에 해당)에 대한 박해를 정당화했다. 이탈리아 유대인들은 이제 비유대인과의 결혼이나 100명 이상의 직원을 둔 사업체 소유가 금지되었고, 교육 및 문화 기관과 공무원직에서 퇴출되었다. 또한 이들이 소유했던 자산의 약 70퍼센트는 몰수되었다. 이러한 법률은 1920년대 반파시스트들의 대거 이민 이후 최대 규모의 이탈리아인 국외 이탈 현상을 촉발했는데, 총 4만5000명의 이탈리아 유대인 인구 중 6000명가량이 이 시기에 이탈리아를 떠났다. 사르파티도 떠났으며, 물리학자 엔리코 페르미와 그의 유대인 아내 라우라 카폰 페르미도 마찬가지였다. 페르미는 미국에서 새로운 삶을 살면서 1938년 노벨상을 수상했고, 제2차 세계대전 때 맨해튼 프로젝트의 일환으로 핵무기를 개발한 인물이다.[16]

—

나치 독일에서 국가 부강과 인종적 순수성에 대한 파시스트적 연결은 현실로 이루어졌고, 국가가 필요로 하는 토지와 자원을 얻기 위한 영토 확장이라는 지정학적 과제 또한 달성되었다. 미국과 유럽에서 진행되던 우생학적 관행을 극단까지 가져간 나치는 인류학자 한스 바이네르트의 이론대로 '국민의 복지와 국가의 필요를 위해' 생명을 단축할 권리를 주장했다. 일부 독일인은 또 다른 새로운 범주로 분류되었다. 이들은 목숨을 부지하는 것까지는 허락되었지만, 자손을 낳을 수는 없었다. 나치는 알코올 중독자나 일하기 싫어하는 사람 등 '반사회적' 개인들부터 안락사 대상이 아닌 지적 장애

혹은 신체 장애인들에 이르기까지, 20만 명 이상의 '민중의 적'에게 강제로 불임 시술을 했다.[17]

이 수많은 사람 가운데 1918년부터 1930년까지 라인란트 지역을 점령했던 외국 부대 군인과 독일 여성들 사이에서 태어난 혼혈 어린이들의 운명에 대해서는 알려진 것이 많지 않다. 세네갈 및 그 외 프랑스 식민지에서 넘어온 수만 명 군인의 존재는 오랫동안 히틀러의 신경을 건드렸다. 그는 『나의 투쟁』에서 "유럽 땅 위에서 생겨난 아프리카 국가가 있다고 말할 수 있을 만큼 프랑스는 흑인화에 있어 위대한 진전을 이루어냈다"며 빈정댔다. 히틀러는 정권을 잡은 뒤 이 인종적 위협에 대응하는 조치를 취했다. 수백 명의 아프리카계 독일인이 그들의 부모나 법적 후견인이 게슈타포의 강압에 의해 해준 동의하에 학교나 가정에서 붙잡혀가, 흑인 부모를 둔 죄로 의료 전문가 위원회의 재판을 받고 불임 시술 처치 판결을 받았다. 프랑크푸르트 출신의 메리앤 브라운은 1937년 게슈타포에 의해 체포되었을 때 고작 열두 살이었고, 마인츠 출신의 요제프 페크는 열일곱 살이었다. 한스 하우크의 할머니는 마취도 없이 정관수술을 하는 병원으로 손자를 데려가는 게슈타포의 차에 올라타 아이 곁을 지켰다. 수술을 받고 나가는 길에 하우크는 앞으로 백인 여성과 성관계를 하지 않겠다는 동의서와 자발적으로 수술을 받았다는 확인서에 서명해야 했다.[18]

독재 국가에서는 통치자의 집착이 곧 국가 정책이 된다. 독일에 대한 유대인의 위협이라는 히틀러의 집착은 대중 사이에 퍼져 있는 반유대주의 정서를 이용해 독일에서의 유대인 제거를 나치 정책의 주요 목표로 만들었다. 1935년 말, 뉘른베르크 법을 포함한 여타 법률은 유대인들(개인의 신념이 아니라 혈통으로 규정되는 집단)을 공무원직, 여러 전문 직업군, 교육 기관에서 퇴출시키고 그들의 독일 시민권을 박탈했다. 당시 50만 명 이상의 독일 유대인 중 6만 명 이상이 고향을 떠나 가깝게는 오스트리아로, 멀리는 팔레스타인과 미국으로 갔다. "단순히 실향민이 되는 것을 넘어, 말도 못 하고 언어도 잃은 상태가 되리라고는 미처 생각하지 못했다." 고국을 떠나 남부 캘리포니아로 이주해야 했던 작곡가 아르놀트 쇤베르크의 글로, 1930년대 1만 명에서 1만5000명의 유대인이 그곳으로 넘어가 살았다.[19]

마찬가지로 망명자였던 역사학자 조지 모세는 "잘 익은 열매가 나무에서 떨어지듯 남녀 할 것 없이 모두가 새로운 독일 제국의 품에 안겼다"라며 당시를 회상했다. 세금 감축이나 사람들이 해고·수감되면서 생겨난 수천 개의 일자리 등 나치가 부여한 경제 장려책들은 히틀러의 인기를 날로 드높였다. 히틀러의 통치하에서 자란 프리드리히 C. 투바흐는 순수 혈통들 가운데 도움이 필요한 이들을 위한 기부 물품함에 대한 기억을 떠올리며, 나치는 '모두를 보살핀다'는 허구를 퍼뜨렸다고 말한다. 독일인의 순수성과 생존을 위협하는 사람들을 소외시키는 것 또한 이러한 보살핌의 한 형태였다. 적을 박해하는 것이야말로 정의롭고 애국적인 행위라고 보는 것이 나치의 도덕률이었기 때문이다. 멜리타 마슈만은 자신의 회고록에서 독일소녀동맹(히틀러 유겐트의 여성부)에서 활동하며 '국가 공동체'에 온전히 몸담았을 때 '강렬한 행복감'을 느꼈다고 과거를 회상했다. 반면 일제 매키는 정치와 정치인들을 싫어했지만 '독일에 꼭 필요한 구원자'라고 생각했던 히틀러만은 예외로 두었다.[20]

1930년대 말, 이제 히틀러는 많은 이에게 기적 같은 지도자로 보였다. 그는 군사 충돌 없이 더 위대한 국가를 만들어냈다. 그는 1936년 라인란트 지역을 수복해 재군비화했으며, 1938년 뮌헨 협정을 통해 체코슬로바키아로부터 주데텐란트 지역을 손에 넣었고, 1938년 안슐루스 점령에 이어 국민투표를 통해 오스트리아를 병합했다. "오스트리아는 자유다! 폭정은 끝났다/ 그 어떤 희생도, 눈물도 헛되지 않았다." 빈 출신의 에리히 오베르도르퍼 박사가 기쁨을 담아 '불가능한 꿈을 현실로 이루기 위해 별처럼 떠오른' 총통에게 보낸 시의 일부다. 안타깝게도 박사는 나치 독일의 앞날에 수많은 눈물과 희생이 기다리고 있다는 걸 알지 못했다. 이는 히틀러의 원대한 꿈으로 가는 시작에 불과했다.[21]

—

1973년 9월 11일 쿠데타 발생 열흘 후 열린 군부 정권의 첫 기자 회견에서 피노체트는 "우리 목표는 우리 나라를 정상화하고 치유하는 것입니다"라고 말하며, 국가 비상사태가 언제 끝날지 모르겠다고 덧붙였다. "아픈 사람의 팔을 절단하면서 팔이 언제쯤 아물 거라 예상하기 어려운 것과 같습니다." 피노체트는 자신의 반혁명을 도덕이자 정치적 필요성으로 정당화했다. 그에게 있어 좌파를 궤멸하는 것은 '우리 사회 제도를 무너뜨린 악덕과 나쁜 습관으로부터 칠레를 정화하는 것'을 의미했다. 2개월 후, 미국 국무장관보 잭 쿠비시는 칠레에서 "청교도적인 십자군 정신, 나라를 정화하고 새롭게 태어나게 하겠다는 결의"가 일어나고 있다고 언급했다.[22]

군부 정권의 국가 계획은 신자유주의, 사회적 보수주의, 피노체트의 권위 등 여러 이념적 기둥을 근간으로 삼았지만, 그것을 가능하게 한 원동력은 다름 아닌 폭력이었다. 군부 정권은 쿠데타 이후 이어진 탄압을 '외국 선동가들'에 대한 국가적 방어로 정당화했다. 1973년 10월, 외교부 장관 이스마엘 우에르타는 UN 총회에서 "9월 기준으로 대부분 극단주의자로 알려진 1만3000명 이상의 외국인이 불법체류 중인 것으로 알려져 있다"라고 언급했지만, 그들 대다수가 칠레인이라는 사실은 쏙 빼놓고 말했다.[23]

폭력은 자기방어와는 거리가 먼, '국가의 사고방식에 중대한 변화'를 강요하기 위한 수단이었다고 한 정부 관료는 말했다. 아옌데의 유산을 없었던 일로 만들고 공공 영역에서 좌파 문화의 흔적을 제거하고자 했던 군부 정권의 오페라시온 림피에자operación limpieza (정화 작전)는 군부 정권의 구세주적 태도를 잘 보여주는 것이었다. 군인과 민간 자원봉사 단체들은 관련 동상을 부수고 벽화를 훼손했다. 칠레의 예술가 로베르토 마타의 작품도 이때 파괴됐고, 도서관과 서점, 투옥되거나 살해된 사람들의 가정에서 압수한 수많은 책이 파시스트 스타일의 모닥불 속으로 던져졌다.[24]

피노체트는 일찍부터 대학을 정화 대상으로 삼았다. 새롭게 임명된 군부 출신 대학 총장들은 무장 군인의 경호를 받으며 수많은 철학 및 사회과학 학과를 폐쇄했다(그들은 이런 학과들을 좌파 인큐베이터라고 보았다). 교수 '고발자들'은 '극단주의자' 동료들을 규탄하고 성토했다. 1975년 말, 정권은 2만4000명의 교수진, 교직원, 학생을 제명했고 수천 명을 감옥으로 보냈다. 그해 위조 여권을 들고 칠레를 방문한 아옌데의 미국인 통역가 마크 쿠퍼는 독재 정권의 의도대로 칠레 대학들이 '자발적이고 은밀한 침묵'을 뒤집어쓰고 있는 것을 발견했다.[25]

민족주의적 교육학, 미국식 소비자 문화, 극우 정치가 그 공백을 메웠다. 거리와 학교는 칠레의 구국 영웅들의 이름을 따 개명되었는데, 개명은 독재 정권이 본인들을 각인시키는 데 선호하는 방법이다. 더불어 군대 역사를 다루는 TV 프로그램이 우후죽순처럼 생겨났다. 피노체트의 아내 루시아 히리아르트가 운영한 여성중앙회재단CEMA은 어머니들을 '진정한 칠레인'의 상징으로 치켜세웠다. 마르크시즘으로부터 칠레를 구한 피노체트의 업적을 기리는 의미에서 여러 의례와 공휴일이 새롭게 지정되었는데, 쿠데타 기념일에 수천 명이 했던 '조국에 대한 명예 선서'도 그중 하나였다.[26] 1958년 칠레에 정착한 전 나치 친위대 장교 발터 라우프 같은 극단주의자들은 독일계 칠레인 공동체 내 나치 동조자 및 학생 단체들에 접근해 독재자 프로파간다와 탄압에 대한 지혜를 새로운 세대의 민주주의 적들에게 전수해주었다.[27]

신자유주의적 경제 정책은 폭력과 더불어 칠레 군부 독재의 국가 계획에서 가장 잘 알려진 부분이었다. 시카고대학의 밀턴 프리드먼 교수는 1975년 피노체트를 방문해 경제부 장관 세르히오 데 카스트로처럼 시카고에서 수학한 경제 전문가들이 시행한 긴축 정책과 관련된 자신의 계획을 설명했다. 칠레는 피노체트가 정권에서 물러난 이후인 1990년대에 경제적 부흥을 이루었다. 하지만 1970년대 말과 1980년대 초 이 '충격 요법'은 막대한 사회적 비용을 발생시킨 경제 위기를 불러일으켰다. 언론에 재갈을 물림으로써 한층 수월해진 노동에 대한 탄압이 없었더라면, 결과적으로 실제로 일어났던 경제 성장은 아마 이루기 어려웠을 것이다. 피노체트는 모든 노동자에게 집과 차, TV를 살 능력을 주겠다고 약속했을지 모르지만, 그 노동자들은 그들의 가장 소중한 것을 돌려받지 못했다. 바로 정권에 의해 수감되거나 어디론가 사라져버린 가족들이다. 그러나 이는 마르크시즘으로부터 나라를 구했다며 총통을 찬양하고 그의 인권 유린에 대한 비판을 좌파적 과장이라 일축해버린 부유한 칠레인들에게는 아무런 걱정거리가 아니었다. "피노체트는 위대한 인물이었어요. 국가 질서를 바로 세우고 정치색을 없애버렸죠." 한 부유한 사업가의 딸이 말했다. "그 사람 때문에 누가 죽는 걸 본 적도 없고요."[28]

—

  그로부터 1만 킬로미터 떨어진 곳에서는 위대한 국가를 만들겠다는 카다피의 길이 비틀린 궤도 위에 놓여 있다는 사실이 드러나던 중이었다. 1969년 쿠데타 이후 리비아에 사는 모든 사람은 카다피의 혁명평의회 동지들이 이미 알고 있던 사실을 빠르게 깨달았다. 바로 그가 잔인하고 예측 불가능한 인물이라는 점이다. 라디오나 TV를 켜면 기존의 모든 법이 폐지되었다거나(1973년), 두 달 안에 가지고 있는 모든 걸 팔고 나라를 떠나야 한다는 얘기가 흘러나왔다. 후자는 리비아에 살고 있던 4만 명의 이탈리아인이 처한 운명이었다. 1970년 7월 카다피는 이렇게 선언했다. "리비아가 횡포한 이탈리아 식민 지배 시절에 빼앗긴 우리 선조와 자손들의 부를 되찾아야 할 때가 왔다." 거의 30년 전 물러난 이탈리아 식민 정부를 두고 한 말이었다.[29]

"민족주의가 파괴된 국가들은 몰락을 향해 가고 있다." 카다피가 자신의 정치적 종교의 경전이 된 『그린 북』에 쓴 글이다. 카다피의 국가 계획은 반제국주의와 자신만의 사회주의 및 이슬람 사상을 주창하는 것을 중심으로 했다. 대부분의 반식민주의 통치자는 과거 자기 나라를 점령한 유럽인들이 없애려고 했던 고유의 문화와 역사를 홍보했다. 바레는 이탈리아어와 영어 사용을 대체하기 위해 소말리아 언어를 위한 문자 체계를 도입했다. 모부투는 프랑스어 대신 링갈라어, 스와힐리어, 칠루바어 사용을 장려했다. 그가 1970년 대에 내세운 진정성authenticité 정책은 서구식 이름(서구식 퍼스트 네임)의 사용을 금지하고, 도시명을 변경했으며(벨기에 국왕 레오폴드 2세의 이름을 따 지어졌던 수도명 레오폴드빌은 킨샤사로 바뀌었다), 국명을 콩고에서 자이르로 변경했다. 또한 서양식 복장을 금지하고 모든 남성은 아바코스트abacost를 입도록 의무화했다. 중국의 '마오 슈트'에서 영향을 받은 튜닉처럼 생긴 이 의복의 이름은 '옷을 벗어 던지다'라는 의미의 프랑스 문구 à bas le costume를 응축해 표현한 것이다.[30]

카다피에게 있어 자국에서 외국 문화와 경제적 영향을 없애는 것은 제국주의적 불평등을 바로잡는 한 방편이었다. 시간이 지나면서 가게 유리창과 레스토랑 메뉴판에서 아랍어 외의 언어들은 점차 모습을 감췄고 서적과 서양 악기들은 불태워졌는데, 이는 그가 그토록 경멸하던 우파 지도자들의 관행을 떠올리게 했다. '리비아 퍼스트' 정책은 모든 정부 계약을 리비아인에게 제공했고, 모든 사업의 대표는 리비아인이어야 하며 사업의 리비아인 지분 및 리비아인 직원 비율은 51퍼센트가 되어야 한다는 내용을 의무화했다. 1970년 3월과 6월, 영국과 미국의 공군 기지 엘 아뎀과 휠러스(세계 최대 규모의 미군 공군 기지로, 6000명의 인원이 근무했다)가 폐쇄되었다. "이륙하라, 휠러스." 마지막 미군기가 리비아 창공으로 떠오를 때 트리폴리 미 대사관에서 보낸 전신이다.[31]

1970년 7월, 카다피는 1943년 이탈리아의 식민 지배가 끝난 후에도 리비아에 남아 있는 이탈리아인들에 대한 처분을 고려하기 시작했다. 상업, 농업, 관광업에서 두각을 나타내고 있던 이탈리아인들은 자신들이 리비아 경제를 굴러가게 하고 있다고 생각했다. 반면 카다피에게 이들은 리비아의 영토를 빼앗고 국민을 말살한 '독재적인 파시스트' 정부를 상징하는 존재였다. 자국 내 거주 중인 이탈리아인들은 60일 내로 리비아를 떠나야 하며, 그러지 않으면 국가에서 은행 계좌를 동결하고 자산을 몰수하겠다는 그의 발표는 이탈리아인 공동체를 발칵 뒤집어놓았다. 플리니오 마기는 1938년 어린 시절 카타니아에서 트리폴리로 넘어와 살고 있던 이탈리아인이었는데, 그의 리비아인 친구 한 명이 곧 내려질 정부 명령에 대해 그의 가족에게 경고해주었다. 매기 일가는 괜찮은 금액에 인쇄소를 처분했지만 시간이 없어 부동산을 매각하지는 못했다. 이탈리아인들이 남기고 간 수천 채의 가옥과 차량, 수백 곳의 식당, 3억 제곱미터가 넘는 토지는 리비아인들이 무이자 신용거래로 보조금을 지원받아 사들였다. 카다피는 "증오하는 파시스트 이탈리아의 식민지 종식"을 기뻐하며, "거룩한 복수의 짜릿함이 우리 혈관을 타고 흐른다"라고 말했다.[32]

카다피는 몰수한 자산을 국채 형태로 보상해주겠다고 약속하며 리비아계 유대인 공동체 또한 국외로 추방했다. 이는 몇십 년 전 파시스트들이 이탈리아계 유대인들에게 했던 것과 똑같은 약속이었다. 그러나 한 집단만큼은 추방을 면했는데, 바로 리비아 석유 산업에 종사하던 2000명의 이탈리아 전문가였다. 카다피는 이념적 순수성을 위해 자신의 이익을 위태롭게 할 생각까지는 없었던 것이다. 그에게 있어 피보다 진하고 인간의 생명보다 훨씬 더 중요했던 석유는 그의 국가 계획을 나아가게 하는 진정한 연료였다.[33]

카다피는 리비아에서 악을 몰아내라며 알라신이 자신을 보냈다고 주장했다. 이슬람권의 종교학자들인 울레마는 술을 금지하고 교회와 나이트클럽을 폐쇄한 그의 조치에 박수를 보냈다. 그가 와크프Waqf 종교재단과 교육 및 자선 목적의 자산을 국유화하고 코란을 샤리아법의 유일한 근거라고 선언하기 전까지는 말이다. 셰이크 무함마드 압델살람 알비슈티나 트리폴리의 이맘처럼 이에 반발한 종교 인사들은 투옥되거나 살해당했다. 카다피는 국유화를 내세워 외세와 결탁한 왕가와 관련된 부족들도 철저히 소외시켰다. 국가 선전물은 카다피의 베두인족을 국가의 영혼이라 묘사했던 반면, 고유 언어인 아마지아어 사용을 금지당한 베르베르족 같은 소수민족들은 차별의 대상이 되었다.[34]

능수능란한 선동가였던 카다피는 백인 기독교인 문명을 위협할 거라는 서양인들의 두려움을 거리낌 없이 이용했다. 특히 미국 9·11 테러 사건 이후 이슬람교도가 적의 상징이 되었을 때는 더 그랬다. 그는 2006년 "유럽에는 5000만의 이슬람 인구가 있습니다. 알라는 칼이나 총, 강압 행위 없이도 유럽에서 우리 이슬람이 승리하도록 해줄 것이고, 몇십 년 안에 유럽을 이슬람의 땅으로 바꿔놓을 것입니다"라고 선언했다.[35] 유럽과 미국에 출현한 새로운 독재자들의 인구 정책은 파시스트의 인구 정책과 마찬가지로 비백인, 비기독교인들에 의해 인구학적으로 '수세에 몰리는 것'에 대한 우려를 담고 있다. 헝가리의 가족청소년부 장관이었던 커털린 노바크는 2019년 무솔리니의 말을 그대로 반복하며 "유럽은 빈 요람이 나뒹구는 대륙이 되었다"고 말했다.[36]

—

"기독교 신앙, 국가, 조국, 가족, 질서." 2002년 베를루스코니의 오른팔 델우트리는 포르차 이탈리아와 베를루스코니의 국가 계획의 핵심 가치를 이렇게 요약했다. 또 한 번 극우 국가 동맹 및 북부 동맹과 손잡고 2001년 포르차 이탈리아의 당 대표가 되어 권력을 되찾은 베를루스코니는 자신이 좌파와 기업을 짓밟는 관료 정치로부터 나라를 구할 사람이라고 내세웠다. 그의 선거 캠프가 2100만이 넘는 가구에 보낸 잡지 형식의 자서전『이탈리아 이야기』에서 베를루스코니는 포르차 이탈리아의 '세속적 신조'로서 '자유의 수호'를 선언했다. 또한 '제국을 건설한' 자신의 업적을 자랑했는데, 이 문구는 70년 전 무솔리니가 이탈리아인들에게 이루어주었다고 했던 것을 떠올리게 한다.[37]

결과적으로 이 메시지는 1994년 그에게 투표했던 보수주의자들의 마음뿐만 아니라 "잊힌 사람들", 즉 전에는 정치에 무관심하고 직업 정치인들을 불신했지만 베를루스코니와 유대감을 형성했던 유권자들의 마음을 사로잡았다. 2001년 신임 총리가 된 베를루스코니가 발표한 '이탈리아 국민과의 계약'은 레이건의 미국과 대처의 영국 보수주의자들이 보인 자유시장 및 재정적 책임에 대한 기조를 그대로 반영하고 있었다. 그는 정부 규제를 완화하고 민영화를 통해 경제를 활성화하겠다고 약속했다(여기에는 세 개의 라이 국영 텔레비전 채널 중 두 개를 민영화하겠다던, 결국 실현되지 못한 논란의 계획도 포함됐다). 국민과 자상한 지도자 사이의 애정으로 이어진 유대관계를 강조한 것은 그 사람만의 혁신이었다. 베를루스코니는 "우리는 사랑할 줄 아는 이탈리아를 원합니다"라며 목소리를 높였다.[38]

"저는 역대 이탈리아 총리 가운데 가장 민주적인 사람입니다." 베를루스코니가 이탈리아 민주주의 제도를 사적인 필요에 맞게 왜곡하며 한 말이다. 다시 총리직으로 돌아온 2001년, 그는 분식 회계, 뇌물 수수 등의 혐의로 열 건의 재판을 받던 중이었다.

2001~2006년과 2008~2011년 두 번의 임기 동안 그는 기소로부터 자신을 지키기 위해 수많은 애드 퍼스넘ad personam, 즉 개인 맞춤 법을 통과시켰다. 그가 자신을 '이탈리아 정치의 예수'라고 주장했던 것은 국가의 구원자로서 자신의 역할과 좌파 언론 및 사법부에 의한 그의 순교를 두고 한 말이었다. 상원의장 레나토 스키파니는 2002년 베를루스코니의 재판에 연루된 치안판사들이 '쿠데타 시도'를 부추겼다고 비판했다.[39] 베를루스코니와 그의 당은 공산주의자들의 위협을 널리 알려 유권자들의 공포심을 자극하는 동시에, 파시즘의 폭력성을 호도하고 파시즘 시절의 법질서에 대한 향수를 불러일으켰다. "무솔리니는 그 누구도 죽이지 않았습니다. 사람들을 구금 시설에 보낸 것도 좀 쉬라는 의도였습니다." 베를루스코니가 2003년 보리스 존슨과 니컬러스 패럴에게 과거 고문이 자행됐던 폰차섬 등의 섬에 있는 암울한 파시스트 감옥을 두고 한 말이다.[40]

"외국인 혐오가 왜 부정적인 것이어야 합니까?" 2002년 베를루스코니가 이민자들과 비백인 인구를 이탈리아의 안정성에 대한 위협으로 묘사하며 이런 질문을 던졌다. 그해 베를루스코니의 당이 통과시킨 보시-피니 법은 공해상에서 배를 타고 넘어오다 발견되는 이민자들의 자동 추방을 허용했고, 이탈리아로 이미 넘어온 이민자들을 최대 2개월 동안 강제수용소에 수용했으며, 장기 노동 및 주택 임대 계약을 망명 조건으로 내걸었다. 2008년 베를루스코니는 세 번째로 정권을 잡기 위한 선거운동을 벌이며 더 극우적으로 되어갔고, 그 과정에서 불법 이민자들은 그의 주된 표적이 되었다. 그는 선거를 며칠 앞두고 이탈리아 내 이 '악의 축'이 존재한다는 것

자체가 '국가적 비상사태'라고 선언했다. 허가 없이 넘어온 이민자들이 전체 인구의 6.7퍼센트에 달하는 것으로 추정되던 그해, 정부 통계국 ISTAT가 실시한 여론조사에 의하면 이탈리아 인구의 40퍼센트 이상이 이민자들을 이탈리아의 주요 범죄 가해자로 보고 있는 것으로 나타났다.[41]

베를루스코니 정부는 다산하는 이민자들과 이탈리아인의 낮은 출산율 때문에 백인 인구가 유색 인구로 대체될지도 모른다는 공포심 또한 이용했다. 중도좌파들도 국가적 인구 비상사태라는 분위기에는 공감했다. 하지만 포르차 이탈리아의 보건부 차관 카를로 조바나르디가 2008년 의회에서 한 연설은 무솔리니의 1920년대 수사법을 그대로 반영했다.

이 나라는 출산율 저조, 인구 고령화, 이민자의 대규모 유입으로 매일 같이 죽어가고 있습니다. 이 이민자의 수가 너무 많은 나머지, 더 이상 비유럽연합 이민자들이 통합될 수 있는 이탈리아 사회랄 게 없기 때문에 사회 통합이 어려워지고 있습니다. (…) 만약 이런 추세가 이어진다면 두세 세대 이후 이탈리아인은 사라지고 말 것입니다.

인종적 공포와 리비아에서 베두인들을 박해하던 파시스트들을 떠올리게 하는 관행은 베를루스코니가 2008년 내린 '유목민 비상령'에도 잘 드러나 있다. 이는 '공공질서와 안전'을 위협한다는 이유로 이탈리아에 거주하고 있던 수천 명 집시의 터를 파괴했는데, 이들 중에는 이탈리아 시민도 포함되어 있었다.[42]

베를루스코니와 카다피의 친분의 결실로 이탈리아와 리비아 간에 맺어진 2009년 벵가지 협정은 이러한 배경에서 이루어졌다. 이 조약은 이탈리아로 넘어오는 이민자들을 실은 선박을 붙잡아 그중 합법적인 망명자가 있는지 살피지 않은 채 곧장 리비아로 되돌려 보내는 것을 허용했다. 그러나 이민자 입국의 10퍼센트만이 해상을 통해 이루어진 터라 이 협정은 이탈리아로 오는 이민자들의 입국을 억제하는 데 별 도움이 되지 않았지만, 이탈리아가 리비아의 석유와 천연가스를 공급받는 것만큼은 확실히 보장했다.

베를루스코니는 이 협정을 자신의 '외교적 걸작'이라 불렀고, 이를 통해 식민지 시대의 손해배상금 조로 이탈리아가 향후 20년간 리비아에 50억 달러를 지급하기로 합의했음에도 불구하고 보수주의자들과 극우 세력으로부터 점수를 땄다. 카다피는 적진의 땅에 처음으로 발을 디딜 때 이탈리아군에 체포되었던 게릴라 전사 알무크타르의 사진을 가슴에 잘 보이게 달고 등장했다. 이렇게 온 세상에 이탈리아 점령과 베두인족 집단 학살의 폐해를 상기시킨 카다피는 자신의 통치에 너무나 중요한 피해자 의식 예찬론을 되살리고, 현시점에 자신의 강제수용소와 교도소에 갇혀 있는 이민자와 리비아인들 앞에 놓인 끔찍한 운명으로부터 사람들의 시선을 흩뜨려놓았다.[43]

베를루스코니는 종종 21세기의 무솔리니라 불렸다. 일 두체처럼 그 또한 공공 영역을 자신의 이미지로 도배했고, 자신이 좋아하는 폭군들과 맺은 개인적인 관계를 중심으로 이탈리아의 외교 정책을 개편했다. 그는 국가 언론에 대해 가지고 있던 통제력을 이용해 이

로마에서 카다피를 맞이하는 베를루스코니, 2009년.
STEFANO CAROFEI / AGF EDITORIAL / AGEFOTOSTOCK

탈리아 정치 문화를 재구성했다. 그는 국가 동맹과 포르차 이탈리아를 2009년부터 2011년까지 이탈리아를 통치했던 자유국민당으로 통합함으로써 극우 세력을 정치 주류로 만들었다. 그는 이민자들을 억류하고 악마화했으며, 푸틴 같은 독재자들의 행동 강령을 홍보하고, 이름뿐인 열린 사회에서 일인 독재 리더십을 행사했다. 베를루스코니의 이러한 공식은 곧 미국으로 수출된다.

—

"러시아는 프로젝트가 아닙니다. 러시아는 운명입니다." 푸틴이 2013년 발다이 외교 정책 포럼 회의에서 자국 및 해외 엘리트들 앞에서 한 말이다. 요지는 그의 주도하에 러시아는 '유럽-대서양' 국가들이 처한 파멸적 운명에서 벗어날 수 있다는 것이었다.

유럽-대서양 국가들은 서양 문명의 기반을 이루는 기독교적 가치를 포함해 자신들의 모든 뿌리를 거부하고 있습니다. 그들은 윤리 원칙과 국가적, 문화적, 종교적, 심지어 성적인 면에서 모든 전통적인 정체성을 부인하고 있습니다. (…) 나는 이것이 국가 붕괴와 원시주의로 이어지는 지름길이라 생각하며, 그 결과 심각한 인구학적, 윤리적 위기가 닥칠 것이라고 확신합니다.

푸틴은 러시아가 1990년대부터 그 길을 걷고 있다고 느꼈다. 그는 대통령이 되기 바로 전인 1999년, 민주화 실험이 러시아를 '2등급도 아닌 3등급 국가'가 될 위험에 처하게 만들었다며 우려를 표했다.[44]

반면 위대한 러시아로 가는 길은 '전통적 가치의 수호'와 '러시아 정부를 보호하기 위해 내부에 집중하는 것'을 필요로 한다고 생각했다. 푸틴의 반서양 정서와 자유민주주의에 대한 공격은 2012년 대통령직에 복귀한 후 더 심해졌다. 그는 2013년 연례 대국민 연설에서 국민에게 자신의 지도를 따르지 않으면 '후퇴, 야만, 많은 사람의 피 (…) 그리고 혼란스러운 어둠의 시기로 추락하는 퇴행적 움직임, 원시적 상태로의 퇴보'가 기다리고 있는 운명을 맞을 것이라면서 다분히 독재자적인 공포 전략을 사용했다.[45]

러시아 정교회는 러시아 문화와 사회를 민족주의적 이미지로 개조하려는 푸틴의 계획에서 충실한 파트너였다. 정교회는 푸틴의 기부금으로 큰 이득을 봤다. 수천 곳의 오래된 교회가 복원되었고 새 교회들이 지어졌다. 정통파 기독교의 공격적 버전인 이들은 푸틴의 지원하에 LGBTQ+ 구성원들을 사회에 위협이 되는 존재로 보는 그의 관점을 지지했다. 공산주의 붕괴 후 동성애는 처벌 대상에서 제외되었지만, 푸틴은 2014년 동성애자의 입양을 불법화했다. 많은 동성 커플이 이런 적대적 분위기 때문에 해외로 이민했다.[46]

푸틴의 정부는 공산주의 종식 후 급락한 러시아의 출산율을 바로잡겠다는 목적에서 출산 장려책과 '비전통적 성관계'라고 일컬은 것에 대한 국가 규제를 정당화했다. 2000년대 초의 경제성장은 2003년의 낙태권 제한법 및 2007년의 18개월 부분 유급출산휴가 허용법과 더불어 2013년 신생아 수가 사망자 수를 앞서게 하는 데 한몫했다. 2012년에는 기대수명이 러시아 역사상 처음으로 70세를 넘어섰다. 하지만 국가는 수백만 명의 여성이 실종되게 만든 성매매 문제를 억제하기 위한 그 어떤 조치도 취하지 않았는데, 러시아 범죄 전문가 루이스 셸리는 이를 두고 '러시아 국가의 존망을 위협하는 사태'라고 지적했다.[47]

부와 영토에 대한 탐욕이 있고, 과거 소비에트 연합의 붕괴에 여전히 사로잡혀 있는 푸틴은 현재의 국경 밖으로 영토를 확장함으로써 위대한 러시아를 만들려 한다. 그는 1999년부터 2009년까지 전쟁과 대반란 작전을 펼쳤던 체첸공화국의 경우와 우크라이나의 크림반도 영토를 2014년 합병해 취한 경우처럼, 유라시아 지배를 이루기 위해 전통적인 군사 작전을 활용해왔다. 또한 해외에서 서구 민주주의를 약화시키려는 의도의 정치전도 펼쳤다. 그의 정부는 캘리포니아와 카탈루냐의 분리 독립 운동을 촉진했고 러시아에 이익이 되는 해외 선거 후보자와 그 움직임을 돕기 위해 허위 정보 유포활동을 펼쳤다(트럼프와 브렉시트가 좋은 예다). 마찬가지로 자국 내에서 믿음을 조작하는 것은 푸틴의 정권 유지에 있어 핵심 기술이었다. 독재자의 전통대로 그는 자국민으로 하여금 자신의 통치 외에는 다른 어떤 대안도 없다고 생각하도록 만들어야 했다.[48]

—

"너희 나라로 돌아가라! 너희 나라로 돌아가라!" 2019년 7월, 노스캐롤라이나 그린즈빌에 있는 이스트캐롤라이나대학의 농구 경기장에 주로 백인으로 이루어진 사람들의 외침이 울려 퍼졌다. 이 외침은 무슬림이자 망명자인 미네소타 민주당 하원의원 일한 오마를 향한 것이었다. 군중의 외침이 경기장을 가득 메우는 동안 트럼프는 거만하게 턱을 내민 채 조용히 서 있었다. "트럼프는 우리가 진짜 말하고 싶었지만 생각만 하는 말을 해요." 2018년 몬태나에서 열린 집회에서 한 트럼프 지지자가 열의에 차 말했다. 마르게리타 사르파티가 무솔리니에 대해 말했던 것처럼, '남들이 속삭이기만 하는 말을 당당히 할 수 있는' 용기가 있는 지도자들에 대해 한 세기 동안 사람들이 보낸 열광을 그대로 담고 있는 말이라 할 수 있다.[49]

트럼프의 타깃이었던 오마는 독재 역사의 여러 시기에 걸친 독재정치를 경험했다. 소말리아에서 태어난 오마는 1969년 군사 쿠데타를 통해 집권해 독재 정권을 수립한 바레의 통치 아래서 어린 시절을 보냈다. 오마와 그의 가족은 바레가 1991년 강제 추방된 후 시작된 내전을 피해 케냐의 난민 캠프에서 4년간 생활한 후, 1995년 미국으로 넘어왔다. 2018년 진보 측 승리의 흐름을 타고 당선된 오마는 수시로 트럼프를 비판했고, 잘못된 신앙을 가진 유색인종을 퇴출시킴으로써 나라를 정화하고 싶어하는 사람들에게 딱 좋은 먹잇감이 되었다.

인종차별은 오랫동안 트럼프 국가 계획의 한 축이었고, 그가 오래전부터 품어온 인종차별적 신념과 그의 이단적 지지자들의 신념이 어우러진 영역이었다. 이 지지자들에는 인종차별 정책이 만연하던 시기가 끝났다는 것을 절대 받아들이지 않는, 여전히 남부연방 깃발을 흔드는 남부 사람들과 이민이 "미국의 갈색화"를 일으킬까 두려워하는 공화당 정치인들도 포함된다. 후자 중에서 아이오와 공화당 의원이자 전 대변인이었던 스티브 킹 같은 일부 정치인은 유럽의 극우적 관점을 증폭시키기도 한다. "남이 낳은 아기들로 우리 문명을 회복할 수는 없습니다." 2017년 킹이 네덜란드의 인종차별적 지도자 헤이르트 빌더르스의 말을 리트윗하며 쓴 글이다. 더불어 "단일 민족으로 이루어져 있어 다 같은 외모를 한" 미국이 되기를 바란다는 말도 덧붙였다.[50]

무슬림, 라틴계, 아프리카계 미국인, 그리고 그 외 유색인종들은 백인 민족주의라는 개념을 바탕으로 미국 사회를 개조하려는 트럼프 행정부의 표적이 되어왔다. 미국의 2045년 예측 인구조사에 의하면 다민족 및 아시아계 인구가 히스패닉 인구보다 훨씬 더 빠르게 증가할 것으로 보이지만(각각 185퍼센트, 93퍼센트, 86퍼센트에 해당), 대통령의 분노는 라틴계에 집중적으로 쏟아졌다. 2019년 2월 트럼프가 '마약, 인신매매범, 모든 종류의 범죄자와 갱단의 우리 나라 침략'에 대해 선포한 '국가 비상사태'는 피노체트, 베를루스코니, 두테르테 같은 독재자들의 언어를 꼭 닮아 있었다.[51]

여성, 유색인종, LGBTQ+ 공동체가 수십 년에 걸쳐 이룬 진전을 원상태로 되돌려놓으려는 트럼프 행정부의 부단한 노력은 독재자들의 반혁명 운동을 떠올리게 한다. 여기서 많은 보수주의자가 백인 남성 권력이 도전받지 않던 시절의 미국에 대한 향수를 느꼈을지 모르지만, 오바마의 유산을 백지화하려는 트럼프의 노력은 다른 독재자들이 품었던 집착과 무척 닮아 있다. 트럼프 행정부는 전통적으로 아프리카계 미국인의 법적 평등을 위한 투쟁과 관련된 시민권을 기독교인의 '종교와 표현의 자유'에 대한 보호로 재정의했다. 낙태 반대 및 반LGBTQ+ 성향의 가톨릭 활동가 변호사 로저 세베리노는 트럼프 행정부가 보건복지부 내에서 창설한 시민권 사무소를 운영하고 있다. 프랑코 및 피노체트의 정부와 마찬가지로, 법무장관 윌리엄 바, 국가경제위원회 위원장 래리 커들로 등 오푸스 데이와 연계된 가톨릭 신자들이 요직을 맡고 있다. 복음주의 기독교 신자들도 중책을 맡고 있는데, 대표적으로 마이크 펜스 부통령의 행정부가 그러하다. 미국의 백인성을 방어하기 위해 이민 정책을 조정하는 중차대한 임무를 맡은 스티븐 밀러는 오랫동안 극우 네트워크와 연을 맺어왔다. 그가 트럼프를 '서구 문명의 원칙'을 수호하는 사람으로 묘사한 것도 전혀 낯설지 않다.[52]

윌리엄 바는 미국에 전면적인 변화를 일으키고 행정권을 강화하는 원대한 계획의 핵심 인물이었다. 이 법무장관을 나치 법학자였던 슈미트와 비교하는 사람도 있었고, 실제로도 그는 과거의 우파 이론가 같은 소리를 하기도 했다. 2019년 11월, 그는 '좌파'가 '체계적으로 규범을 파괴하고 법 규칙을 무너뜨리는 자들'이라며 비난했다. 몇 달 전 바는 경찰 조직에 트럼프 정부가 "우리 사회의 범죄적 약탈자들에 맞서 언제 끝날지 모르는 무자비한 싸움을 벌이고 있으며, 결국 이길 수 있을지도 확실치 않다"고 말함으로써 파시스트와 군부 독재자들의 영원히 지속되는 전쟁적 기조를 소환했다. 코로나바이러스가 미국을 휩쓸고 선거를 앞두고 있던 2020년, 바는 자신의 독재적 계획을 밀어붙이기로 한다. 3월에 그는 국가 비상사태라는 구실로 판사가 재판 없이 사람들을 무기한으로 구금할 수 있게 하는 권한을 사법부에 부여해달라고 의회에 요청했다. 6월에는 뉴욕 남부 지방 연방 검사 제프리 버먼을 해고했다. 버먼의 검사팀은 트럼프의 전 개인 변호사 마이클 코언과 더불어 트럼프 그룹과 관련된 이들을 기소했고, 뒤이어 그의 현 개인 변호사 루돌프 줄리아니를 수사했기 때문이다. 지도자의 부정행위를 폭로할지도 모르는 사람들을 무력화하는 것은 무솔리니 시절부터 한결같이 독재 정부의 최우선 과제였다.[53]

—

무슬림을 국가 순수성에 대한 위협으로 보는 독재 통치자들이 만연한 세상에서 에르도안만은 예외다. 에르도안은 카다피와 마찬가지로 자신을 무슬림들의 타고난 지도자라 선언하고, '문을 개방해' 수백만의 무슬림 난민을 유럽으로 풀어놓겠다고 협박한다. 그는 오스만 제국 특유의 다원주의 신앙 부분은 빼고 오스만 제국을 재건하려는 계획의 일환으로 모스크 건설과 이슬람 종교에 대한 국제 교육에 자금을 댔다. 그가 시리아와 리비아에 군사 개입을 했던 것도 비슷한 팽창주의적 목표를 가지고 있다. 2016년 쿠데타 시도 진압 과정에서 등장한 튀르키예의 새로운 지도 또한 그리스와 이라크에 대해 확장된 영토를 주장하고 있다.[54]

"이 반란은 신이 우리에게 주신 선물이다." 2016년 7월 격동의 밤이 지나고 며칠 뒤 에르도안이 한 말이다. 그는 자신에게 반대해 일어났던 이 쿠데타 시도를 문제 많은 정부를 제자리로 되돌려놓고 자기 권력을 다지는 기회로 삼았다. 그러나 700만 명 이상의 튀르키예인이 모여 에르도안의 민주주의 훼손과 공공장소 파괴에 대해 항의한 2013년의 게지 공원 시위는 그에게 짙은 그림자를 드리웠다. 같은 해, 에르도안 내각의 여러 장관이 연루된 부패 수사도 그의 발목을 잡았다. 2016년에는 호황을 누리던 튀르키예 경기마저 침체되었는데, 더 심화된 정부의 부정부패가 이를 거들었다. 2월에는 『이코노미스트』에서 '에르도아노믹스'가 곧 위기에 처할 것이라고 경고했다.[55] 군사 쿠데타가 실패하면서 에르도안은 다시 국가 재건의 야망으로 관심을 돌렸다. 이는 그가 생각하는 적들을 탄압할 구실을 만들어주었는데, 그중에서도 그가 쿠데타의 배후로 지목한 사람은 추방된 성직자 무함메드 펫훌라흐 귈렌이었다.[56]

7월 15일과 16일 밤 에르도안을 권좌에서 몰아내려 했던 장교들은 그가 튀르키예를 "독재로 통치되는 국가"로 만들었다며 비판했다. 하지만 군대 내에서 반에르도안 정서는 하나로 결집되지 못했고 시대에 맞지 않는 구식 전술을 사용한 탓에 쿠데타는 실패로 끝났다. 쿠데타 공모자들은 TV와 라디오 방송국을 장악하고 왓츠앱 단체 채팅방을 통해 소통했다. 하지만 인터넷은 차단하지 않았고, 군부대가 민간인에게 총을 쏘는 사진이 퍼지면서 여론은 그들에게서 등을 돌렸다. "무슨 수를 써서라도 살아남으십시오." 그들 중 한 사람이 전복 시도가 실패로 돌아간 것을 깨닫고 7월 16일 새벽에 보낸 문자였다. "단체 채팅방을 폐쇄합니다. 원한다면 메시지를 삭제하십시오." 역사학자들에게는 다행스럽게도 그 채팅방을 남겨둔 사람들이 있었다.[57]

　쿠데타 시도 이후 에르도안이 내린 비상계엄령이 탄압 그 자체였다는 것은 잘 알려진 사실이다. 대대적인 숙청이 튀르키예 군에서 시작해 쿠르드 반군, 귈렌의 히즈멧Hizmet 운동과 관련된 사람들, 사법부 일원들, 언론, 학계로도 이어졌다. 살아남은 쿠데타 공모자들은 종신형을 선고받았다. 또한 에르도안은 2016년 하반기에만 총 100억 달러 이상의 가치가 있는 600개 이상의 기업을 인수하는 등 자신이 선호하는 독재적인 방식으로 국가 재정을 충원했다. 2020년 7월에는 17만 명 이상이 국가직에서 제명되었고, 대부분 테러리즘 등의 혐의로 9만4000명 이상이 수감되었으며, 3000곳의 학교와 대학이 문을 닫았다. 이때 기업가와 언론인을 포함한 수천 명의 튀르키예 국민이 망명했다.[58]

에르도안이 자신의 권력을 다지기 위해 피해자 의식 예찬론 및 그와 관련된 의식을 활용한 것은 상대적으로 주목을 덜 받았고, 여러 독재자가 그러했듯 운명적인 순간에 국민과 직접 소통한 것이 결정적인 역할을 했다. 쿠데타가 일어나던 날 밤, 에르도안이 죽었거나 추방됐다는 소문이 나돌던 그때 갑자기 CNN 튀르크에 그의 모습이 등장했다. 군인들에게 쫓기고 있는 상황에서 지상 통신선을 신뢰할 수 없었던 그는 아이폰의 페이스타임 앱을 통해 방송국에 전화를 걸어 대국민 담화를 요구했다. CNN 튀르크의 앵커 한데 피라트는 자신의 아이폰과 라펠 마이크를 카메라 쪽으로 들어올렸다. 프렌치 네일을 한 피라트의 손가락이 조그마한 그의 영상통화 이미지를 감싸들고 있는 모습은 궁지에 몰린 그의 나약함을 한층 더 강조했다.

모든 권위주의적 지도자가 그러하듯, 에르도안도 기회를 유리하게 활용하는 법을 알았다. "우리는 이 상황을 이겨낼 것입니다." TV 속 그가 '우리'라는 말을 사용해 튀르키예 국민을 자신과 하나로 묶으며 말했다. "거리로 나가 그들에게 답을 알려주십시오. (…) 국민의 힘보다 더 큰 힘은 없다는 것을 말입니다." 그의 페이스타임 통화는 정당 정치를 초월해 앞으로 펼쳐질 이야기로 시청자들을 이끌었다. 후에 에르도안은 도와달라는 자신의 호소에 대한 대중의 열렬한 반응을 본인 인기에 대한 국민투표로 프레이밍했다. 실제로 대부분의 튀르키예인이 이를 무시했다면 오늘날 권력을 유지하지 못했을 것이다. 쿠데타 시도로부터 한 달 뒤, 그의 지지율은 50퍼센트에서 70퍼센트로 급상승했다.[59]

쿠데타 저지 기념일은 에르도안이 살아남았다는 사실과 국가의 적을 궤멸한 그의 능력을 기념하는 날이 되었다. 2017년, 휴대폰으로 전화를 하려 했던 튀르키예인들은 대통령의 음성 메시지를 듣게 된다. 에르도안은 그 메시지에서 쿠데타 타도를 기념하여 새롭게 제정한 국경일인 '7월 15일 민주주의와 국가 통합의 날'을 축하했다. 이 제스처에 담긴 진의는 국민에게 통신에 대한 자신의 장악력을 상기시키는 것이었다. 동지와 적에 대한 새로운 지형도도 등장했다. 보스포루스 다리는 쿠데타가 일어나던 날 밤 에르도안을 지지하며 싸우다 목숨을 잃은 사람들을 기리는 의미에서 '순교자의 다리'로 이름이 바뀌었다. 비난의 의미에서 유기견 보호소 부지 위에 세워진 '반역자의 묘지'에는 쿠데타 공모자 중 최소 한 명의 시신이 안장되어 있다.[60]

독재자의 민족주의 개념은 공포와 피해자 의식이라는 감정에 기반을 둔다. 과거와 현재의 한을 어루만지는 것은 국가의 미래에 대한 낙관적인 비전만큼이나 중요하다. 따라서 시간이 흘러 쿠데타 시도가 점차 희미해지는 만큼, 그것이 상징하는 위협은 반드시 증가해야 했다. 2019년, 에르도안은 쿠데타 시도를 '우리 나라를 노예로 삼으려는' 서구 세력의 시도와 결부 지었다. 그는 2018년부터 대통령이자 총리로 재임했고, 이 확대된 권력을 바탕으로 2019년에 재당선되었다. 이로써 대량 구금을 통해 국가를 재편하고 가족과 측근들에게 권력을 이양하는 것이 한층 수월해졌다. "이것은 사회공학이자 정치공학입니다." 여론조사 기관 콘다 대표 베키르 아이르디르의 말이다. 하지만 에르도안은 이를 다르게 보았다. 그의 꿈은 '빈부터 아드리아해 연안까지, 또 투르키스탄 동부부터 흑해까지' 영토를 확장함으로써 오스만 제국의 영광이 되살아난 튀르키예를 만드는 것이다. 이 더 위대한 국가를 만들기 위해서라면 자국 내 탄압은 감수해야 할 작은 희생일 뿐이었다.[61]

5장

프로파간다

1979년 카다피는 무솔리니 통치 시기에 반파시스트 아버지 밑에서 자란 이탈리아 저널리스트 오리아나 팔라치와의 인터뷰에 응했다. 팔라치는 직설 화법으로 노련하고 영향력 있는 사람들이 후회할 말을 하게 만드는 것으로 정평이 나 있었다. 키신저는 닉슨 정부의 국무장관 시절, 자신이 말을 타고 나타나 사건을 해결하는 '카우보이'처럼 늘 혼자 행동했다고 팔라치에게 으스댔다. 후에 그는 1972년에 있었던 팔라치와의 인터뷰를 '여태껏 언론과 나눈 대화 중 최악의 대참사'라고 회상했다. 피노체트는 겁이 나서 인터뷰 직전 그와의 약속을 취소하기도 했다.[1]

독재자들을 인터뷰할 때 팔라치는 그들의 전지전능해 보이는 가면 뒤 숨겨진 실체를 파고들었다. 변덕스러운 카다피 때는 '충분한 밧줄을 줘서 스스로 목매달게' 함으로써 위선자적 면모를 드러내는 전략을 사용했다. 독재자들을 인터뷰한 해외 언론인 중 이만큼 직접적으로 대립하고 효과적인 결과를 얻어낸 사례는 거의 없었다.

> 카다피: 현재 리비아에서 중요한 것은 국민뿐입니다.
>
> 팔라치: 정말 그런가요? 그렇다면 대체 왜 리비아 어느 곳에 가나 당신
> 사진만 보이는 건가요? (…)
>
> 카다피: 그게 왜 제 책임입니까? 국민이 원해서 그렇게 한 거죠. 그만
> 하라고 제가 뭘 어떻게 해야 하는 건가요? 제가 그걸 금지할
> 수 있습니까?
>
> 팔라치: 그럼요, 금지할 수 있죠. 이미 너무나 많은 걸 금지했고, 금지
> 밖에 하는 게 없잖아요. (…) 제 어린 시절 무솔리니가 하던 것
> 과 똑같은 짓이에요.
>
> 카다피: 당신은 루홀라 호메이니한테도 그런 말을 하더군요.
>
> 팔라치: 맞아요. 전 무솔리니를 떠올리게 하는 사람을 인터뷰할 때는
> 늘 그런 비교를 합니다.

그때 카다피는 다시 피해자 페르소나로 되돌아가 테러리즘을 지
원한 사실을 부인하고, 서양 사회 전반, 특히 이탈리아인들에 대해
"당신들이야말로 여태껏 우리를 학살해온 사람들입니다"라고 말했
다. 권력을 장악한 지 10년이나 된 카다피는 자신에게 맞서는 사람
을 상대하는 데 익숙하지 않았고, 팔라치는 리비아에서 볼 수 있는
이미지는 오로지 그의 얼굴뿐인 와중에 "국민이 주인이다"라고 말
하는 그의 주장이 허황된 것임을 지적해 폐부를 찔렀다.[2]

"사랑과 마찬가지로 선전 안에서는 모든 것이 허용되고, 이는 성공으로 이어진다." 히틀러와 함께 역사상 가장 포괄적인 대중 설득 캠페인을 감독한 나치의 선전장관 괴벨스의 말이다.[3] 100년 동안 독재 지도자들은 충성심과 공포를 불러일으키기 위해 프로파간다에 힘을 쏟음으로써 국민이 민족주의, 박해, 약탈이라는 독재자의 개인적 목표를 수행하게 만들었다. 괴벨스 같은 사람을 곁에 뒀던 독재자는 거의 없었지만, 그들 모두는 독일의 '목적이 수단을 정당화한다'는 생각을 공유했다. 많은 독재자가 대중매체와 기만의 기술을 다뤄본 경험을 바탕으로 정치에 입문했다. 무솔리니와 모부투는 전문 언론인 출신이었고, 히틀러와 카다피처럼 최대한의 영향력을 행사하기 위해 자기 목소리와 몸짓을 활용할 줄 알았다. 베를루스코니와 트럼프는 마케팅과 TV 분야 경력이 있었다. 푸틴은 소련식 프로파간다를 체험하며 자랐고 정보기관에서 근무하며 기만술을 연마했다. 피노체트와 프랑코가 군에 몸담았던 경험은 권력과 화려한 행사에 관한 감각을 키워주었다.

근대 초기 프랑스와 영국의 군주들은 자신이 특별한 힘이나 '치유의 손길'을 가지고 있다는 생각을 조장했다. 그러나 카다피와 같은 인격 숭배는 이와 달리, 대중매체와 감시라는 현대 기술에 의존해 리더가 마법적 힘을 가졌을 뿐 아니라 어디에나 있는 것처럼 보이게 만든다. 할리우드 스타 시스템과 동시에 발전한 인격 숭배는 유명인의 중요한 자질을 공유한다. 바로 욕망의 대상은 다가가기 쉬워 보이는 동시에 결코 닿을 수 없는 먼 존재처럼 보여야 한다는 것이다. 독재자의 프로파간다 전략의 핵심인 그러한 숭배는 독재자의 다른 수단 또한 가능하게 만들어준다. 인격 숭배는 독재자를 마치 국가의 수호자처럼 묘사함으로써 그의 남성성에 대한 숭배를 활용한다. 더불어 '국가의 적'에 맞서는 권력의 사용을 정당화하는데, 이 국가의 적이란 독재자의 기적 같은 능력에 감히 의문을 제기하는 누구라도 될 수 있다.[4]

본질적으로 프로파간다는 혼란과 불확실성이 싹트게 하고, 비판적 사고를 억압하며, 지도자가 말하는 것이 곧 현실이라고 사람들을 설득하도록 설계된 일련의 소통 전략이다. 독재자들은 변화하는 정보 매체의 시대에도 거의 변함없는 프로파간다 전략을 사용해 이러한 시도에서 거듭 성공해왔다. 무솔리니의 뉴스 영화 상영부터 트럼프의 트위터 사용까지, 독재자들은 대중과 직접 소통하는 채널을 두고 자신이 마치 국민의 의지를 정확히 알아보는 참된 해석자인 것처럼 행동해왔다. 집회는 오랫동안 대중과 접촉하는 수단으로 선호되어왔지만 이외에도 라디오, 뉴스 영화, 텔레비전, 소셜미디어 등 다양한 매체를 자신들의 카리스마적 권위를 유지하는 데 활용했다. 강렬한 영화 촬영용 조명으로 히틀러의 이름을 수놓았던 뉘른베르크 나치 전당대회부터 독재자는 자신을 주인공으로 한 미적 경험으로 정치를 승화시켰다. 영화, TV, 이제는 디지털 스토리텔링으로 이루어진 커뮤니케이션 코드와 셀럽 문화는 추종자와 적 모두에게 보내는 지도자의 자기표현 및 이미지를 형성한다. 광고와 마케팅 전략도 마찬가지다. 한 세기 동안 독재 국가들은 관광객과 외국 자본을 유치하기 위해 자국의 이미지를 현대적이고 효율적인 국가로 개선하려고 노력해왔다.[5]

프로파간다는 반복을 통한 주의 관리 체계이기도 하다. 사회를 지도자 자신과 그의 이념적 우선순위에 맞춰 돌아가게 하고자 국가는 다양한 채널과 기관을 통해 동일한 메시지를 반복해서 전한다. 이는 청각, 시각, 인쇄 매체와 건축, 의식 절차 등을 동원해 슬로건과 사고방식을 조금씩 주입함으로써, 1965년 사회학자 자크 엘륄의 표현대로 하자면 개인들을 '같은 방향으로, 하지만 다르게' 이끈다.[6]

모디는 자신을 홍보하고 디지털 기술과 소셜미디어, 특히 인스타그램을 통해 본인 이야기를 전달하는 데 상당한 자원을 투자해왔다. 1990년대 위성 TV를 통해 이탈리아 전역에서 일어나던 집회에 동시에 모습을 비추던 베를루스코니와 달리, 모디는 홀로그램을 사용한다. 영어와 10여 개의 인도 언어로 제공되는 그의 나모 앱에는 '독점 콘텐츠'라는 것이 있는데, 여기에는 그의 인도인민당 후원 페이지가 포함되어 있다.[7] 어떤 매체가 됐든, 지도자가 미디어화된 정치에 능할수록 그 추종자들은 그를 더 진실되다 생각하고 개인적으로 연결되어 있는 것처럼 느끼는 역설적 진실이 성립한다.

독재 국가들은 늘 서로에게서 배우고 모방하며, 프로파간다의 대중적 특성은 상호 교류를 촉진시켰다. 파시스트 정권은 상호 영향을 통해 발전했다. 괴벨스는 제3제국 문화원을 계획하는 과정에서 1933년 5월 이탈리아를 방문해 무솔리니의 프로파간다 기구를 연구했다. 무솔리니의 언론 부서 책임자였던 가에타노 폴베렐리는 일 두체에게 나치들이 그의 파시스트 브랜드를 침해할지도 모른다고 경고했다. 하지만 괴벨스가 이끌던 1933년 나치 선전계몽부는 이후 1937년 이탈리아 파시스트 대중문화부에 영향을 주었고, 이것은 또

프랑코의 언론 정책과 문화 관료 제도에 영향을 미쳤다.[8] 파시스트와 공산주의 프로파간다 또한 함께 발전했다. 이탈리아인들은 레닌과 스탈린의 인격 숭배에 상당한 주의를 기울였으며, 이탈리아 국립 영화학교 학생들은 소비에트 몽타주 이론을 연구하고 지가 베르토프와 세르게이 예이젠시테인 감독의 무검열판 영화들을 감상했다.[9]

라디오는 무솔리니 시절부터 독재자들을 위한 선전의 중심 매체였다. TV, 영화, 인터넷보다 금액 면에서 저렴한 라디오는 문맹자들도 이용할 수 있고 근무 중에나 다른 일을 하면서도 들을 수 있는 매체다. 그러나 이후 어린이 방송, 다큐멘터리, 뉴스 등을 통해 독재자의 생각을 전파하던 TV가 대중과 소통하기 위한 독재자의 이상적인 매체로서 라디오를 대체했다. 파멜라 콘스타블과 아르투로 발렌주엘라는 피노체트가 지배하는 칠레에서의 TV의 기능에 대해 "사람들을 집에 있게 만들고 개인과 국가 간의 직접적인 연결 고리를 형성했다"고 말한 바 있는데, 이는 모든 독재 국가에 해당되는 말이다. 오늘날의 노트북과 스마트폰은 대부분의 발전된 지역에서 휴대 가능한 프로파간다 공급원으로서 디지털 콘텐츠가 TV와 라디오를 뛰어넘게 하는 데 일조했다.[10]

지도자들은 자기 권력을 확고히 다지는 과정에서 프로파간다를 사용해 이를 정당화한다. 언론의 신빙성을 무너뜨리는 것은 보험을 드는 것과 같다. 언론인들이 정부의 폭력이나 부정부패에 대한 증거를 찾아낸다 하더라도, 대중은 이미 언론을 편파적인 존재로 보는 데 익숙해져 있다. 정부에 대한 충성을 입증한 사람들도 자신의 안전을 확신할 수 없다. 아무리 베일에 가려진 비평가라도 언제든 체포되거나, 공안 부대 혹은 검열관과 면담을 하거나, TV, 라디오, 혹은 트위터에서 지도자와 그의 협력자들에 의해 공개적으로 비난받을 수 있다. 그렇다보니 언론은 자기 검열을 하게 되고, 결과적으로 대안적 현실을 더 쉽게 구축하게 만든다.

독재 국가들은 정보 조작, 위조, 은폐에 막대한 노력을 기울인다. 파시스트에 반대해 망명한 가에타노 살베미니가 1931년 이탈리아 파시스트 통계가 "독재를 찬양하기 위해 시스템적으로 조작되었다"고 경고한 것은 한 세기가 지난 지금 사실로 보인다.[11] 나치들이 잘 알았던 것처럼 노골적인 거짓말도 가끔 효과가 있지만, 가장 성공적인 프로파간다는 한 줌의 진실 위에 거짓을 세워 올린 것들이다. 외국인들이 국경을 넘어 쳐들어와 범죄적 행동을 일삼는다는 독재자들의 변함없는 메시지가 한 가지 예다. 그 거짓말의 뼈대는 다수의 외국인이 실제로 입국일과 입국 목적 같은 필수 정보를 생략하고 국경을 넘어 입국한다는 사실을 기반으로 한다. 이 주제에 대한 정보 조작에는 종종 이민자를 범죄율 증가 및 테러리즘과 결부 지으려는 시도가 포함된다. 2019년 트럼프 법무부는 해당 주제와 관련된 데이터가 거짓임을 인정해야 했는데, 그때 이들은 공식 기록을 바꾸는 것을 거부했다. 향후의 탄압 조치를 정당화하기 위해 거짓 문서가 꼭 필요했던 것이다.[12]

종종 홍보 회사와 협력하여 만들어지는 해외 대상 프로파간다는 독재자들을 정당화하는 데 중요한 역할을 한다. 지도자들은 휴가나 영화 제작, 국제 스포츠 경기 등을 통해 외국인을 국내로 유치하기 위해 '소프트 파워' 전략을 사용하면서, 그런 행사를 위해 노숙인 거리를 싹 치우고 반체제 인사들을 잡아 가둔다. 1974년 모부투가 유치해 킨샤사에서 열린 무함마드 알리와 조지 포먼의 헤비급 월드 챔피언십 복싱 경기 '럼블 인 더 정글Rumble in the Jungle'에 전 세계의 관심이 쏠렸다. 그러나 그런 행사는 역효과를 내기도 한다. 아프리카계 미국인 육상 선수 제시 오언스가 1936년 베를린 올림픽에서 거둔 우승은 아리아인의 우월성에 대한 히틀러의 주장과 완전히 배치되는 것이었다. 그럼에도 외국인과 언론인들을 국가 브랜드 홍보 대사로 만드는 일은 정치적 망명자들이 퍼뜨리는 음해 언론에 대응하고 독재자의 명성을 드높이며 외국채에 대한 접근성을 높이는 것이다. 1960년대에 프랑코가 통치하는 스페인에서 휴가를 보낸 사람들, 특히 프랑코가 세운 전몰자의 계곡Valley of the Fallen 기념관은 소개되어 있는 반면 그의 희생자들의 공동묘지는 소개되지 않은 가이드북을 들고 휴가를 보낸 사람들도 모두 이 덫에 걸려들었다.

프로파간다는 결국 소란을 일으키는 게 전부인 듯싶지만, 침묵과 부재 또한 그 작동에 있어서 중요한 요소다. 독재자는 사람들을 사라지게 만들며, 자신의 이념 및 목표와 상충되는 지식 또한 없애버린다. 피노체트는 철학과를 폐쇄했고, 오르반은 젠더 연구를 금지했다. 모든 21세기 독재자는 자신과 협력자들의 주머니를 채워줄 노다지인 국가 자원 약탈에 지장받을까봐 기후변화 관련 과학을 억압한다.[13] 파시즘 시절에 영화 제작을 시작한 감독 페데리코 펠리니는 검열을 "정부가 묻어두고 싶어하고, 무슨 수를 써서라도 현실이 되는 것을 막으려는 주제에 대한 폭력적 시스템"이라고 표현했다.

피노체트의 프로파간다 머신.

목소리를 냈다가 직업을 잃거나 나와 내 가족이 다칠 수도 있는 독
재 국가에서 자기 검열은 일종의 생존 전략이다.[14]

　프로파간다의 역사는 실패의 역사이기도 하다. 프로파간다를 효
과적으로 만드는 바로 그 메커니즘이 프로파간다의 영향력을 약화
시키기도 한다. 반복은 사람들로 하여금 메시지를 무시하게 만들기
때문이다. 피노체트 정권 시절을 살았던 칠레의 그래픽 아티스트
기요(기예르모 바스티아스의 활동명)는 프로파간다 활동의 반향실 같

은 특징을 날카롭게 포착했다. 한 가지 진리에 대한 수년간의 세뇌는 이 세상에 진리란 없으며 그 어떤 의미도 없다는 냉소적인 결론에 이르게 할 수도 있다. 게다가 독재 국가는 국민에게 대안적 정치체제에 대한 지식을 얻을 기회를 제공한다. 카다피는 수천 명의 리비아 청년이 미국 등의 민주 국가 대학에서 공부하도록 자금을 지원했다. 비록 그중 일부는 망명한 반체제 인사들을 접한 뒤 저항자가 되어 고국에 돌아왔지만 말이다. 수익에 굶주린 정권들이 검열된 형태로라도 대안적 메시지를 전달할 가능성이 있는 미국 엔터테인먼트를 수입하는 사례도 많았다. 1938년 파시스트 이탈리아의 영화 흥행 수익의 73퍼센트는 미국 영화들이 차지했고, 피노체트 시기의 칠레에서는 TV 프로그램의 64~80퍼센트가 미국 쇼로 구성되었다.[15]

—

모든 시대에는 그 시대의 뉴미디어가 있는데, 무솔리니의 논픽션 영화 활용과 히틀러의 라디오 사용은 전간기를 특징짓는 뉴미디어 활용이었다. 이탈리아에서 독재가 시작되었을 때 인구의 약 30퍼센트만 이탈리아어를 읽을 수 있었기에(대부분 방언을 사용했다), 시각적 프로파간다를 만드는 것은 필수였다. 1924년 설립된 국립 논픽션 영상 제작소 이스티투토 루체는 뉴스 영화와 다큐멘터리를 통해 파시즘의 역사를 전했다. 극장들은 극영화를 상영하기 전에 이 영상들을 의무로 보여줘야 했고, 국가파시스트당 회의, 교구, 학교에

서도 틀어줬으며, 이탈리아 외딴 지역과 식민지에는 이동식 영화 상영 트럭이 찾아가서 상영했다.[16]

할리우드와 유럽의 스타 시스템의 시작은 무솔리니의 이미지와 마케팅에 영향을 미쳤다. 1930년대 초까지만 해도 무성영화 시대였지만, 과장된 제스처를 하며 카메라 앞에서 몸을 쓰는 법을 알았던 무솔리니는 스타였다. 언론인 셀데스에게 있어 무솔리니는 '강렬한 매력을 뿜어내는 아주 역동적인 (…) 베수비오 화산 같은 폭발력을 가졌으며 손짓, 눈빛, 어깻짓, 숨결을 자유자재로 활용해 대중을 매료시키는' 배우를 떠올리게 했다.[17]

1935년 이스티투토 루체의 뉴스 영화 「곡식을 타작하려 소매를 걷어붙인 일 두체」는 무솔리니의 강인한 남성성을 그의 인격 숭배의 중심으로 만들었다. 이 영화에서 무솔리니는 웃통을 벗고 미래적인 파일럿 고글로 현대적인 감각을 더한 채 밀을 타작한다. 그가 카메라 앞에서 상의를 벗은 것은 그때가 처음이 아니었다. 1933년부터 그는 아드리아 해변에 있는 리초네 리조트에서 연례 여름휴가를 보낼 때마다 수영복 차림으로 등장했다. 하지만 이 영화는 국가 지도자가 카메라 앞에서 웃통을 벗고 육체노동을 한 최초의 사례였고, 이러한 퍼포먼스는 너무나 센세이셔널한 나머지 1937년과 1938년에도 재탕됐다. 21세기로 넘어와 푸틴이 본인 가슴 근육을 홍보하기 전까지 무솔리니는 그런 식으로 자기 신체를 반복해서 과시한 유일한 지도자였다. 고상한 척하던 히틀러는 항상 옷을 다 갖춰 입고 등장했는데, 심지어 아우토반 건설 기공식에서 삽으로 흙을 퍼낼 때도 그랬다.[18]

웃통을 벗고 밀을 타작하는 무솔리니, 1935년.
MARKA / TOURING CLUB ITALIANO / AGEFOTOSTOCK

영화는 또한 무솔리니를 미국의 반공산주의 아이콘으로 만들어 주었다. 유성 뉴스 영화를 통해 미국인들에게 직접 영어로 말한 최초의 외국 지도자였던 무솔리니는 1933년 전기 영화 「무솔리니의 말」에도 출연했는데, 이 영화는 마치 그가 미국에서 줄마하는 것처럼 그를 '미국이 필요로 하는 것에 대한 해답'이라고 불렀다. 1927년부터 1935년 사이, 무솔리니는 100편이 넘는 미국 뉴스 영화에 등장했으며, 그의 추종자였던 윌리엄 랜돌프 허스트 덕분에 전국으로 배포되는 신문에 본인 칼럼난을 두었다. 망명자 가에타노 살베미니는 그의 이런 행보에 대해 "이탈리아 밖에서는 사람들 머리통을 깨부술 수 없으니 사람들의 마음을 사로잡아야 했다"고 말했고, 실제로 한 무리의 힘 있는 미국인들이 무솔리니가 그렇게 할 수 있도록 도와주었다.[19]

무솔리니는 우상 숭배를 구축하는 초기에 큰 어려움에 맞닥뜨렸다. 흠잡을 데 없는 라이벌 인사, 즉 그의 홈그라운드에 있는 교황의 존재가 바로 그것이었다. 그러나 이후 무솔리니와 교황 비오 11세는 천주교를 국교로 인정하고 교황청 독립 국가를 만들어낸 1929년 라테란 협정를 통해 합의에 이르렀다. 교황은 1930년 회칙「카스티 코누비Casti connubi」에서 국가가 가족에 대한 지배권을 가져서는 안된다고 경고했다. 하지만 정권이 신비로운 힘을 가지고 있다는 독재자에 대한 충심 위에 세워진 정치적 종교처럼 파시즘을 포장하는 동안, 바티칸은 그에 대한 반대를 공개적으로 표명하지 않았다. 무솔리니는 불임 여성에게 아이가 들어서게 하거나 시칠리아의 에트나산 용암이 마을을 덮치기 전에 멈추게 할 수 있다는 말이 나돌았다. 그가 대중 앞에 등장하면(이때쯤에는 신에게 하듯이 그를 지칭하는 대명사 'He'를 대문자로 표기했다), 사람들은 그의 옷깃이라도 만지려고 구름처럼 몰려들었다. 매일 수천 명의 이탈리아인이 그의 기적을 찬양하는 편지를 썼다. 대부분 은총을 구하거나 돈을 달라는 내용이었지만, 그의 아이를 갖고 싶다는 편지도 상당수 있었다. 피렌체에 사는 마르게리타 V.는 1936년 무솔리니에게 그와 함께 성찬식에 참여하는 환상에 대한 편지를 썼는데, 말 그대로 그의 몸이 제병 안에서 예수의 몸과 합쳐지는 상상이었다. 그는 "일 두체여,

당신이 내 입속으로 들어와 내 몸 안으로 들어올 수만 있다면 나의 이 가련한 마음에 안식을 줄 텐데!"라고 썼다.[20]

그즈음 에티오피아에 대한 승리 선언으로 이탈리아 내에서 무솔리니의 인기는 더 높아져 있었다. 그는 어떤 민주 정치인도 감히 시도조차 못 한 것을 이루어냈다. 바로 더 부유한 국가들을 상대로 이탈리아가 마땅히 되어야 할 제국을 이룩한 것이었다. "그분이 아니면 누가 여러분을 돕겠습니까?" 이탈리아 일간지 『코리에레 델라 세라』가 독자들에게 질문을 던졌다. "그분은 어디에나 있습니다. (…) 그분이 여러분의 말을 듣고 있다는 걸 느끼지 못했나요?" 사람들 말을 들은 건 아마 정보원들이었겠지만, 무솔리니는 정말로 어디에나 있는 듯했다. 그의 슬로건은 책, 영화, 포스터, 광고, 기념비에 새겨진 글 등 어디서나 볼 수 있었고, 라디오, 미래의 무솔리니로 가득한 교실, 무솔리니아Mussolinia라는 한 사르디니아 마을에서 그의 이름은 울려 퍼졌다. 그의 얼굴은 사무실, 트램 정류장, 여성들의 수영복, 심지어 밀라노 대성당에서도 찾아볼 수 있었다. 그는 미천한 대장장이의 아들이자 제국의 수립자인 동시에 현대적이면서도 소박하고 고전적인 사람, 한마디로 20세기의 카이사르였다.[21]

반대 언론을 짓밟은 폭력과 살아남은 언론에 대한 검열이 이 전지전능하고 유능한 인물이라는 허울을 가능하게 했다. 젊은 진보 출판업자이자 언론인이었던 피에로 고베티가 초기 피해자였다. "고베티의 삶을 지옥으로 만들어라." 무솔리니는 도지사들에게 이렇게 말했고, 이는 그에 대한 수차례의 체포와 길거리에서의 무자비한 폭행으로 이어졌다. 피폐해진 고베티는 망명 직후 1926년에 생을 마감했다. 이탈리아를 떠난 언론인의 가족들은 수시로 얻어맞고 국가에 의해 자산을 몰수당했다. 그에게 충성하지 않는 일부 출판사는 재정적 파산에 내몰렸는데, 이는 오르반을 포함한 다른 독재자들이 지금도 사용하는 전략이다. 1900년부터 『코리에레 델라 세라』의 편집장이었던 국회의원 루이지 알베르티니는 무솔리니가 새 총리가 되었을 때 '사회주의의 위험으로부터 이탈리아를 구할 사람'이라며 그를 찬양했다. 하지만 이탈리아 일간지 중 가장 많은 발행 부수를 자랑하던 그의 신문은 파시스트의 취향에 비해 늘 너무나 독립적이었다. 그래서 무솔리니는 독재자가 되고 나서 알베르티니를 강제 해임했다.[22]

무솔리니는 언론인으로서의 정체성을 버린 적이 없으며, 결국에는 이탈리아라는 국가의 편집장 역할을 했다. 그는 매일 몇 시간씩 신문을 읽으며 비평가들이나 자신을 충분히 찬양하지 않는 사람들을 벌주려 했으며, 신문 1면 레이아웃에 어떤 폰트를 써야 할지까지 모든 사항을 지시했다. 그가 이탈리아 언론을 '전 세계에서 가장 자유로운 언론'이라고 선언했던 1928년, 가난, 열차 사고, 자살, 반파시스트 살해 사건, 은행 도산, 부정부패 같은 주제는 논의 자체가 금지됐다. 1931년에는 매일 정부에서 명령이 내려와 언론인들에게 무슨 말을 할지, 어떤 주제와 어떤 인물을 무시해야 할지를 전달했다. 1939년의 한 명령에는 '헤드라인에 물음표를 넣지 마라'라는 내용이 담겨 있었다. 독재 국가는 의심의 여지를 절대 남겨서는 안 되기 때문이다. 『시카고 트리뷴』의 셀데스는 정권의 탄압과 정보 왜곡에 대한 기사를 쓴 일로 이탈리아에서 추방된 후, 외신 기자들이 "뇌물로 매수되어 있고, 겁을 집어먹거나, 우쭐해하거나, 검열받고 있다"
라고 썼다.[23]

프로파간다는 선전원을 필요로 하기에, 정권은 가난하고 재능 있
는 사람들에게 정부 급여를 줘가며 마음껏 활용했다. 대부분 공무
원이었던 교수들은 관료주의적 조치를 통해 압박을 받았다. 처음에
는 1931년 국왕과 파시즘에 대한 충성 선서였는데, 이는 이와 유사
한 나치 선서에 얼마간 영향을 주었다. 그다음으로는 1932년에 구
직이나 승진을 하려면 국가 파시스트당에 의무적으로 가입해야 하
는 요건이 등장했다. 검은 셔츠를 입고 행사에 참석해 정권의 메시
지를 널리 퍼뜨리라는 초대장이 날아왔다. '교수님, 볼로냐 혹은 부
에노스아이레스에서 프랑스령 튀니지에 대한 이탈리아의 주장을
잘 전달해주실 거라고 기대해도 되겠습니까? 협조에 미리 감사드
립니다!' 많은 이가 독재 정권과의 협조에 대한 규칙을 너무 늦게 깨
달았다. 그것은 다름 아닌, 조직범죄 세계와 마찬가지로 이번 한 번
만이라고 생각하는 순간 또 다른 일에 끌려들어가는 덫에 걸리는
것과 같다는 것이었다.

—

히틀러는 괴벨스가 말한 '하나의 여론'을 조성하려는 시도에 있
어 무솔리니보다 유리한 점이 있었다. 독일에는 독립적으로 소통하
는 교황이나 통치 군주가 없었고, 문맹률이 낮았으며 1933년에 이
탈리아, 영국, 프랑스를 다 합친 것보다 더 많은 신문이 발행됐다.

나치는 이들 중 다수를 장악하거나 제거, 혹은 폐간시켰고(5000개였던 신문이 1938년에는 2000개로 줄었다), 인종적 이유를 포함해 1933년 한 해에만 수천 명의 언론인을 해고하고 수감했다. 그해 제정된 법은 편집자와 출판사들이 언론인의 위반 행위에 대해 책임을 지도록 함으로써 언론이 자체 단속을 실시하게 만들었다.[24]

무엇보다 히틀러에게는 군중 심리, 반복 등의 홍보 기술, 3요소 슬로건 사용(예를 들어 '하나의 민족, 하나의 제국, 하나의 총통One People, One Reich, One Führer') 등을 활용해 '유대인 문제'와 같은 주제를 긴급하고 설득력 있게 만든 괴벨스가 있었다. 괴벨스는 히틀러를 독일의 국가적 운명의 화신으로 묘사함으로써 히틀러의 인격 숭배를 만들어냈다. 나치 예술은 히틀러를 초인이나 신성한 축복을 받은 인물로 종종 묘사했지만, 총통은 자기 아이의 대부가 되어달라고 부탁하거나 목이 좀 쉰 것 같다고 허브차나 꿀을 보내주는 사람들에게는 충분히 다가가기 쉬운 존재이기도 했다. 체코 국경과 인접해 있는 작은 마을 자이펜에 사는 쿠르트 루돌프 켐프라는 한 미용사가 히틀러의 머리를 잘라주기 위해 베를린까지 걸어서 순례해도 되느냐고 허락을 구한 적도 있다.[25]

나치는 라디오를 통해 히틀러 숭배를 조성하고 계급과 종교적 정체성을 약화시키며 독일인들로 하여금 국가의 적을 박해해야 한다는 생각에 익숙해지게 했다. 공장, 시장 등의 장소에 6000개 이상의 라디오가 설치되어 사이렌이 울렸을 때 '국가적 순간'에 대비할 수 있게 했고, 이때 라디오 관리자들은 모든 사람이 히틀러와 그의 대리인들의 최신 연설을 듣도록 했다. 국가에서 저렴한 가격의 '국민

거울 앞에서 연습하는 히틀러, 1927.
HEINRICH HOFFMANN / WORLD HISTORY ARCHIVE / AGEFOTOSTOCK

수신기'(라디오계의 폴크스바겐)를 위한 보조금을 지급하면서 독일 국민의 70퍼센트가 라디오를 보유하게 되었고, 이로써 1933년 450만 명이었던 청취자 수는 1942년에 1600만 명으로 대폭 상승했다. 그때 라디오는 거의 10년 동안 히틀러를 독일인의 삶 속에서 친숙하고 편안한 존재로 만들었다.[26]

생각할 틈도 없이 몰아치는 히틀러의 감정이 북받친 목소리는 그의 주된 프로파간다 무기였다. 이탈리아 작가 이탈로 칼비노나 미국 언론인 재닛 플래너리처럼 그가 말하는 것을 들은 사람들은 그의 연설이 비교적 차분하게 시작해 점점 '광란의 히스테리적 열기'로 치닫곤 했다고 말했다. 그는 말을 하면서 점점 '최면에 걸린 사람처럼 같은 말을 반복하며 광란에 빠져들었다'고 한다. 모든 독재자가 그러했듯, 히틀러도 카리스마를 더 잘 발휘하는 데 심혈을 기울였다. 1927년 호프만은 거울 앞에서 바이마르 시대의 표현주의 시네마를 떠올리게 하는 제스처를 연습하는 그의 모습을 사진으로 남겼다. 에리크 얀 하누센에게 배운 최면술과 배우 에밀 야닝스로부터 발성 수업을 받은 것도 제값을 톡톡히 했다. 히틀러는 신체 언어와 음성 언어를 사용해 독일인들의 굴욕의 상처, 전염병을 퍼뜨리는 유대인들에 대한 두려움, 더 나은 미래에 대한 간절한 희망을 표현했다. 전 국가사회주의 독일 노동자당의 권위자 오토 슈트라서는 망명생활 중 이런 경고를 했다.

히틀러는 지진계에 준하는 섬세함으로 사람 마음의 진동에 예민하게 반응한다. (…) 가장 비밀스러운 욕망, 가장 허용되지 않는 본능을 확실하게 보여준다. (…) 그의 언어는 가장 듣고 싶은 말을 그대로 전하면서 목표물을 향해 정확히 쏘아져가는 화살처럼 정곡을 찌르고, 날것 그대로의 모든 개인적 상처를 어루만지며, 집단 무의식을 해방한다.[27]

집회는 파시스트 독재자들이 가장 좋아하던 정치극의 한 형태였고, 무솔리니와 히틀러는 국가가 필요로 하는 일에 뛰어들 준비가 된 '폭력적이고 당당하며 겁 없고 잔인한 젊은이들'을 양성하기 위한 정서 훈련의 장으로 집회를 활용했다. 1935년 베를린 집회에는 "여자와 소녀, 유대인들이 화근이다"라는 현수막이 걸려 있었다. 총통을 응원하는 군중은 도로 건설 못지않게 정권에 중요한 일을 수행했다. 영화감독 레니 리펜슈탈의 1934년 다큐멘터리 「의지의 승리」는 팬들을 맞이하기 위해 비행기를 타고 하늘에서 내려오는 지도자의 모습을 묘사했는데, 모부투는 후에 이 이미지를 차용해 구름 위에 떠 있는 자기 얼굴 사진을 자이르 텔레비전 뉴스 오프닝 배경으로 삼게 했다.[28]

프로파간다의 원재료인 그 군중이 없었더라면 과거와 현재의 독재자들은 어떻게 되었을까? 그들의 비밀은 군중이 자신을 필요로 하는 것보다 자신이 군중을 훨씬 더 필요로 한다는 것이었다. 괴벨스는 스튜디오에서 경직되어 있는 히틀러를 보며 그의 웅변술이 빛을 발하기 위해서는 군중의 에너지와 떠받들어주는 분위기가 필요하다는 것을 알아차렸고, 그때부터는 집회나 기타 공개 석상에서 그의 연설이 녹음되기 시작했다. 무솔리니는 군중의 숭배를 일종의 정력제로 여겼던 듯하다. 그는 자신의 정부 클라라 페타치와 잠자리를 하기 전 베네치아 광장이 내다보이는 발코니에서 자기를 지켜보라고 부탁하곤 했다. "다들 미친 것 같다. 이건 집단 정신 착란 상태다. (…) 말로 설명할 수 없는 환희, 사랑의 감정이다." 페타치는 1937년 무솔리니의 부탁대로 했던 어느 날의 경험을 일기에 이렇게 썼다. 당시 이탈리아인들은 다년간 이어진 파시스트 통치의 결과로 그런 행사에 동원되는 데 익숙해져 있었다. "무솔리니의 말이 군중에게 마법 같은 영향력을 미쳤던 이유는 그와 군중 모두 그런 마법 같은 영향력을 기대하고 있었기 때문이다." 어린 시절 일 두체의 연설을 많이 접했던 무솔리니의 전기작가 라우라 페르미의 글이다.[29]

파시스트 국가들이 제작한 집회 영상은 이 지도자들이 이끌어낸 진실한 감정과 애정을 잘 보여준다. 하지만 그 넓은 공간을 사람들로 가득 채우기 위해 사용한 채찍과 당근은 보여주지 않는다. 집회 날 학교와 일터는 문을 닫았고, 집회에 참여하라는 엽서가 날아들었으며, 지방에서는 수도로 가는 공짜 여행이라는 말에 속아 모집된 대표단이 버스를 타고 왔다. 또한 리더에 대한 다른 반응을 암시할 수 있는 디테일도 잘 보여주지 않았다. 1935년 10월 2일 로마 베네치아 광장에서 에티오피아 침공을 발표하기 위해 소집된 집회를 촬영한 뉴스 영화는 거기 참석한 사람들이 승리에 도취되어 있다는 느낌을 준다. 그러나 정지 화면을 보면, 정권의 카메라 앞에 선 일부 젊은 남성과 여성들은 냉랭한 무표정으로 말없이 듣고 있다. "비록 내가 여기 와 있기는 하지만 당신의 전쟁을 응원하는 건 아니다. 당신의 프로파간다에 나를 이용할 수 없다"라고 말하는 것이다. 이것은 독재자가 연출한 압도적인 장관의 한가운데서 그에게 보내는 침

에티오피아 전쟁을 선언하는 무솔리니의 연설을 듣고 있는 이탈리아 사람들, 로마, 1935년. ISTITUTO LUCE

묵의 비난이었다.[30]

　파시스트 프로파간다는 계속되는 반복과 공격성 탓에 시간이 지날수록 효과가 떨어졌다. 정치 교육은 1937년 조사된 나치 노동 조직의 여성 구성원들의 관심사 목록에서 10위를 차지했다. 1937~1938년 이탈리아 정보원들의 보고서는 무솔리니 통치하에 성장한 학생들 사이에서 '파시스트 신념의 현격한 약화'가 엿보인다며 통탄한다. 또한 많은 이탈리아인과 독일인이 다른 정보를 접하기 위해 외국 라디오를 들었다. 그럼에도 불구하고 파시스트 프로파간다가 효과적이었다고 결론짓기 위해 이 정권들이 사람들을 투

옥하고 몰살하는 것에 협조한 이들은 충분히 많았다.[31]

　제2차 세계대전 이후 수십 년 동안 군사 쿠데타의 시대가 열리면서 인격 숭배, 허위 조작 등의 모든 파시스트 선전 요소는 새로운 적용처를 찾아냈다. 카리스마적 일인 독재 통치자들이 일부 이끌던 중동, 아프리카, 라틴아메리카에서 일어난 탄압적 정권의 새로운 물결은 1951년 철학자 한나 아렌트의 다음과 같은 통찰에 담긴 진실을 잘 보여준다.

　전체주의적 통치의 이상적인 대상은 투철한 나치나 확신에 찬 공산주의자가 아니라, 사실과 허구의 구분(경험적 진실), 그리고 참과 거짓의 구분(생각의 기준)이 더 이상 존재하지 않는 사람들이다.[32]

—

　전후의 독재자는 그의 선전 무기고에 TV라는 아주 새롭고 강력한 무기를 갖추게 되었다. 나치는 1930년 중반부터 TV 프로그램을 제한해왔지만, 1950년대에 이 통신 수단이 전 세계로 확대되면서 비로소 설득과 협박의 새로운 길이 활짝 열렸다. 철학자 테오도어 아도르노는 TV가 '지적 수동성과 현혹되기 쉬운 상태'를 조성함으로써 파시스트 독재 정권이 계속되게 할 것이라고 단언했고, 이는 비판적 사고를 저해하는 것이 권력 유지의 핵심임을 잘 알았던 전후 독재자들에게 희소식으로 다가왔다. 독재자들은 자신에 대한 인격 숭배를 조성하기 위해 TV를 활용해 스스로를 친숙하고 일상적인 존재로 만들었다. 한 예로 매일 밤 프랑코의 얼굴이 스페인 TV 방송국의 방송 종료 영상에 등장했다.[33]

무솔리니와 히틀러가 사망하면서, 독재 전략을 새로운 통신의 시대로 가져와야 하는 일은 프랑코의 몫이 되었다. 하지만 조심스럽고 문화적으로 보수적이었던 이 스페인 사람은 그 셋 중에서 그 일에 가장 적합하지 않은 인물이었다. "미디어, 즉 라디오 전파와 영화, TV의 힘은 우리 요새의 창문을 열었고 (…) 우리 환경의 순수성을 오염시켰습니다." 프랑코가 1955년 크리스마스 메시지에서 침울한 목소리로 읊조렸다.[34] 그러나 그는 TV가 스페인의 프로파간다를 부흥시키는 것을 보고 태도를 바꿨다. 정보부는 시골 지역 사람들을 위해 '텔레-클럽Tele-clubs'을 발족했고, 1972년까지 80만 개의 공동 TV 시청 클럽이 존재했다. 프랑코가 사망한 이듬해인 1976년에는 이탈리아 인구의 90퍼센트 이상이 매일 TV를 시청했다. TV 뉴스도 정부가 통제하는 라디오 및 신문과 동일한 허위 정보를 포함하고 있었지만, 매체의 현대성으로 인해 더 객관적이고 신뢰할 만하게 보였다. 그러나 일부 스페인 사람에게는 비교 기준이 있었다. 스페인 국경과 인접한 프랑스 마을 페르피냥은 자국 내에서는 검열된 영화와 신문을 보기 위해 주말마다 찾아온 스페인 사람들 때문에 인구가 두 배로 늘곤 했다.[35]

1960년대에 이르러 내부의 반대가 거세지자 프랑코는 이미지 쇄신 캠페인을 시작했다. 그는 오푸스 데이와 관련된 기술 분야 관료들이 실시한 일부 경제 자유화에 동의했고, 1969년에는 스페인 개신교도와 유대인들에게 신앙의 자유를 허용했다. 또한 찰스 패트릭 클라크 같은 미국 로비스트들과 매캔 에릭슨 같은 홍보 회사를 고용해 그의 파시스트적 폭력의 얼룩을 지우려 했다. 프랑코가 나치 전범들에게 피난처를 제공했음에도 불구하고 스페인에서 좋은 조건으로 영화를 촬영하게 된 할리우드 제작자들은「패튼」같은 반축 anti-Axis 영화들을 통해 스페인에 대한 좋은 이미지를 만들어냈다. 여행업계 거물 콘래드 힐턴과 유진 포더(미국의 바이올린 연주자—옮긴이)는 스페인에서 자행된 탄압을 묵과하고 관광객들에게 이곳을 홍보했다. 이미지 쇄신을 위한 이런 노력은 좋은 결과를 가져왔다. 비록 프랑코의 프로파간다 기계는 계속되는 빈곤과 탄압에 대한 언급을 금지했지만, 스페인의 외국인 투자는 1960년 400억 달러에서 1970년 6970억 달러로 급증했다.[36]

—

프랑코의 표리부동한 전통을 이어받은 피노체트는 자국민을 고문하고 처형하는 와중에 외국 자본가들에게는 칠레를 안정적인 법질서 국가로 보이게 하는 정교한 소통 전략을 사용했다. 이탈리아 출신의 신파시스트 국가정보국 정보원 델레 치아이에는 그에게 대외적으로 좀더 부드러운 이미지를 보여주기 위해 선글라스를 벗으라고 조언했지만 운이 따르지 않았다. "나는 내가 하고 싶은 대로 한다"라는 대답만 돌아왔다. 피노체트의 돈이 들어간 미국-칠레 평의회가 생산해내는 허위 정보는 그의 든든한 지원군이었다. 마빈 라이브먼과 윌리엄 F. 버클리가 이끄는 이 평의회의 보고서는 칠레

군부 정권의 폭력을 축소하고 신자유적 경제 정책과 안정성을 거듭 강조했다.[37]

언론의 자유를 파괴하는 것은 군부 정권의 최우선 과제였다. 가톨릭교회 연대 사무소의 라디오 방송국과 언론사는 대안적 정보의 공급처로서 살아남았고, 기독교민주당과 연계된 라디오 코오페라티바도 마찬가지였다. 하지만 쿠데타가 일어나고 몇 개월 안에 11개였던 일간지는 4개로 줄었고, 칠레 언론인의 50퍼센트가 일자리를 잃었다. 1980년대에 수많은 언론인이 살해당하거나 수감됐고, 수십 명이 기소되었다. 신자유주의 경제 실험이 시작된 1975년, 칠레 TV는 국고 지원이 중단되어 미국 TV 방송사와 광고 회사를 불러들였다. 미국 TV 프로그램들이 물밀 듯이 쏟아져 들어왔다. 칠레 가구의 78퍼센트 이상이 TV를 보유하고 있던 1980년대에「더 브래디 번치」와「하와이 파이브 오」같은 가벼운 오락 프로그램들은 60퍼센트에서 80퍼센트의 시장 점유율을 기록했다.[38]

프로파간다는 존재와 부재를 활용하는 기술이다. 존재하는 것, 그리고 삭제되거나 숨겨진 것은 늘 연결성을 갖는다. 고국을 다시 찾은 칠레 망명자들은 '샌하튼Sanhattan'이라는 별명이 붙은 산티아고 상업 지구의 으리으리한 마천루 뒤에 도사리고 있는 위협적인 기운과 사라진 것들이 남기고 간 공허함을 느꼈다. 피노체트의 통치하에서 사소한 범죄는 줄었을지 모르지만, 국가정보국 요원들이 집 문을 부수며 들어오는 것으로 시작해 평생토록 공포에 시달리며 살게 만드는 범죄는 더 많이 일어났다. 추방당한 영화감독 미구엘 리틴이 칠레의 현실을 폭로하는 영화를 찍기 위해 우루과이 사업가로 변장해 1985년 칠레에 들어왔을 때, 그가 목격한 칠레의 먼지 한 톨 없는 길거리와 '물질적 화려함'은 '실종되거나 살해된 수만 명의 사람과 그보다 열 배는 더 많은 추방자가 흘린 피'를 떠올리게 했을 따름이다.[39]

—

카다피는 1969년 집권 당시 무솔리니와 다르지 않은 상황에 직면했다. 리비아 인구의 75퍼센트 이상이 문맹이었던 것이다. 프로파간다적인 관점에서 이것은 교육을 통해 세뇌할 수 있는 기회였고, 리비아의 석유 수익은 남성과 여성에 대해 무상 교육을 할 수 있게 해주었다. 카다피의 1975년 『그린 북』은 마오쩌둥의 1964년 『레드 북』처럼 자신의 혁명적 목표에 적합한 정치적 주제를 만들어내려는 의도에서 나온 것이지만, 높은 문맹률 탓에 라디오와 TV가 국가 프로파간다를 지배하게 되었다.[40]

리비아의 파시스트들은 아랍어 라디오 프로그램을 방송했으며, 대도시의 주요 광장들에 스피커를 설치했다. 그러나 1950년대와 1960년대에 이집트의 지도자 나세르가 카이로에서 송출했던 「아랍의 목소리」라는 라디오 방송에 영향을 받았던 카다피는 곧 '위대한 조국의 목소리'라는 채널을 만들고, 거기서 자신을 범아랍적 정체성으로 이끄는 새로운 인도자로 소개했다. 1990년대에 다른 채널들은 매일 19시간씩 리비아 가정에 방송 프로그램을 제공했다. TV, 비디오, 위성 방송, 인터넷 미디어 시대에 걸쳐 이어진 카다피의

42년간 독재는 시간이 갈수록 점점 더 탄압의 강도를 높여갔다. 반대 의견을 억압하는 임무를 맡아 두려움의 대상이었던 혁명위원회는 1980년 이후 미디어 감독까지 실시했다. "정권은 무슨 수를 써서라도 이기고자 한다." 전 언론인 압달라 라흐드의 말이다.[41]

카다피가 TV를 활용해 폭력을 대중을 위한 구경거리로 제시한 것은 식민지와 지역의 사례를 기반으로 한 것이었다. 이탈리아인들은 1931년 2만 명의 리비아인을 모아놓고 그 앞에서 리비아의 저항군 지도자 알무크타르를 처형했으며, 모부투도 마찬가지로 1966년 5만 명의 군중이 보는 앞에서 각료들을 교수형에 처했다. TV는 이러한 효과를 극대화해, 후세인 집권기에 이라크 사람들이 카페와 시장, 가정에서 반역 피고인들의 재판과 처형 과정을 지켜볼 수 있게 했다. 1968년에 TV 방송을 시작한 리비아에서는 1971년 TV로 방영된 이드리스 국왕의 결석재판과 사형 선고가 큰 상징적 가치를 지니고 있었다. 하지만 그런 방송들은 최대한의 공포를 끌어내기 위해 이상적으로 반쯤 죽어 있는 살아 있는 사람을 필요로 했다.[42]

정권 반대 시위를 했던 트리폴리대학 학생들이 1976년 4월 7일 리비아에서 진행된 첫 교수형 공개방송의 주인공들이었다. 그 방송의 인기에 힘입어 카다피는 매해 같은 날을 학생 처형의 날로 지정했고, 학생들은 수업을 중단하고 이 처형 방송을 시청할 것을 강요당했다. 라마단 같은 최고 시청률 기간에 재방송되었던 재판 및 처형 방송은 반사회주의적 행동 혹은 부패 혐의를 받는 사람들을 폭로하거나, 과거에 체포된 전적이 있는 사람들을 재심하거나(TV 용어로는 속편인 셈), CIA나 무슬림 형제단과 공모한 혐의를 받는 저항자들을 처단했다. "이제 이 떠돌이 개들의 자백을 들어보겠습니다."
처형 방송 아나운서가 마치 기상예보로 넘어가는 멘트인 양 무심히
말했다.[43]

1984년 사디크 하메드 슈웨디의 처형식은 폭력을 대중의 구경거
리로 만들었다. 벵가지 농구 경기장에 모여든 관중 가운데는 참관
수업으로 견학 온 학생들도 있었다. 사람들은 슈웨디가 결박된 채
겁에 질린 모습으로 바닥에 홀로 앉아 해외의 반카다피 활동가들과
결속했음을 고백하는 것을 바라봤다(그는 최근 미국 유학에서 돌아온
터였다). 판사들이 그의 사형 선고문을 읽는 동안 군중은 환호했다.
슈웨디가 교수대에서 몸부림치자, 관중석에서 사람들을 선동하던
한 젊은 여성이 그에게 달려가더니 그가 움직임을 멈출 때까지 그
의 다리를 잡아당겼다. 이 일로 처형자 후다라는 별명을 얻고 정치
스타로 떠오른 후다 벤 아메르는 체육 및 청년부 장관을 역임하기
도 했다. 『그린 북』은 대중의 시대가 "감정을 자극하고 눈을 현혹한
다"라고 서술했다. 그렇게 하기 위해 카다피는 TV를 이용해 공포와
순응을 조장했다.[44]

카다피에 대한 인격 숭배를 유지하는 것은 프로파간다의 우선 과
제였다. 카다피의 집권이 장기화될수록 그의 옷차림과 행동은 점점
더 드라마틱해졌다. 그는 연설 도중 갑자기 말을 멈추고 신의 계시
를 기다리는 듯 하늘을 바라보곤 했다. 리비아에 '카다피 경례'랄 것
은 없었지만, '알라신과 혁명위원회가 저의 신실한 믿음을 알아주
시기를'이라는 그의 위대함에 대한 공개적 기도는 부적 같은 가치
를 지니게 됐다. 종종 거대하게 묘사되던 그의 이미지는 그의 비밀

경찰과 마찬가지로 그가 어디에나 있고 모든 것을 보고 있다는 인상을 주기 위해 리비아 사회 전체에 빼곡히 도배되어 있었다.[45]

—

카다피의 정권이 몰락한 2011년, 새로운 독재 통치자들은 프로파간다의 역사에 자신만의 흔적을 남기고 있었다. 그들은 집회, 검열, 인격 숭배를 소셜미디어와 결합해 자신들의 집권 체제를 유지하기 위해 필요한 뉴스를 생산해냈다. 선거를 치른다는 것은 그들이 어느 때보다 검열과 정보 조작에 더 의존하고 있다는 뜻이기도 하다. 그들은 여전히 자신을 비판하는 사람들의 입을 틀어막고 모함하는 동시에, 미디어 공간을 소음과 혼란으로 가득 채워 자신들 권력에 위협이 될지도 모르는 메시지가 들리지 않게 만든다.

부정부패와 무능으로부터 미디어의 관심을 돌리기 위해 여성 혐오적이고 인종차별적인 발언을 하는 것은 잘 알려진 전략이다. 2019년 트럼프는 작고한 메릴랜드 민주당 대변인 일라이자 커밍스의 거의 흑인으로 이루어진 하원의원 선거구를 두고 '쥐와 설치류가 득실거리는 역겨운 쓰레기 더미'라고 했다. 이는 커밍스가 하원 감독 위원장으로서 장녀 이방카 트럼프와 사위 재러드 쿠슈너의 공무 관련 개인 이메일 계정 사용 건을 조사하던 것으로부터 사람들의 주의를 다른 데로 돌리기 위한 행동이었다. 같은 해, 언론사 글로부의 한 기자가 보우소나루에게 그의 아들 플라비우의 부정부패 가능성에 대해 질문하자 그는 그 기자에게 "심각하게 호모같이 생겼다"고 말했다. 자기 가족의 부패가 아니라 그 발언이 모든 뉴스를 도배할 것임을 알고 한 말이었다. 오늘날의 독재자들은 대중과 언론이 현재 가장 뜨거운 논란거리에 관심을 쏟는 매 순간 정치적으로 행동하거나 권력 남용에 대해 파고들지 않는다는 것을 너무나 잘 알고 있다.[46]

새로운 독재자들은 모든 반대 언론을 금지하는 대신 미디어 매체에 허가를 내주지 않거나, 언론사 소유주를 매수·고소·협박하거나, 파산에 이르게 하려고 광고 보이콧을 촉구하거나, 적대적 매수를 감행하는 방식을 택한다. 수많은 헝가리 언론인의 굴종이 장관을 이뤘던 2018년, 오르반 체제하의 헝가리 미디어 관계자들은 500개에 달하는 미디어 자산을 정부 협력 기관에 '기부'했다. 분석가 가보르 폴야크의 말에 따르면 그해 하반기에 있었던 총선거에서 "반대 견해는 유권자 대다수에게 전해지지도 않았고", 이는 정확히 헝가리 총리가 의도한 바였다.[47] 새로운 독재자들은 페이스북과 트위터 같은 플랫폼을 이용해 자기를 비판하는 사람들을 대상으로 각종 혐오 발언, 음모론, 거짓말을 퍼뜨린다. 현재의 독재자들은 과거 유형의 상부 하달식 동기화를 포기한 대신, 증폭과 침투라는 무기를 얻었다. 여기에는 언론에 대한 증오를 불러일으키려는 메시지도 포함된다. 언론인 보호 위원회는 2018년 기록적인 수의 언론인이 살해당하거나 수감되거나 인질로 잡혀 있는 실태를 언급하며, 전 세계적으로 '미디어 종사자에 대한 전례 없는 수준의 적대감'이 팽배해 있다고 밝혔다.[48]

"러시아에는 채널이 딱 두 개밖에 없었어요." 코미디언 야코프 스미르노프가 소련 통치 시절을 떠올리며 풍자 개그를 했다. "채널 1은 프로파간다였고요, 채널 2는 KGB 요원이 나와서 다시 채널 1을 틀라고 말하는 방송이었죠." 푸틴은 공산주의가 붕괴하고 10년 뒤 집권했고, 그의 미디어 정책은 과거 방식과 21세기적 방식을 잇는 가교 역할을 했다. 푸틴은 대통령 집권 초기에 집권층이 소유한 텔레비전 방송국 NRT와 ORT에 대해 적대적 매수를 감행하면서 뉴스와 정치 방송을 장악했다. 2012년 이후 언론을 상대로 한 강력한 탄압은 러시아 미디어를 친푸틴 및 반서양 정서를 전달하는 메신저로 만들어버렸다. 부정부패 등의 금기시되는 주제를 보도한 수십 명의 언론인이 나라 안팎에서 체포되거나 살해됐다.[49]

공산주의의 유산인 방해 공작과 조작 기술, 그리고 새로운 세대의 정치전은 모두 러시아 정부의 프로파간다 무기고에서 중요한 자리를 차지한다. 시간이 지나면서 푸틴은 자신의 능력에 대한 환상을 유지하기 위해 더 많은 조작된 정보를 필요로 한다. 사이버 보안은 그가 계획한 국내 전용 인터넷을 위한 공식 근거인데, 이 국내 전용 인터넷은 자국 내로 한정된 라우팅과 도메인명 체계를 갖춰 정보 흐름이 '포트리스 러시아Fortress Russia'로 들어가게끔 통제하는 것이다. 젊은 러시아인들이 뉴스 소비처를 국립 TV에서 온라인 플랫폼과 독립 채널인 NTV로 전환함에 따라, 러시아 정부는 100개국 이상의 국가에 송출되는 RT 네트워크(구'러시아 투데이')에 자원을 쏟아부었다. 유튜브에서 가장 인기 있는 국제 뉴스처인 RT 네트워크는 러시아에 거주하는 사람들도 많이 찾아보는 채널이다. RT 네트워크의 글로벌 TV 시청자 수는 2015년에서 2017년 사이에 3분의 1이나 증가했지만, 2020년 기준으로 여전히 CNN과 BBC에 비해서는 한참 뒤처지는 숫자였다. RT 아메리카는 미국 시청자 수를 늘려 미국인들에게 러시아 정부의 프로파간다를 노출하기 위해 릭 산체스와 스코티 넬 휴스 같은 폭스 뉴스 출신의 인재들을 고용했다. 2017년, 다이렉트TV는 위성방송 수신 네트워크 채널 명단에 RT 네트워크를 추가했다.[50]

RT 네트워크의 확장은 러시아 정부가 물리적 충돌보다는 정보적, 외교적, 경제적 조치를 선호하는 정치전에 집중하고 있음을 보여주는 하나의 양상에 불과하다. 이는 특히 푸틴의 주적인 미국의 민주주의에 맞서 성공을 거두었다. 전력망 방해나 2016년 미국 민주당 전국위원회 서버 침투 같은 사이버 공격은 우위를 보여주는 것을 목표로 한다. 그것이 러시아 국민을 향한 것이든 외국인을 향한 것이든, 푸틴의 프로파간다는 단순히 대안적 진실을 만들어내는 데서 그치지 않고 허위 정보를 통해 혼란을 야기하며 사실과 허구를 구분해내는 능력을 저해하는 것을 목표로 한다. 무솔리니의 검열은 신문 헤드라인에서 물음표를 금지하는 것을 통해 다른 해석의 가능성을 원천 차단했다. 반면 푸틴의 공작원들은 모든 것에 물음표를 붙이고 다닌다.[51]

남성적 정력의 과시에 기반한 푸틴의 인격 숭배는 소련 스타일의 근엄함과 애국심에 공산주의 이후 자본주의적 축적에 대한 경의를 결합한다. 그의 얼굴은 스페셜 에디션 골드 애플워치부터 침구, 티셔츠, 도자기에 이르기까지 모두에게 적당한 가격대로 형성되어 있는 수많은 소비재 품목에서 찾아볼 수 있다. 여론조사 기관장 유리 레바다는 푸틴 역시 다른 독재자들과 마찬가지로 '모든 사람이 자신이 보고 싶은 것과 바라는 것을 볼 수 있는 거울'이었다고 말한다. 러시아 정부가 발부를 허락한 연간 캘린더에서 푸틴은 말이나 중장비 위에 올라탄 모습, 꽃 냄새를 맡는 모습, 교회에서 초에 불을 붙이는 모습 등 다양하게 등장했기에, 모든 사람이 '내 입맛에 맞는' 푸틴을 찾을 수 있었다.[52]

"제가 그만하라고 강요할 순 없습니다." 푸틴이 자기 이미지가 사방으로 확산되는 것을 두고 한 말이다. 자신에 대한 캐리커처는 신속하게 차단했기 때문에 카다피와 같은 기만이라 할 수 있다. 2017년 4월부터 푸틴에 대한 만화나 풍자는 "불온 자료"로 분류될 수 있었다. 2019년에는 인터넷에서 국가와 국가의 상징, '사회', 정부 당국을 '모독하는' 사람들은 15일의 징역형에 처해질 수 있는 더 폭넓은 조치가 시행되었다. "머지않아 부엌에서 정부 당국에 대한 농담을 속삭여야 할 날이 올 것이다." 모스크바에 사는 한 변호사가 공산주의나 다른 독재 정권하에서 살았던 사람들과 비슷한 상황을 묘사하며 페이스북에 올린 글이다.[53]

—

베를루스코니는 "TV에 나오지 않는 것은 존재하지 않는 것이다"

라는 말을 즐겨 했고, 그런 의미에서 그는 21세기 초 이탈리아의 그 어떤 사람보다 확실한 존재감을 지녔다. 베를루스코니의 미디어 그룹 메디아세트는 2007년까지 국민의 87퍼센트가 TV를 통해 정보를 얻었던 국가에서 시청자의 대다수를 장악한 상업 텔레비전 방송국을 소유했다. 2019년 실시된 한 획기적인 연구에서 메디아세트 예능 채널의 높은 시청률이 시민 참여의 저하와 단순화된 포퓰리즘적 수사법에 대한 선호로 이어졌다는 것이 밝혀졌다. 그리고 그 결과 1994년부터 2008년까지 다섯 차례의 선거에서 베를루스코니와 그의 정당에 대한 득표율은 10퍼센트 가까이 증가했다.[54]

2000년대 베를루스코니 정부 시절, 그는 자신에게 충성하는 사람들과 가족을 요직에 앉힘으로써 TV, 출판사, 광고 이익에 대한 통제권을 유지했다. 딸 마리나 베를루스코니는 메디아세트, 출판사 몬다도리, 거대 광고사 푸블리탈리아에 대한 지배 지분을 보유한 그의 지주 회사 핀인베스트를 경영했다. 시간이 지나며 예능 TV에 대한 그의 통제력은 정치 영역을 훌쩍 뛰어넘어 이탈리아 사회 전반에 영향을 미치는 능력으로 변신했다. 예를 들어 많은 새로운 세대의 독재자가 성차별적 발언을 하고 출산 촉진 법안을 통과시키지만, 베를루스코니는 수년간 하루가 멀다 하고 자기 텔레비전 방송국이 내보내는 광고와 쇼에서 여성을 대상화했다. 그는 또한 예능 프로그램에 대한 자신의 통제력을 중심으로 새로운 후원 네트워크를 개발했다. 그의 쇼에 출연한 몇몇 여성은 결국 의회로 진출했다. 그중 일부는 성적 쾌락이라는 베를루스코니의 개인적 목표를 위한 알선자나 참여자이기도 했다. 남성적 정력, 프로파간다, 부패라는

도구가 함께 작동하는 것을 잘 보여주는 또 다른 예라고 할 수 있다.[55]

베를루스코니는 독재 체제가 아니었다면 불가능한 수준의 언론 통제를 활용해 인격 숭배를 새로운 독재 시대로 가져왔다. 공공장소 어딜 가나 보이던 그의 얼굴은 이탈리아인들로 하여금 그를 실제보다 더 대단한 존재로 보게 만들었다. 그는 '실비오가 있어 천만다행'('무솔리니가 있어 천만다행'이 원조다) 같은 슬로건을 통해 일 두체를 떠올리게 하는 동시에 자신을 평범한 시민의 상징으로 내세웠다. "이탈리아인들은 내게서 자신의 모습을 봅니다. 나도 우리 국민 중 한 명입니다. 삶을 사랑하고 즐거움을 좇는 (…) 무엇보다 아름다운 여성들을 사랑하는, 존경받아 마땅한 여느 이탈리아인과 다르지 않습니다." 그가 포르차 이탈리아 청년부에 한 말이다. 그의 이미지가 이탈리아 전역에 얼마나 도배되어 있었던지, 2000년대 초 치매를 연구하는 이탈리아 심리학자들이 면담한 한 여성은 가족들의 얼굴은 잊었지만 예수와 교황, 그리고 베를루스코니의 얼굴은 알아봤을 정도다.[56]

베를루스코니는 피해자 의식이라는 독재자의 각본 또한 21세기에 맞게 업데이트했다. 스스로를 진보와 좌파 언론의 괴롭힘을 받는 대상처럼 묘사하며, 자신의 미디어 대기업을 통해 언론과 사법부 사람들을 중상모략하고 위협하는 이야기들을 쏟아냈다. 그는 법적 괴롭힘을 가해 반대 언론사의 재정을 고갈시키고, 자기를 비판하는 사람들을 해고하거나 침묵하게 만듦으로써 미국 마피아 두목 알 카포네의 이름을 따 '알 타포네Al Tappone'라는 별명까지 얻었다(이탈리아어로 타파레tappare는 '틀어막다' 또는 '재갈을 물리다'라는 뜻이다). 2000년대 초 그의 타깃은 언론인 엔조 비아지와 미켈레 산토로, 그리고 코미디언 다니엘레 루타치와 사비나 구찬티였다. 그는 이들이 '온 국민의 돈으로 운영되는 공중파 TV를 범죄적으로 사용'했다는 명목으로 국영 방송국 라이에서 해고했다. 이후 이들 중 누구도 베를루스코니가 직접 관리하는 회사에서 일하지 못했다는 사실은 21세기 독재자들이 기업의 갈등을 회피하려는 움직임을 이용해 원하는 일을 하게 만드는 방식을 잘 보여준다. 언론사들은 접근 권한을 잃거나, 비용이 많이 드는 법적 절차에 들어가기보다는 직원 몇 명을 희생하는 게 낫다는 강력한 동기를 가지고 있기 때문이다.[57]

—

"이들이 만들어내는 거짓을, 가짜 뉴스를 믿지 마세요. (…) 이것 하나만 기억하세요. 여러분이 보는 것과 읽는 것은 실제 현실과 다릅니다." 트럼프가 자신에게 아첨하지 않는 현실을 폄훼하거나 부정하는, 100년 된 독재자의 관행을 답습하며 2018년 미국 참전 용사들에게 한 말이다. 닉슨의 워터게이트 사건부터 후세인이 대량 살상 무기를 보유하고 있었다는 부시의 주장에 이르기까지 대통령들은 거짓말과 은폐를 계속해오고 있지만, 평화의 시기에 확립된 미국 언론의 자유는 다른 나라들에 비하면 비교적 일관되게 유지되어왔다.[58]

그러나 트럼프는 진실의 절대적인 의미를 무너뜨리는 데 엄청난 노력을 쏟아붓는다는 점에서 이전의 모든 미국 민주주의 지도자와는 다르다. 트럼프와 그의 협력자들은 베를루스코니나 푸틴이 누리던 수준의 언론 통제가 불가능한 상황에서 여론에 영향을 미치기 위해 부단히 노력해왔다. 트럼프는 단순히 한두 가지 거짓말만 하는 게 아니다. 그보다는 권력이나 이익이라는 그의 목표와 상충하는 주제에 대한 팩트를 루머와 빈정거림으로 폄하하거나, 혹은 그냥 왜곡하거나 부인해버린다. 그가 대통령으로서 내뱉은 문서화된 거짓말은 2017년 하루 평균 5.9건에서 2019년 22건으로 늘었고, 취임 3년 만에 총 1만6241건에 달했다. 이는 미국에서는 전례 없는 허위 정보 공세에 해당된다. 매케이 코핀스의 글처럼, 미국인들은 수년간 '전 세계의 선동 정치가와 독재자들이 권력을 유지하는 데 활용한 것과 동일한 정보전 전략'에 당해온 것이다.[59]

트럼프는 베를루스코니와 마찬가지로 자국 내 정치적 소통의 틀을 깼다. 베를루스코니의 팀은 유권자들에게 다가가기 위해 이미 그가 갖추고 있던 언론사와 매스컴 인프라를 사용한 반면, 트럼프의 디지털 미디어 담당관 브래드 파스케일은 전자상거래 모델을 활용했다. 2020년 선거를 앞두고 트럼프 선거 캠프는 2016년 선거 캠페인에서 590만 개의 개별적인 페이스북 광고를 게재했던(클린턴 측은 6만6000개였다) 대량 광고 전략을 더 폭넓게 확장했다. 한 라이벌 전략가는 파스케일에 대해 "트럼프를 홍보하긴 했지만, 트럼프 대신 운동화를 홍보했다고 해도 전혀 이상할 게 없다"라는 말을 했는데, 이는 지도자의 권력 영속이 그 자체로 목적이 될 때 시민과 가치에 기반한 정치를 얼마나 좀먹는지 잘 요약한 말이다.[60]

베를루스코니와 마찬가지로, 스캔들이 끊이지 않던 트럼프의 통치는 다분히 자기방어적이었다. 그는 주류 언론이 진보주의자들에게 점령당했으며 좌파들이 자신의 입을 틀어막으려는 음모를 꾸미고 있다고 주장했지만, 2018년 CNN의 짐 어코스타 기자에 대한 백악관 언론 브리핑 접근 권한을 일시적으로 취소했던 것처럼 그야말로 자신에게 비판적인 언론인들을 배제하려 했다. 또한 2017년에는 제임스 코미 전 FBI 국장에게 기자들을 수감하는 것에 대해 묻기도 했다. 2018년에는 기자들에게 "가짜 뉴스가 폭력을 만들어내고 있다"라면서 향후 언론에 대한 탄압 조치를 내놓기 위한 여론을 준비했다. 2019년에는 존 볼턴 전 국가안보보좌관과 제임스 매티스 전 국방장관이 참석한 자리에서 언론인들이 정보 출처를 밝히는 것을 거부한다면 단순히 수감되는 걸 넘어 물리적으로 제거되어야 한다고 강조했다. "이 사람들은 처형되어야 합니다. 쓰레기 같은 놈들입니다." 무솔리니부터 푸틴에 이르는 독재자들을 떠올리게 하는 트럼프의 말이다.[61]

트럼프의 언론 비방은 일부 역효과를 냈다. 미국의 탐사 보도가 다시 활성화되고, '침몰 중'이라던 『뉴욕타임스』와 『워싱턴포스트』 같은 '적진' 언론사 보도의 디지털 구독이 증가했다. 그러나 비주류 및 우파 언론 또한 신임을 얻었다. 2019년 백악관 소셜미디어 회담에는 헤리티지 재단의 보수주의자들뿐만 아니라 프레이거대학, 극우 언론 브라이트바트, 큐어논QuAnon 음모론과 관련된 사람들도 참석했다. 21세기식 정보 공작에 가담하는 것 외에도 트럼프는 과거 우파 독재자들의 불길이 계속 타오르도록 했다. 그는 과거 신나치 언론 매체『데일리 스토머』에 실렸던 아프리카계 미국인을 배척하는 밈을 리트윗하면서 선거운동을 시작했다. 2016년 7월 그는 상대 후보자 클린턴의 사진 위에 다윗의 별과 '역대 가장 부패한 후보!'라는 글이 적힌 이미지를 본인 트위터에 올렸는데(지금은 삭제됨), 그 이미지는 일주일 전 신나치 인터넷 게시판에 올라왔던 것이다. 그는 권력을 잡은 후 배넌과 밀러처럼 극우파와 깊은 연줄을 가진 사람들을 백악관으로 불러들였다. 그리고 무슬림들에 대해 '최종 해결책'이 필요하다고 주장한 영국의 극단주의자 케이티 홉킨스의 말을 2015년부터 정기적으로 리트윗하며 칭찬해오고 있다.[62]

트위터는 트럼프에게 있어 파시스트의 뉴스 영화 같은 존재였다. 계속해서 그를 뉴스에 등장하게 만드는, 대중과의 직접적인 소통 채널인 것이다. 공산주의 시대 러시아 연구가급의 성실함을 갖춘 전문가들에 의해 낱낱이 분석된 트럼프의 트위터 글들은 단순한 어휘와 오타 난 말들로 작성되어 엄선된 진정성을 담아낸다. 트위터는 허위 사실 유포를 위한 프로파간다 전달 수단으로서 그가 선호해온 매체였고, 그 글들은 사람들로 하여금 그의 부정부패와 정책 실패로부터 관심을 다른 데로 돌리게 만들었다. 즉각적인 충격을 선사하고 전능하다는 느낌을 주도록 고안된 트위터는 충동적이고 관심에 중독된 독재자를 위한 완벽한 도구였다. "딸깍. 클릭 한 번이면 2초 안에 뉴스에서 '속보입니다'라고 나와요." 트럼프가 자신의 트위터 글의 효과에 대해 한 말로, 2019년 3월 그가 갑작스럽게 트위터로 이스라엘의 골란고원에 대한 통치권 주장을 인정해 미국 관료들을 깜짝 놀라게 했던 것도 그런 경우였다.[63]

트럼프가 선대 독재자들과 다른 점은 거의 오로지 TV에만 의존해 세상에 대한 정보를 얻는다는 점이다. 그의 그날의 생각과 기분은 방금 본 TV 방송에서 나온 내용에 따라 결정됐다. 그는 CNN이나 MSNBC 같은 방송국에서 자신을 비판하는 방송을 본 이후 분노와 흥분으로 가득한 트위터 글들을 마구 쏟아냈다. 반면 정책 사안에 관한 트위터 글 중 상당수는 방금 전 폭스 뉴스에서 나온 아이디어를 그대로 반영한 것이었다. 그는 백악관에 온 기자들을 환영하면서 "스튜디오에 오신 것을 환영합니다!"라고 말했다. 폭스 쇼 진행자 숀 해니티가 백악관 보좌관들로부터 '비공식 수석 보좌관'으로 인정받았다는 점을 고려하면 폭스는 그 스튜디오의 총괄 프로듀서나 다름없는 셈이었다.[64]

6장

정력

"두체여, 어제 우리 도시를 방문하셨을 때 당신을 뵈었습니다." 1925년 12월 시에나 출신 미켈라 C.의 글은 그렇게 시작된다.

> 우리의 시선이 마주쳤습니다. 그리고 전 당신에 대한 존경, 헌신, 당신께 바치는 저의 감정을 전했습니다. (…) 당신이 이곳을 찾아주시기 전까지 저는 세상에서 가장 불행한 여자였습니다. 쌀쌀맞은 남편과 불행한 결혼생활을 이어가고 있었죠. (…) 평생 사랑이라는 감정을 모르고 살면 어쩌나 두려웠습니다. 하지만 이제는 압니다. 제가 당신을 사랑한다는 걸요. (…) 어제 기절하기 직전 저를 바라보던 당신의 뜨거운 눈빛에서 제 마음이 당신께 가닿았다는 걸 알게 됐어요.[1]

이 미켈라 C.라는 사람이 무솔리니 집권 20년 동안 국가가 지원한 성욕 충족 시스템에 동원된 수천 명의 여성 중 한 사람이었는지 아닌지에 대한 역사적 기록은 없다. 젊든 덜 젊든, 부유하든 가난하든, 여성들은 집회, 행사, 또는 그들이 무솔리니에게 쓴 편지를 통해 무솔리니의 눈에 들었다. 미켈라가 베네치아 궁전에 있는 그의 사적인 공간에서 일 두체를 직접 만나달라는 초대를 받은 매주 5명에서 20명의 여성 중 한 명이었는지도 알 수 없다. 그가 선호했던 '짧고 과격한' 만남에 걸리는 15분의 시간이 지나고 이 여성들이 다시 방 밖으로 나왔을 때, 이들은 무솔리니 안보 기관의 요주의 인물이 되어 있었다. 그의 알선자와 비밀경찰은 기꺼이 이 여성들에게 낙태를 강요하거나, 침묵하는 대가로 돈을 지불하거나, 이들의 남자친구와 남편을 괴롭혔다. 한 가지 분명한 사실은 무솔리니가 그 여성의 삶과 몸속에 들어가고 나면 다시는 그로부터 자유로울 수 없다는 것이었다.[2]

독재자는 지배할 대상이 없으면 아무것도 아니다. 독재자는 카메라 앞에서 국가 부강 계획을 선포할 때 그에게 환호해줄 대중이 필요하고, 어리석은 정책과 개인 은행 계좌로 들어갈 돈을 대줄 납세자가 필요하며, 그가 일으키는 전쟁에서 싸워줄 군인이 필요하고, 이 모든 존재를 낳아줄 어머니가 필요하다. 무솔리니와 다른 지도자들이 그들의 성욕 충족에 동원될 사람들을 구하기 위해 만들어낸 시스템도 이러한 맥락에서 볼 수 있다. 결코 사적이라고 할 수 없는 독재자의 성생활은 부패, 프로파간다, 폭력, 남성적 정력이 어떤 식으로 함께 작동하며, 일인 독재 통치자들이 어떤 식으로 국가 자원을 사용해 자신의 욕구를 채웠는지를 잘 보여준다. 카다피는 이 일을 전담하는 기관을 신설했다는 점에서 특별한 경우였지만, 카다피와 무솔리니처럼 그 통치자가 섹스 중독이라면 통치하는 데 쓸 시간과 에너지를 빼앗기는 건 당연하다. 그 두 사람은 하루에 여러 시간을 그 일에 허비하기도 했다.

많은 독재자가 자신의 남성적 정력을 자랑한다. 무솔리니와 푸틴의 상의를 벗은 사진은 신체적 건강과 성적 능력을 광고한다. 카다피, 베를루스코니, 트럼프는 섹시한 여성들을 얼마든지 제 마음대로 할 수 있다며 허풍을 떤다. 카다피는 매력적인 여성 경호원과 간호사로, 나머지 둘은 전직 모델과 미인대회 수상자들로 자신의 주변을 둘러쌌다. 몇몇은 자신의 성적 스태미나를 방송에서 공개적으로 말하기도 한다. 두테르테는 "나는 동시에 네 명의 여자와 잠자리를 가질 수 있다"고 했고, 베를루스코니는 "나는 세 시간 자면 그 이후 세 시간 동안 관계를 가질 에너지가 생긴다"라고 호언장담했다. 무솔리니에게 여러 차례 배신당했던 그의 정부 마르게리타 사르파티는 자신의 전기 『듀스Dux』의 마지막 장에서 "마초적인 이기주의자였던 그는 여성을 쾌락을 위해 만들어진 아름다운 존재로만 보았다"라고 했다. 이 책에 등장하는 대부분의 지도자가 그 묘사에 해당될 것이며, 그 사실을 자랑스럽게 생각했을 것이다.[3]

인격 숭배의 영역에서 보통 사람과 초인의 이상적인 혼합체처럼 묘사되는 독재자들은 평범한 남성들의 성적 죄책감의 무게를 덜어주는 존재다. 그래봐야 미성년자 여성이 포함된 섹스 파티를 열거나(베를루스코니), 포르노 배우에게 엉덩이를 맞거나(트럼프), 아내의 쌍둥이 자매를 정부로 두었던(모부투) 독재자들의 성벽에 비하면

별것 아닌 것처럼 느껴질 테니 말이다. 많은 사람이 이 지도자들에게 끌리는 이유는 이들이 평범한 남자들과 달리 침실에서든 정치에서든 못된 짓을 하고도 별문제 없이 넘어갈 수 있는 권력을 가지고 있어서다.[4]

여성의 경제적, 정치적 지위가 상승한 후 그들의 환심을 산 독재자는 가부장제와 '자연적인' 남성의 욕구 충족을 위협하는 사회 규범의 변화를 그 전으로 되돌리려 한다. 나치 이론가 알프레트 로젠베르크가 1930년 '여성의 여성 해방 운동으로부터의 해방'을 촉구했던 것이 전형적인 예다. 2009년 베를루스코니가 여성은 매력적이기 때문에 성폭행 대상이 되는 거라는 생각을 넌지시 내비치며, 국가는 이탈리아 여성들을 성폭행으로부터 지켜줄 수 없다고 경고했던 것도 같은 맥락이다. "강간을 예방하기 위해 군사력을 대거 투입하거나 할 순 없습니다. 만약 그렇다면 아름다운 이탈리아 여성의 수만큼 많은 군인을 길거리에 배치해야 할 테니까요."[5] 한 세기 동안 여성들은 검사, 언론인, 반대 정치 세력과 더불어 독재자의 적이었다. 독재자의 남성성 과시는 무의미한 허세가 아니라 정치적 정당화를 꾀하는 전략이자 독재 통치의 중요한 구성 요소다.

푸틴이 바로 그런 경우다. 그의 신체 과시는 러시아의 자긍심과 세계로 확장해나갈 권리를 수호하는 사람이라는 자신의 정체성을 구성하는 필수 요소다. 러시아 정부는 2007년 시베리아 남부로 휴가 갔을 때 찍은 낚시하는 사진처럼, 마초적인 포즈를 취한 그의 이미지들을 배포했다. 또한 2019년 수만 명의 러시아인이 거리로 나와 항의 시위를 벌였을 때 검은 가죽 재킷을 입고 오토바이 폭주족

헴치크강에서 낚시하는 푸틴, 2007.

들과 함께 찍은 사진을 퍼뜨렸던 것처럼, 그의 권력이 위태로울 때면 남성성이 넘치다 못해 불량배스러운 이미지를 퍼뜨려 메시지를 전달했다.[6]

독재 통치자들은 또한 서로에게, 그리고 서로를 위해 자신들의 남성적 정력을 과시한다. 회의나 정상회담처럼 수많은 사람이 지켜보는 공개 행사가 가장 좋은 기회다. 남성성 과시는 그들의 미디어화된 정치 브랜드에서 무척 중요한 부분이다. 히틀러는 1934년 무솔리니와 처음 만나는 자리에 앞서 미국 언론인에게 '남자 대 남자식 외교'를 선호한다고 말해 분위기에 불을 지폈다. 푸틴이 베를루스코니와 나눴던 남성다움에 기반한 우정은 진실한 것이었지만, 푸틴은 매혹의 기술을 터득한 사람이었고 2017년 6월 상트페테르부르크에서 카메라를 의식하며 모디와 함께 손 잡고 걸었던 것처럼 남성적 유대감을 꾸며내는 법을 잘 알았다. 트럼프와 오르반은 2019년 백악관에서 자리를 같이해 우호관계를 맺었는데, 그들의 우락부락한 얼굴과 육중한 몸집은 동류의 브루탈리즘적 힘을 보여주고 있었다. "우린 꼭 쌍둥이 같군요." 트럼프가 감탄하며 말했다.[7]

지도자는 정부가 그의 인구학적 및 이념적 목표에 걸맞은 남성성 모델을 전파하는 동안 그에 대한 방향성을 제시한다. 대부분의 국가에서 이 남성성 모델은 광고 및 미국 등의 해외 영화와 TV 프로그램을 통해 진보한 성 역할에 대한 비전과 경쟁한다. 하지만 독재 정권 아래서 성장한 사람들은 지도자의 남성성 모델이 쉽게 내면화될 수 있다고 증언한다. 독재자의 통치를 받으며 자란 이탈리아 작가 이탈로 칼비노는 그의 세대가 "벽에 그려진 무솔리니의 초상화를 보고 누군지 알아볼 만큼 성장하기도 전에 이미 각자의 내면에 그의 초상화를 지니고 다니기 시작했다"고 회상했다.[8]

모부투는 지도자의 여성 혐오적 성향이 여성에 대한 착취와 가난을 조장하는 사회적 관행으로 이어질 수 있음을 보여준다. 1987년 그가 내놓은 '가족 강령'에는 여성을 보호하는 조항이 포함되어 있었는데, 예를 들면 여성에게 남편의 재산을 상속받을 권리를 부여하는 것이었다. 그러나 실제로는 남성이 가족을 버리더라도 여성의 재산을 청구할 수 있었다. "우리는 우리 존엄성을 잃었고, 사회적 지위를 잃었습니다." 남편이 열 명의 자녀를 남겨둔 채 가정을 떠나놓고도 나중에 자신이 산 집을 빼앗아가려 했던 마피키 야브 마리의 말이다.[9]

모부투는 스무 명가량의 자녀와 여러 혼외 자식을 두었는데, 그중 일부는 각료의 아내들과의 사이에서 난 아이들이었을 것이다. "그는 성을 자기 주변의 남자들을 지배하기 위한 도구로 사용했습니다." 모부투 정부의 전직 장관이 말했다. "그는 돈이나 메르세데스 벤츠를 주고, 그 대가로 그 사람의 아내를 취하고 자신을 위해 일하게 만듭니다." 독재자 세계에서 이것은 일상적인 거래일 뿐이다. 독재자가 차지한 여성과 관련되면 위험해질 수 있다. 후세인은 오랫동안 자신의 정부였던 파리술라 람프소스의 남편을 감옥에 가뒀고, 후세인의 아들 중 한 명이 람프소스의 딸을 강간한 것으로 알려져 있다. 이런 지도자들의 여성 지배 계획을 지지하는 수많은 남성은 그 지배의 궁극적인 목표가 그 남성들 자신까지 욕보이는 것이라는 사실을 너무 늦게 깨닫는다.[10]

독재자들은 개인적인 이익을 위해 국가 자원에서 돈을 만들어낼 방법을 찾아내는 것처럼, 성관계를 위한 몸을 공급받을 경로를 확보하려 노력한다. 피노체트는 비교적 전통적인 만남에 만족했다. 피노체트 정부의 전직 장관이 회상하길, 그는 '자기를 인터뷰하러 오지만 아무 기사도 쓰지 않는' 여성 기자들과 단둘이 시간을 보냈으며, 에콰도르 출신의 피아니스트 피에다드 노에와 수십 년간 관계를 유지했다. 이로 인해 피노체트의 아내 루시아 히리아르트는 친구인 국가정보국 비밀경찰 서장 마누엘 콘트레라스와 함께 도덕 개혁 운동을 시작해 불륜을 저지른 다른 장교들을 처벌했다. 그리고 15년간 불륜을 저지른 총통과 콘트레라스 서장만이 처벌의 예외 대상이었다.[11] 무솔리니와 카다피의 자아 및 성욕은 비밀경찰과 기타 국가 공무원이 동원되는 더 큰 작전을 필요로 했다. 베를루스코니는 미인대회와 TV 쇼라는 자신의 사업적 네트워크를 활용해, 성적 만족에 동원하고 필요하면 돈을 주어 입막음하거나 협박할 수 있는 여성들을 조달했다. 이는 트럼프가 취임 전까지 사용하던 방법이기도 했다.

독재자들이 정말 그렇게 여성 혐오적인 괴물이라면, 대체 왜 일부 여성은 그들을 좋아하는 것일까? 어떤 여성들은 독재자가 제공하는 사회복지 혜택을 높이 사고, 자신들이 국가 공동체의 일원이 되었다는 사실에 뿌듯함을 느낀다. 그러나 결국에는 '올바른' 피부색과 민족성, 종교를 가진 사람들이 여성, 그리고 남성 적보다 더 높은 사회적 지위를 가진다. 21세기 지도자들은 여성을 요직에 임명함으로써 여성 유권자들의 환심을 산다. 푸틴의 전 부인 류드밀라 푸티나는 푸틴이 '여성을 진지하게 생각하지 않으며, 멸시하는 태도로 대한다'고 생각했지만(둘은 2013년 이혼했다), 푸틴은 보수주의자 여성들에게 힘을 실어주었다. 러시아 국회에서 여성 국회의원의 비율은 2003년 9.8퍼센트에서 2016년 14.6퍼센트로 증가했다. 발렌티나 마트비옌코는 2011년부터 러시아 연방평의회의 의장직을 맡고 있으며, 엘비라 나비울리나는 2013년부터 러시아 중앙은행 총재를 맡고 있다. 현대의 독재자는 권력을 가진 여성들이 자기를 위해 일하는 한 그들을 참아줄 수 있는 것이다.[12]

하지만 자신과 동등한 권위를 가진 여성을 마주하는 것은 또 다른 이야기다. 앙겔라 메르켈이 이에 대해 잘 알고 있다. 독일 수상에게 굴욕감을 주려는 베를루스코니의 시도에는 메르켈을 앞에 두고 장시간 전화 통화를 해서 기다리게 만드는 것과 전해진 바로는 '도저히 같이 잘 수 없는 뚱보'라고 말한 것 등이 있었다. 트럼프는 메르켈과 악수하는 걸 거부했고, 푸틴은 그를 몇 시간이나 기다리게 하고는 만났을 때는 그 주변에 개를 풀어놓아 개 공포증을 유발했다. 그 일에 대해 메르켈은 "전 그가 왜 그랬는지 압니다. 남자다움을 증명하기 위해 왜 그렇게까지 했어야 하는지를요"라고 말했다. "푸틴은 스스로의 나약함이 두려운 거예요. 러시아에는 성공적인 정치도, 경제도, 아무것도 없어요. 가진 거라곤 그게 다인 겁니다."[13]

독재자가 국가를 위해 모든 것을 걸며 보여주는 약한 모습은 여성과 남성들의 마음을 사로잡는다. 국민의 희망과 슬픔의 무게를

젊어졌다는 힘든 감정을 과장스레 표현하는 것도 마찬가지다. 카다피는 자신의 감정을 이마에 써 붙이고 다녔다. 그가 존경하던 남자들을 떠올리게 했던 그 화려한 망토에 써 붙이고 다녔다고 하는 게 맞을지도 모르겠다. 다른 독재자들은 특히 그들의 적에 의해 박해를 받는 것과 관련해 자신의 신체적 나약함이 드러나는 순간을 대중에게 공개함으로써 친근한 느낌이 들게 만들었다. 2019년 2월 보우소나루는 2018년 대선 당시 여러 차례 흉기 피습을 당해 그 후유증으로 폐렴에 걸렸다. 그는 환자복을 입고 각종 검사 줄이 주렁주렁 달린 모습으로 병상에 누운 채 영상 메시지를 남겼고, 이로써 강간을 두고 농담하며 고문을 찬양했던 이 남자의 짠한 모습이 대중에게 보여졌다. 과거에 리얼리티 쇼 스타이기도 했던 트럼프는 대중에게 호소하는 감정을 자극하는 데 능숙하다. 그는 2020년 2월 보수 정치 행동 회의에서 다른 대통령들처럼 그냥 국기에 대한 경례를 하는 대신 국기를 껴안고 마구 키스를 퍼부었다. 자신의 지지자들부터 북한의 독재자 김정은에 이르는 모든 사람에게 사랑받고, 또 그들을 사랑하고 싶다는 트럼프의 말은 심금을 울렸다. "그는 열정적이고 감정이 충만한 사람이에요." 2019년 7월 인종차별적 구호가 울려 퍼졌던 노스캐롤라이나 그린빌 집회에 참석한 어떤 남성 지지자가 한 말이다.[14]

한 세기 동안 관찰자들은 독재 통치자들의 남성적인 면과 여성적인 면을 모두 봐왔다. 마초적 코드에 부합하는 모든 행동에는 용기와 자제력을 겸비한 남자다운 남자라는 고전적인 개념에 들어맞지 않는 측면이 있다. 피해자 페르소나, 허영심, 관심에 대한 끝없는 요

국기를 껴안고 있는 도널드 트럼프, 2020년 2월.
RON SACHS / CONSOLIDATED NEWS PHOTO / AGEFOTOSTOCK

구, 충동성을 지닌 이들은 바라는 게 많은 피곤한 유형의 사람들이다(보통 공주과의 여성을 묘사할 때 쓰는 표현이다). 독재자가 한을 품으면 오뉴월에도 서리가 내린다. 다만 이 한은 자신이 무시당하며 비판받는다고 느끼거나, 민주주의가 여전히 작동하는 경우라면 자기 마음대로 할 수 없다고 느끼는 모든 순간에 발동한다.

독재자의 복잡한 남성성은 그의 카리스마의 일부이자, 모든 종류의 성적 에너지를 자극하는 능력의 일부다. 남성과 여성들은 그의 특별한 육신에 가까이 다가가고 싶어했다. 젊은 시절 파시스트였던 인드로 몬타넬리는 1936년 이런 환상을 표현했다. "무솔리니의 시선이 닿으면 우린 그저 그 앞에서 벌거벗을 수밖에 없습니다. 하지만 그 역시 우리 앞에서 벌거벗고 있습니다. (⋯) 우리는 경외스러운 인류애로 진동하고 약동하는 이 남자의 감히 흉내 낼 수 없는 본질을 따르기 위해 옷을 찢어 던집니다."[15]

—

몬타넬리가 여자였다면 그 역시 무솔리니의 진동하는 맥박을 직접 몸으로 느낄 수 있었을 것이다. 결과적으로 무솔리니에게 인류애가 있다는 증거를 찾아내지는 못했을 테지만 말이다. 일 두체는 자기만의 공간으로 여성들을 데리고 와 실컷 가지고 논 뒤 바로 쫓아냈다. 그는 여성들을 욕보이고 성적으로 학대하면서 오직 자신만이 원하는 대로 여성을 마음껏 취할 수 있다는 우월감을 만끽했고, 이것은 이러한 만남에서 성적 만족만큼이나 중요한 요소였다. 그의 강박적인 성 정복욕은 파시즘 시절 여성들에게 강요되던 순종적인 역할에 대한 그의 신념을 현실에서 펼쳐놓은 것이었다. 1932년 독일 출신의 언론인 에밀 루트비히와 했던 인터뷰에서 무솔리니는 스스로를 페미니즘의 적이라고 밝혔다. "물론 여자들이 노예가 되는 걸 바라진 않습니다. 하지만 제가 우리 나라 여자들에게 투표권을 준다고 하면 사람들의 비웃음을 살 겁니다. 여자는 정치에 끼어들어선 안 됩니다."[16]

무솔리니의 성생활은 늘 분주다망했다. 예를 들어 제1차 세계대전 이전에는(1910년경) 나중에 그의 두 번째 아내가 되는 라켈레 귀디와 함께 살면서 첫 번째 부인 이다 달세르와도 관계를 유지했다. 동시에 마르게리타 사르파티와도 시간을 보냈고, 수많은 다른 여자와 잠자리를 하는 와중에도 무정부주의자 레다 라파넬리에게 치근덕댔다. 권력을 쥐고 나니 만나는 여성들을 관리하는 것은 더 손쉬워졌지만, 그 여성들의 상황은 더 위험해졌다. 비앙카 체카토와 달세르가 그랬다. 체카토는 1918년 일간지 『이탈리아 인민』에서 그의 비서로 일했다. 체카토는 무솔리니와 여러 차례 강제적인 성관계를 가졌고 1920년 그의 아들을 낳기 전 강압에 의해 낙태한 적도 있다. 무솔리니는 1922년 총리가 된 후 비밀경찰로 하여금 체카토의 뒤를 밟게 했고, 그의 집을 쑥대밭으로 만들어 둘이 가진 관계의 흔적을 없애라고 지시했다. 또 체카토에게 돈을 쥐여주며 입을 다물게 만들었고, 후에 다른 남자친구와 결혼하려 하자 아이를 빼앗아가겠다고 협박했다. 달세르는 1915년 무솔리니와의 관계에서 낳은 아들 베니토 알비노에 대해 침묵하지 않았고, 결국 정신병원에 수감되었다. 베니토 알비노 또한 감금되었으며, 무솔리니는 1942년 독극물 주사로 그를 살해했다.[17]

무솔리니는 아내 라켈레가 여전히 로마냐 지역에 살고 있던 집권 초기에 로마 라셀라 거리에 따로 집을 마련했다. 가정부 체시라 카로치가 그에게 성관계할 여성을 조달해주었고 가끔은 직접 관계를 해주기도 했다. 그의 동생 아르날도가 낙태에 필요한 돈, 사생아들의 양육비, 침묵의 대가로 들어가는 돈을 댔다. 무솔리니가 바티칸과 화해하고 라켈레와 그의 자녀들이 로마의 빌라 토를로니아로 이사해온 1929년, 무솔리니는 '가정적인 남자'라는 새로운 인격 숭배 주제를 선보이며 베네치아 궁 집무실로 성생활을 이전했다. 1931년 아르날도가 세상을 뜬 후로는 경찰서장이자 OVRA 비밀경찰단 수장 아르투로 보키니가 그의 뒤를 이어받아 성 접대 책임자가 됐다. 보키니의 요원들은 일 두체의 개인 비서진들과 함께 후보 여성들을 심사하고 추적해 찾아냈으며, 성관계 후 처벌 또는 비용 지급을 했다.[18]

경찰 문건, 일기, 측근들의 증언과 마지막 연인이었던 클라라 페타치의 증언에 따르면, 무솔리니는 23년간 집권하면서 매일 최대 네 명의 여성과 혼외정사를 나누었다고 한다. 그의 성생활은 피라미드로 가장 잘 묘사될 수 있다. 아내 라켈레가 정점에 있다면, 그 밑에 주 연인이었던 사르파티와 페타치가 있고, 다음으로는 한 달에 한두 번 정기적으로 만났던 열댓 명의 파트너가 놓일 것이다. 만약 둘 사이에 아이가 있으면 그 관계는 수십 년 동안 지속되기도 한다. 알리체 데 폰세카 팔로텔리는 1922년 무솔리니를 처음 만나 1930년대에 그와의 사이에서 두 명의 아이를 낳았는데, 일 두체는 그에게 매월 급료를 지급하고 사업가였던 그의 남편의 월급 인상을 주선했으며 50세 생일 선물로 차를 사주었다. 그 아래로는 또 10여 명의 반정기적 파트너가 있으며, 피라미드의 가장 아랫단에는 그가 소환해서 성관계를 한 뒤 감시했던 수천 명의 여성이 자리하고 있다. 이를 통해 수많은 알려지지 않은 무솔리니 2세가 태어났을 것이며, 수많은 남편이 자기도 모르게 독재자의 자식을 자기 자식으로 여기고 키웠을 것이다.[19]

독재 통치는 사람들 사이의 신뢰와 진실성을 서서히 무너뜨린다. 그런 의미에서 무솔리니와 페타치가 9년간(1936~1945) 관계를 이어가면서 서로를 감시했던 것도 당연한 일이다. 무솔리니는 자기보다

족히 서른 살은 어렸던 이 배우 지망생에게 매일같이 많은 시간을 쏟았고, 하루에 열두 번씩 전화해 확인했다. 그는 페타치에게 온 편지와 전화 통화 내용 기록을 모조리 읽었으며, 그의 소재에 대한 경찰 보고를 확인했다. 교황 비오 11세의 주치의였던 아버지 덕에 좋은 연줄을 두고 있었던 페타치는 무솔리니와 나눈 대화를 기록하고 그를 감시했으며 경쟁자들을 무력화하기 위해 무솔리니 밑에서 일하는 사람들과 돈독한 관계를 쌓았다. 그는 프랑스 언론인 마그다 퐁탕주에게 돈을 주고 이탈리아에서 그를 추방했다. 그러나 페타치는 폭군의 판타지를 현실로 이루어준, 역사학자 밈모 프란치넬리의 표현을 빌리자면 "자신의 존재를 희생해 온전히 그에게 헌신함으로써 그가 정치판에서 다른 사람의 인생을 지배할 때 느끼는 것과 같은 만족감을 선사해준" 여자였다.[20]

파시즘의 여성 혐오적인 남성 정력 숭배는 1909년 선언문을 통해 '여성에 대한 모독'을 현대적인 계명으로 삼았던 전위적 문화 집단인 이탈리아 미래파를 포함해 전반적인 문화 지형에서 나온 것이다. 제1차 세계대전 시기에 여성들이 쟁취한 독립성은 남성적 권위를 회복하려는 욕망에 불을 지폈다.[21] 파시스트 당원들은 여성을 강간하고 동성애자를 모욕했는데, 이는 정권이 섹슈얼리티를 규제하기 위해 남성적 정력 숭배를 활용하는 분위기를 조성했다. 전통문화의 성차별 위에 쌓아 올려진 파시즘의 제도화된 무법성은 독재 정권을 여성 혐오자들의 천국으로 만들었다. 나폴리 출신의 반파시스트 조르조 아멘돌라는 파리로 망명하기 전까지 여성과 '상호 존중적 관계에서 나누는 성적 해방'이라는 개념이 없었다고 고백했

다.[22]

   뉴스 영화, 포스터, 사진 등에서 표현된 무솔리니의 극도로 남성적인 페르소나는 파시스트 사회가 조장한 공격적인 남성성을 모방한 것이다. 파시스트 영화 산업은 이를 대중을 상대로 한 드라마로 옮겨왔다. 아우구스토 제니나 감독의 1936년 식민지 시대 영화 「백색의 부대」에서 호전적인 사령관 역을 맡았던 유명 배우 포스코 자케티는 무솔리니의 보디랭귀지와 말투를 흉내 냈다. 라우라 페르미의 말에 따르면 '무솔리니가 턱을 내밀면 그보다 1센티미터 더 내밀었던' 것 때문에 '턱'이라는 별명으로 불렸던 무솔리니의 사위 갈레아초 치아노부터 시작해, 영화 밖에서도 무솔리니를 따라 하는 사람은 수없이 많았다. 포로Foro 무솔리니 스포츠 단지에 세워진 동상에서 엿보이는 우락부락한 근육은 국가가 미화한 활기 넘치는 남성성의 증거로 남아 있다. 남성 성기의 끝부분을 닮아 있는 1933년 레나토 베르텔리의 무솔리니 옆모습 두상도 마찬가지다. 이 두상이 엄청난 인기를 끌었던 나머지 베르텔리는 이 두상을 커피 테이블에 올려놓을 만한 미니어처 버전으로도 만들어 판매하기까지 했다.[23] 여성들이 일 두체의 인생에서 긴장 완화, 경력 증진, 자아 충족의 수단이었다는 점을 고려하면 그를 남근으로 묘사하는 것은 적절한 오마주라고 볼 수 있다.

─

   히틀러는 무솔리니의 변덕스러운 기질과 자기 주변의 남자와 여자를 모두 지배하고 싶어하는 욕망을 공유했다. 무솔리니의 물리적, 성적 폭력과 달리 총통의 주 대인 공격 무기는 소름 끼치는 감정적 격렬함과 상대방에 대한 언어폭력이었다. "열여덟 살 소녀는 밀랍만큼이나 주무르기 쉬운 대상이다. 남자라면 모름지기 모든 여자에게 자신의 흔적을 남길 수 있어야 한다. 그게 모든 여자가 원하는 바다." 주변의 소녀들을 자신의 이상적인 이미지에 맞게 만들어가고 싶다는 강한 욕망을 내비치며 어린 여성들을 선호하던 히틀러의 말이다.[24]

히틀러의 집권 전후에 그와 함께했던 여성들은 그의 연설에 드러난 강렬함이 말뿐이라는 걸 잘 알고 있었다. 괴벨스와 앨프리드 자이슬러 같은 감독들이 공급해준 여배우와 합창단 소녀들은 그의 개인 공간에서 긴 독백을 들어야만 했다. 히틀러의 이복 조카 겔리 라우발은 뮌헨에 있는 그의 집에서 2년간 갇혀 살며 포로나 다름없는 생활을 하다가 1931년 스물세 살의 나이에 히틀러의 권총으로 자살했다. 히틀러의 동반자 에바 브라운 또한 1932년에 자신을 총으로 쐈으며 1935년에는 수면제를 복용해 두 번째로 자살을 기도했다. 그리고 10년 뒤 총통의 벙커에서 청산가리를 나눠 먹고 동반 자살로 생을 마감했다.[25]

1930년대 이래로 히틀러의 섹슈얼리티에 대한 논의는 그것이 얼마나 '남성적 규범'에서 벗어나 있는지를 중심으로 이루어졌으며, 여성을 상대로 성적 접촉을 비교적 자제했던 것은 종종 정력 부족의 증거로 여겨지곤 했다. 독일 좌파는 나치즘 초기에 나치 돌격대 스톰트루퍼 대장 에른스트 룀 같은 동성애자들의 활약을 언급하며 나치즘과 히틀러를 성도착적이라고 비방했다. 이런 논의는 테오도어 아도르노가 다른 심리학자들과 함께 1950년에 출간한 『권위주의적 성격The Authoritarian Personality』에서도 계속됐다. 나치즘 초기에 보였던 구성원들 내 비규범적 섹슈얼리티에 대한 용인은 바이마르 공화국 시기의 베를린은 동성애자들의 안식처였다는 사실을 고려하면 놀랍지 않다. 당시 베를린에는 80개에서 100개의 게이 및 레즈비언 클럽과 바가 있었던 것으로 추정된다. 로버트 비치는 자신의 글에서 '활동 내에서 두드러졌던 남성 우월주의 사상의 동성애적 요소에 눈멀었던' 많은 나치 게이는 그 생물학적 인종차별주의 조직의 칼끝이 자신들에게 향할 거라고는 생각하지 못했다고 밝혔다.[26]

히틀러가 사실 게이였다고 주장하는 사람들은 그에 대한 증거를 수집한다. 그는 자살하던 날까지도 결혼하지 않았고, 젊었을 때도 사창가나 가벼운 만남을 멀리했는데 이는 세균과 질병에 대한 공포 때문이기도 했다. 또한 여러 채의 집 그의 침대 위에 돌아가신 어머니 사진을 걸어두었다. 히틀러의 남자다움의 방식은 일부 관찰자로 하여금 그가 '남자이기도 하고 여자이기도 한 존재', 즉 양성애자이거나 전후 타블로이드 신문의 주장에 의하면 자웅동체일 거라는 결론을 내리게 만들었다. 후에 부통령이 된 루돌프 헤스는 히틀러가 남성과 여성 모두의 헌신을 얻는 데 한몫한 그의 모순적인 성정을 두고 "그는 겉으로는 강인하지만 속으로는 애처로울 정도로 부드럽다"라는 글을 남겼다. 비록 그는 대중 앞에서 맨살을 드러낸 적이 없었지만 격렬한 연설 뒤 땀으로 흠뻑 젖은 모습은 사람들로 하여금 그가 방금 자신들과 은밀한 관계를 가진 듯한 느낌을 주었다. 작가 마이클 프라이는 "가끔 그의 말이 심장에서 뜯겨져나와 형언할 수 없는 고통을 안겨준 것처럼 보일 때가 있다"라며 경탄했다.[27]

히틀러와 에바 브라운의 오랜 관계에서(1932~1945), 대중이 자신을 독일에만 온전히 헌신하는 사람으로 보고 있다는 그의 고집스러운 생각에 비하면 성욕의 결여는 비교적 사소한 문제였던 것 같다. 1935년 자살 시도를 하기 두 달 전 브라운은 일기장에 "그는 어떤 목적을 위해서만 나를 필요로 한다"며 불평했다. 브라운은 히틀러의 베르그호프 별장에 모였던 측근들 사이에서 사회적 권력을 가지고 있었지만, 공식 행사에는 발을 들일 수 없었다. 연회에서는 괴벨스의 아내 마그다가 퍼스트레이디 역할을 했고, 브라운과 그의 멋진 디자이너 옷들은 끝내 숨겨져 있었다. 히틀러가 연설하는 동안 온전히, 그리고 숭고하게 대중의 것이었듯이, 그에 대한 지도자 숭배 또한 대중의 의지를 한 몸에 담아낸 그가 모든 사람의 것이라는 허구에 의존했다.[28]

다른 남성들과 깊은 유대감을 형성하는 히틀러의 능력은 분명 그의 정치 경력에 영향을 미쳤다. 그의 감정적 격렬함과 인종차별주의자로 전향시키려는 노력은 초기부터 괴벨스를 비롯한 여러 저명한 협력자를 그에게 끌어당겼고 수십 년간 그 곁에 머물게 만들었다. "나는 왜 히틀러가 나를 아끼는지 안다. (…) 그의 허영심이 나를 매력 있다고 여기는 것이다. 하지만 더 큰 이유가 있다. 그건 내 비밀이기도 하고 그의 비밀이기도 하다. 내가 느끼는 그 희열, 황홀감, 감정의 절정을 말로는 다 표현할 수 없다." 1920년대 말부터

1945년까지 히틀러의 집권 기간에 나치 관료이자 그의 개인 변호사였던 한스 프랑크의 글이다.[29] 결과적으로 이탈리아에서와 마찬가지로 남성과 여성 모두가 지도자의 의지에 따라야 했다. 지도자는 주변 모든 이를 지배하고 소유하는 것을 가장 큰 기쁨으로 삼았는데, 이는 군사 쿠데타 시대와 그 이후까지도 이어진 역학관계였다.

—

"오늘은 (…) 하렘과 노예 시대의 종식이 시작되는 날입니다." 1981년 9월 카다피는 새로 설립된 리비아 여군 사관학교의 첫 졸업생들을 소개하며 자랑스럽게 말했다. 그가 지지했던 여성 해방 운동은 '궁전이든 시장이든, 그 안에 갇힌 여성들로 하여금 자신을 가두고 학대하며 탄압한 사람들에게 맞서 저항하라고 외치는, 아랍 지역 전체를 흔들어놓을 폭탄'이 될 것이었다. 비록 나중에 궁전 같은 바브 알-아지지야 요새에 있는 집에 돌아가서는 자기가 가둬둔 여자 중 누구를 강간하고 학대할지 고민했겠지만 말이다.[30]

1969년 9월 카다피가 일으킨 쿠데타는 리비아 여성들에게 훨씬 더 많은 독립성을 안겨주었다. 그 일은 여성과 남성에게 동등한 법적 지위를 부여했으며, 교육을 통해 여성에게 새로운 지평을 열어주었고, 여성의 자주성을 어느 정도 증진했다. 그의 사회주의 체제 자마히리야Jamahiriya, 즉 '대중에 의한 국가'의 여성 연맹에서도 페미니스트 그룹이 두각을 나타냈다. 카다피는 대중적으로는 이런 혁명적인 조치를 통해 명성을 얻었지만, 개인적으로는 자기만족을 위해 여성을 조달하고 가둬두기 위한 시스템을 구축했다. 카다피에게서는 여러 독재 국가에 존재하는, 여성을 집결시키는 것과 여성의 권리를 제한하는 것 사이의 모순이 격화되었고, 여성을 정복하려는 그의 강박은 극단으로 치달았다.[31]

"단 한 번이라도 그가 정복하길 원치 않았던 여성이 있기나 합니까?" 소라야가 아주 약간의 과장만을 보태 물었다. 2004년, 소라야는 열다섯 살의 나이에 카다피의 공안 부대에 납치당해 수년간 감금생활을 했다. 소라야가 바브 알-아지지야 요새로 끌려갔을 때, 카다피의 '의전 부서'는 이미 수십 년간 운용돼온 터였다. '서비스 그룹' 팀은 경호원이나 남성 내빈, 군 장교 같은 남성 파트너들을 접대했다. 강간은 보통 바브 알-아지지야의 지하실에서 벌어졌다. 지하실에는 의료 시설이 갖춰져 있었고, 우크라이나 간호사들이 새로 들어온 먹잇감들의 피검사와 부인과 검사를 했다. 카다피도 히틀러와 마찬가지로 질병에 대한 두려움이 있었기 때문이다. 그곳에는 성적인 목적으로 소변을 끼얹는 행위인 소위 골든 샤워를 위한 자쿠지 딸린 욕실과 카다피의 섹스 전용실, 그리고 여성들을 가둬두는 방도 있었는데, 그 방은 바깥세상에 대한 감각을 모두 잃어버리게 할 목적으로 밤낮 불이 켜져 있었다. 몇 시간씩 그 잔인한 악행이 자행되는 동안, 카다피는 비아그라를 사탕처럼 먹어댔고 보통 대마초나 코카인에 취해 있었다.[32]

카다피는 자택에서 여흥을 즐길 때나 요새 부지 내에 따로 마련된 집에서 살던 아내 사피아 파르카시가 자신을 방문했을 때, 피해자들에게 경비와 하녀 일을 시키거나 시중을 들게 하는 식으로 그들을 최대한 써먹었다. 이들은 그의 해외 순방 길에도 대동되어 실제 여군들 속에 섞여 경호원 일까지 맡았다. 제복을 입은 그 미녀들에 대해 언급하며 카다피의 남성적 정력 숭배에 놀아난 외신 기자들은 분명 그 내부에서 무슨 일이 일어나고 있는지는 꿈에도 몰랐을 것이다. 강간은 해외 방문 때 생활했던 숙소와 사막을 방문했을 때 묵었던 야영지에서도 계속됐다. 콘돌리자 라이스 미국 국무장관이 2008년 카다피를 방문했을 때, 카다피는 자기 집 주방에서 식사를 하자며 고집부렸다. 그리고 자기가 만든 라이스의 비디오테이프를 보여줬다. 라이스만을 위해 제작된 「백악관의 검은 꽃」이라는 노래를 배경으로 푸틴 및 다른 남성 지도자들과 함께 찍은 라이스의 사진이 몽타주 형식으로 나오는 영상이었다. 라이스는 그곳에서 식사 시중을 들던 여성들과 남성 경비들이 지하실에서는 다른 일을 맡고 있었다는 걸 전혀 몰랐다. 하지만 카다피 아내의 통역사로, 외국인 손님들을 위한 저녁 식사 자리에 참석했던 L.S.라는 인물은 접시를 치우던 여성들로부터 "피를 얼어붙게 만드는" 무언가를 감지했다.[33]

무솔리니가 통치하던 이탈리아처럼, 비밀경찰과 관료들은 탐욕스러운 지도자에게 성 노리개 대상을 조달하는 일을 했다. 그러나 카다피는 일 두체의 수준을 훨씬 뛰어넘어 그 여성들을 포로로 삼았다. 창녀부 총장이란 별명으로 불렸던 누리 알미스마리 장군이 의전 부서를 총지휘했다. 그가 데려온 여성 중에는 열세 살 정도로 어린 소녀들도 있고, 국내를 방문한 외국 사업가나 정치인의 아내, 장관과 장군들의 아내도 있었다. 카다피에게 여성을 조달했던 알미스마리는 정권의 더러운 비밀을 외국에 폭로할지도 모르는 피해자들에게 돈을 주고(가끔 '투자 계약'이라는 명목으로 청구됐다), 성 착취에 더 이상 가담하고 싶지 않아 하는 여성 모집원과 경비들을 처벌하는 일도 담당했다. 카다피 체제에서 보인 여성 조력자들의 두드러진 활동은 젠더 해방에 대한 독재자의 모순적인 관점을 잘 보여주는 또 다른 예다. 그 여성들은 지도자와 그 측근들이 다른 여성들을 유린하는 것을 도움으로써 자신의 경력을 쌓아나갔다.[34]

시장, 학교, 길거리 등에서 매력적인 여성들을 물색하고 심사를 위해 예비 피해자의 사진을 찍었던 정찰대원들(다수가 혁명수비대 단원)은 카다피의 납치와 성폭력 시스템에서 필수적인 존재였다. 딸을 숨겨두던 부모들도 있었지만, 정찰대원들은 가족들이 탄 차 안이나 가게에서 딸을 보고 그다음 날 납치해가기도 했다. 지도자에게 거부당하고 집으로 돌려보내진 여성과 소녀들은 L.S.의 친척이 2주간 사라졌다 다시 나타났을 때 그랬던 것처럼 머리에 스카프를 쓰고 다니기도 했지만(당시 리비아에서는 비교적 흔치 않은 관행이었다), 여전히 이웃과 독실한 친척들로부터 없는 사람 취급을 당했다.[35]

카다피는 사냥감을 직접 고르는 걸 선호했다. 학교나 대학 행사와 정치 집회는 좋은 사냥 기회이기도 했다. 트리폴리대학은 그가 가장 좋아하던 사냥터였고, 카다피는 즉석에서 성욕을 채우고자 자택에 있는 섹스 던전과 똑같은 것을 캠퍼스 부지 내에 세웠다. 남학생들을 처형했던 무시무시한 4월 7일 '국경일'은 그가 새로운 포로들을 선택하는 날이었다. 마음에 드는 여성의 머리를 쓰다듬는 것이 보안 요원들에게 보내는 개입하라는 신호였다. 그런 행사에서 카다피에게 화동으로 뽑혔던 소라야 역시 머리 쓰다듬는 손길을 느꼈다. "그 순간 제 인생은 끝났어요." 소라야는 그렇게 붙들려가 8년 동안 셀 수 없이 많은 구타와 폭력을 당한 후, "그냥 도구, 어떤 구멍 그 이상도 이하도 아닌 존재가 되었다". 사람을 돈과 섹스 등에 대한 욕구를 채우는 수단으로 격하시키는 것은 독재자의 삶의 방식이자 통치 방식의 한 부분이다. 카다피가 소유한 막대한 부와 무한한 권력은 '오로지 섹스 생각으로 가득한 (…) 스스로를 신이라 생각한 괴물'을 만들어냈다. 이는 몇몇 새로운 독재 지도자에게도 해당되는 묘사일 것이다.[36]

—

"한 나라의 지도자로 성차별주의자를 뽑을 때 무슨 일이 일어나는지 알고 싶다면 이탈리아 여성들에게 물어보라." 2016년 10월 애널리사 머렐리가 미국인들에게 공공연한 여성 혐오자가 선출되면 일어날 일에 대해 경고하며 쓴 글이다. 2000년대의 첫 10년 동안 지냈던 두 번의 임기에서 베를루스코니는 이탈리아 TV와 광고 시장에 대한 그의 장악력을 활용해 순종적인 역할을 맡은 여성의 이미지로 이탈리아를 도배했다. 그의 성차별적 관점은 1970년까지 이혼이 합법화되지 않았던, 사회적으로 보수적인 이탈리아 사회에서 많은 이의 환심을 샀다.[37]

거의 벌거벗다시피 한 여성들의 신체를 음탕한 촬영 기법으로 담아냈던 베를루스코니의 1980년대 예능 프로그램 「드라이브 인」은 새로운 지평을 열었다. 1986년 베를루스코니와 그의 가까운 협력자 마르첼로 델우트리가 크락시 총리와의 새해 계획에 관해 나눈 전화 통화는 그 여성들 또한 화면 밖에서 책임이 있다는 사실을 드러냈다.

> 베를루스코니: 새해 시작이 썩 좋지가 않아!
>
> 델우트리: 왜요?
>
> 베를루스코니: 「드라이브 인」에 나왔던 여자 둘이 오기로 했는데 우릴 바람 맞혔어!
>
> 델우트리: 「드라이브 인」을 왜 신경 쓰시는 건데요?
>
> 베를루스코니: 왜 신경 쓰냐고? 우리가 떡을 못 치게 생겼으니까 그러지! 한 해 시작이 이래버리면 올해는 그쪽으론 얄짤없을 거란 뜻이니까![38]

그 여성들이 감히 그들을 퇴짜 놓은 일로 직업상의 대가를 치렀는지는 알 수 없다. 하지만 그 후 수십 년 동안 베를루스코니의 여성 조달자 겸 선전가로, 1992년부터 2012년까지 TG4 채널의 보도국장을 역임했던 에밀리오 페데는 베를루스코니의 쇼에 출연할, 그리고 베를루스코니와 그 측근들에게 봉사할 가능성이 있는 여성들을 물색하기 위해 이탈리아 전역에서 수백 개의 미인대회를 주최했다. '문화적 이니셔티브'로 분류된 이 대회 중 일부는 공공 자금으로 운영되었고, 일부 대회에서는 페데가 직접 심사를 했다. 여성으로서 그런 대회에 나가는 것은 메테오린meteorine이라 불리던 매력적인 기상캐스터, TG4 리틀 웨더 걸TG4 Little Weather Girl이 되는 부상을 포함해, 모델이나 TV 스타로 일약 발돋움할 기회였다.

미스 파다니아이자 2002년 미스 이탈리아 결승 진출자로 다수의 베를루스코니 황금 시간대 쇼에 출연한 헬렌 스코펠은 2008년 자신의 진짜 고용 조건을 알게 됐다. 스코펠은 페데의 '부탁'을 거절했다는 이유로 메테오린에서 퇴출당했다. 이후 2011년 TV에서 자신의 억울한 이야기를 공개했을 즈음에는 페데의 미인대회와 베를루스코니 세계의 성 착취 간의 연관성은 명확해져 있었다. "납세자들이 낸 세금으로 여는 섹스 파티에 데려갈 여자들을 모집하러 에밀리오 페데가 여기 오나요?" 미스 페스카라 대회 주최 비용으로 1만 2000유로를 내야 했던 행정부를 향해 한 정치인이 던진 질문이다. 그해 UN의 여성차별철폐협약은 이탈리아에서 '여성들이 성적 대상으로 묘사되고 있으며, 정치인들이 여성의 사회적 지위를 약화시키는 발언을 공개적으로 하는 것'에 대해 우려를 표했다.[39]

UN의 이러한 보고는 정력 넘치는 사람이라는 이미지와 언론의 관심을 유지하는 일의 일환으로 베를루스코니가 하루가 멀다 하고 했던 여성 혐오적 발언과 행동을 두고 한 것임이 확실하다. 몇몇 사례를 소개하자면, 하루는 회의를 마치고 나와 여성 경찰관의 엉덩이를 움켜쥐고는 그 경찰관과의 잠자리를 상상하며 카메라를 향해 미소 지었다. 또 녹색 에너지 회사의 여성 임원에게 어떤 식으로 성적 쾌락을 느끼는지 물은 적도 있고, 어떤 학술상의 여성 수상자들에게는 '너무 출중한 분들이라 섹스 파티에 초대하고 싶은 생각이

들 정도'라는 말도 했다. 이 사례들과 셀 수 없이 많은 다른 사례의
목적은 전문직 여성들의 품위를 깎아내리고, 보는 사람들로 하여금
자신과 함께 그 여성들을 향해 비웃음을 짓도록 만드는 것이었다.[40]

베를루스코니의 지지자들이 '관찰'하기를 좋아했던 만큼, 그는
비록 교육부 같은 전통적으로 '여성적'이라 여겨지는 부문이기는 하
지만 내각에 준하는 고위 직책에도 여성들을 앉혔다. 2008년부터
2011년까지 기회균등부 장관을 역임한 마라 카르파냐는 베를루스
코니 세계가 만들어낸 작품이었다. 그는 미스 이탈리아 참가자였으
며, 베를루스코니의 예능 프로그램에 출연한 쇼걸이었다. 카르파냐
는 장관으로서 스토킹을 범죄화하는 법률을 지지하며 여성에 대한
폭력을 줄이기 위해 노력했지만, 동시에 성 노동자 권리를 반대하
는 공약을 지지했고 베를루스코니의 섹스 파티에 참석했던 것으로
알려졌다. 카르파냐의 경력이 나아간 경로는 베를루스코니가 전통
적인 당 후원 네트워크를 그의 사기업과 필요성에 기반한 다른 것
들로 대체하며 이탈리아 정치 문화를 바꾸어놓았다는 점을 시사한
다.[41]

베를루스코니의 여성 팬들은 그의 여성 혐오를 크게 신경 쓰지
않았다. 여성들 사이에서 그의 인기는 성 조달 스캔들 소식이 맨 처
음 터져나왔을 때도 별 영향을 받지 않았다. 베를루스코니의 카리
스마, 키스와 포옹에 대한 이야기, 여성에게 매력적으로 보이고자
주름 제거 성형과 모발 이식술을 받았다는 말이 그들의 심금을 울
렸다. "저도 주부나 다름없는 처지였습니다." 베를루스코니가 정치
경력 초반에 자기도 어렸을 때 집안일을 했고, 그러면서 그 일이

"얼마나 힘든지" 잘 알게 되었다면서 주부들에게 한 말이다.[42] 하지만 그의 자녀들의 어머니인 베로니카 라리오는 그렇게 생각하지 않았다. 베를루스코니는 라리오와의 결혼생활 내내 공개적으로 다른 여성들에게 치근덕댔다. 그가 카르파냐에게 "내가 유부남이 아니라면 지금 당장 너랑 결혼할 텐데"라고 말한 일이 있은 후, 라리오는 일간지 『라 레푸블리카』에 공개서한을 보내 그에게 사과를 요구했다. 라리오는 2009년 베를루스코니가 당시 열여덟 살이던 속옷 모델 노에미 레티차의 생일 파티에 다녀온 후 이혼 절차를 밟기 시작했다. 레티차는 "실비오 아빠가 다 알아서 해줄 거야"라고 당당히 말하며, 자기가 쇼걸이나 잘하면 국회의원이 될 수도 있다고 떠들고 다녔다.[43]

2010년 '루비게이트Rubygate' 스캔들은 베를루스코니의 오랜 지지자들의 눈에서 콩깍지를 일부 벗겨낸 사건이었다. 루비라 알려진 열일곱 살 난 모로코 출신의 댄서 카리마 엘 마루그는 절도 혐의로 경찰서 유치장에 갇혀 있다 풀려났다. 알고 보니 이는 베를루스코니의 개인적 요청에 의한 것이었다. 엘 마루그는 베를루스코니의 섹스 파티에도 참석했던, 그의 총애를 받는 인물이었다. 하지만 '루비게이트'는 단순히 이탈리아 총리의 복잡한 사생활에 대한 것만이 아니었다. 줄리아 알리아타 데 몬테레알레 공주 같은 무솔리니의 저명한 연인들이 가끔 공직자 임명에 영향을 미쳤던 것과 달리, 이 21세기 스캔들은 지도자와 친밀한 관계에 있거나 그에게 여성을 조달하면 누구라도 한자리 차지할 수 있다는 점을 드러냈다. 니콜레 미네티가 하나의 사례였다. 이 치위생사는 푸블리탈리아의 행사에서 호스티스로 일하면서 베를루스코니와 처음 만났고, 2007년부터 2009년까지는 그의 방송국과 국영 방송국의 예능 프로그램에 출연했다. 2010년에는 정치 경험이 전무함에도 불구하고 롬바르디아의 지역 의원 선거에 출마해 당선됐다. 루비게이트 스캔들은 미네티의 갑작스러운 지위 상승 뒤에 숨겨져 있던 논리를 폭로했다. 미네티는 베를루스코니의 섹스 파티에 동원될 여성들을 모집하고 그들의 숙소와 여행을 주선한 모집원이기도 했던 것이다. 이와 비슷한 다른 이야기들이 더 드러나면서 어떤 이들은 이탈리아가 베를루스코니를 접대하면 정치 입문의 길이 열리는 '창부 국가mignot-tocrazia'가 되었다고 비판하기도 했다. 미네티의 정치생명은 오래가지 못했다. 성적인 목적의 여성 조달 혐의로 기소된 그는 2019년 3년가량의 징역형을 선고받았다.[44]

베를루스코니는 로마의 사르데냐나 밀라노 외곽 지역 아코레의 저택에서 열리던 그의 섹스 파티를 '붕가-붕가'라고 돌려 말하기 시작한 것이 카다피였다고 말했다. 이 파티에는 지역 미인대회 수상자들과 전 세계에서 데려온 여성들이 참석했다. 미네티 외에도 베를루스코니의 보도국 국장 에밀리오 페데와 메디아세트의 신인 스카우터 다리오 렐레 모라가 숙소, 대금 지불, 선물 등의 일을 처리했다.[45] 엘 마루그와 파티에 참석했던 다른 여성들의 법정 진술에 따르면, 여러 권력자가 참석할 때도 있고 베를루스코니 혼자서「고마워요, 실비오」라는 베를루스코니 찬가를 부르는 15~20명의 여성과 시간을 보낼 때도 있었다고 한다. 저녁 식사 후에는 폴 댄스와 랩 댄스가 이어졌고, 그중 몇 명의 여성만이 베를루스코니의 침실에서 벌어지는 애프터 파티에 초대되었다. 정기적으로 관계를 맺는 여성들은 현금을 받아 사업을 시작하거나 베를루스코니의 쇼에 출연할 기회를 얻었고, 정치에 입문하기도 했다. 엘 마루그는 30만 달러 상당의 물건과 더불어 미성년자였기 때문에 그와의 관계에 대해 침묵하는 대가로 최대 450만 유로를 받았다고 검사들은 밝혔다.[46]

　'루비게이트'의 선정적인 측면은 언론의 이목을 집중시켰지만, 이탈리아 총리를 가까이에서 본 여성 증인들이 목격한 것 또한 그에 못지않게 흥미로웠다. "베를루스코니요? 안쓰럽더라고요. (…) 혼자 있지 않으려고 파티를 여는 거니까요." 베를루스코니에게 불리한 증언을 한 뒤 안전이 우려되어 미국으로 이주한 전 미스 이탈리아 키아라 다네세의 말이다. 2011년 엘 마루그는 베를루스코니에 대해 "겉으로는 돈도 많고 행복해 보일지 모르지만 (…) 실은 외로운 사람이라고 생각해요"라고 말했다. 이는 아무리 많은 부와 권력을 쌓고 수많은 여성의 몸을 취해도 해결되지 않는 내면의 공허함으로 고통받는 모든 독재자에게 해당되는 말이다.[47]

—

　2005년 트럼프는 출연 중이던 TV 쇼 「액세스 할리우드」의 프로듀서 빌리 부시가 자기를 녹화하고 있다는 사실을 알지 못한 채, 여성들을 더듬고 키스하는 것을 두고 "스타가 되면 여자들이 그렇게 하게 해준다"라는 말을 했다. 2016년 선거 직전 이 영상이 유출되었을 때 많은 사람이 그의 정치생명이 끝났다고 생각했다. 그러나 이는 트럼프 모델 매니지먼트(1999~2017)와 미스 유니버스 대회 (1996~2015) 등의 소유주로서 트럼프가 지난 몇십 년간 쌓아올린 여성 혐오적인 마성의 남자라는 브랜드를 더 강화해주었을 뿐이다. 오랫동안 미스 유니버스 대회는 트럼프에게 수많은 여성에게 접근할 기회를 제공했고, 그는 여성들이 탈의실에서 옷을 다 벗고 있는 걸 알면서도 일부러 거기 들어가곤 했다. 트럼프 모델들은 2017년 전직 모델 재즈 에거가 비판한 것처럼 트럼프의 권력자 친구들을 에스코트하는 것을 포함해, 사장인 그를 접대해야 한다는 압박을 받았다.[48]

우파 사이트 인포워스Infowars는 트럼프의 취임식이 있고 며칠 후 "트럼프 시대에는 남자들이 마침내 다시 남자처럼 행동하기 시작할 것인가?"라는 질문을 던졌다. 트럼프 추종자들은 그가 미국에 꼭 필요한 지배적인 남성 지도자라고 생각한다. 그들은 트럼프를 존 웨인이나 슈퍼맨 같은 남성 구원자로 묘사한 포스터를 만들어 집회에 들고 나오거나 소셜미디어에 올린다. 트럼프의 마음속에서 자신은 몸짱 싸움꾼이다. 2019년 그는 1976년 영화 「로키」에서 실베스터 스탤론이 연기한 주인공 로키 발보아의 몸에 자기 머리를 합성한 사진을 개인 트위터 계정에 올렸다. 트럼프는 70대 남성이기 때문에 무솔리니와 푸틴처럼 제 몸을 과시하기보다는 다른 남성의 몸을 빌려와 남성성을 과시한다.[49]

오바마 시대 이후 남성의 권위를 되찾는 것 또한 남성들이 어떠한 처벌도 받지 않고 자신의 욕망을 실천할 수 있는 환경 조성을 의미한다. 2019년 미 법무부 여성폭력방지국은 웹사이트에 게시한 가

정폭력의 정의를 변경하여 물리적 위해 행위로 제한했다. 법무부는
이제 더 이상 '다른 사람에게 영향을 주는 성적, 감정적, 경제적, 심
리적 행위나 위협 행위'를 '중범죄 혹은 경범죄'로 간주하지 않는
다.[50]

트럼프는 #미투 운동을 권력자 남성들에게 '매우 위험한' 것으로
보았다. 그의 교육부 장관 벳시 디보스는 타이틀 나인Title IX 청문회
에서 성추행 및 성폭행으로 기소된 피의자들에게 피해자를 (변호사
나 기타 대리인을 통해, 그들이 출석한 상태에서) 반대 심문할 권리를
부여하도록 수정하는 타이틀 나인 법 개정안을 추진했다. 트럼프는
성추행 혐의로 기소된 폭스 뉴스 캐스터 빌 오라일리나, 아동 성추
행 및 성폭행 혐의로 기소된 앨라배마 정치인 로이 무어 같은 힘 있
는 남성을 꾸준히 변호해왔으며, 그 고소인들을 고립시키고 명예를
훼손하려 했다. 2018년 심리학자 크리스틴 블레이시 포드는 상원
법사위에서 대법관 지명자 브렛 캐버노가 고등학생이었던 자신을
성폭행했다고 증언했다. 포드의 증언에 대한 트럼프의 조롱 섞인
발언은 증언의 진실성을 의심하게 만들려던 것으로, 포드에 대한
적대적인 여론을 불러일으켰다. 포드는 살해 협박을 받았으며 가족
들을 데리고 주거지를 옮겨야 했던 반면, 캐버노는 결국 대법관이
됐다.[51]

대통령의 주요 임명자 중에는 성추행이나 가정폭력으로 기소된
전력이 있는 남성들도 포함되어 있었다. 그중 일부만 소개하자면
(현재는 그들 모두 떠난 상태다) 배넌, 그리고 트럼프의 첫 노동부 장
관 앤디 퍼즈더가 있었다. 트럼프의 두 번째 노동부 장관 알렉스 어

코스타는 소아성애자이자 성매매 알선자 제프리 엡스타인과 징역형을 면해주는 사법 거래를 했다. 사우스캐롤라이나의 육군사관학교 시타델의 남자 생도 다섯 명이 해외 국가 원수의 백악관 방문을 준비하는 일을 하던 스티븐 무노즈가 자신들을 성추행했다고 고발했다. 트럼프의 의전 책임자 숀 로울러는 동료들을 위협하기 위해 사무실에서 채찍을 가지고 다녔다. 정부가 정기적으로 공개한 백인 남성 관료와 직원들의 사진은 오바마 임기에 이루어진 젠더 및 인종적 진보가 이전 상태로 돌아갔음을 보여주었다.[52]

베를루스코니와 마찬가지로, 자신의 과거를 조사받게 된 트럼프에게 있어 정부는 자기방어의 수단으로 전락했다. 미스 유니버스와 리얼리티 TV 쇼 「어프렌티스」 참가자들과 마러라고 리조트 투숙객들부터 트럼프의 비즈니스 및 선거운동 고위급 직원들에 이르기까지, 그가 살아온 여러 시기에 만난 수많은 여성이 성추행이나 성폭행 혐의로 그를 고발했다. 트럼프는 2018년 자신의 변호사 마이클 코언과의 전화 통화에서, 트럼프의 성범죄 혐의가 언론에 나가지 않도록 하고자 그와의 오랜 협의를 종료하는 걸 고려하던 당시 『내셔널 인콰이어러』의 발행인인 데이비드 페커에 대해 "그 사람 잘하면 트럭에 치일지도 모르겠다"는 말을 했다. 독재자의 역사가 늘 그래왔듯, 포르노 배우 스토미 대니얼스에게 트럼프와 있었던 일을 함구하는 대가로 돈을 준 일에 대해 끝내는 코언이 모든 죄를 뒤집어썼다. 코언은 2019년 3년 징역형을 받고 수감되었다.[53]

7장

부패

리모주 도자기에 담긴 메추리구이는 더할 나위 없이 완벽하게 요리되어 있었고, 그와 함께 세계 최고의 와인 저장소에서 공수해온 고급 와인이 곁들여졌다. 콩고 그바돌리테의 정글 속 모부투의 왕궁에서는 백조들이 사람의 손길이 닿지 않은 청정 호수 위를 유유히 떠다니고, 하인들은 고블랭 태피스트리와 카레라 대리석이 깔린 호화로운 방을 오갔으며, CIA, 국제통화기금IMF, 개인 은행, 콩고의 코발트, 구리, 다이아몬드 광산에서부터 막대한 돈이 흘러들어왔다. 교황 요한 바오로 2세, 전도사 팻 로버트슨, CIA 국장 윌리엄 케이시 모두 1980년대와 1990년대에 그바돌리테를 방문해 모부투 및 그의 집권층 엘리트들과 어울렸다. "뭔가를 훔치고 싶다면 좋은 방법으로, 영리하게 조금만 훔쳐. 하룻밤 사이 떼부자가 될 정도로 많이 훔치면 잡히고 만다." 매력적이면서도 잔인한 모부투는 언제든 독재자의 지혜가 담긴 조언을 내놓았다. 그는 자신의 조언을 그대로 따라, 1991년 뉴욕 민주당 하원의원 스티븐 솔라즈의 말대로 자이르를 "세상 모든 도둑 정치에 종지부를 찍을 도둑 정치의 장으로 만듦으로써 미래의 모든 국제적 도둑의 비교 기준이 되는 표준을 세웠음에도" 감옥에 가지 않았다.[1]

의무적으로 아바코스트 튜닉을 입고 그런 공식 행사에 참석한 자이르 장관과 각료들은 그 호화스러운 상차림이 자신들의 마지막 식사가 될 수도 있다는 걸 잘 알고 있었다. 집권층 엘리트에 대한 잦은 숙청은 지도자에게 의지해야 하는 불안한 분위기를 조성했고, 모부투의 부패에 공모하도록 부추겼다. 체제에 가담하는 것은 이들에게 부를 안겨줬지만, 동시에 역설적으로 이들을 더 취약하게 만들었다. 이들은 언제라도 부패나 친족 등용 등의 혐의로 고발되어 처벌받을 수 있었다. 모부투가 집권한 첫 10년 동안, 212명의 엘리트 중 29명이 고위직에 있다가 감옥으로 직행했고 26명이 불충 혹은 부정 행위를 한 혐의로 해임되었으며, 4명의 장관이 1966년에 반역죄로 5만의 군중 앞에서 교수형에 처해졌다. 모부투는 처벌을 피하게 하는 식으로 정치 엘리트들을 점점 길들여나갔다. 개중에는 역으로 모부투를 조종한 이들도 있었지만 말이다.[2]

장 응우자 칼이본드의 정치 인생은 독재자에게 부역하는 것의 위험성과 보상을 압축해서 보여준다. 그는 외무장관으로서 두 번째 임기를 지내는 동안(1976~1977) 추정컨대 외신이 그를 모부투의 차기 후임자라고 언급했다는 이유로 반역죄로 기소되었다. 그는 감옥에서 고문을 견뎌야 했는데, 모부투는 갑자기 1977년 그의 사형 선고를 뒤집어 1978년 그를 사면했으며, 이어서 1979년에는 그를 다시 외무장관으로 임명했다. 칼이본드는 미국으로 망명을 가 1981년 미국 의회에 모부투의 부패에 대해 증언하고, 그 이듬해『자이르의 악의 화신, 모부투』라는 책을 출간했다. 부정적인 언론이 이어지는 것을 막기 위해 모부투는 1986년 그를 워싱턴 대사로 임명했다. 과거에는 맹렬히 비난했던 범죄를 정당화하는 칼이본드의 기술은 1991년 그를 총리직에 앉게 만들어주었다. 자이르에서는 오직 80명만이 중요하다는 언론인 블레인 하든의 논평은 칼이본드 같은 사람들을 두고 한 것이었다. "매번 그 80명 중 20명은 장관이고, 20명은 망명자이며, 또 20명은 감옥에 있고, 나머지 20명은 대사입니다. 그리고 석 달에 한 번씩 음악이 멈추고 모부투가 그들을 모조리 갈아치우죠."[3]

냉전은 모부투의 장기 집권과 호화로운 생활을 가능하게 해주었다. 탈식민지화 시대는 경제질서에 변화를 가져왔다. 유럽 제국 시대가 막을 내리며 유럽 국가 자본이 제거되고 새로운 민간 및 기관 투자자들의 유입이 이루어졌다. 모부투의 친서양 및 반공산주의 성향은 탈식민지 시대에 좌파를 견제하고 계속해서 영향력을 이어가려는 유럽인과 미국인 자본의 주요 수혜자가 되게 만들었다. 오랫동안 그를 지지하고 그에게 투자한 사람 중에는 그의 로비스트 폴 매너포트와 로저 스톤, 셸던 B. 밴스 자이르 주재 미 대사, 지스카르 데스탱 프랑스 대통령의 가족이 포함되어 있었다. 1980년대에는 데스탱 가족이 자이르 외채의 3분의 1 가까이 차지하는 건축 관련 사업을 장악했다. 1982년 IMF 은행가 에르빈 블루멘탈이 빌려준 자금을 절대 되찾지 못할 거라고 경고한 후에도 IMF와 미국 수출입

은행은 모부투에게 돈을 빌려주었다. 1997년 모부투가 추방되었을 당시 그는 50억 달러의 재산을 축적한 상태였다. 자이르는 자본 도피로 120억 달러를 잃었고 140억 달러의 빚을 떠안았으며, 699.8퍼센트의 연평균 인플레이션율과 국민의 70퍼센트 이상이 하루 평균 1달러의 임금으로 가난하게 살아야 하는 현실에 처하게 되었다.[4]

종종 사적 이익을 위한 공권력 남용으로 정의되는 부패에는 뇌물, 이해 상충, 국가 자원 약탈, 세금 및 인허가 규정을 사용한 갈취 혹은 파산 강요, 사업체에 대한 불법적 단속, 민영화 또는 국영화를 통한 이익 획득을 포함하는 관행이 수반된다. 직무유기죄에는 허위 감사 또는 조사, 부정행위를 조장하거나 처벌 대상에서 제외시키는 법률이 포함될 수 있다. 모부투의 금융 제국은 사기업으로부터의 리베이트, 국영 기업의 가족 소유, 국제 원조 기금과 자이르의 다이아몬드 및 천연자원으로부터 얻는 이익을 빼돌리기, 국영 은행으로부터의 '대출', 뇌물을 바탕으로 세워졌다.[5]

코옵테이션Co-optation(포섭)이란 독재자들이 개인과 집단을 자신에게 결속시키는 방식을 설명하는 데 정치학자들이 쓰는 용어다. 이는 윤리적 타협과 비윤리적이고 폭력적인 개인에게 협조하는 데 수반되는 개인적·직업적 관행에서의 변화를 고려해, 여기서는 부패의 한 형태로 간주된다. 독재자들은 부패를 다른 도구들과 함께 사용한다. 사법부에 대한 잦은 숙청은 사기꾼들에게 무죄 판결을 내리거나 아예 기소조차 하지 않는 사법 제도를 낳는다. 이들의 도둑질을 폭로할지도 모르는 언론인과 활동가들은 수감되거나, 프로파

제2부 통치의 수단

간다를 통해 오명을 뒤집어쓴다. 남성적 정력은 원하는 걸 마음껏 취하고도 처벌받지 않는 것을 남성다움의 척도로 만든다. 독재자들은 또한 직업이나 부를 창출할 기회를 제공하는 새로운 후원 시스템을 만들어내는데, 이는 일부 사람이 협력하는 것에 대해 갖는 도덕적 망설임을 극복하게 해준다. 통치자와 그의 조력자들 간 계약의 핵심은 그의 폭력적인 행동과 시민의 권리를 억압하는 것을 돕는 대가로 권력과 경제적 이익을 제공받는 것이다.[6]

부패는 하나의 절차이자 일련의 관행이다. 부패Corruption라는 말의 라틴어 및 고대 프랑스어 어원은 부패로 인한 상태의 변화를 의미한다. '미꾸라지 한 마리가 온 웅덩이를 흐린다'라는 말이 시사하듯, 부패는 과일이나 컴퓨터 파일 같은 물리적 대상이든 사람의 영혼이든 간에 늘 그에 대한 오염, 그리고 타락과 함께 일어나왔다. 부패의 이러한 개념은 독재 정권이 굴러가는 방식을 정확히 포착한다. 독재 정권은 나라 경제를 지도자의 부 창출의 수단으로 만드는 동시에, 부정선거나 고문, 성폭행처럼 불법이었거나 비윤리적으로 여겨지던 것들을 용인되는 것으로 만들기 위해 윤리적, 행동적 규범의 변화를 부추긴다. "푸틴과 에르도안이 정권 초기에 처벌받지 않고 마음대로 할 수 있었던 일들은 지금 그들이 처벌받지 않고 마음대로 하고 있는 일과 비교하면 아무것도 아니다." 2007년 경제학자 다론 아제모을루가 한 말이다.[7]

무솔리니와 히틀러처럼 범죄 이력이 있는 상태로 집권한 통치자나, 푸틴, 트럼프, 베를루스코니처럼 수사를 받는 상태에서 집권한 통치자는 유리한 출발을 한다. 이들은 정부를 법을 어기는 방법을 따로 배울 필요조차 없는 범죄자들을 위한 피난처로 만드는 것이 '전염 효과'를 가속화한다는 걸 알고 있다. 사면을 허락하는 것도 마찬가지다. 사면은 개인으로 하여금 독재자에게 빚을 지게 만들며, 협박범, 전범, 살인범을 독재자가 마음껏 활용할 수 있는 카드로 만든다.[8]

이익에 목말라하고 공직을 자신의 전유물로 여기는 일인 독재자들은 경제적 이익을 위해 국가의 천연자원과 인적자원을 착취한다. 보우소나루는 아마존 토착민들에게 아마존 우림에 대한 자신의 자본주의적 착취를 받아들이지 않으면 "그냥 없애버리겠다"고 경고했다. 그가 취임한 첫해, 환경 규제 위반에 대한 정부 벌금은 34퍼센트 감소했다. 엘리트들에게 이익을 허락하는 대가로 정치적 지지를 받는 트럼프의 권위주의적인 협상은 그의 행정부로 하여금 기후 변화를 부정하는 관점을 적극적으로 받아들이게 만들었다. 2020년 5월 기준으로 100개의 환경 규제가 철회되었고, 수십 개의 규제가 그 과정에 있다. 이 모든 변화는 자동차, 영농, 화학, 화학 연료 산업 분야의 트럼프 후원자들이 지구를 오염시키고 아무 법적 처벌 없이 천연자원을 착취하는 것을 수월하게 만들어주었다. 석유와 가스 회사는 더 이상 메탄가스 배출량을 보고하지 않아도 되며, 광산은 미래 오염을 정화하기 위한 비용을 지불할 수 있다는 것을 더 이상 증명하지 않아도 된다. 북극 야생동물 국가 보호구역의 시추 또한 가능해졌다.[9]

이 마지막 조치는 북극 빙하가 녹음으로써 발생할 대규모 환경적 변위와 생태계 붕괴에도 불구하고 이를 두고 '기회와 풍요로움'으로 가득한 상황이라고 말한 마이크 폼페이오 미 국무장관의 주장과 연결된다. 폼페이오는 그곳의 지구 온난화가 세계 미발견 석유의 13퍼센트, 미발견 천연가스와 매장되어 있는 금, 다이아몬드, 우라늄의 30퍼센트를 자연스럽게 해방해줄 거라고 보고 있다. 이 탐욕은 2019년 애초에 매매 대상이 아니었던 그린란드를 매수하겠다는 트럼프의 말과 2020년 그린란드에 대한 미국의 투자를 최우선으로 삼기로 한 결정의 배경이 되었다. 1975년에 출간된 가브리엘 가르시아 마르케스의 소설 『족장의 가을』에서 카리브해의 물을 모조리 빼고 그의 미국인 지지자들에게 팔아넘겼던 독재자 이야기가 이제는 그렇게 허구 같지만은 않다.[10]

다른 이들을 부패의 길로 빠뜨리는 것은 통치자가 부하들에게 쓰는 강압적인 전략들이 자신에게 역이용될 수 없을 정도로 그의 권력이 계속 막강하게 유지되는 한 효과가 있다. 그는 자신을 보호하기 위해 '분할 통치' 전략에 의존하는데, 내각을 수시로 갈아치움으로써 엘리트들로 하여금 서로 경쟁하게 만들고 이로써 자신에게만 충성하게 만든다. 관료들은 1931년 파시스트당 서기장 조반니 주라티처럼 신문에 난 기사를 통해 해고당한 사실을 알게 되거나, 모부투가 좋아하던 전략으로 집회 참가 중에 해고를 통보받기도 하며, TV나 라디오를 통해 해고 소식을 접하거나, 심하면 2018년 국무장관 렉스 틸러슨처럼 화장실에 앉아 트위터를 보다가 알게 되기도 한다.[11]

시간이 가면서 이 계속되는 자리 변동은 지도자를 상대로 공모를 꾸미기에는 경쟁으로 인해 너무 약화되고, 그에게 달갑잖은 진실을 말하기에는 몹시 주눅 든 정치 계급을 탄생시킨다. "제발 부탁이니 총통의 화를 돋우지 마라. 안 좋은 소식을 전하지 말고, 그가 생각하는 것과 다른 이야기를 입에 올리지 말라는 뜻이다." 언론인 카를 H. 폰 비간트의 글로, 카다피나 에르도안 같은 지도자들 밑에서 일해본 적 있는 사람들에게는 무척 익숙한 상황을 압축해서 담고 있다. 전 CIA 부국장 마이클 모렐이 2016년 8월 『뉴욕타임스』의 논평란에 트럼프가 대통령직에 부적합한 인물이라는 것을 유권자들에게 경고하며 언급한 그의 특징은 모든 일인 독재 지도자의 통치 스타일을 그대로 압축해서 보여주었다.

> 자기 직관에 따라 결정을 내리는 경향, 새로운 정보를 바탕으로 관점을 바꾸길 거부하는 특징, 사실에 대한 일상적인 부주의, 다른 사람의 말을 들을 생각은 없는 태도, 법치에 대한 존중 부족.[12]

독재자들은 그들 나름의 방식으로 가정적인 남자들이었다. 이들은 비판을 차단하고 부패적 관행에 몸담는 동시에 폭로될 가능성을 최소화하기 위해 가족과 믿을 만한 패거리로 구성된 성역을 구축한다. 지도자의 자녀는 베를루스코니와 트럼프의 경우처럼 공식적인 가족 사업을 운영하거나, 모부투의 아들 콩굴루를 비롯한 여러 독재자의 자식들처럼 비공식적인 돈세탁 가족 사업을 운영하기도 한다.[13]

이들의 사위 또한 독재 정부에서 중요한 역할을 한다. 무솔리니는 1936년 사위 갈레아초 치아노를 외무부 장관으로 임명해 그를

'개인적 정치를 위한 도구'로 써먹었으며, 1943년 자신을 실각시키는 데 투표했다는 이유로 그를 사형시켰다. 오르반의 사업가 사위 이슈트반 티보르츠는 1억 유로가 넘는 막대한 순자산을 축적했지만, 헝가리 정부는 유럽연합이 그를 상대로 착수한 부패 조사를 중단했다. 튀르키예 에너지부 장관으로 재직하는 동안 불법 행위를 한 혐의로 다수의 외국 정부로부터 기소된 에르도안의 사위 베라트 알바이라크는 현재 에르도안의 재무부 장관직을 맡고 있다. 트럼프의 사위 재러드 쿠슈너는 대통령 고문으로서 정부 과제를 해결하는 동시에 쿠슈너 및 트럼프 가문의 재정적 이익을 추구한다.[14]

—

　무솔리니는 독재자 부패 활동의 본보기를 세웠다. 그는 파시즘을 이탈리아에서 전쟁 부당 이득자들을 몰아내기 위한 길처럼 내세웠다가, 총리가 된 후에는 자신을 후원하는 보수주의자 엘리트와 산업가들의 비위를 맞추기 위해 전쟁 부당 이득에 대한 조사를 중단했다. 그리고 독재 정권을 수립한 이후에는 이탈리아의 "늪을 모두 말려버리겠다"고 맹세했는데, 그는 말 그대로 로마 남부에 있던 폰티네 습지를 간척해 사바우디아와 리토리아 같은 도시로 변신시켰다. 한편 그는 자국에 나쁜 것을 퍼뜨리고 해외에서 이탈리아의 이름에 먹칠하는 모든 '무뢰한'을 없애겠다고도 약속했다.[15]
　여기에는 반파시스트를 제거하는 것뿐만 아니라 조직범죄를 강력하게 단속하는 것도 뒤따랐다. 무솔리니는 시칠리아 마피아 및 그와 유사한 다른 조직들을 위협으로 봤는데, 이는 그들이 지역에서 국가 권력을 대신하고 국가 수입을 빼돌리고 있었기 때문이다. 1925년 무솔리니는 수천 명의 마피아를 체포해 국제적 명성을 얻은 체사레 모리를 팔레르모 지역의 강력한 새 도지사로 임명했다. 그러나 모리의 수사가 너무 깊이 들어가는 바람에 마피아와 파시스트 간의 결탁관계를 밝혀낸 후로는 상황이 달라졌다. 1928년 무솔리니의 동생 아르날도 무솔리니는 파시즘이 마피아를 소탕했다고 선언했으나, 1년 후 모리는 해임당하고 시칠리아에서 가능한 한 가장 멀리 떨어진 이스트리아에 일자리를 얻었다. 이제 마피아를 통제해야 하는 임무를 맡은 파시스트 군부 정권은 그들을 통제하는 대신 당 지도자들과 자주 협력하던 그들의 방식을 받아들였다. 1934년부터 1935년 사이 팔레르모 예산에서 4000만 리라가 횡령됐고, 이를 두고 팔레르모 주재 영국 영사 제임스 도즈는 "행정부를 정화하겠다"던 파시스트의 약속이 기만에 지나지 않는다고 언급했다. 파시즘은 마피아를 정복하지 못했고, 그저 국가 권력하에 운영되는 새로운 마피아를 하나 더 추가했을 뿐이다.[16]

인종에 기반한 박해 또한 파시스트에게 개인과 국가를 부유하게 만들 기회를 제공했다. 파시즘의 1938년 반유대주의 법안은 국가 이익을 창출하는 동시에 이탈리아계 유대인을 빈곤하게 만드는 것을 목표로 했다. 아르만도 레오니는 어머니가 아리아인 가톨릭 신자 가정부의 사생아였기 때문에 자신은 유대인이 아니라는 주장을 특별히 고려해주는 대가로 성업 중이던 자신의 30개나 되는 영화관 체인을 국가에 싼 금액에 넘겼다. 살로니카 출신의 은행가이자 기업가로 이탈리아 시민권을 박탈당한 자코모 베라하는 이탈리아에 머물기 위해 10만 리라를 냈다. 파시스트 관료들은 거짓 가톨릭 세례와 아리아인 증명서를 밀거래했으며, 정부의 인종 및 인구 부처 책임자 안토니오 레 페라는 다수의 OVRA 비밀경찰 보고서에서 특히 부유한 유대인들을 아리아인으로 탈바꿈하는 기적을 행한 '암표상'으로 등장했다.[17]

파시스트 이탈리아는 독재 통치의 필수 요소로 자리매김한 분할 통치 전략의 실험실이었다. 일 두체는 3~4년에 한 번씩 그의 내각과 차관들의 절반 이상을 해임해 모든 각료가 자기 위치에 대해 불안함을 느끼게 만들었다. 너무 유능하거나 명성이 높아져도 경력에 독이 된다는 걸 조종사로 공군 장관 자리에까지 오른 이탈로 발보도 깨달았다. 1933년 발보는 대서양을 횡단해 미국까지 비행한 일로 『타임』지 표지에 실렸고, 시카고는 그에게 퍼레이드를 열어주며 그의 이름을 따 거리 이름을 지었다. 1934년 무솔리니는 발보를 리비아 식민지 총독으로 임명하며 트리폴리로 전근시켰다. "무솔리니의 더없이 충실한 추종자들의 불신이야말로 그의 가장 큰 약점이다." 식민지 장관 겸 장군 에밀리오 데 보노가 무솔리니에 의해 해임되고 직책을 빼앗기기 1년 전인 1934년 일기에 털어놓은 말이다. 무솔리니는 여성을 비축해두듯 이런저런 직함을 비축해두었다. 늘 반드시 최소 다섯 개의 각료직을 차지했다.[18]

프랑코도 세부적인 전면 통제에 능한 사람이었다. 그는 어지간한 스페인 장관, 지방 도지사, 대도시 시장, 군사령관, 주요 노동조합 조합장의 고용과 해고를 직간접적으로 감독했다. 피노체트는 모든 칠레 시장을 직접 임명했다. 하지만 다수의 직업을 가진 데다 매일 몇 시간씩 성생활에 몰두하고, 본인 기사가 실린 신문 기사를 읽으며, 로디에서 피아첸차로 이어지는 길가의 가로수를 언제 가지치기 해야 할지와 같은 아주 사소한 공무에까지 직접 개입한 사람은 무솔리니뿐이었다.[19]

연합군의 폭탄, 그리고 무솔리니 가족과 국가 파시스트당 관료들의 꼼꼼한 문서 파기 때문에 파시스트의 재정적 부정행위에 대한 많은 세부 사항은 삭제되어버렸다. 또한 일 두체가 다수의 출판물로 받은 인세나 그의 신문 『이탈리아 인민』을 통해 창출한 수익금이 어느 정도였는지도 정확히 알 수 없다. 그러나 대부분을 아내 명의로 보유했던 그의 부동산 자산이 재건축된 것을 보면, 그는 원하는 것을 얻기 위해 수단과 방법을 가리지 않은 탐욕스러운 사람이었음을 알 수 있다. 탐나는 자산을 소유한 유대인들을 추방했던 것처럼 말이다. 그러면서도 그는 자신을 부하의 사기 행위를 눈치채지 못하는 사심 없고 금욕적인 영혼이라는 이미지로 포장했고, 많은 파시스트 동조자가 여기에 설득당했다. "신문에서 당신이 살아 있는 게 아니라 허공에 떠서 존재하고 있으며, 이탈리아에 모든 걸 쏟아부은 나머지 먹거나 마시거나, 심지어 잠도 자지 않는다는 글을 봤어요." 토스카나 출신의 미켈라 C.가 1925년 무솔리니에게 보낸 편지의 일부다. 독재자는 특별한 사명을 부여받았기 때문에 '모든 것보다 위에' 있는 존재인 반면 그의 측근들은 정부를 타락하게 만드는 부패한 자들이라는 생각은 독일을 기점으로 모든 새로운 독재자가 권력을 장악할 때마다 어김없이 다시 등장했다.[20]

"그렇다, 히틀러가 모든 걸 직접 다 할 수 있었다면 사정은 달라졌을 것이다. 하지만 그가 모든 것을 다 감독할 수는 없는 노릇이다." 1935년 국가사회주의 독일 노동자당 지도부의 횡령, 사기 등의 범죄에 대한 대중의 정서를 잘 요약한 바바리아 지역의 경찰 보고서의 일부다. 총통은 오랫동안 자신이 도덕적으로 고결한 사람이라는 이미지를 쌓아왔다. 『나의 투쟁』에서는 자신을 환전업자들로 가득한 성전을 깨끗하게 하는 예수에 빗대기도 했다. 지도자로서 절제하는 생활 습관은(그는 채식주의자였으며 술 담배를 하지 않았고 여자친구 에바 브라운을 철저히 어둠 속에 숨겼다) 순수주의자라는 그의 자격을 더 강화해주었다. 그는 1936년 에센 지역의 크루프 공장 노동자들에게 이렇게 말했다. "저는 아마 이 세상에서 은행 계좌가 없는 유일한 정치인일 것입니다. 전 주식도 없고, 그 어떤 회사에도 지분을 갖고 있지 않습니다." 그는 반유물론자라는 이미지를 더 굳혀나가기 위해 급료도 받지 않겠다고 했다. 비록 『나의 투쟁』 인세, 연설료, 추종자들의 선물 등을 통해 수백만 라이히스마르크를 벌고 있었지만 말이다. 그의 대통령 기금은 모든 회계 절차에서 면제되었으며, 세금을 일절 내지 않았다는 증거를 숨기기 위해 게슈타포에게 그의 납세 실적을 파기하라고 명령했다.[21]

나치 국가의 행정 구조는 히틀러가 부패 활동으로부터 거리가 먼 것처럼 보이게 하는 데 일조했지만 비효율적인 통치로 이어지게 했다. 무솔리니의 세부적인 전면 통치를 못마땅하게 여긴 총통은 자신의 직무를 다른 이들에게 위임했다(보통 점심때까지 잤기 때문에 그를 직무 태만이라고 느낀 사람들도 더러 있었다). 히틀러는 장관들에게 각자의 세력을 구축할 권한을 주었고, 그의 변화무쌍한 욕망을 가장 정확히 실행하는 사람이라는 직함을 두고 서로 경쟁하도록 부추겼다. 관료 조직과 기관들이 우후죽순으로 생겨났고, 이들은 종종 역량이 서로 겹쳤다. 전 나치 언론 책임자 오토 디트리히는 이로 인해 '문명화된 국가에 존재했던 역사상 가장 큰 정부 혼란'이 일어났다며 비난했다.[22]

물질적 보상이 모든 불만을 덮었다. 히틀러는 총애하는 관료들을 가까이 두고 이미 비과세였던 그들의 급료에 더해 비밀 수당과 보너스를 주었으며, 느슨한 감독으로 그들이 직권을 남용할 여지를 주었다. 법원은 중하급 공무원들의 국가사회주의 독일 노동자당 자금 유용에 대해 기소했지만, 나치 노동 전선은 그 술고래 수장 로베르트 라이의 고급 빌라와 유람선 유지 비용을 댔다. 나치 지도자 헤르만 괴링은 납세자들의 세금으로 성을 포함한 수많은 저택을 수집하고 개조했다. 이 모든 '작은 히틀러'는 자신만의 부패 사슬을 구축했고, 범죄 기술이 뛰어난 사람도 여럿 고용했다. 바이마르공화국 시절 절도와 횡령으로 처벌받은 전적이 있으며 뇌물로 계약을 성사시키는 것으로 잘 알려진 안톤 카를은 노동 전선의 건설 부서 책임자가 됐다. "어떤 재킷이 필요하신가요?" 1934년 베를린의 카바레 디 카타콤베에서 펼쳐진 베르너 핑크의 촌극에서 재단사 역을 맡은 사람이 물었다. "요즘 유행하는, 주머니가 활짝 열린 재킷으로 주시죠." 손님 역을 맡은 핑크가 대답했다. 객석에 있던 게슈타포 요원

이 이 농담을 들었고, 쇼는 폐지됐다.[23]

정권은 독일인들을 포섭하기 위해 자신들이 원하는 테두리 안에 들어온 사람들에게는 혜택을, 밀려난 사람들에게는 처벌을 활용했다. 수천 명의 좌파 및 유대인 공무원의 일자리를 잃게 만든 1933년의 한 법률은 그 외 모든 사람의 채무를 없애는 다른 법과 짝을 이룬다. 완전고용이 이루어지고 크리스탈나흐트 포그롬Kristallnacht pogrom(수정의 밤)이 있었던 1938년에 제정된 2차 채무 말소법은 독일인들로 하여금 유대인 기업에 대한 보이콧, 강제 판매, 압수를 통한 경제의 '아리아인화'를 더 잘 받아들이게 만들었다. 프리츠 티센 같은 기업인들은 은행 및 기타 부문의 지속적인 자본 집중으로 혜택을 가장 많이 받았으나, 지역 경제 부처들은 유대인 회사 매각으로부터 10퍼센트의 수수료를 받았으며 관료들로부터 '비공식 수수료'를 받는 일도 드물지 않았다. '아리아에게는 자비를, 그 외 나머지에게는 무자비를'은 독재자로서 히틀러의 약속이었다. 폭력이 대량학살로 확대되었을 때도 그는 많은 이에게 '죄 없는 총통'으로 남아 있었다.[24]

—

군사 쿠데타는 위험부담이 높은 작전이지만, 성공하면 관련된 모든 사람이 보상을 받는다. 적어도 쿠데타로 집권한 칠레와 리비아의 장교들은 그렇게 생각했다. 그러나 피노체트와 카다피가 발 빠르게 일인 독재를 주장하면서, 이들은 곧 복종해야 하는 입장이 되었음을 깨달았다. 그렇게 함으로써 이 지도자들은 집권 기간을 늘렸을 가능성이 높다. 임명과 처벌 시스템에 대해 단독 통제권을 가진 일인 독재 군부 지도자들은 군사 정부와 권력을 나눠 가진 지도자들에 비해 전복될 가능성이 낮기 때문이다.[25]

칠레에서는 청렴하기로 이름났던 군부대가 법을 국가 탄압의 수단으로, 군대를 박해의 집행자로 만들려는 피노체트의 목표에 빠르게 예속되었다. 국가 수장을 섬겨야 한다는 의무감은 그들로 하여금 그 수장이 어떤 사람이건, 무슨 일을 했건 상관없이 그의 명령에 복종하게 만드는 데 중요한 역할을 했다. 물론 숙청될지도 모른다는 공포도 한몫했다. 1974년 한 무리의 공군 장교들이 반역죄로 기소되었고, 그중 몇몇은 본보기로 족쇄를 차고 법정에 세워졌다.[26]

많은 군 판사와 민간 판사, 변호사가 사회주의를 피해가는 수단으로 쿠데타를 환영했고 그로 인한 법적 예외 상태를 받아들였다. 민간인의 정치범죄를 판결하는 데 군사재판소를 활용한 것도 그런 일환이었는데, 1973년부터 1976년까지 6000명의 민간인이 반역죄로 재판을 받았다(일괄 기소였다). 몇 년 후, 한 전직 군 검사는 법률가들의 이런 집단 공모에 대해 다음과 같이 해명했다.

우리는 법조문을 믿고 우리가 맡은 할 일을 잘하려 노력했지만, 이 시스템 전체가 돌아버렸던 것 같다. 나라는 전쟁 중이 아니었음에도 사람들은 전범 혐의로 재판을 받았다. (…) 우리는 다들 일자리를 잃는 것이 두려워 그 흐름을 그대로 따랐다. (…) 모두가 그 정신 나간 상태의 일부가 되어버렸고, 아무도 벗어나지 못했다.[27]

정권의 효율성을 대대적으로 내세운 미국과 칠레의 프로파간다는 피노체트의 분할 통치로 야기된 혼란을 보이지 않게 만들었다. 피노체트는 자신의 내각을 마흔아홉 번이나 개편했는데(장관들은 평균 10개월마다 교체되었다), 장관들에게 총사퇴를 명하고 누구를 남겨두는지 텔레비전에서 발표했다. 그는 능력이 출중하거나 명망이 높은 장관들을 감시했고 종종 그들의 업무를 방해했으며, 이제 막 내린 명령을 번복하기로 악명 높았다. 니카노르 디아스 에스트라다 장군은 1973년 노동부 장관에 임명된 후 단 한 번도 피노체트와 독대하지 못하고 18개월 뒤 해임됐는데, 덕분에 피노체트의 분노 폭발을 직접 겪지 않아도 되었다. 피노체트는 엘리트들을 포섭하기 위해 물질적 보상도 활용했다. 중요한 판사나 대법원 구성원들에게는 기사 딸린 차량이 지급되었고, 군 장교들에게는 교육비 및 주택자금 대출이 제공됐다.[28]

군부 정권의 경제 정책은 피노체트가 신경 쓰는 부문의 지지를 이끌어냈다. 거대 자본은 기독교민주당 정치인 게나로 아리아가다가 남미 역사상 '가장 가속화된 경제력 집중 과정'이라고 표현한 것을 만들어낸 신자유주의 개혁에서 혜택을 봤다. 피노체트의 가족과 핵심 그룹 또한 정권에 의해 민영화된 기업들을 장악하면서 이익을 얻었다. 민영화를 담당하는 정부 기관을 이끌던 피노체트의 사위 훌리오 폰체 레로우는 연간 6700만 달러를 벌어들이는 화학 회사를 손에 넣었고, 또 다른 사위인 호르헤 아라베나는 대형 보험사를 얻었다.[29]

프랑코 치하의 스페인에서처럼, 경제 정책을 담당하는 많은 기술 관료가 오푸스 데이와 연결되어 있었다. 신자유주의 변호사이자 피노체트의 최고 고문이었던 하이메 구스만이 부의 창출을 구원으로 가는 길이라 여겼던 가톨릭 비즈니스 엘리트들과의 연락책 역할을 했다. 정권의 긴축 정책은 빈곤층에 엄청난 타격을 줬다. 1979년까지 실업률은 12.5퍼센트에 달했고, 5.1퍼센트가 최소한으로만 고용되었다. 상황이 이러하니 칠레인들은 점차 국가의 적에게 일어나는 일을 외면하며 신경 쓰지 않는 법을 배워나갔다. 정치적 이유로 해고되어 노점상이 되거나 은행 대출을 거절당하는 전문직 종사자들도 있었지만 다 남의 일이었다.[30]

모든 독재자는 국제적 파트너를 필요로 한다. 피노체트의 파트너로는 영국과 미국의 금융 기관들뿐만 아니라, 미국 정부 및 콘도르 작전과 관련된 군부 정권까지 포함되어 있었다. 피노체트는 홍콩에서 지브롤터에 이르는 영국 해외 조세 피난처와 미국 리그스 은행의 가족 명의로 된 비밀 계좌에 재산을 숨겨두었다. 대부분 해외 무기 거래에서 받은 리베이트로 축적된 그의 재산은 종래에는 5000만 달러가 넘는 것으로 추정됐고, 그는 그 재산으로 방대한 규모의 책을 사들였다. 그의 가족은 수익성 높은 부동산 사업을 운영하며 아내 루시아 히리아르트의 여성중앙회 재단CEMA을 위장 기관으로 사용했다. 피노체트의 쿠데타가 이룬 이른바 '도덕적 정화'의 모범 사례라 할 수 있다.[31]

카다피는 자수성가한 독재자였고, 피노체트와 모부투가 만끽했던 미국의 관대함을 일절 누리지 않았다. 다만 풍부한 석유를 보유하고 있었기에 독재 집권 기간이 길어졌고, 민주화의 필요성을 느끼지 못했다. 학자들은 이를 '자원의 저주'라고 하지만, 카다피는 하늘이 내린 축복이라고 했다. 석유 수입은 리비아의 너그러운 사회복지 조항의 근간이 되는 동시에 부유하지 않은 통치자들이 체제 전복의 가능성을 줄이기 위해 해야 했던 타협, 예를 들면 전통적 엘리트들을 받아들이는 것으로부터 카다피를 자유롭게 만들어주었다.[32] 1969년 2216달러에서 1979년 1만 달러까지 올라간 일인당 소득의 급격한 증가는 그가 사람들의 권리를 박탈하고 자신의 후원 네트워크를 구축하는 동안에도 그의 인기를 날로 치솟게 만들었다. 카다피는 군주제하에서 편애받던 부족들의 부와 권력을 그의 출신 부족인 카다드파나 그 동맹 와르팔라족처럼 과거에 소외받던 부족들로 옮겼다. 두 부족 모두 군대와 공안 부대에서 핵심 세력으로 떠올랐고, 기관으로서의 군대는 권력의 상당 부분을 빼앗겼다. 카다피는 "자기가 원하는 게 무엇인지, 어떻게 하면 그걸 손에 넣는지를 안다. (…) 사고나 암살만 없다면 오래 집권할 것이다." 트리폴리 주재 미국 대사관 부국장으로 재직하며 쿠데타 이후 초창기를 보낸 해럴드 G. 조지프가 1999년에 한 말이다.[33]

다른 독재자들처럼 카다피도 혼란을 통해 통치했다. 그의 장관과 사회 각층 지도자들은 라디오 뉴스를 통해 중요 정책에 대해 알게 됐으며, 능력이 너무 뛰어나다는 이유로 해고되거나 해외로 발령나는 일도 부지기수였다. 뿐만 아니라 카다피가 모욕을 느끼거나 퇴진 위협을 받았다고 느낄 때, 아니면 버럭 화를 내고 사막으로 사라져버릴 때와 같은 피곤한 상황을 견뎌내야 했다. 그러나 카다피는 거기서 한 걸음 더 나아가 관료 구조 전체를 충동적으로 재편하곤 했다. 대형 기관이나 대중 조직, 심지어 법체계 전체가 한순간에 폐지될 수 있었다. 철학자 한나 아렌트는 히틀러의 의지가 "너무나 불안정한 나머지 동양 폭군들의 변덕은 그에 비하면 견실함의 빛나는 모범처럼 보일 정도"라고 했다. 이는 심리적 불확실성과 격변을 이용해 사람들의 복종을 이끌어내고 반대 세력을 억누른 카다피에게 더 잘 들어맞는 묘사다.[34]

1979년 카다피는 모든 공식 정부 직책에서 사임하겠다고 선언해 국민에게 놀라움을 안겨줬다. 이론상으로 그는 자신의 '국가 없는 국가' 이론대로 권력을 국민에게 넘겨준 것이었다. 하지만 실제로는 비공식적으로 통제를 이어가며 처벌받지 않고 노략질할 더 많은 기회를 확보한 것이나 다름없었다. 혁명위원회는 이제 부패를 척결하는 임무를 맡은 준군사 집행 기관으로 활동하기 시작했다. 부당한 자산을 소유한 것으로 추정되는 사람들은 TV로 중계되는 재판을 받아야 했고, 제보자들은 전화를 걸어 그들을 고발했다. "정치적으로 눈 밖에 나면, 원래라면 조용히 묻혀갈 수 있었던 사업적 부당 거래가 세상 밖으로 드러날 수 있다." 2006년 미 국무부 관료 엘리자베스 프리츨이 한 말이다.[35]

리비아인들은 자국의 석유 자산을 두고 "우리는 제2의 두바이가 되었어야 했다"라며 한탄했다. 그러나 현실적으로는 수많은 리비아인이 제대로 기능하지 않는 나라에서 겨우 입에 풀칠하며 사는 데 몸부림쳐야 했다. 낮은 생산성과 개인 주도성의 부재로(카다피는 1980년 변호사직 및 개인 전문직을 금지시켰다), 공공 행정 부문에서 뇌물과 족벌주의가 횡행했다. 게다가 정계에 연줄이 있는 소수의 가문이 식품 유통을 장악하면서 만성적인 식량 부족을 초래했다. 카다피의 총애를 받는 사람들과 그의 가족은 뇌물 수수와 갈취, 석유회사 및 석유 자회사의 이익을 빼돌려 부를 축적했다. 석유를 훔치는 것은 부자가 되는 가장 빠른 길이었다. 2008년 5억 달러 상당의 석유 500만 배럴이 사라졌다. 국영 석유 회사의 잠재적 내부 고발자들은 위협 때문에 침묵할 수밖에 없었다. 석유 산업의 부정행위를 조사하는 임무를 맡은 이 정권의 마지막 감찰 및 대중 통제부 책임자는 리비아에서 가장 부유하고 부패한 여성 중 한 명인 '처형자' 후다 벤 아메르였다.[36]

그러나 그 어떤 것도 카다피 정권을 10년 더 연장해준 서구와의 '화해' 기간에 이어진 카다피의 골드러시를 막지 못했다. 9·11 테러 이후, 카다피는 2003년 미국 주도의 다국적군에 의해 침략당한 이라크의 후세인 같은 꼴이 되지 않겠다고 다짐했다. 카다피는 치외법권 폭력을 포기하고 대량 살상 무기를 해체했으며, 지하디스트 네트워크에 대한 정보를 CIA와 기타 해외 정부 기관에 제공했다. 리비아에 대한 제재와 여행 금지 조치가 해제됨에 따라, 서방의 무기 제조업자와 판매상들은 앞다투어 카다피에게 무기를 팔려고 경쟁했다. 미국 기업들은 리빙스톤 그룹, 모니터 그룹, 브라운 로이드 제임스 회사가 진행한 로비와 홍보 덕택에 2005년 개시된 15개의 입찰 중 11개를 따냈다. 브리티시 페트롤륨BP은 30년간의 추방 이후 2007년 9억 달러 규모의 탐사 계약을 맺고 리비아로 돌아왔다.[37]

그 '화해'의 대가로 카다피는 민주주의 세계로부터 정당성이라는 귀중한 것을 부여받았다. 2008년에 아프리카 '왕 중의 왕'으로 등극한 것도 짜릿했지만, 니콜라 사르코지 프랑스 대통령이나 토니 블레어 영국 총리 같은 중요한 사람들이 찾아와 자신한테 애원하는 모습을 보는 것은 더 기분 좋은 일이었다. 프랜시스 후쿠야마나 앤서니 기든스 같은 영향력 있는 외국인들을 '새롭게 바뀐' 리비아를 홍보하는 확성기처럼 활용하는 것도 마찬가지였다. 그중에서도 가장 좋은 것은 해외 정보기관과 협력해 '그의' 배신자들을 돌려받는 일이었다. 많은 정부가 반카다피 성향의 무슬림 반체제 인사들을 리비아로 송환하는 데 동의했으며, 리비아로 돌아온 이들은 오랜 시간 감옥에 갇혀 고문당했다.[38]

그러는 동안에도 카다피의 서방에 대한 증오는 결코 사그라들지 않았다. 2005년 블레어 총리가 리비아를 방문했을 때, 카다피는 영국 돈을 받으면서 자기 신발 밑창을 보여주었다(아랍권에서 무척 심한 모욕이다). 2011년 리비아에 '아랍의 봄'이 불어닥쳤을 때, 그의 새 친구들은 그에게서 등을 돌리고, 그의 군대에 대한 북대서양조약기구NATO의 공격에 동의했다. 그즈음 가난한 까막눈 부모 밑에서 태어난 이 남자는 세계에서 가장 부유한 사람이 되어 있었다. 그가 모은 약 2000억 달러의 부는 그를 제외하고 세계에서 가장 부유한 세 사람(빌 게이츠, 워런 버핏, 카를로스 슬림)의 재산을 다 합친 것보다 더 많았다. 그리고 이 시기, 이미 카다피의 재산을 넘어선 것으로 알려진 푸틴을 필두로 새로운 세대의 부패 지도자들이 권력을 장악해나가고 있었다.[39]

—

새로운 독재자들은 대중을 희생시켜 개인적 이익을 추구한 20세기 독재자 선배들의 욕망을 똑같이 공유하고 있다. 그러나 이제 일당 독재와 대량 살상이 흔치 않은 일이 되면서, 21세기 지도자들은 노략질과 무능을 감추기 위해 프로파간다와 검열에 더 의지하게 되었다. 트럼프와 푸틴처럼 자기 정부를 이미 돈 많은 사람으로 채우는 것은 공모자들의 침묵을 돈 주고 사는 게 그리 효과적이지 않다는 것을 의미한다. 이제는 물질적인 이익을 약속하는 것보다, 실제 혹은 조작된 범법 행위를 폭로해 지위 등을 빼앗겠다고 위협함으로써 협력을 얻어내는 것을 의미하는 러시아어 콤프로마트Kompromat가 대세다.[40] 통치자가 조사를 받고 있다면, 기소에서 벗어나는 것이 우선이고 국정 운영은 후순위로 밀려난다. 그는 자신의 부정행위가 새어나가는 걸 막기 위해 언론과 사법부를 길들이고 자기 당에 대한 더 큰 충성을 요구한다. 또한 그 부정행위를 수용하는 식으로 법을 바꾸거나, 정권을 연장하고 면책 특권을 유지하기 위해 헌법을 개정하기도 한다.

냉전이 종식되면서 부패 방지를 위한 국제적 노력은 한층 강화되었다(모부투의 경우처럼 이전에는 지정학적 이유로 부패가 어느 정도 묵과된 것도 있었다. 1993년 설립된 국제투명성기구 같은 책무 감시 기관들이 등장했다. 1997년에는 경제협력개발기구OECD가 뇌물방지협약을 발효했고, 이어서 2003년에는 UN의 부패방지협약이 발효됐다. 그렇다고 해서 새로운 독재자 시대에 부패가 감소했다는 뜻은 아니다. 21세기 독재자의 도둑 정치에는 두 가지 특징이 있다. 첫 번째는 수익성 있는 사업에 대한 독재자의 불법 탈취로, 종종 적의 영향력으로부터 국가를 정화한다는 명목으로 이루어진다. 이 포식의 규모는 충격적이다. 예를 들어 에르도안은 2016년 7월부터 2020년 1월 사이 수천 개의 병원, 재단, 은행, 대기업을 포함해 322억4000만 달러 상당의 자산을 몰수했다.[41]

두 번째 특징은 지도자와 그의 엘리트 부역자들이 합법적인 파트너와 손잡고 부동산 투자 및 해외 합작 투자를 통해 돈세탁을 한다는 것이다. 2016년 폭로된 파나마 페이퍼스 사건은 위로 추적해 올라가면 카다피와 푸틴 같은 지도자들의 핵심 세력으로 이어지는 광범위한 해외 조세 도피 네트워크를 세상 밖으로 드러나게 했다. 미국과 영국은 익명으로 소유한 회사가 델라웨어나 네바다 같은 세금 도피처에 등록되는 것을 허용함으로써 자금 세탁을 가능하게 만든다. 기념비적인 2019년의 말로니 법안은 앞으로 미국에서 그런 관행이 벌어지는 것을 금지했지만, 기존에 설립된 회사들에는 영향을 미치지 않았다. 해마다 미국에서 세탁되는 약 3000억 달러에 러시아 자본이 포함되어 있을 가능성이 높다.[42]

푸틴은 스스로를 '사람과 함께 일하는 데 능숙한 인간관계 전문가'라고 하는 걸 좋아하지만, KGB 정보 담당관으로서 사람을 상대로 일했던 배경은 그의 통치 스타일에서 더 명확하게 드러난다. 그가 갈등을 관리하는 방식은 과두제 집권층을 국가 자원과 그의 호의를 두고 경쟁하게 만들면서, 콤프로마트 혹은 기소를 통해 언제라도 이들을 추락시킬 수 있다는 것을 계속해서 상기시키는 것이다. 그렇기 때문에 이들 대부분은 자본과 가족, 자산을 해외로 빼돌린다. 피오나 힐과 클리퍼드 개디는 "특수한 세계에서는 모든 사람의 재산이 의도적으로 오염되어 있다"라는 통찰을 보여주었다. 대부분 그가 신뢰하는 상트페테르부르크 시절 동료들로 구성된 푸틴의 핵심 세력은 러시아의 가장 큰 국영 기업을 이끌고, 민영 기업의 이사진 자리를 차지하고 있으며, 국립 은행에서 모부투 스타일의 '대출'을 받는다. 뿐만 아니라 무입찰 획득, 자산 수탈, 주가 조작, 갈취를 통해 국영 기업을 착취할 허가권을 가지고 있다. 그렇게 2019년 러시아 총인구의 3퍼센트가 국가 금융 자산의 89퍼센트를 보유하고 있었다.[43]

푸틴의 러시아에서는 합법적 경제와 불법적 경제가 뒤엉켜 있을 뿐만 아니라, 범죄적 방법이 일을 성사시키기 위한 정상적인 관례처럼 자리 잡아왔다. 엘리트 포식자들의 기업 사냥이 한 예다. 그중에서도 가스프롬의 이사 겸 활동가인 영국 시민 윌리엄 브라우더의 사례가 잘 알려져 있다. 2007년 푸틴의 협력자들은 브라우더의 투자 회사인 허미티지 캐피털을 급습해, 조작한 탈세 혐의로 직원들을 체포했다(브라우더는 2년 전 러시아 입국 금지를 당한 상태였다). 브라우더의 변호사 세르게이 마그니츠키가 수감 중에 사망했음에도 불구하고, 푸틴 정부는 여전히 마그니츠키와 브라우더에 대한 결석 재판을 진행하고 징역형을 선고했다. 2000년부터 2010년까지 국가는 놀랍게도 러시아 기업의 3분의 1에 달하는 곳을 기습 수색했다. 2002년부터 2012년 사이 7만 명에 달하는 기업 관계자가 절차상의 문제나 탈세 혹은 기타 범죄 등의 날조된 혐의로 수감되었고, 수많은 기업 소유주가 이 같은 처지가 되는 걸 피하고자 해외로 망명했다. 2018년 러시아 사업 소유주의 6분의 1이 기소에 직면했다. 이는 러시아 전문가 카렌 다위샤의 말을 빌리자면 "경쟁 상대를 없애는" 편리한 방법이었다.[44]

러시아 석유의 최대 80퍼센트를 생산하는 에너지 대기업 가스프롬은 2014년 『바론스Barron's』가 선정한 '지구상 최악의 경영진이 이끄는 기업'으로 꼽혔다. 안데르스 오슬룬드 등의 분석가들은 가스프롬을 '조직적인 범죄 연합체'로 보았다. 가스프롬은 블라디미르 구신스키 같은 푸틴의 정적들이 소유한 수많은 기업을 사냥했으나, 이후 이들 또한 2010년까지 가스프롬방크, 가스프롬 미디어 등의 기업을 장악한 '푸틴의 은행'으로 알려진 방크 로시야에 주요 자산의 상당 부분을 빼앗겼다. 2004년부터 2007년 사이 600억 달러 상당의 자산이 유출됐다. 이러한 약탈과 2008년의 경기 침체로 인해 가스프롬의 시장 가치는 2008년 3690억 달러에서 2019년 600억 달러로 급감했다. 2018년 스베르방크 CIB의 분석가 알렉스 파크와 안나 코텔니코바가 공동 작성한 보고서는 가스프롬이 무능했던 것이 아니라 푸틴과 관련된 계약자들의 재산을 불려주기 위해 '설계된 대로 수행했던 것'이라고 밝혔다. 러시아 정부는 이런 솔직함을 달갑게 여기지 않았고, 파크는 해고됐다.[45]

러시아의 재산을 착복하고 사업주들을 감옥에 가두어 그들의 자산을 빼앗은 푸틴은 모부투가 자이르에 했던 것처럼 그가 통치하는 나라를 개인적 이익을 위한 착취 대상으로 취급한다. 푸틴은 '글로벌리스트'에 맞서는 민족주의의 수호자인 척하지만, 실제로는 재산을 세탁하고 은닉하기 위해 국제 금융을 사용한다. 그와 그의 공모자들은 2006년부터 러시아에서 약 3250억 달러를 빼돌렸다. 트럼프가 대선에 출마하기로 결심할 당시 러시아 투자자들이 주요 수입원이었다는 점을 고려하면 그 불법 자금의 일부는 트럼프 그룹의 도움을 받아 세탁되었을 가능성이 높다. "우리는 미국 은행들에 기대지 않습니다. 우리는 필요한 모든 자금을 러시아로부터 받습니다." 2014년 에릭 트럼프의 말이다.[46]

—

자신의 지주회사 핀인베스트가 1991년 로마의 한 판사에게 5억 유로의 뇌물을 지급한 혐의를 받은 베를루스코니 총리는 2003년 그의 TV 방송국에 출연해 자신이 '마녀사냥'의 피해자라고 주장했다. 그리고 어떤 자유민주주의 국가도 국가 원수가 법정에서 재판을 받게 하는 경우는 없다는, 사실과 다른 말을 했다. 실제로도 그는 2년 전 열 건의 법정 소송이 진행되는 와중에 총리직에 복귀했고, 의회는 정부의 다섯 개 최고 직책에 대해 어느 정도 면책을 부여하는 법안을 기꺼이 통과시켰다. 그가 집권한 기간 내내, 수십 개의 베를루스코니 맞춤형 조치가 아무런 책임 없이 그가 법을 따르지 않아도 되게끔 해주었다. 베를루스코니는 계속해서 과거의 잘못에 대해 유죄 판결을 피해왔고, 새로 저지른 잘못에 대해서는 지연 전략을 써서 시간을 끌었다.[47]

베를루스코니의 언론 및 그 외 자산의 규모가 워낙 막대했던 탓에 개인적 이해와 비즈니스적 이해관계가 혼합된 그의 재산을 단속하는 것은 쉽지 않았다. "누구도 내게 내 전 재산을 모르는 사람들에게 맡기라고 할 권리는 없습니다." 중도좌파들이 자산을 백지위임으로 넘기라고 요청했을 때 그가 한 말이다. 대신 그는 자신의 자녀와 오랜 지지자들에게 자산을 넘겼다. 정치에 몸담았던 내내 포르차 이탈리아의 상원의원이었던 베를루스코니의 오른팔 마르첼로 델우트리는 2004년 '마피아 결탁' 죄로 유죄를 선고받았고, 이 판결은 2014년 이탈리아 대법원에서 확정되었다. 당연한 일이겠지만 베를루스코니가 부분적으로 지휘했던 반부패 및 투명성 부서는 자원도 부족했고 권한도 미미했다.[48]

법적인 문제가 그의 중도우파 연합의 권위를 약화시켰음에도 불구하고 자신의 결백을 언론에 도배할 수 있었던 능력 덕분에 베를루스코니는 개인적으로 자신의 기반을 충실하게 유지했다. 그의 장관들은 하인으로 전락했고, 혐의가 계속 쌓이면 사법부와 언론에 있는 그의 적을 향해 중상모략을 펼침으로써 충성심을 보여주는 것이 포르차 이탈리아의 관행이 되었다. 2006년 선거에서 그에게 투표했던 이탈리아 국민의 3분의 1 이상이 그의 정당에 대한 충성심보다는 지도자로서 그에 대한 충성심에서 그를 뽑았다고 말했다. 일인 독재가 궁극적으로 그의 정치적 조력자들에게 해를 끼친다는 것을 보여주는 증거다.[49]

베를루스코니는 부패를 정상적인 것처럼 만듦으로써 시민사회에 지대한 악영향을 미쳤다. 아직 '깨끗한 손'과 반마피아 정서가 퍼져 있던 1996년, 이탈리아 유권자의 30퍼센트 이상이 부패를 가장 중요한 이슈로 꼽았다. 그러나 2008년에는 고작 0.2퍼센트만이 부패를 가장 중요한 문제로 보았다. 롬바르디 지역에서는 부패 기소 건수가 1996년 545건에서 2006년 43건으로 감소했다. 2008년에는 부패 수준이 1980년대로 되돌아갔지만, 법적인 처벌과 평판에 미치는 악영향은 훨씬 더 미미해졌다.[50]

베를루스코니가 다른 독재자들과 동맹을 맺은 것 또한 이탈리아 민주주의를 약하게 만들었다. 그와 카다피의 관계는 탈식민지 시대까지도 이어진 이탈리아와 리비아의 복잡한 역사를 반영하고 있었다. 이탈리아는 리비아의 핵심 무기 공급처였고, 리비아는 이탈리아의 최대 석유 공급국이었다. 또한 카다피는 이탈리아 최대 은행인 유니크레딧에 7.2퍼센트의 지분을 보유하고 있었다. 2004년 두 정상은 리비아 연안에서 시칠리아 연안까지 이어지는 지중해에서 가장 긴 해저 파이프라인 건설 계획을 발표했다. 2009년 벵가지 조약의 석유 관련 조항이 이 협정이 이어지도록 했다. 베를루스코니는 카다피에게 경의를 표할 기회가 있을 때마다 그걸 놓치지 않았고, 심지어 리비아에서 열린 2010년 아랍 연합 회의에서 카다피의 손에 입을 맞추기까지 했다. 그의 이런 행동들은 메르켈이나 오바마 같은 민주주의적 지도자들에게 했던 모욕과 대조를 이루며 그의 지지자들에게 크게 어필했다.[51]

베를루스코니의 푸틴과의 비밀스럽고도 아첨하는 관계 또한 지도자로서의 책임감 부족을 여실히 드러내며 그의 평판에 먹칠을 했다. 푸틴은 부역자들을 길들이는 역할을 맡았던 KGB 정보 담당관으로서의 경험을 활용해 환심을 사는 작업에 착수했다. 2001년 『뉴스위크』의 모스크바 지국장 크리스천 캐릴이 새 대통령이 된 푸틴에게 정치인으로서 어떤 정보 기술이 유용했느냐고 묻자, 푸틴은 "대화, 접점을 만드는 기술입니다. 상대방에게서 가장 좋은 것을 모두 이끌어내야 합니다"라고 대답했다. 2000년대 초 러시아가 NATO의 정회원이 되기를 희망하고 외국 대출 기관들이 심각한 수준의 대출을 탕감해주기를 바라던 때에는 게르하르트 슈뢰더 독일 총리와 조지 W. 부시 대통령이 그 목표가 되었다.[52]

베를루스코니는 유럽-대서양 외교 정책 내에서 이탈리아의 입지를 끌어올리고자 했고, 개인적으로는 국제적 실세로 인정받기를 원했다. 그는 기꺼이 푸틴이 부시와의 관계를 구축하는 것을 도왔고 러시아가 국제 체제로 진입하는 것을 옹호했다.[53] 2002년 5월, 베를루스코니는 이탈리아의 프라티카 디 마레 기지에서 냉전을 상징적으로 종식시키는 문서에 서명하기 위한 부시와 푸틴 간의 정상회담을 주선했다. 정상회담에서 발족된 NATO-러시아 위원회는 푸틴에게 베를루스코니의 가치를 증명해주었으며, 이 일로 둘 사이에 상

호 수혜적인 우정이 싹텄다.[54]

　로널드 스포글리 로마 주재 미 대사가 베를루스코니와 푸틴의 관계에 대해 경종을 울렸던 2008~2009년 즈음, 그 역학관계는 변했다. 해외를 향한 푸틴의 제국주의와 국내 탄압 강화는 베를루스코니로 하여금 푸틴을 변호하기 위해 더 극단적인 입장을 취하게 만들었다. 2008년 러시아는 남오세티아 지역의 분리주의자들을 지원하기 위해 조지아의 군사 및 민간 목표물을 폭격했다. 베를루스코니는 지역 갈등을 부추겼다며 러시아가 아닌 미국을 탓했다. 몇 달 전 있었던 합동 기자 회견에서 러시아 언론인 나탈리아 멜리코바가 금기시된 주제를 꺼냈다. 푸틴과 전 올림픽 금메달리스트 체조선수인 알리나 카바예바의 은밀한 관계에 대한 이야기였다. 화가 난 푸틴이 카메라 앞에서 침묵을 지키자, 베를루스코니는 멜리코바를 총으로 쏘는 듯한 제스처를 취했다. 저명한 탐사보도 기자 안나 폴릿콥스카야가 2년여 전 총에 맞아 사망했다는 사실을 알고서 한 행동이었다. 스포글리의 말대로, "푸틴에게 계속 잘 보이고 싶다는 베를루스코니의 강력한 바람이 남들이 차마 하지 못하는 일까지 하게 만들었다".[55] 독재자와 파트너십을 맺고 당의 전폭적인 협조를 받아 자신을 법보다 높은 존재로 만든 베를루스코니는 이탈리아 민주주의 제도를 개인적인 상황에 맞춰 왜곡했다. 10년 뒤 트럼프도 그와 똑같은 전철을 밟았다.

—

"시간이 지나면서 병듦은 그곳의 특징이라는 것, 그 건물에 들어선 모든 이가 조금씩 다 병들었다는 것이 분명해졌다." 언론인 올리비아 누지가 2018년 트럼프의 백악관과 그곳에서 일하는 사람들에 대해 쓴 글이다.[56] 수십 년간 부적절한 일을 저지르고 정계에 입문한 트럼프는 다른 이들을 타락의 길로 이끄는 데 무척 노련했다. 그는 트럼프 그룹의 사업을 발전시키기 위해 대통령의 권한을 노골적으로 휘두르며 동료들에게 방향을 제시했다. 2019년 말까지 트럼프는 1075일의 재임 기간 중 331일 동안 트럼프 부지들을 방문했다. 재임 기간의 3분의 1을 국정 운영보다는 자신의 발전을 위해 썼다는 뜻이다. 그는 기금 모금 행사나 해외 손님 또는 국가 원수와의 만남에 트럼프 부지를 이용해, 대통령 재임 첫 6개월 만에 개인 사업체에서 160만 달러의 수익을 올렸다. 2019년 『워싱턴포스트』는 공화당과 로비스트들의 모임 장소로 애용되는 워싱턴 DC의 트럼프 인터내셔널 호텔과 팜비치의 마러라고 부지가 "연방 정부의 소비 습관을 바꿔놓으면서, 대통령을 자기 브랜드를 파는 장사치로 만들었다"는 결론을 내렸다.[57]

다른 나라에서와 마찬가지로, 미국에서 독재주의의 부상은 정부의 책임의식과 윤리 기준의 종식을 의미했다. 트럼프가 전문가와 비평가들을 없애버리면서 총 10만 명의 공무원이 사직하거나 은퇴 또는 해고당했다. 은퇴한 대사 낸시 맥엘다우니는 이런 전면적인 변화를 '적대적 인수 및 점령'에 견주었다. 새로운 트럼프 시대의 공무원 채용 지원서에서는 부동산 보유, 재정 상황, 전문가 추천서 항목이 삭제됐다. 이는 지원자의 이해 상충 여부를 파악하기 어렵게 만들었고, 다른 사람을 부패하게 만들 수 있는 사람이나 행정적 관행에 반대하지 않을 사람을 고용하는 것을 더 쉽게 만들었다. 언론의 감시만이 시드 보디지가 에너지부 차관보로 지명되는 것을 막아냈다. 언론이 그가 무슬림을 '구더기'라고 불렀다는 사실을 알리기 전까지 마이네케 카 케어 업체를 관리한 그의 배경은 백악관 사람들의 눈에는 괜찮게만 보였다.[58] 공직자가 특정 형태의 정치 활동에 참여하는 것을 금지한 해치법Hatch Act에 대한 경멸은 새로운 무법 상태를 예견하는 또 다른 징후였다. 트럼프의 고문 켈리앤 콘웨이를 포함해 최소한 열 명의 트럼프 행정부 관료가 그 법을 위반했다. 콘웨이는 한 기자가 부적절한 행동에 대해 묻자 "징역형이 내려지면 그때 알려주세요"라며 빈정댔다.[59]

독재자의 전통대로, 트럼프는 분할 통치와 괴롭힘 전략을 사용해 자신의 부패와 법치주의 전복에 가담하지 않는 정부 관료들을 솎아냈다. 샐리 예이츠 법무장관 권한대행, 제임스 코미 FBI 국장, 앤드루 매케이브 FBI 국장 권한대행 등 수많은 관료를 '충성심'(자기 명령대로 따르는 걸 가리키는 트럼프의 말) 부족이라는 명목으로 해임시켰다. 트럼프 행정부는 68퍼센트라는 역대급 고위직 이직률을 기록했다. 한 익명의 공무원이 "충동적이고 적대적이며 쪼잔하고 비효율적"이라고 표현한 그의 리더십 스타일은 잦은 정책 결정 번복, 회의에서 그의 말이라면 무조건 칭찬해야 하는 의무, 그에게 반대하는 사람에 대한 분노로 가득했고, 이는 일인 독재자에게는 매우 정상적인 행동이었다. 남성 하급자에게 쏟아지는 의례적인 모욕은 아랫사람들이 생존주의적 사고방식을 받아들이게 만들었고, 서로 대립하게 만들었다. "충성의 문화는 스스로 곪아들어간다. 순응하는 자들은 활개치고, 반대하는 자들은 합류를 거부하거나 떠난다." 언론인 에반 오스노스가 내린 결론이다.[60]

트럼프의 법무장관 윌리엄 바는 이상적인 파트너였다. 바는 트럼프의 불법행위를 덮어주고 그의 독재자 동맹들을 돕기 위한 계획을 실현하게 해주었으며, 그의 정적에게 위해를 가했다. 또한 뮬러 특검 결과를 대중에게 잘못 설명했으며, 에르도안이 트럼프에게 압력을 가한 이후에는 튀르키예 은행 할크방크가 이란 제재를 회피하려는 수십억 달러 규모의 노력에 가담한 혐의로 기소되는 것을 피할 수 있게 도와주었다. 이 모든 것은 일인 독재 국가에서 '사법부(정의)'의 수장이라면 으레 하는 일일 것이다. 트럼프의 또 다른 충신으로 그의 변호사이자 대변인인 루돌프 줄리아니는 푸틴과 관련된 '업무'를 처리하러 대통령 개인 특사로서 해외 출장을 다녀왔다. 과거 베를루스코니의 '수금원'이었던 발렌티노 발렌티니가 그랬던 것처럼 말이다.[61]

트럼프 내각에서 가장 오랫동안 직위를 유지했던 임명자들은 푸틴의 지정학적 목적을 달성하는 것이 트럼프 행정부의 우선순위임을 잘 알고 있었다. 푸틴의 사위와 공동 소유한 해운 회사 내비게이터 홀딩스의 지분을 잃고 싶지 않았던 윌버 로스 상무부 장관은 인준 과정에서 정부 윤리 담당자들에게 이해 상충 투자에 대해 거짓말을 했다.[62] 2019년 1월, 스티븐 므누신 재무부 장관은 푸틴의 협력자 올레그 데리파스카에 대한 제재를 해제했다. 4월에 데리파스카의 회사 루살은 일레인 차오 노동부 장관의 남편이자 푸틴 지지자인 상원 공화당 원내대표 매코널의 고향에 2억 달러를 투자했다. 러시아 방송이 트럼프가 푸틴의 바짓가랑이를 붙잡고 빈다고 조롱했음에도 불구하고 트럼프는 2019년 8월과 2020년 6월, 베를루스코니를 이어받아 러시아의 7개국 그룹G7의 재가입을 촉구했다.[63]

　"도덕관념이 없는 지도자는 주변 사람들의 성격을 드러내는 자신만의 방법이 있다." FBI 전 국장 코미가 트럼프 밑에서 일한 경험을 두고 쓴 글이다. 코미는 2016년 선거 직전 힐러리 클린턴이 개인 이메일 서버를 사용했다는 사실을 공개하기로 함으로써 트럼프가 집권하는 데 간접적인 역할을 했다. 그는 트럼프를 위해 일하면서 카리스마적 통치자의 매력과 위험성을 직접 목격했다. 코미는 뒤로 물러섰고, 트럼프를 대신해 부적절한 조치에 관여하는 것을 거절했다는 이유로 해임되었다. 2019년 『뉴욕타임스』 논평란에서 코미는 부패를 하나의 과정으로 묘사했다. 그것은 회의에서 그의 거짓말이 '아무런 저항 없이 밀려들어와' 그 자리에 있는 모두를 '공모자'로 만드는 동안 입을 다물고 침묵하는 것에서부터 시작된다. 그다음은 공개적 경의를 표하라는 요구로 이어지며, 당신이 몸담고 있는 기관을 포함해 여러 기관에 대한 공격으로 확대된다. 당신은 매번 그의 요구에 타협하며 그가 만족하기를 바라지만, 더 많은 요구가 돌아올 뿐이다. 그가 원하는 바, 결국 모든 독재자가 원하는 바는 당신을 그의 것으로 만드는 것이다. "그의 언어를 말하고 그의 리더십을 칭송하며 특정 가치에 대한 그의 헌신을 선전한다. 그러면 당신은 끝난 것이다. 그는 이미 당신의 영혼을 집어삼켰다."[64]

8장

폭력

"매일같이 고문이 이어졌어요." 학생 시절 저항운동에 참여해 1974년 피노체트의 군대에 의해 체포되었던 크리스티나 고도이-나바레트가 당시를 회상했다.

> 우리는 눈이 가려진 채 침대에 묶여 있었고, 고문이 시작됐어요. 온몸에 전기 충격이 가해지고 강간이 이어졌죠. (…) 휴지 대신 소설가와 철학자들의 책을 찢은 종이를 쓰라고 줬어요. 비밀경찰은 우리 이념에 대한 경멸을 보여주고 싶어했거든요.

고도이-나바레트는 군부 정권이 칠레 사회에서 좌파와 의심스러운 외국인들, 그들과 관계된 사람들을 없애는 활동을 개시함에 따라 고통받은 수천 명 중 한 사람이었다.[1] "칠레에서 자행되는 고문은 개별적인 사디즘이 아니라 국가 정책이다." 1975년 로즈 스타이런이 국제앰네스티에 전한 보고서의 일부다. 고도이-나바레트가 심문관에 의해 육신을 지배당하며 견뎌낸 것은 독재자의 완전한 소유에 대한 욕구와 시민들의 의지를 꺾으려는 노력의 정수였다. 40년 전, 벨기에 저항가이자 나치 포로였던 장 아메리는 이러한 행동 양식을 피부로 느끼며 잘 알고 있었다. 그는 글을 통해 고문자는 "영혼과 육신에 대한 지배"를 주장하는 "절대적인 군주"처럼 행동한다고 했다. "고문은 독일 제3제국의 우연한 특성이 아닌, 그 정수다."[2]

독재 국가의 역사는 "폭력은 권력을 파괴할 수 있지만, 절대로 만들어낼 수는 없다"라는 한나 아렌트의 주장과 상반된다. 제1차 세계대전에서 파생된 공산주의와 파시스트 정권은 살육을 일상화했고, 폭력을 핵심 수단이자 정치적 투쟁의 종착점으로 만들었다. 제도화된 폭력은 새로운 지배 계층과 권력 구조, 새로운 영웅과 순교자, 새로운 규범과 요구를 만들어냈다. 그것은 폭력을 행사하는 사람과 폭력을 당하는 사람 모두를 변화시켰다. 그것을 어떤 식으로 사용하든, 독재자는 폭력에 도구적인 가치와 절대적인 가치를 부여한다. 그들은 모든 사람이 평등하게 태어나지 않는다고 믿으며, 그들 대부분은 모든 사람이 살 권리가 있는 건 아니라고까지 생각한다. 어떤 사람들은 반드시 국가를 위해 희생되어야 하며, 또 어떤 사람들은 그 길에 방해가 된다고 말이다.[3]

독재자는 갖은 수단과 방법을 동원해 자국민에게 같은 나라 사람들을 감시하고 가두며 학살하라고 설득한다. 프로파간다는 국가의 모든 사람이 폭력을 달리 보게끔 조장한다. 폭력은 국민, 시민으로서의 의무이자 나라를 위대하게 만드는 대가라고 말이다. 프리드리히 투바흐는 젊은이들이 '민족적 연대에 기반한 유토피아'를 구축하는 과정에서 '자신의 본능을 자유롭게 펼치라고' 격려받았을 때 느끼는 '감정적 흥분'에 대해 회상했다. 카다피의 처형 공개 방송처럼, 최대한의 효율을 위해서 폭력과 프로파간다는 공생적으로 작동해야 한다. 국가 언론과 지도자의 본보기를 통해 전파되는 남성적 힘에 대한 숭배는 가해자적 행동에 대한 기대를 불러일으킨다. "이건 독재야! 인권이란 건 없다고! (…) 오로지 피노체트와 우리뿐이야!" 칠레의 한 고문 담당자가 피해자에게 소리쳤다.[4]

　부패는 거리에서 활동하는 경찰이나 군인, 혹은 이사실이나 사교 클럽에서 중요한 결정을 논의하는 엘리트들 같은 국가적 박해의 조력자와 공범들을 모집하는 데 도움이 된다. 그리고 그 중간에는 박해의 이데올로기와 논리, 재정을 담당하는 관료와 과학자, 선전가들이 있다. 독재 국가들은 언제나 국가를 개조하는 한 방식으로 탄압을 실험할 의지가 있는 사람들을 적극적으로 밀어줬다. 파시스트 시대에 대량학살을 담당한 나치 친위대 장교 아돌프 아이히만, 냉전 시대에 고문을 총괄한 스페인 국가정보국 수장 마누엘 콘트레라스, 에르도안의 법무장관 압둘하미트 귈, 새로운 독재 시대의 대규모 구금을 진두지휘한 트럼프의 이민 분야 고문 스티븐 밀러가 그런 이들이다.

　많은 부역자가 독재자의 열렬한 신봉자이긴 하지만, 독재자는 박해에 대한 물질적 및 여타 보상을 약속하며 정권에 협력하라는 결정을 부추긴다. 아민은 30만 명 이상을 처형하는 것을 감독한 장교들이 집세를 내지 않고 생활할 수 있게 했으며 런던에서 공수해온

위스키나 명품을 정기적으로 선물했다. 폭력은 지도자와 경제적 이익 및 권력을 대가로 자신의 권리를 그에게 넘겨준 추종자들 사이에 이루어지는 협상의 중심 요소다.[5]

독재자의 폭력은 통제할 육체와 정신에 대한 그의 탐욕을 드러낸다. 많으면 많을수록 좋다. 감시와 협박의 문화에 의해 야기된 정신적 피해는 피해 스펙트럼의 한쪽 끝에 위치하며, 복종과 자기 검열을 조장한다. 감시원이 사방에 있으니 무심코 한 말이나 농담 때문에 감옥에 갇힐 수 있다. 1930년대 말 한 이탈리아 남자가 레스토랑에서 무솔리니라고 이름 붙인 자기 애완 토끼에게 이래라저래라했다가 1년간 수감된 적이 있다. 프랑코의 스페인에서는 철학자 호세 오르테가 이 가세트가 '다른 사람들이 내게 가할 궁극적인 폭력 또는 강압, 제재에 대한 내 마음속의 위협'이 순응을 낳았다는 사실을 반성했다. 역사학자 조지 모세는 나치 독일에서 어린 시절을 보내면서 그가 느꼈던 저속한 '공포'와 경계 과잉을 절대 잊지 않았다. 독일의 좌익 인사 오이겐 네르딩거는 이런 가슴 아픈 시를 남겼다. "침대에 앉아 밤의 소리를 듣는다/ (…) 오늘 그들이 날 잡아갈까?" 전 세계 독재 국가에서 이와 비슷한 공포에 사로잡혀 살아가는 수많은 사람도 이처럼 누군가 문을 두드릴까봐 두려움에 떨며 잠 못 드는 밤을 보내고 있다.[6]

공공연한 박해 행위는 독재자가 겨냥한 집단을 처벌하는 것을 일상화하고 사회 불안감을 조장하는 데 보탬이 된다. 어떤 이들은 히틀러 유겐트가 길거리에서 '인종 오염자들'(유대인과 관계를 맺고 있는 아리아인들)을 쫓아다녔던 것처럼 불복종하는 사람들을 처벌한다. 또 어떤 이들은 피노체트의 군대가 빈민 지역을 쓸어버렸던 것처럼 적이 여전히 많으며 활개치고 다닌다는 것을 보여줌으로써 계속되는 탄압을 정당화한다.[7] 영향력 있는 남성 적들을 공개적으로 망신 주는 것은 남성성 숭배를 강화한다. 유대인 의사와 변호사들은 합병 이후의 오스트리아에서 스톰트루퍼, 즉 나치 돌격대가 주최한 '대청소 파티'에 영광의 주인공으로 초대되어, 야유하는 군중에게 둘러싸인 채 무릎으로 기면서 길거리를 청소했다. 파시스트가 그리스를 점령한 시기(1941~1943) 카스토리아에서는 이탈리아 군인들이 한 성직자에게 그리스 시민들이 보는 앞에서 자위를 강요했으며, 그리스 군인의 항문에 펌프로 공기를 주입했다.[8]

독재적 폭력은 적들을 죄수 유배지나 감옥, 수용소에 구금하는 것으로 쉽게 확인된다. 모부투가 그의 인권 유린을 비판한 서양인들에게 상기시켜주었던 것처럼 그러한 관행의 본보기를 제공해준 것은 다름 아닌 유럽 제국주의 강대국들이었다. 벨기에령 콩고, 독일령 서남아프리카, 이탈리아령 리비아 모두에 반란자들을 구금한 강제수용소가 있었다. 나치는 이 모든 것을 보고 배웠다. 세계 수용소의 역사를 보면 대부분의 피억류자가 처형보다는 질병이나 과로, 굶주림으로 사망한다. 사람들을 수용하기보다는 죽이도록 설계된 나치의 트레블링카 같은 처형장은 이례적인 사례다.[9]

독재 국가가 자행하는 고문 또한 복잡한 역사를 가지고 있다. 소련은 장기적인 수면 부족을 유발하는 '컨베이어' 고문 기술의 원조다. 하지만 프랑스인들은 1930년대 프랑스령 베트남에서 자행한 전기 충격 고문부터 알제리 전쟁에서 저지른 잔혹 행위에 이르기까지, 고문의 발전에 있어서 더 핵심적인 역할을 했다. 민주주의 프랑스와 나치 독일의 고문 전문가들은 남미 군부 정권에 자신들의 고문 기술을 전해주었다. 프랑스 게슈타포 고문 전문가 크리스티앙 마시는 자신이 스페인과 칠레에서 '잠수함submarino'이라고 알려진, 머리를 반복해서 물에 처넣는 '욕조' 고문 기술의 아버지라고 주장했다. 푸틴의 감옥에 수감되었던 포로들은 그곳에서 그 '욕조' 고문과 더불어 그것의 '건조한' 변형 버전인 마른 잠수함submarine seco도 사용됐다고 밝혔다. 이것은 사람 머리에 비닐봉지를 씌워서 반 질식하게 만드는 것이다. 미국은 이미 국내 치안 유지를 위해 고문을 활용하고 있었다('전기 의자'가 그 시기의 유산이다). 1946년 미국 파나마 운하 지대에 설립된 미 육군 아메리카 군사학교는 전 세계 우파 과격분자들에게 고문 기술을 가르쳤다.[10]

"날 때부터 고문을 잘하는 사람은 없다." 전 고문 기술자의 말이다. 100년 동안, 독재자는 타인을 해치는 것을 정당화하는 방식으로 문화와 도덕관념을 변화시키며 그가 지배하는 사회를 이끌었다. 명령을 따르는 데서 오는 만족감은 부역자들이 느끼는 매력의 일부지만, 독재 국가들은 억압으로부터 해방된 상황에서 잘 살아가는 사람들 또한 끌어들인다. 1922년 무솔리니는 파시즘을 두고 "질서인가, 무질서인가?"라는 질문을 던졌다. 한 세기 동안 독재자와 그 지지자들에게 있어 그 답은 둘 다였다. 사람들은 지도자가 뿜어내는 파괴적인 에너지가 그들 자신을 향할 수도 있다는 걸 뒤늦게야 깨닫는다. 독재자의 세상에서 고문 기술자를 포함한 모든 사람은 그 쓸모가 다하면 언제든지 버려질 수 있다.[11]

—

  1932년 무솔리니는 "파시스트 국가는 완전히 깨어 있으며 스스로의 의지를 가지고 있다"라고 경고했다. 이 말은 신체적 공격과 겁박이 일상이 되어버린 수많은 이탈리아인에게 공감을 샀을 것이다.[12] 무솔리니는 자신의 내각을 수도 없이 갈아치웠지만, 아르투로 보키니만큼은 정치경찰 OVRA의 책임자이자 성 노리개 조달 담당자로 계속 곁에 두었다. 무솔리니는 1926년부터 보키니가 사망한 1940년까지 그를 매일 만났다. 파시스트 부대 시절 수천 명의 이탈리아인을 학살한 후, 무솔리니는 파시즘을 나치즘과 공산주의의 좀 더 인도적인 대안처럼 홍보하기 위해 자국 내에서 집단 학살을 최소화하려고 했다. 파시스트 프로파간다는 정권이 '국가의 적'을 심판하기 위해 1926년 수립한 특별 재판소는 '고작' 몇십 명의 이탈리아인만 처형했을 뿐이고, 그마저 대부분 슬라브족 출신이었음을 강조했다. 이는 다른 상황에서 살해된 수많은 다른 이탈리아인과 제2차 세계대전 발발 전에 살해된 70만 명 이상의 리비아, 에리트레아, 소말리아, 에티오피아 사람은 빼놓고 말한 것이다. 무솔리니는 1938년까지는 주로 이탈리아 밖의 비백인들을 표적으로 삼고 유대인을 박해하지 않는 것을 통해 자비로운 파시스트라는 이미지를 구축했다. 이후 베를루스코니와 그의 중도우파 정부가 명맥을 이은 바로 그 이미지였다.[13]

  1930~1931년 리비아 동부 키레나이카 지역에서 일어난 베두인과 반유목민 집단 학살 같은 무솔리니의 가장 폭력적인 행동들은

사실 많이 알려져 있지 않다. 피에트로 바돌리오 원수와 로돌포 그라치아니는 이탈리아 점령에 저항하는 사람들에 대한 민간 지원을 중단할 것이라고 선언했다. 바돌리오는 '키레나이카의 전 인구가 절멸한다 해도' 그렇게 하겠다고 목소리를 높였다. 이들은 베두인과 반유목민 10만 명을 사막에 있는 열여섯 곳의 강제수용소로 추방했다. 그들 중 3분의 1에 달하는 사람이 사망했고 그들이 키우던 가축의 80~90퍼센트 또한 폐사했다. "우리는 배고픔과 갈증, 질병, 교수형으로 인한 끊임없는 공포와 죽음에 둘러싸여 살았다." 자밀라 사이드 술라이만의 말이다. 덴마크 언론인 크누드 홀름보에는 키레나이카에서 "땅이 피로 잠겼다"고 보고했다. 그는 한 베두인 피억류자에게 파시스트들의 목적이 무엇인 것 같냐고 물었다. 그러자 그는 "알라만이 아시겠지요. 그들은 우리가 죽기를 바라는 것 같습니다"라고 답했다.[14]

파시스트의 에티오피아 점령(1935~1941) 때 등장한 대규모 폭력 또한 여전히 잘 알려지지 않았다. 무솔리니는 1896년 아드와 전쟁에서 에티오피아에 패한 일을 염두에 두고 에밀리오 데 보노 장군에게 "부족했다고 비난받기보다는 과했다고 비난받는 게 낫다"고 말했다. 그는 제1차 세계대전 이후 국제연맹 회원국에 최대 규모의 군사 작전을 명령했다. 10개 부대, 30만 병력, 수백 톤의 불법 화학 무기 공중 투하, 이 모든 것으로 인해 전쟁 중과 전쟁 후에 약 25만 명에 이르는 에티오피아인이 사망했다.[15] 에티오피아에서 일어난 항거의 규모와 끈기는 아프리카 디아스포라를 고무시켰으며, 망명한 하일레 셀라시에 1세 에티오피아 황제가 국제연맹에 '전투기에서 쏟아져 내리는 죽음의 비'라며 비판한 것은 신문의 1면을 장식했다. 그러나 에티오피아의 역경은 히틀러의 정치적 부상에만 집중하고 있는 유럽 백인들의 관심을 끌지 못했다. 1935년 망명한 독일 작가 토마스 만은 나치의 반유대주의가 "아마도 필요에 의해 강요되었을 무솔리니의 캠페인보다 훨씬 더 끔찍하다"고 판단했다.[16]

이탈리아 내부에서는 람페두사섬부터 트리에스테에 이르는 수백 곳의 죄수 유배지와 감옥, 수용소 네트워크가 파시즘의 적 10만 명을 감금했으며, 그중 일부는 15년 넘게 수감됐다. 1926년 공산주의 지도자 안토니오 그람시와 수백 명의 반파시스트는 악취 나는 배의 선체에 족쇄로 묶인 채 팔레르모에서 우스티카섬의 수용소로 건너갔다. 그람시는 그곳에 도착한 지 6주도 채 되지 않아 본토 감옥으로 재이송되었고, 이후 병든 상태로 방치되어 있다가 결국 1937년 사망했다. 우스티카에 남아 있던 사람들은 고문과 열악한 생활을 견뎌야 했다. 그곳의 수감자 중에는 알코올 중독자 같은 파시즘의 사회 정화 포위망에 걸려들었던 이탈리아인들뿐만 아니라, 훗날 리비아 국왕 자리에 오르는 이드리스 1세의 형제와 조카 같은 리비아 반체제 유명 인사들도 있었다.[17]

해외로의 영토 확장이 자국 내 강력 탄압으로 이어지면서 이탈리아 정치범의 수는 1935년부터 네 배로 늘어났다. 기존 수용소와 죄수 유배지가 더 이상의 인원을 수용할 수 없게 되자 정권은 더 많은 반파시스트를 남부의 외딴 마을에 감금하기 시작했다. 파시스트 장교들은 다하우와 작센하우젠 같은 나치 강제수용소를 방문해 국가적 탄압을 확대할 방법을 모색했다.[18] 이탈리아 동성애자들은 달라진 분위기를 확실히 체감했다. 민주주의 시절에도 사회적으로 보수적이던 이탈리아는 바이마르 베를린의 동성애적 관용을 일절 보이지 않았다. 파시스트가 점령한 이후로는 동성애의 존재 자체를 인정하지 않으려 했고, 1930년 형법전에서는 아예 언급조차 하지 않았다. 그 전에는 국가가 게이들을 남색 등의 혐의로 짧은 기간 수감하기도 했지만, 그때부터는 그들을 사회로부터 완전히 격리 수용했다. 과거 동성애 혐의로 열세 번 체포되었던 굴리엘모라는 피렌체 남성은 1939년 사르디니아의 노역 유배지로 보내졌다. 1938년부터 1940년까지 많은 동성애자가 트레미티 제도의 산 도미노섬에 수감되었다. 그곳에는 식수나 전기, 화장실도 없었지만 역설적으로 거기서 자유를 찾은 사람들도 있었다. 전에 그곳에 수감됐던 사람의 말에 따르면 "게이, 그중에서도 특히 페메넬라femmenella라면 집 밖을 나서기도 어려웠던" 시절에 그곳에서는 공개적으로 게이임을 밝히며 지낼 수 있었기 때문이다. 페메넬라는 여성스러운 남성 혹은 스스로를 여성으로 인식하는 남성을 뜻하는 말이다.[19]

자신의 정적들에게 국가적 박해를 가하기 위해 집단행동을 형성하려 한 무솔리니의 의지는 1938년 반유대주의 법안에서 구체화되었다. 외무부 장관 갈레아초 치아노가 일기에 언급했듯, 일 두체는 이탈리아인들이 "더 강하고, 완강하고, 혐오에 가득 차도록 좀 덜 '유쾌하기를simpatici'" 바랐다. 이탈리아에는 가톨릭적 반유대 정서의 전통이 있긴 했지만, 그 역사에 동유럽식 집단 학살은 없었다. 무솔리니는 국민이 유대인을 자신들의 안녕을 위협하는 존재로 여기게 만드는 집중적인 프로파간다 캠페인을 벌였다. "부끄러운 줄 아십시오!” 1938년 12월 트리에스테 출신의 디나 M.이라는 인물이 나치를 ‘흉내 내는’ 무솔리니의 행보를 규탄하며 보낸 편지의 일부다. 한 공식 간행물의 표현을 빌리자면, 선전가들은 학교나 출판업계, 공무원직에서 유대인들을 추방한 것을 두고 ‘국가도, 이념도, 전통도 없이 (…) 유대인 혹은 유대인 동조자들이 주도한’ 문화를 이탈리아에서 몰아낸 일이라며 추켜세웠다. 국립교육부 앞은 쫓겨난 유대인들의 일자리를 달라며 모여든 이탈리아인들로 북적였다.[20]

유대인의 도움을 필요로 하는 동안, 그리고 자신을 히틀러와 구분 짓기 위해 유대인들을 참아왔던 무솔리니는 유대인을 국가의 적으로 만들면서 완전히 자유로워졌다. 추축국 동맹 또한 더 이상 그렇게 참을 필요가 없다고 생각하게 만들어주었다. 1938년 10월 그는 연인 클라라 페타치에게 “그 유대인 돼지들을 싹 다 죽이든지”, 최소한 전부 감옥에 가둬버리겠다고 털어놓았다. “아랍인 7만 명도 우리에 가뒀는데, 유대인 5만 명쯤이야 식은 죽 먹기지. 조그만 섬 하나 만들어서 거기에 모두 처넣어버릴 거야.” 결과적으로 그 섬은 현실화되지 않았고 유대인을 마다가스카르로 추방하겠다는 나치의 계획도 실현되지 않았다. 하지만 전쟁이 시작되자 무솔리니는 이탈리아 유대인들을 이탈리아 등지의 강제수용소로 보냈다.[21]

—

탄압에 있어서 히틀러가 쏟은 노력의 속도와 강도는 무솔리니의 탄압과는 차원이 달랐다. 스톰트루퍼 나치 돌격대 지도자 룀을 포함해 수백 명이 사망하고 1000명 이상이 수감된 1934년 스톰트루퍼 숙청 사건 이후, 무솔리니의 베를린 연락책 주세페 렌체티 소령은 나치가 부주의하게 수용소에 적을 수감하는 것에 대한 반감을 표했다. 1933년 3월에 개소해 수천 명의 수감자를 수용했던 다하우 강제수용소가 뮌헨에서 30킬로미터도 채 떨어지지 않은 곳에 있었기 때문이다. 렌체티는 '위험한 종자들을 사회에서 완전히 격리할 수 있게 해주는' 우스티카나 여타 죄수 유배지들을 언급하며 독일은 이탈리아처럼 섬이 많지 않아서 안됐다고 무솔리니에게 말했다.[22]

그러나 나치 강제수용소의 문을 통과해본 사람들은 사회와 격리된 느낌을 확실히 받았다. 그들은 타인과의 연대 같은 인도주의적 가치가 잘못이 되는 세상에 내던져졌다. 한나 아렌트는 살인자들이 수용소에서 살아남을 가능성이 가장 높은 부류였고, 이는 특히 나치가 동료 수감자들을 단속하는 책임자로 범죄자들을 앉혔기 때문이라고 주장했다. 정치학자 다리우스 레잘리의 말에 따르면 범죄자들은 '고통을 주는 데 있어서 고도로 창의적'이었기 때문에 나치의 가장 솜씨 좋은 고문자가 되었다고 한다. 1933년부터 1945년 사이 1500만에서 2000만 명의 수감자가 거쳐간 4만여 곳의 수용소와 기타 포로수용소 중 헤움노나 벨제크 같은 학살을 위한 수용소는 단 여섯 곳에 불과했다.[23]

독일 제국의 첫 번째 강제수용소인 다하우 강제수용소는 학살을 하지 않는 수용소의 본보기가 되었다. 다하우는 처음에는 정적들만 수용하다가 나중에는 여호와의 증인, 유대인, 그리고 부랑자나 창녀, 알코올 중독자, 동성애자, 범죄자 같은 '반사회적' 또는 '일하기 싫어하는' 사람들까지 수용했다. 다하우는 심리적 굴욕감, 노동, 신체적 폭력을 통해 수감자의 자의식을 붕괴시키는 것을 맨 처음 시도했다. 홀로코스트의 주요 설계자인 아돌프 아이히만도 그곳에서 경력을 시작했다. 1933년 4월 공산주의자 한스 바임러가 다하우에 들어왔을 때 그에게 강제로 씌운 "진심으로 환영합니다!"라고 적힌 표지판은 앞으로 펼쳐질 악랄함의 전조에 불과했다. 나치 친위대 간수들이 그를 얼마나 심하게 때렸던지, 고문하는 사람의 채찍에 떨어져 나온 자기 살점이 너덜거리며 매달려 있는 것이 보일 정도였다. 그들은 친절하게도 그의 감방에 올가미를 걸어놓고는 스스로 목을 매라고 여러 번 제안했다. 바임러는 끝내 탈출해 모스크바에서 그곳의 고문자들에게 엽서를 보내기도 했지만, 이후 12년 동안 수많은 사람이 그의 자리를 대신해 고문을 받았다.[24]

독재 정권의 공개적 수모와 폭력의 대상이 되면서 많은 독일계 유대인이 독일을 떠나려고 시도했지만 실패했다. 언어학자 빅토르 클렘페러처럼 외국에서 마땅한 일자리 제안을 받지 못한 사람들도 있었다. 클렘페러의 유명한 사촌으로, 로스앤젤레스 필하모닉의 지휘자가 된 오토 클렘페러는 그나마 운이 좋은 편이었다. 다른 유대인들은 박해 조치가 취해질 때마다 이번이 마지막일 거라고 생각했다. 많은 나라의 이민자 할당제는 엄격했기에 1938년 11월 크리스탈나흐트 포그롬(수정의 밤 대학살)이 시작되었을 때, 30만 명이나 되는 유대인이 여전히 독일에 남아 있었다.[25]

"이번만큼은 유대인들이 우리 독일인의 분노를 확실히 느낄 수 있을 것이다." 그 시기 괴벨스가 일기에 쓴 글이다. 파리 주재 독일 대사관 관료인 에른스트 폼 라트의 총격 피습 소식은 나치 지도부가 조장한 대중의 폭력에 불을 붙였다. 1000군데의 유대교 회당 및 기도소, 7500채의 상점과 가정집이 쑥대밭이 되어 불타거나 약탈당했다. 유대인이 아닌 사람들의 삶은 평상시와 다름없이 흘러갔다. 한 학교의 학생들은 인근의 유대교 회당이 불타고 있고 나치 돌격대가 그 주위로 인간 띠를 이루어 소방대가 개입할 수 없게 막아서는 모습을 목격했다. 몇 분 뒤 교사는 "자, 이제 수업해야지"라고 말하며 잠시 멈췄던 고대사 수업을 다시 이어갔다.[26]

—

1938년, 두 통치자 사이에 꼽사리 낀 프랑코는 파시스트 폭력의 역사에 자신만의 발자취를 남기고 있었다. 스페인 내전 동안 프랑코는 처음으로 유럽의 적국을 상대로 식민지 전쟁 조치를 전개했다. 히틀러와 무솔리니 모두 스페인에 병력을 보내 프랑코의 민족주의자들을 지원했다. 무솔리니는 이탈리아가 에티오피아에 했던 것처럼 화학무기를 사용해 수많은 공화당 전사를 빠르게 죽이는 것을 못 하게 할 요량으로 화학무기를 지원해달라는 프랑코의 요청을 거절했다. 이에 프랑코는 자신의 아프리카군을 모로코에서 스페인으로 데려와 공화당이 점유한 모든 영역을 정화하고 나아가는 '급진적 정화' 작전에 투입했다. 1940년까지 25만 명의 스페인인이 사망했고, 30만 명이 추방되었으며, 60만 명이 강제수용소에 수감됐다. 스페인 민족주의자들 또한 1000구의 시체가 들어갈 정도의 거대한 구덩이에 처형한 사람들을 아무렇지 않게 던져넣는 식으로 나치가 제2차 세계대전 동안 동부전선에서 행했던 잔인한 일들을 한발 앞서 선보였다.[27]

스페인은 제2차 세계대전에 참전하지 않았는데, 이는 히틀러가 프랑코의 모로코 영토 요구를 불합리하다고 여긴 것이 주된 이유였다. 프랑코는 독일을 지원하기 위해 러시아에 의용군 부대 '청색 사단'을 보내기도 했지만, 자국 내에서 그의 권력을 굳히는 데 집중했다. 그는 1940년부터 1945년까지 5만 명의 스페인 좌파를 추가로 더 처형했으며 수십만 명을 감옥에 가두었다. 한편 시골 지역에서는 20만 스페인 국민이 굶주림에 허덕이고 있었다. 스페인 내전 때 프랑코가 실시한 초토화 정책은 농업 및 환경적 재앙을 불러일으켰기 때문이다.[28]

그 시각 유럽의 다른 지역에서는 프랑코의 동료 파시스트들이 대량학살 정책을 펼쳤다. 1941년 이탈리아와 독일에 의해 분단된 유고슬라비아에서는 수많은 사람이 떼죽음을 당했다. 유고슬라비아의 이탈리아 지역에서는 20년간 자행된 반슬라브족 프로파간다와 박해가 1941년부터 1943년까지 약 25만 명을 사망하게 한 처형과 구금 사건으로 절정에 이르렀다. 이탈리아 군대가 슬로베니아인, 크로아티아인, 세르비아인 전 인구를 강제수용소로 보내는 동안 리비아인에 대한 대규모 추방과 대량학살의 메아리는 처절하게 울려 퍼졌다. 크로아티아의 라브섬에서는 수천 명의 슬로베니아 수감자가 굶어 죽었다. 이탈리아 내 수용소로 끌려간 수감자들의 상황도

별반 다를 게 없었다. "사람들이 맨땅에 자포자기하고 누워 있었습니다. (…) 얼굴에는 죽음의 기운이 가득했어요." 트레비소 외곽의 모니고 강제수용소를 방문한 사람이 그곳의 수감자들을 보고 한 말이다.[29]

한편 동유럽에서는 히틀러가 제국주의적 탄압 방식을 직접 실험해보고 있었다. 1920년대부터 그는 대륙 동쪽으로 확장해나가는 것이 독일의 운명이라고 믿었다. 나치가 소련을 침공한 1941년, 법학자 카를 슈미트는 독일이 '주인이 없거나, 문명화되지 않았거나, 절반만 문명화된' 지역을 식민지화하는 것을 나라에 필요한 식량과 자원을 조달하기 위한 수단으로 정당화했다. 나치에 있어서 이것은 평범한 갈등이 아니라 백인 유럽 문명의 생존을 위한 투쟁이었다. 수천만의 유대인과 슬라브인 전투원 및 민간인을 말살한 것 또한 이 계획의 일부였다.[30]

1939년 9월 나치가 폴란드를 점령하면서 히틀러의 제국주의적 침공이 시작되었다. 다년간의 프로파간다는 폴란드에 간 독일 군인들이 "동정심을 버리라"는 히틀러의 명령을 따르게 하는 데 일조했다. 당시 군인이었던 프리드리히 M.은 아내에게 쓴 편지에서 거기서 본 유대인 "대부분이 『돌격대Der Stürmer』에서 막 뛰쳐나온 것 같았다"고 했다. 『돌격대』는 당시 인기 있던 반유대주의 신문이었다. 민간인들이 독일 군인의 일을 대신하기도 했다. 1941년 7월 10일, 쇠막대기와 도끼를 든 예드바브네 마을의 기독교인 주민들이 그곳 유대인 인구의 절반을 살해했는데, 그중에는 갓난아기도 있었다. 많은 비유대인 폴란드인이 독일인을 위해 일하고 목숨을 부지했다.

훗날 교황 요한 바오로 2세가 되는 카롤 보이티와도 이 시기에 화학 공장과 채석장에서 일했다.[31]

1941년 6월, 나치는 2년 전 맺은 독소불가침조약을 위반하고 러시아를 침공했다. 이로써 그 시대 가장 폭력적인 정권들 사이에서 접전이 펼쳐졌다. "날짜 같은 건 세지 마라. (…) 네 손으로 죽인 독일군의 수만 세라." '붉은 군단'이 소련 군부대에 준 책자에 실린 문구다. 독일 최고 사령부는 소련 전사와 유대인들을 죽이고 추방하는 독일 군인들에게 '모든 걸 바쳐 싸우고' 자비를 베풀지 말라고 지시했다. 1941년 11월, 나치 친위대 아인자츠 그루펜 특공대는 유대인 민간인 50만 명을 살해했다. 그 살상의 규모가 얼마나 컸던지 한 독일 장교는 전쟁이 끝나면 대체 누가 살아남아 그들에게 노동력을 제공할지 궁금해했다. 확실한 사실은 1945년 나치 수용소에서 굶어 죽은 300만 명의 소련 전쟁포로는 아니었다는 것이다.[32]

나치즘은 언제나 그 적에 대한 국가적 박해에 동참하는 대가로 물질적 이익의 가능성을 제시했다. 이는 그 목표가 말살일 때 더 중요해진다. 폴란드와 다른 독일 제국 영토에서 자산 몰수는 이익을 창출할 기회를 가져왔다. 1941년 6월까지 나치는 폴란드 기업의 절반과 대규모 사유지의 3분의 1을 점령했고, 교회와 박물관에서 귀중품을 빼앗아갔다. 이제 폴란드의 가울라이터Gauleiter(대관구장)가 된 히틀러의 변호사 한스 프랑크는 공모에 대한 보상의 본보기가 되었다. 그는 크제쇼비체에 있는 알프레트 포토츠키 백작의 여름 별장을 압수하고, 약탈한 레오나르도 다빈치와 카날레토의 명화들로 그곳과 그가 빼앗은 다른 부지들을 장식했다.[33]

예술이 아닌 시신이 해부학자이자 포젠 제국 대학 의과대학 학장 헤르만 포스의 발걸음을 이끌었다. 1941년 7월, 게슈타포는 폴란드 저항 운동가들의 시신을 그에게 제공하기로 합의했다. "처형된 사람이 너무 많아서 기관 세 곳에서 쓸 시신이 충분했다." 그의 일기에 적힌 글이다. 두개골과 뼈를 판매하던 그의 부업도 자연스레 흥했고, 그는 더없이 좋은 기분을 1942년 4월 어느 날 일기에 이렇게 표현했다. "나는 '뼈 표백소'의 지붕 바로 밑에 앉아 따사로운 햇빛을 받고 있고, 양옆으로는 표백 중인 폴란드 인골들이 이따금씩 작게 삐그덕대는 소리를 내면서 얌전히 누워 있다."[34]

히틀러의 우크라이나 비서 크리스타 슈로더도 동부 지역을 '무한한 발전의 기회가 있는' 땅으로 봤다. 슈로더는 나치 제국에서 군사 지원 인력, 간호사, 교사 등의 직업을 갖게 된 많은 독일 여성 중 한 명이었다. 그 외에도 범죄 이력이 있는 경우를 포함한 3500명의 여성이 좋은 보수와 남을 통제할 수 있다는 권력의 맛에 이끌려 아우슈비츠-비르케나우 강제수용소 같은 곳에서 간수로 근무했다. 또 어떤 여성들은 독일 가정에 입양시키기 위해 납치해온 아리아인처럼 생긴 폴란드나 우크라이나 아이들을 감정하는 일을 했다. 독일 여성과 남성들은 나치의 인종 청소와 전쟁에 참여함으로써 이득을 취했다.[35]

홀로코스트라는 살인 공장의 악명을 드높인 폭력의 기계화는 어떻게 하면 대규모 인원을 빠르게 죽이고 처분할 수 있을까 하는 독재자의 과제에 대한 오랜 실험의 결과물이었다. 부헨발트 지역에 특별히 설계된 살인 공장에서는 목에 총을 딱 한 발씩만 쏴서

8500명의 수감자를 죽일 수 있었고, 이는 역사학자 라울 힐베르크의 표현을 빌리자면 '최종 해결책'을 가능케 한 '살인 기계에 대한 발명 허가'가 낳은 결과물 중 하나였다.[36] 실제로는 가스보다 총살과 굶주림으로 훨씬 더 많은 나치 피해자가 사망했지만, 가스실과 화장터는 강제수용소, 처형, 화학무기 공중 살포 같은 독재자들의 대량학살법 메뉴에 히틀러가 추가한 자신만의 시그니처 메뉴였다. 1941년 850명의 소련 전쟁포로와 폴란드인이 치클론 B 가스의 위력을 테스트하는 인체 실험의 대상자가 되었다. 화장터가 지어지는 동안에는 효율적인 작업을 위해 헤움노 강제수용소에서 유대인들을 태워 시체 처리장으로 가는 밴 안에서 가스를 주입했다. 이 밴의 책임자였던 나치 친위대 장교 발터 라우프는 1942년 1월부터 6월까지 9만7000명이 '처리되었다'고 언급했다. 1942년 당시 아우슈비츠-비르케나우에서 운영되던 네 곳의 가스실은 한 번에 2000명씩, 매해 160만 명을 죽일 수 있었다.[37]

그 방법이 무엇이든 간에 나치는 자신들의 폭력이 본질적으로는 방어 수단이라고 정당화했다. 헤르만 보스는 그가 팔아먹어야 할 해골의 주인인 폴란드인들에 대해 "우리가 그놈들을 없애지 않으면 그들이 우리를 죽일 것이다"라는 글을 남겼다. 쓸모없는 생명들이 태어나는 걸 막기 위해 혼혈 독일인들에 대한 강제 불임 시술은 전쟁 동안에도 계속되었다. 프로이센인 어머니와 카메룬인 아버지 사이에서 태어난 도리스 라이프리히는 1943년 불임 시술을 받으러 가는 길에 몹시 서럽게 운 나머지 경비대가 그냥 가라고 보내주었고, 덕분에 훗날 아이 둘을 낳을 수 있었다. 그러나 나치는 정신 및 신체

장애인과 안락사 대상이었던 불치병 환자들에게는 그런 자비를 결코 베풀지 않았다. 전쟁 중 약 25만 명의 이러한 사람들이 독극물 주사나 굶주림, 가스로 살해당했고, 이들 대부분은 독일 기독교인이었다. T4 작전으로도 알려진 안락사는 다양한 살인 방법을 실험하고 홀로코스트에 투입될 인력들을 교육했다. 예를 들어 나치 친위대 장교 프란츠 수호멜은 트레블링카 수용소로 전출되기 전까지 베를린 T4 센터에서 근무했다.[38]

랍섬 수용소든 마우트하우젠 수용소든, 파시스트 강제수용소는 포로들의 희망과 결속을 박탈하고 그들의 인간성을 말살하도록 설계되었다. "이곳에 '왜'라는 건 없다." 이탈리아계 유대인 화학자 프리모 레비가 아우슈비츠-비르케나우 강제수용소에서 수감생활을 하며 내린 결론이다. "여기서는 살아남기 위한 몸부림이 끊임없이 이어진다. 왜냐하면 모두가 절망적으로, 그리고 지독히도 혼자이기 때문이다." 1945년 가스실 운영이 중단되었지만 파시스트의 폭력은 계속돼 살아남은 자들의 몸과 마음에 깊은 상처를 남겼다. 이탈리아와 독일의 가해자들은 폭력의 기술을 그대로 간직하고 있다가 군사 쿠데타 시대에 프랑코의 스페인, 중동, 남미에서 이를 유감없이 발휘했다.[39]

—

칠레 국립경기장, 칼레 론드레스 38번지, 테하스 베르데스, 트레스 알라모스. 이곳은 니에베스 아이레스 모레노가 칠레 독재 정권에 의해 수감되었던 장소들이다. 좌파 가정에서 자란 스물세 살의 여대생 아이레스는 1973년 9월 쿠데타 이후 체포된 수천 명의 사람과 함께 산티아고 경기장에 감금되었다. 그곳에서 2주 동안 당한 구타와 전기 고문은 1974년 1월부터 40개월간 이어진 감금생활의 서막에 불과했다. 아이레스의 경험은 군부 정권의 폭력 방법이 더 큰 사회적, 정치적 목적과 관련되어 있음을 보여준다. 그 목적이란 칠레 사회에서 좌파의 영향력을 척결하고 칠레를 냉전 덕에 부활한 파시스트 투쟁, 즉 마르크시즘에 저항하는 국제적 투쟁의 중심지로 만드는 것이었다.

  "제국의 힘을 느껴봐라!" 아이레스의 고문 담당자들이 무소불위의 힘을 만끽하듯 막대기와 코카콜라 병으로 그의 몸을 마구 유린하며 소리쳤다. 산티아고 칼레 론드레스 38번지에서는 독방 감금과 구타, 아이레스의 질과 눈에 가하는 전기 고문, 강간이 번갈아가며 일어났다. 아이레스의 아버지와 남동생이 고문당하는 것을 지켜보게 만드는 것처럼, 그의 정신을 말살하기 위해 설계된 또 다른 형식의 고문도 가해졌다. 1974년 2월, 아이레스는 해안가에 있는 테하스 베르데스 수용소로 이송되었는데, 이곳은 훗날 국가정보국 비밀경찰 수장이 되는 마누엘 콘트레라스가 고문 겸 훈련 장소로 마련해둔 곳이었다. 칠레인들이 아이레스의 질 속에 쥐와 거미를 욱여넣는 동안 그 고문실 안에서 이따금씩 브라질, 아르헨티나 등 외국인들의 목소리가 들려왔다. 한번은 그의 안대가 느슨해졌을 때 한 '독일 여자'가 개에게 자기를 물어뜯으라고 시키는 것도 보았다. 아이레스가 군인 간수들에게 여러 차례 강간당한 끝에 임신하자, 산

부인과 의사는 그에게 '조국의 아이'를 가졌으니 자랑스럽게 생각하라고 말했다. 그러나 자궁이 심각하게 망가져 있던 터라 곧 자연 유산되었다. "그곳에서 인간은 그저 몸뚱이, 살 자루, 고기 한 점에 지나지 않았다." 아이레스가 이 시기를 회상하며 쓴 글이다.[40]

다양한 요인이 합쳐져 피노체트 정권의 특징인 공포 분위기를 조성했다. 냉전 시기 남미에서 횡행하던 폭력의 문화가 칠레에서 일어난 사건들의 밑바탕이 되었다. 냉전 시기의 국가 안보 신조는 공산주의에 맞서 싸우는 것을 국가를 초월한 노력이라고 보았다. 1970년대 중반 파라과이, 우루과이, 브라질, 아르헨티나, 볼리비아, 칠레에서 피노체트가 세운 정보, 감시, 테러 협력단인 콘도르 작전은 이 신조를 실행으로 옮겼다. 아이레스가 고문받을 때 그곳에 있었던 외국인들은 콘도르 인력망에 소속된 사람들이었고, 국립경기장에서 칠레 관리자들을 훈련한 브라질 사람들도 마찬가지였다. 콘트레라스가 속해 있던 우파 군부 정권의 국제 군인 학생 그룹 또한 아메리카 군사학교SOA에서 고문과 심리전 기술을 배웠다.[41]

아메리카 군사학교의 훈련생 중에는 미구엘 크라스노프 마르첸코도 있었는데, 그는 칠레군 장교이자 국가정보국 요원으로 훗날 비야 그리말디 수용소의 심문관이 된 사람이다. 1973년 그는 S라는 스물세 살의 좌파 학생을 체포해 고문한다. 크라스노프가 S를 체포해갈 때 S의 어머니에게 보여준 섬세한 공손함, 관료적 절차에 대한 세심한 주의, 그리고 고문실에서 S가 극도의 절망감을 느낄 때까지 그의 몸과 마음에 퍼부은 처참한 폭력까지, 정중함과 난폭함이 뒤섞인 크라스노프의 인상은 오랜 시간이 흐른 뒤에도 S에게 생생히 남아 있었다. 크라스노프는 S에게 "예외 상태가 사람들 사이에서 평범한 것이 될 수 있다는 것"을 똑똑히 보여주며, 폭력은 죄를 정화하는 정의로운 것이라고 생각하는 사람들을 양산해냈다.[42]

1974년 6월 비밀경찰 기관으로 설립된 국가정보국의 문화는 그러한 개인적 변화를 장려했다. 무솔리니가 보키니를 매일 만났던 것처럼, 피노체트도 국가정보국 수장 콘트레라스를 매일 만났다. 콘트레라스는 명령에 복종하면서도 범법을 잘 저지르는 군인, 경찰, 민간인들을 국가정보국 요원으로 선발했다. 칠레의 대규모 독일인 공동체 내에서 살고 있던 신나치들은 이 법질서와 무법의 혼합에 대해 정확히 이해하고 있었고, 칠레군과 독일군의 오랜 관계는 그들이 국가정보국 요원으로 선발되게 하는 데 일조했다. 전 나치 친위대 장교이자 가스 전문가인 발터 라우프는 국가정보국 고문이 되었다. 파울 셰퍼의 칠레 정착지 콜로니아 디그니다드는 국가정보국의 고문 시설이자 신나치들의 중요한 집결지가 되었다.[43]

개를 풀어 아이레스를 고문했던 '독일' 여성 잉그리드 올데로크도 이런 환경에서 탄생했다. 칠레로 넘어온 독일인 이민자 부모 밑에서 태어난 이 카라비네라carabinera(에스파냐어로 경찰관이라는 뜻)는 남미 최초의 여성 낙하산 부대원이자 아우슈비츠-비르케나우 수용소의 간수 이르마 그레제를 동경한 명예 나치였다. 올데로크는 대회에서 수상까지 한 개 훈련사로서의 재능을 바탕으로 국가정보국의 여성 요원 부서를 이끌었다. 한 칠레 잡지에 "저는 모험가입니다"라고 밝혔던 것처럼, 그는 1970년대 중반에 군부 정권의 고문실에서 개를 활용한 고문법을 실험했다. "그건 상상조차 해본 적 없는 일이었어요." 피해자들의 비명을 덮으려 시끄러운 음악을 틀었던 성폭력 전문 수용소 벤다 섹시Venda Sexy에서 올데로크에게 고문을 당한 혁명좌파운동MIR 당원 알레한드라 홀사펠이 한 말이다.[44]

스테파노 델레 치아이에 같은 이탈리아 신파시스트들부터 포드 모터사 칠레 지부장의 아들로 산티아고에서 자란 미국인 마이클 타운리까지, 다양한 외국 테러리스트도 국가정보국에서 일했다. 타운리는 마찬가지로 국가정보국 요원이었던 칠레인 아내 마리아나 칼레하스와 함께 산티아고의 한 빌라에서 자녀들을 키우며 살았다. 이들이 연 문학 살롱에 참석했던 손님들은 타운리가 이 집 부지 내에 있는 국가정보국 실험실에서 화학자와 함께 정권의 적에게 사용할 사린 가스를 만들었다고는 꿈에도 생각지 못했다.[45] 1974년 9월, 피노체트는 국가정보국의 첫 치외법권 작전 지휘자로 타운리를 지명했다. 타운리는 아르헨티나로 가서 부에노스아이레스로 망명해 피노체트를 비판하던 피노체트의 전 상관 카를로스 프라츠 국방장관의 차 밑에 폭탄을 설치했다. 폭탄이 터지며 프라츠와 그의 아내 소피아 쿠트베르트는 그 자리에서 즉사했다.[46]

든든한 미국의 지지를 바탕으로 자국 내에서 무소불위의 권력을 휘두르고 콘도르 작전도 활발히 펼치던 1976년, 피노체트는 천하무적이 되었다고 느꼈다. 이제 그와 콘트레라스는 망명한 사회주의 경제학자 겸 정치인 올란도 레텔리에르를 암살하고 싶었다. 아옌데 정부에서 장관직을 지낸 레텔리에르는 워싱턴 DC에서 군부 정권에 반대하는 국제 여론을 동원하고 있었다. 피노체트는 1976년 6월 키신저가 산티아고에 왔을 때 그에게 레텔리에르에 대한 불만을 쏟아냈다. 그리고 2주 뒤, 국가정보국은 레텔리에르 암살 계획을 세우라는 명령을 받는다. 타운리는 사린 가스 스프레이를 쓰고 싶었지만, 평상시처럼 그의 기니피그들(두 명의 페루 수감자)에게 실험해보다가 자기도 같이 죽을 뻔한 뒤로 생각을 바꿨다. 그렇게 1976년 9월 21일 미국 수도에서 폭발한 그 차량 폭탄은 레텔리에르뿐만 아니라 그의 동료 로니 카펜 모핏의 목숨도 앗아갔고, 모핏의 남편에게는 부상을 입혔다.[47]

피노체트가 미국 후원자들의 권력의 중심지에서 폭탄을 터뜨린 것은 역효과를 일으켰다. 지미 카터 대통령은 칠레에 대한 군사 지원과 그 외 지원을 중단했고, 1978년 CIA 보고서는 "피노체트 대통령이 개인적으로 그의 정보기관 책임자에게 살인을 직접 지시했다"며 그의 책임을 공식화했다. 이 위기를 모면하기 위해 피노체트는 콘트레라스에게 사임을 종용하고 콘트레라스의 라이벌인 오들라니에르 메나를 국가정보국을 대체하는 국가정보센터의 수장으로 임명했다. 잉그리드 올데로크는 사무직으로 보직이 변경되었고, 미구엘 크라스노프는 정보부 직책을 맡게 되었다. 1978년, 비야 그리말디와 그 외 고문소들은 폐쇄되거나 개조되었다.[48]

그러나 이런 변화들은 거의 눈속임에 불과했다. 레이건 대통령은 취임 후 칠레에 대한 원조를 재개했으며 비폭력 시위대와 좌파 무장 공격의 증가로 인해 군부 정권의 폭력도 늘어났다. 이 시기 올데로크는 비공개로 정부를 위해 고문 일을 계속했다. 개를 이용한 올데로크의 고문법은 인권 조사관들에게 증거를 덜 남기는 고문 방법을 선호했던 당시 분위기에 딱 들어맞는 것이었다. 군부 정권은 늘 자신들이 저지른 학대에 대한 기억을 지우려 노력해왔다. 1975년 정권은 최면술사를 고용해 좌파 운동가들을 치료해줬다는 이유로 고문당한 영국인 의사 실라 캐시디의 끔찍한 기억을 지우려는 시도를 했다. 1978년에는 쿠데타 이후 일어난 범죄의 '주도자' 및 '공범'과 더불어 '은폐자'들까지 사면시켰다. 이는 군과 경찰 기록에서 인권 침해 사안들을 삭제하도록 허가해준 것이었다. 그러나 죽은 자들에게도 산 자에게 조금이나마 되갚아줄 길은 있었다. "사라진 사람들이 저를 미치게 하고 있습니다. 전 그들이 존재한다고 믿지 않습니다." 레텔리에르 살인 사건에 대한 미국의 콘트레라스 인도 요청을 거절한 대법원장 이스라엘 보르케스가 말했다.[49]

군부 정권의 생존자들은 정권이 묻어버리려 하는 끔찍한 기억의 전수자가 되었다. 어머니 비르히니아 모레노가 딸의 사건을 국제사회에 알린 후에야 1976년 겨우 풀려난 니에베스 아이레스도 그랬다. 칠레에서 추방된 아이레스는 국제앰네스티와 그 외 기관들에 자신의 이야기를 전하고, 쿠바에 가서 자궁 재건 수술을 받고 심리치료도 받았다. 그 상처와 고통은 1980년대 중반 그가 뉴욕에 정착한 이후에도 그대로 남아 있었지만, 마찬가지로 고문의 피해자였던 칠레인 남편 빅토르 토로를 만나 딸 로시타를 낳았다. 아이레스의 증언은 군부 정권의 망각의 정치를 상대로 한 개인의 기억의 힘이 얼마나 강한지를 분명히 보여주었다. 로시타의 탄생에는 한 가족의 행복 이상의 더 큰 의미가 있었다. 로시타는 아이레스의 몸을 망가뜨려 이 세상에 또 다른 생명을 낳지 못하게 하려는 국가의 시도가 실패로 돌아갔음을 보여주는 확실한 증거였기 때문이다. "나는 이렇게 살아 있고, 이 아이는 내가 낳은 딸입니다." 피노체트의 정권이 이어지는 동안 아이레스가 미국에서 그 박해자들에게 보낸 메시지였다.[50]

—

군사 쿠데타 시대는 극단주의 시대였고, 카다피는 피노체트와 마찬가지로 망명한 리비아 반대 세력을 제거하기 위해 1980년대 초 테러 수법들을 동원했다. 변호사 마흐무드 나파와 BBC 언론인 모하메드 무스타파 라마단은 런던에서 살해당했고, 사업가 모하메드 살렘 르테미는 로마에서 총에 맞아 죽었다. 콜로라도주립대학의 대학원생이었던 파이살 자갈라이는 집에서 총에 맞았지만 목숨을 건졌다. 반대파 수장 자발라 마타르의 아들 히샴 마타르는 가명으로 영국 기숙학교에 다녔고, 그의 형 지아드는 카다피가 보낸 암살자들을 피해 스위스에서 다니던 학교를 떠나야 했다.[51]

카다피는 "리비아 혁명은 달리는 열차와 같다. 누구든 그 앞을 가로막는 자는 으스러질 것이다"라고 말했다. 혁명위원회는 그 열차의 엔진이었다. 1980년대 혁명위원회는 3000~5000명으로 구성된 준군사 조직으로 성장했다. 이들은 국가 기관과 사업체에 침투하고 언론을 장악했으며, 혁명법을 집행하는 자체 법원을 갖추고 있었다. 이들은 사람들을 붙잡아 감옥에 처넣거나 카다피의 섹스 던전으로 보냈고, 방송에서 이들을 직접 심문했다. 또한 대학 정문이나 파시스트들이 지은 벵가지 대성당 앞에서 학생들의 교수형을 집행

함으로써 일부 리비아인에게 무솔리니가 했던 방식을 떠올리게 만들었다. 이들은 해외에 있는 암살 타깃에 접근하기 위해 '인민국'으로 이름이 바뀐 리비아 대사관의 직원으로 일했다. 1984년 그들 중 한 명이 런던 주재 리비아 대사관 건물에서 리비아 시위자들을 향해 총을 발사함으로써 영국 경찰관 이본 플레처가 죽었다.[52]

피노체트가 콘도르 작전을 좌파 숙청을 통해 사회를 구원하는 초국가적 노력이라고 본 것처럼, 카다피도 테러리즘을 반제국주의적이고 반시온주의적인 세상을 만들기 위한 수단이라 여겼다. 그는 일본 및 이탈리아의 붉은 여단, 니카라과의 산디니스타, 아부 니달 조직, 모부투와 피노체트를 실각시키려는 혁명가 등 어지러울 정도로 많은 집단에 자금을 지원했다. 1985년부터 1986년 사이 로마와 빈 공항과 베를린 서부 나이트클럽에서 일어난 테러 공격 및 아킬레 라우로호 여객선 납치 사건의 배후에도 카다피가 있었다. 또한 그런 활동을 위해 전사 수천 명을 훈련시킨 리비아 캠프들에도 자금을 댔다. 그가 세운 세계혁명센터는 그에게 있어 아메리카 군사학교 같은 것이었다.[53]

피노체트가 그러했듯, 카다피도 세상 무서울 것 없는 천하무적이 됐다고 느꼈다. 그러나 피노체트와 달리 그의 나라는 미국의 테러 국가 명단에 올라 있었다. 1986년 미국은 갑자기 바브 알-아지지야 요새를 포함한 여러 지역에 폭탄을 투하해 그를 아연실색하게 만들었다. 그 후 이어진 무역 금지령, 각종 제재, 리비아 자산 동결은 그의 피해자 정치에 기름을 부었고, 이는 1988년 스코틀랜드의 로커비 상공에서 발생한 팬 아메리칸 항공기 폭발 사건의 배후로 리비아가 지목되면서 더 고조됐다. 내부적 반대가 거세지는 것을 우려한 카다피는 혁명위원회로 모든 책임을 돌리며 그들의 폭력 행위를 거세게 비난하고 그 권력을 축소시켰다. 이제 혁명위원회는 이슬람교도를 탄압하는 데 집중했는데, 턱수염을 기르고 이슬람교를 믿는 사람이라면 누구나 이 범주에 들 수 있었다. "이슬람 사원에 가는 것은 감옥으로 가는 지름길이었다." 이슬람 저항 세력의 일원으로 1990년 망명한 아부 파르산의 말이다.[54]

대부분의 리비아 반체제 인사에게 있어 감옥은 트리폴리에 있는 금지된 요새, 아부 살림을 의미했다. 친구나 가족이 거기 갇혀 있는 리비아인이 많았다. 히샴 마타르의 사촌 알리도 아부 살림에서 21년간 갇혀 있었다. 아부 살림의 감방 안 스피커에서는 아침 6시부터 자정까지 선전 노래와 연설이 흘러나왔는데, 그 소리가 어찌나 시끄러웠던지 '근육이 진동하는 걸 느낄 수 있을 정도'였다고 한다. 1989년 안와르 하라가는 영국에서 몇 년간의 컴퓨터 공학 공부를 마치고 귀국하자마자 보안 요원들에게 붙잡혔다. 외국에서는 아무 문제 없었던 그의 턱수염과 전통 의상이 리비아에서는 이단적인 것이었기 때문이다. 하라가는 열악한 환경에 반발하며 일어난 재소자 반란으로 총 1600~1700명의 수감자 중 1200명이 학살당했던 1996년에도 여전히 아부 살림에 있었다. 반란자들이 간수에게서 빼앗은 열쇠로는 그의 감방 문을 열 수 없었기 때문에 그는 천만다행으로 목숨을 부지했지만, 옆방 수감자들이 처형되는 소리를 들어야 했다. 정권은 그들이 살해한 수감자들에 대한 정보를 공개하길 거부했고, 아부 살림에서 사라진 사람들에 대한 이야기는 카다피 정

권이 21세기까지 이어지는 동안 대중에게 더 큰 적대감을 불러일으켰다.[55]

—

"제가 사랑하는 모든 사람이 눈앞을 스쳐 지나갔어요. 여기서 이렇게 죽는구나 하고 생각했죠." 톨가(가명)가 2017년 앙카라에서 비밀경찰에 의해 납치되어 고문당하고 강간 협박을 받은 때를 떠올리며 한 말이다. 톨가는 에르도안으로부터 2016년 쿠데타의 배후로 지목되어 펜실베이니아로 망명한 성직자 귈렌과 관련된 한 튀르키예 기관에서 일하고 있었다. 톨가는 풀려나자마자 튀르키예를 떠났지만 외국에서 사는 것이 반드시 안전을 보장해주지는 않았다. 에르도안은 적을 뒤쫓는 데 있어서만큼은 무서운 집중력을 발휘했던 카다피의 모습을 떠올리게 했다. 그 반체제 인사들은 반드시 붙잡아와야 할 그의 사냥감이었다. 2018년 에르도안은 귈렌의 지지자들에게 "어디로 도망가든, 얼마나 멀리 가든, 반드시 붙잡아올 것입니다"라고 말했다. 지난 몇 년 사이 18개국 이상의 국가에서 최소 80명의 튀르키예 시민이 납치되었다.[56]

카다피의 요원들은 '떠돌이 개'를 찾으면 죽였던 반면, 에르도안의 요원들은 대부분 수감시켰고 암살은 비교적 적게 했다. 소셜미디어 시대에 대량학살은 언론의 즉각적인 지탄을 받기 마련이다. 따라서 에르도안 같은 새로운 독재자들은 세간의 주목을 피해 자신들의 적을 기관에 처넣는 것을 선호한다. 그들은 선별적인 폭력, 정보 조작, 법적 괴롭힘을 동원해 반체제 인사들을 무력화한다. 또한 그들이나 그들의 친인척이 소유한 사업을 몰수해 재산을 고갈시키려 한다. 각 통치자는 자신만의 공식을 통해 엘리트와 대중이 어느 정도의 폭력을 용인할 수 있는지를 파악한다. 이때 구금이라는 국가적 전통과 탄압의 역사도 고려된다.[57]

—

"사람에게 영향을 주는 세 가지 방법이 있습니다. 협박, 보드카, 그리고 살해 위협입니다." 2000년 푸틴이 러시아 국민에게 그가 KGB 정보 담당관과 FSB 수장으로 있었던 시절을 떠올리게 하며 말했다. 이 세 가지 방법 모두 그의 통치 스타일을 이루는 구성 요소이지만, 특히 그의 정부는 푸틴의 범죄를 폭로하는 사람들에게 소비에트 스타일의 정치 살인과 고문, 감금, 독살을 실제로 가하면서 위협을 종종 현실로 구현한다. 언론인 안나 폴릿콥스카야도 그중한 명이었다. 그는 체첸 공화국을 쉰 번이나 오가면서 푸틴이 그곳에서 '더러운 전쟁'을 하는 동안 일어난 인권 침해 사례를 취재했다. 비행기에서 폴릿콥스카야를 음독 살해하려던 FSB의 시도가 실패로 돌아간 후, 그는 결국 2006년에 거주하던 아파트 엘리베이터에서 총에 맞아 사망했다. 이로써 폴릿콥스카야는 푸틴이 은폐하려는 정보를 파헤친 죄로 살해당한 수십 명의 언론인 중 한 명이 되었다.[58]

1924년 반파시스트 자코모 마테오티가 살해된 이후부터 독재자의 부패를 폭로하는 것은 극도로 위험한 일이 되었다. 2011년 인민

자유당의 보리스 넴초프, 러시아 솔리다르노스트의 올가 쇼리나 등
이 모여 푸틴과 드미트리 메드베데프가 어떻게 러시아를 약탈했는
지를 상세히 밝힌 보고서 「푸틴, 부패Putin. Corruption」를 발표했다. 넴
초프는 2013년 미 상원 외교위원회에서 증언했고, 2014년에는 소
치 올림픽을 위해 승인된 자금에서 최대 500억 달러가 사기와 횡령
으로 갈취되었다며 강하게 비판했다. 그리고 2015년 그는 크렘린궁
근처의 볼쇼이 모스크보레츠키 다리 위에서 암살당했다. 편리하게
도 그가 다리를 건너는 동안 그곳의 감시 카메라와 순찰대는 작동
이 정지되어 있었다.[59]

공산주의 탄압의 유령은 푸틴의 감금 시스템을 끈질기게 따라다
녔다. 869곳 이상의 죄수 유배지, 8개의 감옥, 315개의 구치소는 작
가이자 역사학자인 알렉산드르 솔제니친이 그려낸 '수용소 군도'를
21세기로 가져왔다. 2012년 페미니스트 공연 그룹 푸시 라이엇의
멤버 나데즈나 톨로코니코바는 '폭력 행위' 혐의로 징역 2년을 선고
받았다. 모르도비야에 있는 소련 시대 수용소로 보내진 그는 매일
16~17시간씩 노역을 해야 했다. 그는 밀반출된 편지를 통해 이곳의
강제 노역에 대해 폭로했고, 2013년 시베리아 형무소로 이송되었
다. 반복적으로 항의 표지판을 들고 일인 시위를 한 혐의로 2015년
부터 수감된 또 다른 수감자 일다르 다딘은 끊임없는 고문에 시달
렸다. 나치 전통에 따라 여호와의 증인까지 포함하는 정치범의 수
는 계속 증가하고 있다. 2015년 46명이던 것이 2019년에는 246명으
로 늘어났지만, 실제로는 더 많을 가능성이 높다. 푸틴이 지배하는
러시아에서 국가의 적이 된다는 것은 감옥을 수도 없이 들락거리

고, 길면 한 달씩 닭장 같은 차에 실려 외딴 포로수용소로 끌려가며, 지금 마시는 차 한 모금이 인생의 마지막이 될 수 있다는 걸 명심하고 살아야 함을 의미한다.[60]

독살은 푸틴의 시그니처 폭력이다. 푸틴은 종종 시차를 두고 사망에 이르게 하는 피도 눈물도 없는 이 살인법을 즐겨 사용해왔다. 그에게 있어 해외에서 대상을 독살하는 것은 카다피의 총살과 같은 의미를 가졌다. 적이 어디에 있건 간에 국가는 그 적을 얼마든지 해치울 능력이 있음을 대대적으로 알리는 것이다. FSB 전 요원으로 내부 고발자가 된 알렉산드르 리트비넨코는 2006년 런던에서 폴로늄 210이 들어간 차를 마신 뒤 사망했다. 2018년에는 과거 러시아와 영국의 이중간첩으로 활동한 세르게이 스크리팔과 그의 딸 율리아가 솔즈베리에서 신경작용제에 노출됐지만 목숨을 건졌다. 푸틴은 러시아 내 정적들, 특히 해외에서 자신의 명성에 먹칠하는 자들에게도 독살을 시도한다. 블라디미르 카라-무르자는 2012년과 2015년 미국 의회에서, 그리고 2017년 상원에서 푸틴의 인권 침해와 부패에 대해 증언했다. 그는 2015년과 2017년 두 번의 독살 시도에서 살아남았다. 반부패 운동가 겸 정치인인 알렉세이 나발니는 2019년 반정부 시위 도중 감옥에서 '경고' 용량의 독극물을 투여받았다. 그는 이미 2017년부터 2018년 사이에 조작된 금융 범죄 혐의로 감옥과 죄수 유배지에서 총 3개월 이상 복역한 전적이 있었다. "푸틴은 연쇄살인마입니다. 서방의 지도자들은 푸틴과 악수하는 것이 살인자와 악수하는 것임을 반드시 알아야 합니다." 러시아 활동가 레오니드 마르티뉴크의 말이다.[61]

트럼프는 그것을 문제라고 보지 않는 사람 중 한 명이었다. 트럼프가 취임 2주 차에 접어들었을 무렵 카라-무르자에 대한 두 번째 독살 시도가 일어났고, 며칠 뒤 트럼프는 폭스 뉴스에서 푸틴에 대한 존경심을 드러냈다. 진행자 빌 오라일리가 푸틴이 '살인자'라는 점을 상기시키자 트럼프는 이렇게 답했다. "세상에 살인자가 얼마나 많은데요. 그럼 뭐, 우리 나라는 엄청 깨끗한 것 같아요?" 이런 식의 상대적인 논리는 독재 전략에 대한 자신만의 응용법, 즉 정적에 대한 지도자의 조치는 꼭 필요하며 정당한 것이라는 트럼프의 생각을 보여주는 것이었다.[62]

—

2016년 2월, 트럼프는 라스베이거스에서 열린 선거운동 집회에서 자신한테 야유한 사람에게 "얼굴을 한 대 쳐버리고 싶다"고 말했다. 그러고는 "옛날 같으면 저 시위자들은 다 들것에 실려나갔을 텐데, 이제는 그런 식으로 맞설 수가 없다"라고 덧붙였다. 파시스트의 전통에 따라 트럼프는 집회를 통해 추종자들이 폭력을 긍정적으로 보도록 만든다. 그가 라스베이거스에서 했던 연설은 언론이 탄압받고 지도자를 비판하는 사람은 누구든 얻어맞는 게 당연했던 시절의 미국을 본보기로 삼았다. 트럼프가 정치에 발을 들인 이래로 증오 범죄는 2016년에서 2017년 사이 17퍼센트 증가한 것을 시작으로 해마다 증가하고 있다. 정치학자들의 연구에 따르면 2016년 트럼프 집회가 열렸던 자치주들에서 증오 범죄는 226퍼센트나 증가했다고

한다.[63]

과거의 독재자들처럼 트럼프도 박해하기 유리한 분위기를 조성하고자 프로파간다, 부패, 남성적 힘에 대한 숭배를 활용했다. 그는 자신의 주적인 남미 이민자들을 미국인의 순수성에 대한 인구학적, 인종적 위협으로 낙인찍었다. 그의 대규모 수감 정책은 세계에서 가장 큰 교도소장인 미국의 전통과 일맥상통하는 것으로, 이전 행정부들로부터 이어져온 관행에 기반한다. 그러나 트럼프의 반이민 정책은 그보다 훨씬 더 멀리 갔다. 2018년 미국 이민세관집행국ICE에 구금되었던 약 40만 명의 사람 중 70퍼센트가 범죄 전과 없는 이들이었다(이전 행정부의 정책에서 바뀐 부분이다). 그의 정책은 범죄 예방보다는 인종차별이 이끌어왔다. 2019년 8월, 미 의회 히스패닉 간부들은 "트럼프가 강제 추방 기계를 만들고 있다"며 비판의 목소리를 높였다.[64]

트럼프는 반복과 그 외 선전 기술을 총동원해 대중이 그의 이민 조치가 국가의 안보를 위해 꼭 필요한 것이라고 인식하게 만든다. 2017년 2월부터 2019년 8월 사이 열린 64차례의 집회에서 그는 이민자라는 단어를 500번 이상 언급했으며, 그들을 범죄자(189회 언급), 살인자(32회 언급), 포식자(31회 언급)로 낙인찍었다. 2019년 1월부터 8월 사이, 이민자 '침략'의 결과에 대해 경고하는 2199회의 페이스북 광고가 쇄도했다. 이 메시지는 페이스북 페이지를 트럼프의 반이민 슬로건으로 도배한 백인 민족주의자 패트릭 크루시우스에게 큰 공감을 불러일으킨 듯하다. 2019년 8월 2일, 크루시우스는 라틴계 사람들이 자주 찾는 엘파소 월마트에 총기를 난사해 21명을 살해하고 수십 명에게 부상을 입혔다. 그의 선언문에는 "이것은 히스패닉의 침략에 대한 대응이다"라는 글이 있었다.[65]

이민 정책을 관장하는 국토안보부는 트럼프의 고문 스티븐 밀러를 따르는 이론가들의 안식처가 되었다. 스티븐 밀러는 배후에서 움직이는 극단주의자로, 가장 위험한 부류의 사람이다. 밀러는 2018년 '무관용 정책'을 6개월간 시행하고 비공식적으로 이어가, 국경지역 주 정책을 통해 여러 이민자 가족이 헤어지게 만들었다. 또한 파시스트들이 유대인에게 했던 것처럼 학교에서 이민자 자녀들을 쫓아내려 했다. 세관국경보호국CBP 직원들은 마치 나치 수용소에서 했던 절차처럼 부모들에게 자녀를 '목욕'시키기 위해 데려간다고 한 뒤 부모들을 수감하거나 추방했다.[66] 그리고 이 '씻기지' 않은 아이들은 수용 시설로 보내지거나 베서니 아동 서비스 같은 복음주의 기독교 입양기관에 보내지기도 했다. 베서니 아동 서비스는 트럼프의 교육부 장관 벳시 디보스의 가족이 오랫동안 지원해온 회사다. 일부 입양기관은 이런 아동들이 가족을 다시 만나게 하도록 노력한다. 하지만 2019년 7만 건에 달한 이 강제 가족 분리의 규모는 트럼프의 관행을 유대인, 좌파, 원주민 아이들이 좀더 '적절한' 사람들에 의해 양육될 수 있도록 부모로부터 데려갔던 히틀러 시대의 독일이나 피노체트 시대의 칠레 같은 나라와 같은 선상에 놓이게 만든다.[67]

이민자들을 체포하는 이민세관집행국 직원들은 점점 전술 장비와 SWAT 팀 대형을 완벽히 갖추고 나타나기 시작했다. 국경 160킬로미터 반경 내에서 활동하는 세관국경보호국 또한 스스로를 군인으로 인식하고 있으며, 일부 직원은 이민자들을 자기네가 포획한 '전쟁포로'라고 부른다. 많은 직원이 그들의 시설을 직업적, 윤리적 규범에서 벗어난 예외 공간처럼 여긴다. 부시와 오바마 행정부 시절에는 세관국경보호국 직원들의 마약 밀수가 흔한 일이 아니었지만, 트럼프와 그의 행정부가 이민자들을 악마화하면서 전례 없던 수준의 잔학 행위가 조장됐다. 예를 들면 성매매 피해자에 대한 입국 비자 거부가 그렇다. "국경순찰대는 도널드 트럼프 같은 사람을 위해 설계되고 만들어진 것이다." 동료들이 2016년부터 백악관의 전폭적인 지지를 받은 극단주의적 생각을 받아들이는 것을 지켜본 전 세관국경보호국 직원 젠 버드의 말이다. 미국에서도 많은 이가 이민국 직원들이 불현듯 자기 집 문을 두드릴까봐 두려움에 떨며 뜬눈으로 밤을 지새우고 있다.[68]

트럼프의 수용 시설을 다른 독재 정권의 수용소와 비교하는 것은 다소 과장된 듯 보일지 모르지만, 둘 사이의 유사점과 차이점은 분명히 있다. 모링겐 강제수용소 같은 나치 노동 수용소에는 매트리스나 막사가 있었고 세면장을 쓸 수 있었다. 그러나 트럼프의 수용 시설에 있는 사람들은 씻지 못할 때가 많고 땅바닥에서 자야 했다. 플로리다주 홈스테드에 있는 민간 영리 기업 캘리번이 국토안보부를 위해 운영하는 시설이 그랬다. 돌리 루시오 서비어 의사는 텍사스주 클린트와 맥앨런에 있는 수용 시설이 얼어붙을 듯 춥고 24시간 내내 불이 켜져 있으며, 위생과 의료 시설이 부족하다고 언급하면서 그 상태를 '고문 시설'에 비유했다. 질병(수용 시설 사람들에게는 독감 예방 접종이 거절됐다), 식량과 식수 부족, 신체적, 성적 학대

등의 복합적인 이유로 2019년 첫 5개월 동안 최소 일곱 명의 아이가 사망했다.[69] 강제수용소 학대의 또 다른 핵심 요소인 극단적인 인구 밀집도 텍사스 리오 그란데와 엘파소 델 노르테 감찰관들의 보고서에 등장했다. 그 지역 외국인 보호소에서는 성인들이 '일주일간 서 있는 상태로' 갇혀 있었고, 감방이 너무 꽉 들어찬 탓에 '어른들은 숨을 쉬기 위해 변기를 밟고 올라서야 했다'고 한다. 아니나 다를까, 이 보고서가 대중에게 공개되자마자 정부는 방문객의 출입을 금지했다.[70]

미국의 홍보 회사와 로비 회사들은 이미 수많은 해외 독재 국가에서 해왔던 것처럼 탄압을 더 완화된 시각으로 포장할 준비가 되어 있었다. 사우디아라비아의 홍보를 담당하는 코르비스는 수용소 수감자들이 즐기는 '깨끗하고 따뜻하며 안전한' 환경을 묘사한 영상을 제작해 캘리번에 선보였다. 시간이 가면 갈수록 그런 식의 정보 조작의 필요성은 줄어들 것이다. "이런 사람들이 국경을 넘어 들어오는 걸 어떻게 막아야 하겠습니까?" 트럼프가 2019년 플로리다 집회에서 군중에게 질문했다. "쏴버려야죠!" 누군가가 외쳤다. 만약 정부의 이런 과격한 프로파간다 캠페인이 공화당과 우파 언론의 지지를 받아 계속된다면, 점점 더 많은 미국인이 자기 나라를 지키기 위해 이민자들을 해치는 건 불가피하다는 생각에 동의하게 될 것이다.[71]

권력의
상실

9장

저항

1938년, 독일 슈바벤 지역 작은 마을 출신의 서른다섯 살 청년 게오르크 엘저는 히틀러를 암살할 결심을 한다. 공산주의자인 그는 히틀러가 일으키려고 작심한 듯한 국제 전쟁에 반대하는 입장이었다. 그는 목수 겸 소목공이었기에 폭발물에 접근할 수 있었고(그는 군수 공장과 채석장에서 일했다), 암살 계획을 실행에 옮길 능력과 수단을 모두 갖추고 있었다. 히틀러는 실패로 돌아간 1923년 정부 전복 시도가 시작된 곳인 뮌헨 맥주홀에서 해마다 11월 8일 저녁 9시에 연설을 했다. 엘저는 히틀러가 한참 거들먹거리며 연설하고 있을 때 터지도록 폭탄을 설계하고 설치하기로 했다. 144시간의 시차를 두고 미리 설치해두면 폭발이 일어난 후 아무도 자기를 의심하지 않을 것이었다. 집 주변 공터에서 폭발물 테스트를 마친 그는 1939년 8월 뮌헨에 숙소를 잡았다. 그리고 매일 밤 그 맥주홀에 가서 늦은 저녁을 먹고, 가게가 문을 닫는 동안에는 숨어 있다가 다시 나와서 무대 주변의 폭탄을 넣어둘 기둥을 몇 시간씩 파냈다. 그리하여 11월 3일 맥주홀이 영업을 개시했을 때, 폭탄은 기둥 안에서 만반의 준비를 갖춘 채 놓여 있었다. 타이머가 째깍거리며 돌아갔고, 코르크 케이스는 그 소리가 새어나가지 않게 막아주었다.

11월 8일, 히틀러가 무대에 올라 독설을 늘어놓기 시작했다. 9시 20분, 계획대로 폭탄이 터졌고 그 충격에 연단 위로 천장이 무너져 내렸다. 5명이 사망하고 67명이 다쳤다. 하지만 그들 중 히틀러는 없었다. 아예 그곳에 없었던 것이다. 그는 연설 시간을 앞당겨 9시 7분에 맥주홀을 떠났고, 13분 차이로 죽음의 운명을 피해갔다. 경비병들이 스위스 국경을 넘어가려던 엘저를 붙잡았다. 그는 도화선, 폭탄 설계도, 맥주홀의 엽서, 공산당 배지를 소지하고 있었다. 게슈타포는 뮌헨으로 그를 데려와 심문했는데, 모든 전말을 듣고 나서도 한 사람이 이렇게 대담하고 정교한 계획을 세웠다는 사실을 믿지 못했다. 히틀러는 그의 조사 보고서를 흥미롭게 검토했다. 아무도 엘저를 어떻게 처분해야 할지 몰랐고, 그는 결국 '특별 수감자' 신분으로 자기만의 작업장이 갖춰진 작센하우젠 강제수용소에서 5년간 격리생활을 했다. 1945년 2월 다하우 수용소로 이송된 그는 독일 제국이 멸망한 4월에 한 나치 친위대의 총에 맞았다. "나는 그 일을 해서 더 큰 유혈 사태를 막고 싶었습니다." 엘저가 체포 직후 심문관들에게 한 말이다.[1]

독재자의 역사는 그들을 정권에서 끌어내리려는 반대 세력의 처절한 노력의 역사이기도 하다. 암살은 모든 정치 지도자의 직업상 위험 요소지만, 독재자는 모든 국가 권력을 자기 중심으로 조직하기에 최대한 효율적으로 그의 정권을 무너뜨리려는 사람들에게 매력적인 표적이 된다. 지금껏 독재자들을 향해 수없는 암살 시도가 있었다. 많은 이가 호텔 방이나 아파트를 빌려 지도자에게 암살의 과녁을 겨누었다. 1925년 무솔리니에게는 라이플총이 겨눠졌고, 1985년 피노체트에게는 바주카포가, 2008년 푸틴에게는 스나이퍼총과 칼라슈니코프 기관총이 겨눠졌던 것처럼 말이다. "총알은 스쳐 지나갔고, 무솔리니는 여전히 남아 있다." 무솔리니가 1925~1926년 겪었던 네 번의 암살 시도에 대해 쓴 글이다.[2]

 '저항resistance'이라는 말은 파시스트와 나치에 맞선 제2차 세계대전의 무장 반란을 떠올리게 할지도 모른다. 분명 저항의 역사에는 폭력이 등장한다. 전 세계적으로 정권에 반대하는 불법 운동 단체나 집단의 무장 저항 세력들은 가족, 친구와 단절하고 사람들의 눈을 피해 살아왔다. 극좌 성향의 칠레 혁명좌파운동의 일원이었던 마리아 카스트로는 '내부 유배지'에서 14년간 생활했다. "그 시기 우리를 움직이게 했던 것은 독재가 우리 국민에게 너무나 큰 악이라는 깊은 확신이었습니다. (…) 우리는 반드시 그에 저항해야 하고, 각자 해야 할 일이 있다고 믿었죠." 그가 당시를 회상하며 말했다.[3]

 하지만 독재 국가에서 일어나는 대부분의 저항은 비폭력 형태이며, 비무장 시위가 가장 효과적인 것으로 드러났다. 이는 한 사람의 단독 행동으로, 혹은 1943년 뮌헨의 정부 청사 벽에 '타도 히틀러Down with Hitler'라는 그라피티를 남긴 백장미단처럼 소규모 단체의 시위 활동으로 시작될 수 있다. 칠레 그래픽 아티스트 기요의 말을 빌리자면, 공공미술과 메시지는 "허위 정보와 거짓말을 받아들이기를 거부하고 (…) 비정상적인 것을 정상적으로 받아들이길 거부하는" 사람들이 존재한다는 것을 분명히 보여준다. 1987년 피노체트를 루이 14세처럼 묘사한 기요의 캐리커처가 잡지 『압시』의 표지를 장식했고, 압시의 편집자들은 '극단주의'라는 죄목으로 징역을 살았다. 비웃음을 당하는 것은 독재자들이 두려워하는 것이기 때문이다.[4]

대중에게 보여주려 한 개인의 행동들이 공식 언론의 차단을 뚫고 사회적 변화를 일으키는 저항의 본보기를 제공한다. 이런 일들은 실패한 전쟁이나 부정 선거, 경제적 어려움으로 인해 지도자의 권위가 무너졌을 때, 또는 국가적 탄압에 대한 대응으로 확산되는 대규모 비폭력 시위의 밑거름이 된다. 독재자를 비판하며 길거리로 나온 시위자들의 엄청난 규모는 국제적 후원자와 독재자의 자국 내 협력자들에게 독재자를 돕는 데 엄중한 책임이 따른다는 것을 똑똑히 상기시킨다.[5]

독재자는 사람들의 몸과 마음을 장악한 자신들의 힘을 과시하기 위해 공적 영역을 이용한다. 저항 활동은 국가로부터 그 영역을 되찾고 정부의 폭력과 부패, 착취에 반박한다. 이러한 저항 시위는 2011~2012년 겨울에 일어났던 반푸틴 집회처럼 즐거운 집단 활동이 될 수도 있다. 그때 그 집회 장소는 겨울의 매서운 추위에도 불구하고 따스함과 연대가 넘치는 공간이 되었다. 시위는 또한 가령 분신자살처럼 국민의 몸과 영혼이 온전히 자기 손안에 있다고 하는 지도자의 주장에 대한 극명한 반박이기도 하다. 이는 부당한 상황을 세상에 알리고, 다른 이들도 함께 행동해줄 것을 촉구한다. 칠레의 세바스티안 아세베도는 군부 정권이 자녀들을 체포한 것에 항의해 1983년 무염시태 대성당 앞에서 자기 몸에 불을 붙였다. 또한 2010년 길거리 노점상 무함마드 부아지지가 정부 청사 앞에서 분신한 사건은 아랍의 봄이 일어나는 계기가 됐다.[6]

"독재는 사람들의 의식을 마비시킵니다. 그리고 그에 맞서 싸울 만큼 용감한 사람은 젊은이들뿐입니다." 산티아고에서 수년간 칠레인들의 시위를 목격한 택시 운전사 레나토 고메스의 말이다. 다른 정치적 현실에 대해 거의 알지 못하는 젊은이들은 쉽게 프로파간다를 흡수하고 독재 통치에 적응할 수 있다. 그러나 젊은이들은 자신들을 아기 낳는 기계나 총알받이로 사용하는 지도자 밑에서 가장 잃을 게 많은 사람이며, 종종 가장 먼저 행동에 나서는 집단이기도 하다. 따라서 모든 독재자는 대학을 타깃으로 삼고 그 사이에 학생, 교수, 교직원들의 행동을 보고하는 정보원을 심는다.[7]

저항의 역사는 나이를 불문한 모든 사람의 '하지 않기'의 역사이기도 하다. 복종을 전제로 하는 사회에서, 어떤 행동을 거부하는 것은 강력한 메시지를 전달한다. 지도자가 라디오를 통해 말할 때 이를 듣지 않는 것, 히틀러 경례를 하지 않는 것(엘저는 이 둘 다 하지 않았다), 또는 내 아이를 국가 청년단 활동에 보내지 않는 것 모두 영향을 끼쳤다. 파시스트 이탈리아에서, 아르투로 구네티는 좌파였던 아버지의 바람대로 자기 반에서 유일하게 그 지역 발릴라 소년단에 가입하지 않은 아이였고, 성적이 뛰어났지만 선생님에게 낙제를 받은 유일한 학생이었다. 그래서 그는 발릴라에 가입했고 선생님은 바로 성적을 고쳐줬지만, 그의 아버지는 구네티가 집에 돌아오자마자 발릴라 유니폼을 벗으라고 했다. 적어도 자기 집만큼은 반파시스트 구역이길 바라는 마음에서였다. 무솔리니 시절부터 여성들은 국가의 인구 정책의 수단이 되는 것을 거부해왔다. 그들은 국가를 위해 아이 낳는 것을 거부하고, 피임이나 낙태를 하기 위해 감옥에 갈지도 모르는 위험을 감수했다.[8]

가장 감동적인 저항 행위 중에는 개인이 혼자 간직한 것도 많다. 국가가 스스로 저지른 범죄의 흔적을 지우는 데 반대하는 수단으로 자신들이 목격한 죽음을 몰래 기록해둔 사람들이 있다. 리비아 아부 살림 수용소의 조리사였던 후세인 알샤파이는 1996년 반란으로 학살당한 사람들의 손목시계에 묻은 피를 닦아주었다. 그리고 카다피가 죽고 자신이 입을 열 수 있는 날이 올 때까지 15년간 마음속에 그 희생자들의 수를 기억해두고 있었다. 스페인 테루엘주의 한 농부는 내전 기간에 매일 밤 집 주변 들판에서 들려온 처형 소리의 횟수를 기록했다. 그는 1000명이 넘는 사람의 죽음이 기록된 공책을 40년간 숨겨두었다가 프랑코가 죽은 지 8년 만에 수사관들에게 공개했다. 사람들이 독재자에게 살해된 정적들에게 보여준 헌신은 국가가 실시하는 망각의 정치에 조용히 저항한다. 이탈리아 작가 레오나르도 샤샤의 이모는 무솔리니 독재 시기에 반파시스트 자코모 마테오티의 사진을 반짇고리에 고이 간직했다. 또한 칠레의 목수 카를로스는 피노체트가 쿠데타를 일으킨 이후 아옌데 대통령의 사진을 자기 집 벽 속에 묻어두었다.[9]

망명은 국가가 표적으로 삼은 많은 정치 활동가 앞에 놓인 운명이다. 그들 대부분이 민주주의 국가에 정착하지만, 이민과 고용 상황은 저항 운동가들이 한 정권을 다른 정권으로 일시적으로 바꾼 것에 지나지 않았다는 것을 의미하기도 한다. 반나치 신학자 디트리히 폰 힐데브란트가 처음 히틀러를 피해 망명한 곳은 파시스트 이탈리아의 한 가정집이었다. 2만5000명에 달하는 칠레 망명자가 브라질 군부 독재 사회에서 살았고, 그중 일부는 포르투 알레그레라는 남부 지역 도시에 있는 저항 단체에 가입했다. 어느 나라로 망명하든, 해외에서 독재 국가에 반대하는 목소리를 높이는 사람은 암살의 표적이 될 수 있다. 잘 알려져 있고 저항 세력을 결집할 수 있는 사람이라면 더 그렇다. 칠레의 올란도 레텔리에르가 바로 그런 경우였고, 2018년 사우디아라비아 언론인 자말 카슈끄지가 이스탄불 주재 사우디 영사관에서 살해당한 사건도 마찬가지였다.[10]

"하지만 대체 어떻게 해야 오랫동안 우리 앞을 가려온 그 모든 어둠과 장막에서 벗어날 수 있을까요? 우리의 원래 모습을 되찾으려면 어떻게 해야 할까요?" 1944년 이탈리아 유격대원들이 파시스트와 나치에 맞서 싸우는 동안 이탈리아 작가 나탈리아 긴즈부르그가 물었다. 수많은 사람에게 저항 행위는 자신의 본모습을 회복하고, 독재자들이 말살하려고 그렇게 애쓰는 사람들 사이의 존엄과 인정人情, 연대를 재확인하는 길이었다.[11]

—

"유폐는 창살 없는 감옥이다. 사방으로 하늘과 바다가 펼쳐져 있지만 민병대의 순찰이 벽 같은 역할을 한다. (…) 그리고 그 벽을 넘고 싶다는 욕망은 집착이 된다." 이탈리아 사회주의자 카를로 로셀리가 1928년 6월 리파리섬에 억류된 지 6개월쯤 지나 쓴 글이다. 그곳에는 900명의 포로가 있었는데 간수도 500명이나 되었다. 일 년 뒤, 로셀리와 그의 반체제 동료인 에밀리오 루수와 프란체스코 파우스토 니티는 목숨 걸고 미리 준비되어 있던 모터보트까지 헤엄쳐 간 후 그걸 타고 튀니지로 도망쳤다. 로셀리는 파리로 넘어가기 전 "우리는 이탈리아에서 산다는 감옥을 망명이라는 자유와 교환했다"라고 환희에 차 말했다. 파시스트 경찰청장 보키니는 로셀리의 동생 넬로를 우스티카로 보내버리고 로셀리의 영국인 아내 매리언 케이브 로셀리를 가택연금시켰다. 매리언이 보트를 구하는 걸 도왔고 섬 지도를 그들의 아기 기저귀에 숨겨서 몰래 빼왔기 때문이다. 보키니는 또한 얼마 전 로마에 "로셀리는 '모범수'다. 다들 그 사람만 같으면 좋겠다"라는 내용의 전보를 보낸 리파리 죄수 유배지의 책임자 프란체스코 칸나타를 해임했다.[12]

1921년 창당된 이탈리아 공산당은 초기 반체제 네트워크를 유지할 수 있는 자원을 보유한 유일한 반파시스트 세력이었다. 이들의 발행물은 널리 퍼져나갔다. 1930년 5월 1일 하루에만 전단지 15만 장과 신문 1만2000부가 배포됐다. 그러나 비공산주의 좌파와의 협력을 금지했던 것처럼, 스탈린 시대의 코민테른들이 이탈리아 공산당에 내린 지시들은 종종 비생산적인 것으로 드러났다. 저항 메시지를 공중에서 뿌린 반파시스트들도 있었다. 조반니 바사네시는 1930년 밀라노에서 전단 15만 장을 뿌렸으며, 라우로 데 보시스는 1931년 무솔리니의 주 활동 무대인 베네치아 광장을 포함해 로마 전역에 수천 장의 반파시스트 전단지를 뿌렸다. 이런 일은 위험한 행위였다. 데 보시스는 타고 있던 비행기가 바다에 추락해 사망했다. 1930년대 중반쯤 이탈리아 내의 조직적인 반파시스트 세력은 대부분 무너졌다.[13]

이렇게 되자 망명자들의 조직화가 중요해졌다. 1929년 로셀리는 파리에서 루수, 니티와 함께 정의와 자유Justice and Liberty 운동을 설립했다. 그의 자유주의적 사회주의 신조는 집단행동 내에서 개인 의지의 자율성을 강조하고 해외에 있는 다른 저항 세력들과의 협력을, 즉 다양성을 바탕으로 한 성공적인 결속을 주장했다. 부유한 유대인 가문의 일원인 로셀리는 반파시스트 작전에 자금을 지원할 돈이 있었고 여러 언어를 유창하게 구사했다. 1930년대 초 정의와 자유는 이탈리아 내에서 이탈리아 공산당보다 더 많은 활동가를 두게 되었다. 로셀리를 '망명한 반파시스트 중 가장 위험한 자'로, 그의 아내 케이브 로셀리를 그와 동급의 위협으로 본 이탈리아 비밀경찰은 스파이 디노 세그레에게 로셀리의 정치 집단 내에 잠입할 것을 지시했다. 세그레의 잠입 작전은 성공을 거두었다. 1934년 이탈리아에서 200명의 정의와 자유 활동가가 체포되었다.[14]

스페인 내전은 반파시스트들을 부흥시켰고, 로셀리는 프랑코의 민족주의자 세력과 추축국 군대에 맞서 공화당 편에서 싸웠던 수천 명의 이탈리아 망명자와 합류했다. 또 다른 공화당 지지자인 영국 작가 조지 오웰은 자신이 "두 정치 이념 사이에서 벌어지는 거대한 투쟁 사이에 낀 졸병"이 된 것 같다고 했지만, 이 투쟁은 이탈리아인들에게 있어서는 다분히 개인적인 것이었다. 무솔리니가 1937년 프랑코를 돕기 위해 보낸 정규 및 자원 부대에 몸담고 있는 7만 명의 이탈리아인과 맞서야 했기 때문이다. 로셀리는 살해당한 사회주의 지도자 마테오티의 이름을 따 마테오티 여단을 구성했지만, 대부분의 이탈리아인은 50개국 이상의 5만 명이 넘는 전투원으로 구성된 공산주의 국제 여단 중 하나인 가리발디 여단에서 싸웠다. 스페인은 1943년부터 1945년까지 이탈리아인들로 하여금 나치가 지배하는 이탈리아 사회공화국의 파시스트들을 상대로 자국 내에서 목숨 걸고 싸우게 만들었다.[15]

스페인의 일부 반파시스트는 많은 이탈리아 군인이 지척에 있는 이때가 바로 역선전을 위한 최적의 기회라고 생각했다. 그들은 무전을 통해 적의 전선 너머로 말을 전하려 했다. "이탈리아인들이여, 우리 땅에 와 있는 아들들이여! 그대들은 거짓과 기만적인 선전에 속아넘어갔거나, 굶주림과 일자리 때문에 이곳에 보내졌습니다." 가리발디 여단이 보냈던 메시지 중 하나다. 1936년 11월, 로셀리는 라디오 바르셀로나에서 동포들에게 말을 전했다. 그는 "파시스트 감옥에서 살고 있는 이탈리아 형제들"에게 호소하며, 정권을 거부하고 "오늘은 스페인에서, 내일은 이탈리아에서 태어나는 새로운 세상"에 동참해줄 것을 촉구했다. 그러나 로셀리는 그 세상이 태어나는 것을 살아서 보지 못했다. 파시스트 비밀경찰은 오랫동안 그를 '진압'해야 한다고 주장했고, 1937년 프랑스 우파들이 노르망디에서 그와 그의 동생 넬로를 살해했다. 이는 이탈리아 정권의 사주로 일어났을 가능성이 높다. "역사가 그들이 맞이한 운명의 이유를 결정할 것이다." 무솔리니는 이들의 살인에 대해 에둘러 언급했다.

제3부 권력의 상실

"권력이 그것을 대신하는 기구를 항상 통제할 수 있는 것은 아니다."[16]

1930년대 후반부터 무솔리니는 자기가 내뱉은 말이 거꾸로 자기 목을 옥죄어오기 시작하는 것을 보았다. 전쟁의 위협과 끝날 줄 모르는 가난은 그의 지지도에 큰 영향을 미쳤다. 1939년 토리노를 방문했을 때 뉴스 영화에 실을 수 있을 만한 환대를 꾸며내기 위해 시골 주부들을 징집해 응원을 시켜야 했을 정도다. 정권이 차세대 엘리트로 훈련시킨 젊은 이탈리아인들은 정부에 대한 불만을 공개적으로 발언하기 시작했다. 정보원들은 대학생들 사이에서 '로마-베를린 축에 대한 반감'이 확산되고 있다고 언급했고, 비평가 줄리아 베로네시는 '우리가 하고 있는 타협'이 점점 더 지속하기 어려워지면서 동료들 사이에서 '불편이 심화되었다'고 언급했다.[17] 심지어 공식 프로파간다마저 커가는 불만을 은근히 드러내기 시작했다. 무솔리니의 아들 비토리오 무솔리니가 지도·감독한 로베르토 로셀리니의 1942년 영화 「돌아온 조종사」는 반파시스트 영화가 아니다. 그럼에도 영화가 담아낸 그리스에서 전쟁포로가 되는 비행사 이야기는 감정적 강인함이라는 권위주의적 이상이 무너지고 있음을 시사한다. 이 영화는 어려움에 처한 사람들을 돌아보고 그들을 돕는 행위를 조명하면서 파시스트 시대에 금기되었던 무언가를 묘사한다. 바로 동지와 적의 경계를 넘어 고통받는 인류에 대한 박애주의적 정신이다. 로셀리니의 1945년 저항 영화 「무방비 도시」는 이 새로운 비전이 어디를 향해 가는지를 보여준다.[18]

「돌아온 조종사」가 개봉하고 두 달이 지난 1942년 6월, 뮌헨에 있는 100명의 사람은 의문의 편지를 받았다. '백장미단'의 서명이 적힌 그 편지는 독일인들에게 충격적인 요구를 전했다.

여러분이 어느 곳에 있든, 수동적인 저항을 하십시오. 그 역시 '저항'입니다. 그리고 더 늦기 전에 (…) 인간 같지도 않은 작자의 오만함 때문에 우리 나라의 마지막 젊은 세대가 피 흘리고 죽기 전에, 이 무신론적 전쟁 기계가 작동하지 못하게 막아주십시오. 모든 사람은 자신들이 누릴 자격이 있는 정부를 가진다는 점을 명심하십시오!

편지를 읽은 사람 중 일부는 이런 신성모독적인 글을 가지고 있다는 것 자체가 무서워 이를 게슈타포에게 가져갔다. 이후 6주 동안 세 통의 편지가 더 등장해 독일 서남부 전역과 함부르크에 이르는 수천 명에게 전달됐다. 다섯 번째 편지는(뮌헨대학 교수 쿠르트 후버가 작성했다) 1943년 초에 등장했다.[19]

시대와 지역을 막론하고 연약한 아름다움의 대명사인 백장미는 부패와 살인을 일삼는 정부를 상대로 한 투쟁의 이상적인 상징처럼 보일지도 모른다. 그러나 백장미를 자신들의 저항 단체 이름으로 선택한 뮌헨대학 학생들은 다분히 현실적이었다. 이들은 자신들이 그토록 경멸했던 정권으로부터 매스컴에 대한 교훈을 흡수했다. 남매 저항 운동가 한스 숄과 조피 숄이 말했듯, 이들의 목표는 '많은 인구에게 충격을 줄 설득력 있는 선전'을 만드는 것이었다. 숄 남매는 반나치 성향의 아버지 밑에서 자랐지만, 군대와 여타 나치 기관들이 어떻게 운영되는지 잘 알았다. 과거 히틀러 유겐트의 소년 단장이었던 한스 숄은 마찬가지로 히틀러 유겐트의 일원이었던 알렉산더 슈모렐 및 빌리 그라프와 함께 대학 공부를 하는 동시에 동부 전선에서 의무병으로 복무했고, 크리스토프 프롭스트 또한 군 복무를 했기 때문이다.[20]

조직적이고 용감했던 백장미단은 빈까지 이어지는 협력망을 구축했다. 이들은 편지를 보내는 것에서 뮌헨 서점 벽에 '히틀러는 대량학살자'라고 썼듯이 그라피티를 남기는 것으로 활동을 확장했고, 기차역과 공중전화 부스에서 전단지를 배포했다. 편지를 받을 사람 중 일부는 무작위로 선택됐지만, 대부분은 교육자, 의사, 레스토랑 주인, 술집 주인, 서점 주인처럼 많은 사람과 접촉 가능한 직업을 가진 이들로 의도적으로 선택된 것이었다. 편지에는 그것을 받은 이가 내용을 복사해서 '한 사람에게서 다른 사람에게로' 퍼뜨려달라는 내용이 담겨 있었다. 아날로그 시대에 경찰 국가에서 활동한 이들은 나름대로 반파시스트 사회 연결망을 구축하려 애썼던 것이다.[21]

백장미단은 8개월간 활발하게 활동하며 용케 당국의 눈을 피했다. 게슈타포가 문헌학자를 고용해 편지를 쓴 사람의 정체에 대한 단서를 찾아내도록 했음에도 잡히지 않았다. 1943년 2월 18일, 히틀러와 대관구장 파울 기슬러가 뮌헨대학을 방문했다. 대관구장이 여성들에게 학업을 제쳐두고 아기를 낳으라고 말했을 때, 백장미단은 학생들을 선도해 그의 면전에 대고 야유를 보냈다. 이런 반응에 가슴이 벅차올랐던지, 조피 숄은 건물 높은 곳에서 그들의 여섯 번째 편지 사본을 흩뿌렸다. 학교 관리인이 이를 목격했고, 조피와 한스는 체포되었다. 숄 남매와 프롭스트는 2월 22일 단두대에서 처형되었고, 슈모렐과 그라프, 후버 교수도 이후 같은 해에 처형되었다. 이들의 죽음으로 백장미단은 그토록 그리던 대중의 관심을 받게 되었다. 연합 세력의 비행기가 전국에 수만 통의 편지를 투하했다. "나는 내 신념에 따라 행동해야만 했고, 이 의무감은 군인으로서 해야 했던 충성 맹세보다 더 강하다고 믿었습니다." 한스 숄이 게슈타포 심문관에게 자신의 행동을 설명하며 한 말이다.[22]

숄은 알지 못했지만, 다수의 고위급 군 간부와 정보원들이 그와 같은 마음을 공유하고 있었다. 히틀러의 무모한 전쟁 추진과 1938년 군 지도부 장악 및 숙청 사건은 국방계에서 저항의 분위기를 불러일으켰다. 아프베어Abwehr(군 정보기관)는 차장 한스 오스터 소장의 지휘하에 저항의 중심 기관이 되었다. 최대한의 효과를 위해 이들은 반나치 목사 디트리히 본회퍼 같은 신중히 선택한 민간인들과 함께 움직였다. 전쟁 동안 독일 장교들은 히틀러를 암살하려는 음모를 수없이 꾸몄으나, 폭발물이 고장 나거나 운명의 장난으로 인해 모두 실패로 돌아갔다. 1944년 7월 20일, 아무것도 모르는 히틀러 보좌관이 폭발물로 가득한 서류 가방을 무심코 다른 위치로 옮기면서 클라우스 폰 슈타우펜베르크와 오스터, 그 외 사람들의 암살 시도는 수포로 돌아갔다. 동프로이센에 있는 히틀러 본부도 폭격했지만 주요 목표였던 히틀러는 경미한 부상을 입는 데 그쳤고 다른 나치 장교들만 죽거나 불구가 되었다. 그 일로 암살을 공모한 사람들은 처형되고 그들의 가족은 수감되었으며, 7000명의 군과 민간 관료들이 체포되고 4000명에 달하는 사람이 처형당했다. 폭발 직후 넋이 나간 히틀러는 자기를 치료해준 의사에게 "나는 불사신이다. 나는 죽지 않는다"라는 말을 멍하니 되풀이했다. 신봉자들에게 있어서 히틀러가 암살 시도에서 살아남은 것은 그가 신의 보호를 받고 있다는 증거와도 같았다. 암살을 기도했던 한 사람은 히틀러에게 '수호 악마'가 붙어 있어 목숨을 살려주는 것 같다고 비통한 듯 말했다.[23]

독일 내에서 나치를 상대로 저항하는 것은 외롭고도 무척 위험한 일이었다. 게오르크 엘저부터 몰래 스위스 국경을 통해 유대인들이 도망치도록 해주었던 요제프 회플러에 이르기까지 수많은 '고독한 목격자'가 대의를 위해 자신의 모든 것을 걸었다. 사회주의 동맹부터 귀족과 엘리트들이 모여 나치즘을 종식시키고 민주주의로 전환하는 방법을 모색한 헬무트와 프레야 폰 몰트케의 크라이사우 서클 집회까지, 저항은 다양한 형태로 이루어졌다.[24] 많은 독일인이 히틀러의 통치를 받아들였지만 우생학에 기반한 조치나 나치 이데올로기의 종교적 자유 침해 같은 특정 정책들에 대해서는 문제가 있다고 생각했다. 1939년 정권이 뷔르템베르크의 몇몇 종교계 학교의 종교 수업을 정치 교육 수업으로 대체하려 하자 학부모들이 들고일어나 시위를 벌였다. 한 교구에서는 학부모 47명이 지방 정부 공무원에게 '양심의 온전한 자유'를 지켜줄 것을 요구하는 편지를 보내기도 했다. 그러나 그 편지가 '하일 히틀러'라는 말로 끝맺었다는 사실은 일인 독재 국가에서 평범한 사람들이 할 수 있는 반발의 한계를 보여주었다. 개별적인 정책에는 이의가 제기되기도 했지만, 총통에 대한 숭배만큼은 거의 끝까지 유지되었다.[25]

—

군사 쿠데타 시대로 넘어와, 극우 정권에 맞서 무장 투쟁을 훈련하려는 우파 정권 좌파들은 파시스트 시대보다 훨씬 더 많은 선택지를 갖추게 되었다. 새로운 반제국주의 네트워크는 공산주의 네트워크와 합류해 세계적으로 활동하는 반란군을 지원했다. 카다피의 세계혁명센터는 칠레를 포함해 수십 개국의 남성과 여성들을 훈련시켰지만, 카스트로의 쿠바는 혁명좌파운동과 공산당의 마누엘 로드리게스 애국전선FPMR 같은 피노체트의 적을 더 많이 양성했다.[26]

1986년 9월 7일, 마누엘 로드리게스 애국전선의 게릴라 대원들은 산티아고 외곽 지역 엘 멜로코톤에 있는 시골 별장에서 주말을 보내고 돌아오는 피노체트를 기다리고 있었다. 피노체트의 호송대가 마이포 협곡을 막 지나고 있을 때, 갑자기 트레일러가 딸린 스테이션 왜건 차량이 길을 막아서며 '21세기 작전'의 시작을 알렸다. 경량 대전차 로켓, 수류탄, M16 라이플총 등의 무기가 호송대를 공격했다. 방탄 타이어가 장착된 피노체트의 신형 메르세데스 장갑차도 공격을 받았다. 운전대를 잡고 있던 오스카르 카르바할 육군 상병이 최고 속도로 차를 후진시키는 동안 피노체트는 꼼짝 못 한 채 얼어붙어 있었다. 카르바할 상병이 뒤를 볼 수 있도록 뒷유리창 커튼을 열어준 것도 동승하고 있던 피노체트의 열한 살 된 손자였다(사이드미러는 피로 뒤덮여 있었다). 쏟아지는 총알 속에서 메르세데스 장갑차는 다치거나 사망한 수많은 피노체트의 보안 요원을 뒤로하고 엘 몰로코톤으로 떠났다.[27]

그날 밤 피노체트가 손에 붕대를 감은 채 엉망이 된 메르세데스 장갑차 옆에 서 있는 모습으로 TV에 등장했을 때, 마누엘 로드리게스 애국전선과 혁명좌파운동에 대한 보복은 이미 시작된 상태였다. "나는 성인도 아니고 무함마드도 아닙니다. 누가 내 뺨을 치면 나는 두 대로 갚아줍니다." 이튿날 피노체트가 기자들에게 말했다. 그는 장갑차의 깨진 유리에서 성모 마리아의 형상을 봤다면서, 성모 마리아가 자신을 지켜준 것이라고 했다. 공격받은 장갑차의 처참한 모습이 대중에게 공개되자 많은 사람이 성모 마리아가 강림해 그를 구해준 게 맞았나보다라고 생각했다. 그러나 마찬가지로 기적적이었던 것은 열댓 명 되는 마누엘 로드리게스 애국전선 전사 중 전투 경험이 있는 사람은 거의 없었음에도 불구하고 사망자가 없었다는 사실이다. 에르네스토 사령관(호세 발렌주엘라 레비)은 불가리아 인민군 장교였지만, 동료 중에는 그날 공격 전까지 무기를 한 번도 사용해본 적이 없는 사람들도 있었다.[28]

산티아고 전역에서 정부의 고문 흔적이 가득한 좌파 운동가들의 시신이 무더기로 드러나자 많은 칠레인은 평화를 간절히 바라게 되었다. 1986년 즈음 칠레 국민은 폭력에 완전히 지쳐버렸다. 군부 정권의 잔인함은 지지자들이 등을 돌리게 만들었으며, 정권의 폭력에 대한 공산주의자들의 무력 대응을 그릇된 것이라고 보는 사람들도 있었다. 공산주의 전략이 '칠레인들에게 더 많은 고통과 죽음만을 가져올 것'이라고 비판한 사회주의자들의 생각에 많은 기독민주당 당원과 보수주의자들이 동의했다. 반란이 아닌 사회 동원과 협의가 군부 정권의 마지막을 불러오고 있었다.[29]

두 가지 사건이 광범위한 비폭력 저항의 기폭제가 되었다. 피노체트는 1980년 칠레 국민이 새 헌법에 대해 투표할 수 있게 하는 데 합의했다. 이로써 8년의 추가 재임이 보장되었지만, 그 대가로 1988년에 대통령 선거를 치러야 했다. 하지만 정부는 국민투표가 있는 전달에 국가 비상사태를 선포해 자기네 의사와 반대되는 메시지를 차단하고, 피노체트가 개인적으로 임명한 시장들을 동원해 투표 결과를 집계하도록 하는 등 국민투표 결과에 영향을 미치려고 했다. 새 헌법은 67퍼센트의 찬성으로 승인되었지만, 그 경험은 많은 칠레인의 정신을 흔들어 깨웠으며 1988년 선거 전 정부가 내놓은 유권자 탄압 조치들을 무효화하기 위한 시민사회 운동을 촉발시켰다.[30]

1980년대 초의 경제 위기 또한 사람들로 하여금 거리로 몰려나와 그로 인해 찾아온 대규모 굶주림과 고난에 항의하게 만들었다. 신자유주의 정책이 사회 안전망을 제거해버리면서 1983년 빈곤 지역의 실업률은 50퍼센트에 달했고, 전체 실업률도 30퍼센트나 되었다. 중산층과 상위 중산층도 영향을 받았다. '경제 기적'을 가능하게 했던 것은 칠레 민영 기업들이 떠안은 막대한 외채였다. 이제 정부는 기업들이 의존하는 은행과 금융 기관의 체납된 대출을 매입해야 하는 상황에 처했다. 그리하여 1938년 19개 상업은행 중 7개와 22개 투자은행 중 8개가 국가 소유가 됐다. 이는 피노체트의 신자유

주의 민영화 정책이 칠레에 가져올 것이라고 했던 혜택에 대한 설명에서는 빠져 있던 사실이었다.[31]

중산층과 상위 중산층이 1983년 시작된 대규모 시위에 참여했다. 5월에는 야당들이 모여 새롭게 결성한 민주동맹이 전국 시위의 날을 열었다. 그날 국가의 무자비한 탄압도 여름내 이어진 시위와 전국적인 파업 요구를 막지 못했다. 노동 지도자 로돌포 세구엘은 "우리는 매우 중요한 한 걸음을 내디뎠습니다. (…) 바로 두려움을 떨쳐버린 것입니다"라고 말했다. 9월에는 축구 경기장에 모인 관중이 "군부 독재는 무너질 것이다!"라고 외치며, 국립경기장을 공포스러운 기억의 장소에서 저항의 공간으로 바꿔놓았다. 1984년 CIA 분석가들은 '새로운' 나라가 태어나고 있다고 언급하며 "정당 조직부터 카페에서의 토론에 이르는 모든 정치 활동이 다시 칠레에 돌아왔다"고 말했다.[32]

1976년 산티아고의 추기경 및 대주교 라울 실바 엔리케스의 요청으로 교황 바오로 6세가 설립한 교구 연대는 칠레 가톨릭교회를 저항 활동의 구심점으로 만들었다. 교구 연대는 야당 정치인과 노동 운동가들을 돕고 라디오 방송국인 라디오 칠레나를 운영했으며, 실종자 가족을 위해 필요한 법적 조치들을 취해주었다. 엔리케스의 후임자 후안 프란시스코 프레스노는 정부와 야당 간의 대화가 계속될 수 있도록 했다.[33] 학생운동도 큰 역할을 했다. 교황청 가톨릭대학에서 성가를 부른 시위대의 활동은 더 폭넓은 시위로 발전했다. 학생들의 캠퍼스 단식 투쟁, 철야 기도, 연좌데모, 행진은 1983년의 더 큰 시위로 이어졌다. 그해 18~24세의 칠레인 67퍼센트가 문민정

부를 바란다는 의사를 표현했는데, 이는 당시의 탄압적인 분위기를 고려하면 무척 놀라운 수치였다.[34]

　문화 또한 시위의 수단이 되었다. 1979년 예술행동집단CADA은 이탈리아 파시스트 시대로 거슬러 올라가는 저항의 전통과 전후 퍼포먼스 예술을 결합한 개입을 실시했다. 1981년 프로젝트에서는 경비행기 여섯 대가 산티아고 전역에 전단지 40만 장을 살포했다. 그 전단지에 적힌 "우리는 예술가입니다. 하지만 그저 생각의 지평을 넓히려는 것을 포함해서 자기 삶의 공간을 확장하고자 노력하는 사람이라면 누구나 다 예술가입니다"라는 글은 칠레인들에게 인적 작용의 힘을 상기시켜주었다. 예술행동집단의 'NO+' 슬로건('No more' '더는 안 돼')은 엄청난 영향을 미쳤다. 1983년 대규모 시위가 일어나는 동안 예술행동집단은 예술가들에게 그 문구를 산티아고 각지의 벽이나 그 외 겉면에 써달라고 요청했다. 그러자 곧 칠레 대중 사이에서 'NO+독재'라든가, 'NO+고문' 등의 다른 버전도 등장하기 시작했다. NO+는 독재가 지속되는 동안 항의의 시각적 상징이 되었다. 예술행동집단의 일원 페르난도 발첼스는 후에 이 모든 행위가 "감정, 기억, 고통, 그리고 새로움을 위해 위험을 감수하는 막을 수 없는 의지에 대한 급진적 개방"을 이끌어냈다고 표현했다. 모두 오랜 독재가 낳은 무감각과 망각에 맞서는 것이었다.[35]

　1980년대 중반, 칠레는 변화하고 있었을지 모르지만 일흔이 다 된 피노체트는 그럴 생각이 전혀 없었다. 그는 아주 미미한 정치적 자유에도 불구하고 그와 함께 터져나온 폭로를 참을 수 없었다. 1984년 신설 잡지 『까우세Cauce』는 피노체트가 공공 자금으로 엘 멜

NO+ 예술 시위, 예술행동집단CADA, 산티아고, 1983.
JORGE BRANTMEYER / CADA / COURTESY OF LOTTY ROSENFELD

로코톤의 주말 별장을 지었다는 증거를 공개했다. 기독교민주당은 사기와 직권 남용으로 그를 고발했다. 이에 화가 난 피노체트는 국가 비상사태를 선포하고 출판을 일시적으로 중단시켰다. 그는 점차 커지는 항의에 대해서도 마찬가지로 탄압적인 방식으로 대응했다. 1982년에는 1213명, 1984년에는 5314명, 1986년에는 7019명이 체포되었다. 피노체트의 융통성 없는 태도와 부패는 점차 군부 정권의 걱정거리가 되었고, 미국 정부에 있는 그의 뒷배들은 자신들의 투자에 의문을 품기 시작했다. 레이건 대통령의 중남미 담당 국무차관보였던 엘리엇 에이브럼스는 그 시기에 대해 직설적으로 표현했다. "피노체트는 그 사람이 가진 그 어떤 쓸모보다 훨씬 더 오래 살아남았습니다. 1973년에는 그가 무척 유용하다고 여겨졌더라도

1983년에는 가야 할 때가 된 거죠."[36]

—

1993년 카다피 축출을 위해 취리히 앰버서더 호텔에서 모인 리비아인들도 그 생각에 공감했을 것이다. 그들 중에는 카다피 부족과 강력한 동맹관계인 와르팔라족 출신으로 군대와 안보 기관에서 특권적 위치에 있는 장교들도 있었다. 이들과 뜻을 같이한 사람들은 1981년 리비아에 준군사 조직을 두고 설립된 망명 저항 단체 리비아 구국민족전선NFSL 출신이었다. 이들이 리비아로 돌아와 그들 부족의 거점인 바니 왈리드에서 쿠데타에 참여할 사람을 모집했을 때, 카다피의 보안사 요원들은 이들이 최대 규모까지 커지게 내버려두었다가 10월에 전원 체포했다. TV로 중계된 심문과 자백이 시작되자 바니 왈리드 주민들은 그들의 친족을 처형하지 말아달라는 청원서에 서명해야 했다.[37]

어떤 면에서 카다피는 피노체트보다 훨씬 더 쉽게 집권했다. 그가 정권을 잡았을 때 리비아에는 대항하는 문화가 거의 없다시피 했다. 석유 부자들 또한 그가 국민에게 사회복지 혜택을 제공함으로써 정권에 대한 순응을 조장할 수 있게 도와주었다. 그러나 카다피는 1993년 쿠데타 모의의 군대-부족-망명자 결합이 보여준 것처럼 다양한 저항자를 만들어냈다. 그는 군대로부터 권력을 빼앗고 무분별하게 차드 전쟁(1978-1987)으로 내몰았다. 리비아는 결국 이 전쟁에서 패했다. 또한 그는 이슬람교도들의 전통적인 종교적 권위를 무시해 그들의 분노를 자아냈다. 이 모든 것으로 인해 1980년대 초에만 망명자와 군인들 사이에서 수십 번의 쿠데타 시도가 일어났다.[38]

피노체트와 마찬가지로 카다피도 고조된 저항에 대해 고조된 탄압으로 상대했다. 이 때문에 정권의 차세대 엘리트로 길러진 젊은 이들이 그에게서 등을 돌렸다. 기술적 능력이 있는 수천 명의 리비아 청년이 정부 지원을 받아 서구 민주주의 국가들에서 다년간 유학했다. CIA는 1987년 한 해에만 3000명의 리비아인이 그런 국가들의 대학에서 수학하고 있는 것으로 집계했다. 벵가지 농구 경기장에서 TV 생중계로 교수형에 처해진 사디크 하메드 슈웨디는 미국에서 항공우주공학을 전공하는 동안 저항 집단에 합류했다. 리비아에 남아 있던 학생들은 또래의 젊은이들이 처형당하는 것을 강요에 의해 지켜보며 두려움과 혐오를 품게 되었다.[39]

1987년 CIA는 해외에서 거주하는 5만 리비아 인구의 약 10퍼센트가 참여하고 20여 개 집단으로 이루어진 리비아 망명자 저항 세력에 대해 "거슬리는 정도일 뿐 위협은 아니다"라고 일축했다. 이들 중 대규모 반란을 일으킬 정도의 군사적 지원을 받은 집단은 없었지만, 그 저항에는 리비아인들이 새로운 세상과 새로운 지도자를 꿈꿀 수 있도록 하는 장기적인 노력도 포함되어 있었다. 카다피 반대자들은 전 세계에서 반대의 메시지를 전하는 운동을 전개했다. 1985년까지 수단의 수도 하르툼에 있다가 이후 런던으로 본사를 옮긴 리비아 구국민족전선은 매달『구원』이라는 잡지를 2만 부씩 발행했다. 이집트 라디오 방송국은 반카다피 프로그램「리비아인의 목소리」를 송출했다. 1981년 맨체스터에서 결성된 리비아 입헌 연합은 「군사 쿠데타를 되돌리는 법」을 출간하기도 했다.[40]

　전 군 장교이자 리비아 구국민족전선 지도자인 자발라 마타르의 경우처럼, 카다피의 정적 중 완전히 무사하다고 할 수 있는 사람은 아무도 없었다. 1979년 마타르는 자녀들을 외국 학교로 보내고 자신은 카이로로 넘어갔다. 그는 리비아의 민주주의를 촉구하는 기사를 썼을 뿐만 아니라 차드 정부가 포로로 잡아온 리비아 군인들을 반카다피 게릴라 요원으로 개조하는 차드의 훈련소에 자금을 댐으로써 카다피의 주요 표적이 되었다. 1990년 이집트의 국가 안보 요원이 마타르를 납치해 그를 리비아로 돌려보냈다. 그는 리비아 구국민족전선에서 함께 활동했던 동생 마흐무드, 조카 알리와 함께 아부 살림에 수감되었다. 그의 아들 히샴 마타르가 카다피 치하에서 그의 가족이 겪어야 했던 일을 담아낸 회고록에는 상실감이 짙게 배어 있다. 히샴 마타르는 11년간 수감되어 있다 카다피가 죽고 난 후에야 풀려난 사촌 마헤르 부슈라이다를 보면서 이런 글을 남겼다. "모든 정치범은 약간 억눌린 듯한 걸음걸이를 가지고 있다. 마치 탄압이 근육에 해로운 정서를 남긴 것처럼…… 그리고 그 원한은 이데올로기의 운명에 있는 것이 아니라, 인류 그 자체에 있는 것 같았다."[41]

—

　2011년 카다피의 통치가 막을 내린 이후, 뉴미디어와 새로운 첨

단 기술이 저항의 방법과 이를 막으려는 독재자들의 방식을 바꿔놓았다. 2017년 푸틴은 젤로를 차단했고, 에르도안은 게지 공원 시위가 일어난 2013년경 트위터와 페이스북을 금지했다. 정부는 또한 그들이 허용하는 소셜미디어 플랫폼에 인터넷 트롤과 허위 정보를 쏟아붓고, 국내외 저항자들의 활동을 체크하기 위해 디지털 잠입을 시도한다. 오늘날의 저항 단체에는 정부 검열에 대한 해결책을 찾아내는 컴퓨터 프로그래머와 암호 기술자들이 포함된다. 이들은 가상 사설 통신망에 접속해 틴더 같은 앱을 활용한다(홍콩 시위자들이 2019년 시위를 조직하기 위해 틴더를 사용했다).[42]

뉴미디어는 정보 교환과 연대를 위한 수평적 네트워크를 구축함으로써 저항 운동가들이 결속하고 서로, 그리고 세상과 소통할 수 있게 해준다. 현재의 시위자들은 국가적 탄압에 맞서고 그에 대해 폭로하기 위해 디지털 스토리텔링 방식을 활용한다. 그런 이야기들은 2010~2012년 아랍의 봄 봉기가 일어나는 데 추진력을 제공했고, 2019년 8~9월 러시아 정부가 정치 활동가들을 급습할 때 그들이 겪은 고초는 만천하에 드러나게 했다. 이제 많은 이를 잠 못 들게 했던 그 무서운 문 두드림은 트위터에서 생중계되고 있으며, 모스크바에서 류보프 소볼에게 일어났던 일처럼 우리는 경찰들이 저항 인사의 집에 들이닥치는 동안 그와 같은 방 안에서 이 모든 상황을 지켜볼 수 있게 됐다. 또한 이제는 저항 운동가가 그의 연락처 목록과 모아온 자료를 지키는 모습도 실시간으로 볼 수 있다. 노보시비르스크 지역의 활동가이자 전 시장 후보였던 세르게이 보이코가 경찰이 자기 집 문을 두드리는 동안 자기 하드 드라이브를 드론에 달아 집 밖

으로 날려 보내는 사진을 트위터에 올렸던 것처럼 말이다.[43]

소셜미디어는 공감과 분노의 중심점을 이루면서 독재 국가들이 조장하는 냉소와 사람들을 무력하게 만드는 공포를 극복하도록 돕는다. 또한 캐리커처를 통해 웃음이라는 인간적인 힘을 북돋는다. 1984년 산티아고 라 빅토리아 지역에 그려진 피노체트를 나치 돼지로 묘사한 벽화를 본 칠레인은 많지 않았겠지만, 2011년 카다피를 광대로 묘사한 이미지와 2017년의 화장한 푸틴의 이미지는 수많은 사람에게 퍼져나갔다.[44]

그럼에도 여전히 저항의 핵심은 물리적 존재에 있다. 다름 아닌 거리로 나와 공공장소를 다시 우리 것으로 만들고, 새로운 국가의 모습을 보고 듣게 해주는 대중이다. 직접 시위에 참여한 대중의 모습은 오늘날까지도 시위자들에게 영감을 주는 이미지와 전술을 만들어냈다. 1989년 소련의 통치에 항거하여 라트비아, 에스토니아, 리투아니아 전역에서 200만 명의 사람이 서로 손을 잡고 만들어낸 발트의 길Baltic Way 인간 띠는 2002~2004년 이탈리아에서 있었던 반베를루스코니 시위자들의 '지로톤디girotondi', 즉 원형 인간 띠에서 재현됐다. 2019년 홍콩 시위자들도 발트의 길에 대한 존경의 뜻을 표했다. 전 세계적으로 하나의 저항 행동은 다른 행동에 영감을 준다.[45]

—

2010년, 푸틴 총리는 특별한 생일 선물을 받는다. 모스크바대학의 일부 언론학과 학생들이 란제리 차림으로 그의 남자다움을 찬양하는 사진으로 만든 달력이었다. "해마다 더 멋있어지시네요"라든가 "세 번은 어때요?" 같은 말이 적혀 있었는데, 후자는 또 한 번의 대통령 재임을 암시하는 것이었다(당시에는 드미트리 메드베데프가 명목상의 국가 원수였다). 이에 모스크바대학 언론학과의 다른 학생들은 반대 의미를 담은 달력을 제작하게 되는데, 이들은 옷을 다 갖춰 입고 푸틴에게 덜 우호적인 메시지를 전달했다. 그중 하나는 4년 전 푸틴의 생일에 살해당한 언론인을 두고 "누가 안나 폴릿콥스카야를 죽였습니까?"라고 물었다. "집회의 자유는 항상, 어디에나 있습니다"라는 메시지도 있었다.[46]

국가 탄압에 대한 그 여성들의 비판은 푸틴을 다시 대통령직에 앉힌 2012년 국회의원 총선거의 부정행위를 두고 일어나게 될 대규모 시위의 전조였다. 전 임기 동안에도 푸틴의 부패와 폭력은 사람들의 비난과 조롱을 받았다. 2006년 한 온라인 언론인이 그를 스킨헤드로 묘사해 죄수 유배지로 보내졌다. 2008년에는 보이나Voina('전쟁'이라는 뜻) 예술 단체가 '권력자들이 국민을 유린하고 있는 현실'에 사람들의 관심을 집중시키기 위해 모스크바 티미랴제프 생물학 박물관 앞에서 집단 성행위를 하기도 했다.[57]

2011~2012년 겨울에 일어난 '정직한 선거'를 촉구하는 대규모 시위는 제도적 변화와 민주화에 대한 러시아인들의 열망을 보여주었다. 모스크바에서만 최대 10만 명이 이 시위에 참여했고 다른 도시들에서도 수만 명이 참여했다. 프콘탁테VKontakte 같은 소셜미디어 사이트를 통해 알려진 이 시위에 모든 사회 계층 구성원과 심지어

이전에 정치에 관심이 없었던 사람들까지 모여들었다. 우랄산맥 부근 도시 첼랴빈스크 출신의 교사 키라 소콜로바도 이들 중 한 명이었다. 소콜로바는 TV로 12월에 있었던 일을 지켜보고 온라인으로 부정선거에 대한 내용과 반부패 활동가 알렉세이 나발니가 한 일에 대해 읽었다. 그는 나발니의 운동에 동참하고 선거 감시단이 되었다. 2012년 5월, 그는 푸틴의 취임식 바로 직전에 열린 '백만 행진'에 참석하기 위해 34시간을 이동해 모스크바로 갔다. 다른 많은 사람과 마찬가지로 소콜로바의 더 큰 목표는 '이 모든 거짓말, 이 추악함, 이 비열함이 사라지고 평범한 인간적 가치가 승리할 수 있도록' 러시아 정치 문화를 바꾸는 것이었다.[48]

푸틴의 몸은 남성적 위협을 보여주는 핵심적인 요소지만, 푸틴과 그가 지배하는 국가에 맞서 저항하는 사람들은 그들의 몸을 저항의 수단으로 만들었다. 2011년 이후로 빈곤한 연금 수급자, 저항 예술가, 정치범 등의 분신자살과 입을 꿰매는 시위 행위는 더 빈번해졌다. 지하철역과 교회에서 행해진 푸시 라이엇 집단의 퍼포먼스는 동방 정교회를 등에 업은 푸틴의 통치에서 필수적 부분인 여성 혐오에 사람들의 관심을 집중시켰다. 이들은 "러시아에는 정치 및 성적 해방, 대담함, 페미니스트의 채찍, 여성 대통령이 없다"고 선언했다.[49]

푸틴은 이러한 시위의 물결에 더 강한 검열과 탄압으로 응답했다. 개정된 법은 이제 더 쉽게 시위자들을 투옥하거나 죄수 유배지로 보낼 수 있게 해주었다. 그러나 칠레에서 피노체트에게 일어났던 일처럼, 푸틴의 강경 전략은 역효과를 일으킬 수도 있었다. 민주화 시위는 대중의 생활 속에서 이어졌다. 2019년 스물한 살의 수감된 정치 활동가 예고르 주코프는 일간지 『노바야 가제타』에 "사회를 겁박하고 싶어하는 당국은 사회를 더 화나게 할 뿐"이라는 글을 기고했다.[50]

나발니 같은 야당 인사들은 이제 집회보다는 지역 차원에서 시작하는 선거 전략에 더 집중한다. 정부는 나발니의 출마를 막으려 애썼고, 2019년 소볼이 모스크바 시의원에 출마하는 것을 금지했다. 푸틴이 정치적 경쟁을 조작해야만 한다는 사실이 드러나고 있다. 이제 72세인 푸틴은 더 이상 그 카리스마가 국민에게 먹히지 않는 나이 든 독재자이기 때문이다. 그에 대한 신뢰도는 2015년 70퍼센트에서 2019년 33퍼센트로, 13년 만에 최저치로 떨어졌다. 현재 임기가 끝나게 되어 있는 2024년에 그가 자유 공정 선거를 허락했다면, 정치 패권을 잃었을 수도 있다. 2036년까지 정권을 유지할 수 있도록 러시아 헌법을 수정한다는 그의 해결책은 강함이 아닌 약함의 증표다.[51]

—

"다음 주 일요일에 만나요. 잘하면요." 코미디언 사비나 구찬티가 2003년 11월 라이 3 채널의 쇼 「라이엇: 대량 살상 무기」의 방송을 끝마치며 시청자들에게 이 첫 화가 마지막 화가 될 수도 있다고 말했다. 쇼의 한 콩트는 이탈리아 총리의 미디어 제국에 이익을 가져다줄 텔레비전 법 개혁안에 대해 풍자했다. 구찬티는 "지금 이탈리아에서 무슨 일이 일어나고 있는지 알리는 것은 코미디언들의 몫입니다"라고 말했다. 베를루스코니의 정권에서 이런 행동은 체제 전복적인 행위로 간주되었다. 그는 구찬티와 라이 3 연출자 파올로 루피니를 명예훼손으로 고소했다. 라이 방송국은 구찬티를 변호하는 대신 그의 쇼를 폐지하고 모든 라이 채널에서 그의 출연을 금지했다. 베를루스코니가 주요 민영 방송국을 전부 소유하고 있었기 때문에 구찬티는 전국의 시청자를 잃었다. 그가 녹화해둔 「라이엇」의 다섯 개 미방송분은 끝내 방송되지 못했다.[52]

베를루스코니와 트럼프의 경우처럼 일인 독재자들이 이끄는 쇠퇴한 민주주의 사회에서 일어나는 저항은 에르도안과 푸틴의 국가보다는 수감되거나 사형에 처해질 위험이 낮다. 그러나 이런 국가 수장들이 감행하는 개인적 복수는 직업적 불이익을 야기할 수 있고 종종 위협이나 실질적인 신체적 위해도 뒤따른다. 베를루스코니의 부패에 저항해야 한다는 프란체스코 사베리오 보렐리 검사의 외침은 2002년 6월과 2003년 11월 치안판사들의 1일 파업 시위로 이어졌다. 이에 베를루스코니는 치안판사들의 호송 경비를 없애서 마피아나 피습에 무방비로 노출되게 만드는 식으로 대응했다.[53]

2000년대 초 이러한 긴장 상황에 맞서 시민사회의 시위가 확산됐다. 2002년 3월, 노동자 해고를 더 쉽게 만들자는 베를루스코니의 제안에 노동조합은 전후 역사상 가장 큰 행진을 조직했고, 로마 키르쿠스 막시무스에 수백만 명의 사람이 모여들었다. 두 달 전에는 사법부와 라이RAI처럼 위협받고 있는 기관들을 상징적으로 보호하는 의미에서 이탈리아 사람들이 손에 손을 잡고 동심원을 만든

'지로톤디' 운동이 시작되었다. 극좌파는 지로톤디를 '소시민적' 운동이라고 비난했지만, 2002년 9월 집회에는 100만 명이라는 엄청난 인원이 참여했다.

베를루스코니는 전통적인 미디어에서 비평가와 풍자가들을 사라지게 하는 데에는 성공했을지 모르지만, 그가 얕잡아봤던 뉴미디어는 만만치 않은 힘을 가지고 있다는 걸 증명해 보였다. 이탈리아의 구원자라는 그의 이미지와 미사여구는 인터넷에서는 완전히 반대로 뒤집혔다. 법에 따른 집권을 더 연장하려던 의도로 그가 내놓았던 더 안전한 도시를 만들겠다는 캠페인은 그 자신이 철창 뒤에 있는 모습의 합성 사진이 나오는 데 영감을 주었다. 희극인 베페 그릴로가 2005년 시작해 곧 세계적으로 유명해진 블로그는 '사이코 난쟁이'에 대한 신랄한 비판의 흐름을 이끌었다. 그해 '짐이 곧 국가다'라는 제목의 글이 블로그에 게시됐다. 그 글에는 루이 14세의 초상화에 베를루스코니의 얼굴을 합성한 이미지가 실려 있었는데, 이는 칠레 그래픽 아티스트 기요가 그렸던 피노체트 캐리커처의 인터넷 시대 버전이라 할 수 있다.[55]

2006년 베를루스코니는 총선에서 패해 권좌에서 내려왔다. 그의 자기중심적인 '미라클 워커' 메시지는 침체된 경제가 성장할 것이라는 비현실적 기대를 키워놓았다. 이는 그의 부패에 대한 불만과 더불어 그의 정당이 패배한 원인이 되었다. 그러나 이후 집권한 중도좌파는 2006~2008년 정권에서 반부패 개혁에 대한 시민들의 기대를 충족시키지 못했다. 기요는 포퓰리스트에 대한 커가는 분노를 2007년 볼로냐를 비롯한 225개 도시에서 일어난 '나가 죽어Go Fuck

Yourself'의 날에 쏟아냈다. 총리가 자리에서 물러나 징역을 살기 시작하는 것으로 끝나는 영화감독 난니 모레티의 2006년 픽션 영화 「악어」는 베를루스코니의 가치관과 페르소나가 어떻게 이탈리아를 식민지로 만들었는지를 보여준다. 그는 베를루스코니 '중독'과 '우리가 정상적이라고 여기는 공공 윤리의 붕괴라는 정상적이지 않은 것들'이 그 원인이라고 분석했다.[56]

2008년 베를루스코니가 다시 집권했을 때 시위는 더 거세졌다. 이미 진행 중인 재판 한 건에, 세 건의 재판을 더 앞두고 있는 이 이탈리아 지도자는 자기 보호에 총력을 기울였다. 곧이어 새 정부가 그에게 재판을 받지 않아도 되는 면책권을 부여하는 조치를 통과시켰고, 이는 일부 사람에게 결정적 전환점이 되었다. 이틀 후 한 블로거가 운영하는 페이스북 페이지는 이탈리아인들에게 '국가에 대한 독점적 개념'을 가져 '서구 민주주의 국가들 사이에서 매우 심각한 이상 현상'이 된 지도자의 사임을 요구해야 한다고 촉구했다. 2009년 10월 이탈리아 헌법재판소가 그에게 면책권을 부여하는 조치를 폐지했을 때, 베를루스코니의 섹스 파티 스캔들이 하나둘 터져나오기 시작했다.[57]

2009년 12월 '노 베를루스코니'의 날에는 100곳이 넘는 이탈리아 도시에서 시위가 열렸고(로마에서만 30만 명이 참여했다) 시위는 2010년까지 이어졌다. 이 대중 시위의 물결은 라이 방송국이 활기를 되찾게 만들었다. 라이 노조는 베를루스코니의 법적, 성적 스캔들에 대한 뉴스 보도를 억압하는 것에 대해 항의했다. 라이 1의 유명 앵커 마리아 루이사 부시는 '참을 수 없는 정세'에 대한 항의의 표시로 사직했다. 2009년 학자이자 활동가인 나디아 우르비나티, 미켈라 마르차노, 바르바라 스피네티가 『라 레푸블리카』에 발표한 선언문 「베를루스코니의 마초이즘에 반대하며」는 순식간에 10만 명의 동의 서명을 받았다. 이들은 "이 남자는 여성을 해치고 민주주의를 해칩니다. 힘을 합쳐 그를 막읍시다"라고 주장했다.[58] 그리고 2년 뒤 유로존 위기가 이탈리아로 확산됐을 때, 마침내 그 기회가 찾아왔다.

—

"우리 헌법은 '나, 대통령은'이라는 말로 시작하지 않습니다. '우리, 국민은'이라는 말로 시작합니다." 2017년 1월 21일, 작가 겸 활동가 글로리아 스타이넘은 트럼프 취임식 바로 다음 날 열렸던 여성 행진Women's March에서 이렇게 말했다. 워싱턴 DC에서 열렸던 이 행사는 미국 페미니즘 운동의 전통 및 1963년 3월의 일자리와 자유를 위한 워싱턴 행진을 비롯한 시민운동의 비폭력 이념을 표방했다.[59] 다음으로 노동, 민권, 종교 단체들의 연합체가 추진력을 제공했다. 그리고 이제 소셜미디어가 결정적인 역할을 했다.

이 행진은 트럼프 당선 이후 미국 전역의 개인들이 만든 페이스북 페이지에서 시작됐다. 이들은 사람들에게 트럼프 행정부가 위태롭게 할 가능성이 높은 생식권 및 기타 인권을 지키기 위해 시위에 참여해달라고 요청했다. 결과적으로 400개 이상의 기관이 이 행진에 뜻을 같이했고, 행진의 상징인 고양이 귀 모양의 분홍색 손뜨개

모자는 트럼프의 여성 혐오와 성폭행 역사에 대한 비판의 뜻을 담았다. 워싱턴 DC에서 40만~50만 명의 사람이 이 행진에 참여했고, 전국적으로는 400건이 넘는 행진에 300만~500만 명이 참여한 이 행진은 미국 역사상 가장 큰 규모의 동원이었다.[60] 이 일은 미국 정치 지형도 변화시켰다. 2018년 가을 중간선거에 후보로 출마한 여성 후보자 3000명 중 다수가 여성 행진에 영향을 받아 정치에 입문했다고 밝혔다. 결과적으로 90명이 넘는 여성이 당선되었고, 기록적인 수의 유색인종 여성들이 여기에 포함됐다.[61]

일주일 후 특정 무슬림 우세 국가 출신 사람들의 미국 입국을 금지하는 트럼프의 행정명령이 시행되었을 때도 시위는 계속됐다. 미국인들이 공항과 기타 국경 통과 허브로 몰려들었다. 이민 변호사들은 전문 지식을 무료로 제공했고 전국적으로 수천 명의 컴캐스트 직원이 그랬던 것처럼 많은 이가 직장을 떠났다. 그 후로 몇 달간 시위는 매일같이 이어졌다. 2017년 4월의 과학 행진March for Science은 기후변화 과학에 대한 정부의 공격을 세상에 알렸다.[62] 2017년 1월 결성된 연합 저항The United Resistance 운동은 트럼프 행정부에 대한 광범위한 미국인들의 저항을 반영한다. 이들은 환경, 인종, 생식, 이민, 노동 권리를 위해 싸우는 다양한 단체의 행동을 조직화한다. "우리 중 하나를 잡으러 오는 것은 우리 모두를 잡으러 오는 것이다"라는 이들의 슬로건은 나치 강제수용소에 오래 수감되었던 독일 목사 마르틴 니묄러의 시에 기반한 것으로, 독재자들에게 저항하는 데 있어서 연대의 필요성을 나타낸다.[63]

정치체제 내에 있는 사람들 또한 트럼프 행정부의 미국 민주주의에 대한 공격에 대응하는 데 중요한 역할을 했다. 2016년 12월 전의회 직원들이 결성한 인디비저블 무브먼트처럼 풀뿌리 행동을 추구하는 사람들도 있었고, 전 사법부 변호사들이 설립한 프로텍트 데모크라시처럼 법적인 반발을 모색한 사람들도 있었다.[64] 공무원들은 부당하다고 판단되는 행정명령의 시행을 지연시킴으로써 관료적 저항을 벌였다. 그중에는 비윤리적 행동을 기록한 사람들도 있었다. 2018년 9월, 마이클 앳킨슨 감사관은 트럼프와 우크라이나 볼로디미르 젤렌스키 대통령 간의 부적절한 소통이 있었다는 내부고발자의 제보를 의회에 알렸다. 앳킨슨의 발언은 조사와 청문회가 열리는 계기가 되었고, 이는 2019년 의회의 트럼프 탄핵으로 이어졌다. 그러나 그는 이 일로 2020년 4월 트럼프에 의해 해임되었다.[65]

그로부터 한 달 후, 흑인 트럭 운전수 겸 경비원 조지 플로이드가 5월 25일 경찰에 의해 살해되면서 미국에서 새로운 시위의 물결이 일어났다. 미니애폴리스의 백인 경찰관 데릭 쇼빈이 8분간 플로이드의 목을 무릎으로 짓눌렀고 그는 "숨을 쉴 수가 없어요"라고 힘겹게 말했다. 이를 목격한 청소년 다넬라 프래지어가 떨리는 손으로 이 모습을 촬영해 자기 페이스북 페이지에 올렸다. "희생당한 이들을 기억하라! 흑인의 목숨도 소중하다!" 전국에서 길거리로 쏟아져 나온 사람들이 외쳤다. 이들은 플로이드, 브레오나 테일러(2020년 자기 집에서 경찰의 총에 맞음), 필란도 카스틸(2016년 차 안에서 경찰에게 총격당함) 등 경찰에 의해 목숨을 잃은 수많은 아프리카계 미국인에 대한 정의를 요구했다. 2020년 시위의 핵심이었던 블랙 라이브스 매터Black Lives Matter 운동은 2012년 한 백인 남성이 무기를 소지하지 않은 흑인 고등학생 트레이번 마틴을 살해한 사건이 무죄를 받은 후 2013년에 시작됐다. 이는 미국 전역의 흑인들이 마주하는 제도적 인종차별 및 일상적인 폭력과 차별에 맞서 지역적, 전국적 차원에서 이루어진 운동이다.[66]

지속적인 대규모 시위에는 기회, 조직, 그리고 두려움을 넘어선 분노라는 동기가 필요하다. 코로나바이러스 팬데믹으로 인해 발생한 대규모 실업이나 재택근무의 유연성 같은 여러 상황이 겹쳐 사람들을 길거리로 나오게 했다. 백악관에 백인 우월주의자를 두고 있다는 위험이 코로나에 감염될 위험보다 컸다. 매일같이 다양한 인종으로 이루어진 사람들이 다리를 건너 행진하고 밤늦게까지 길거리와 광장을 가득 메웠다. 6월 말 기준으로 2000여 개의 도시에서 4000회가 넘는 집회가 열렸고 수백만 명이 참여했다. 초반에는 밤에 재산 피해가 일어나기도 했지만(상점에서 물건을 훔쳐 가는 데 동원된 트럭은 전문 약탈꾼들의 것이었다), 대부분의 시위는 평화적인 집회였다. 전미유색인지위향상협회의 #WeAreDoneDying(#더이상의죽음은그만) 캠페인과 블랙 라이브스 매터의 '흑인의 기쁨을 중심으로'라는 목표는 수많은 2020 시위자들의 정신을 담아냈다. 이들은 연대를 통해 정당한 분노와 낙관적인 믿음을 표현하고 100년이 넘는 시간 동안 이어져온 효과적인 저항운동의 특징인 집단행동의 힘을 보여주었다.[67]

시위는 또한 트럼프가 집권한 미국에서 권력에 저항하는 데 수반된 위험이 증가했음을 보여주었다. 많은 주가 이미 시위와 관련된 경범죄를 중범죄로 격상시켰고 시위자들을 폭도로 재분류했다. 즉, 시위 참여자들이 '경제 테러리스트나 방해 공작원'들과 똑같이 범인 취급을 받을 수 있다는 뜻이었다. 2018년 웨스트버지니아주는 폭동과 '불법 집회'를 해산하는 경찰 업무 중 발생하는 사망에 대해 경찰의 책임을 면제해주었다.[68] 뿐만 아니라 많은 경찰관이 극우적 이념으로 가득한 상태로 시위에 나왔다. 2015년 FBI의 대테러 보고서는 법 집행 기관과 백인 우월주의자, 기타 반민주 집단 사이의 '활발한 연결 고리'를 발견했다. 2019년 페이스북 그룹에서 활발하게 활동하는 전 경찰관 및 퇴역 경찰관들이 올린 글에 대한 연구에 의하면 현직 경찰관 5명 중 1명, 퇴역 경찰관 5명 중 2명이 흑인, 무슬림 및 트럼프 행정부가 표적으로 삼은 기타 집단에 대해 인종차별적이고 비인간적인 발언을 한 것으로 드러났다.[69]

2020년 5~6월 시위 기간에 경찰은 전투용 보호 장비와 전술 장비를 갖추고 고무탄과 최루가스를 쏘며 경찰봉을 휘둘렀다. 6월 4일, 버펄로 경찰관들은 75세의 마틴 구기노를 바닥으로 밀치고 그가 머리에서 피를 흘리는 동안 그를 그대로 지나쳐갔다. 그는 후에 두개골 골절 진단을 받았다. 트럼프는 이 경찰들의 행동을 옹호했을 뿐만 아니라 구기노가 급진좌파를 의미하는 '안티파Antifa 선동가'였을 거라는 추측성 글을 트위터에 올렸다. 그리고 그 일이 있기 며칠 전 트럼프는 안티파를 테러리스트 조직으로 지정하겠다고 선언했다. 안티파는 중심 조직이 없는 운동이기 때문에 이러한 위협에는 법적 근거가 없었지만, 보안 부서로 하여금 시위자들을 테러리스트처럼 취급해도 괜찮다는 메시지를 전달했다. 곧 윌리엄 바 법무부 장관은 반정부 극단주의자들에 대한 대책위원회를 조직했다. 바는 피노체트부터 푸틴에 이르는 극우 프로파간다를 되풀이하며 시위가 "폭력적이고 과격한 집단에 의해 장악되었고, 미국 사회에 혼란과 무질서를 불러일으키려는 외국 단체들이 이를 강화했다"고 주장했다. 경찰이 시위를 취재한 기자들을 폭행하거나 체포한 건이 400건이 넘었다는 사실은 트럼프의 반언론 프로파간다가 효과를 냈음을 시사한다.[70]

과거에도 그래왔듯 예술가들은 시민권과 민주적 자유에 대한 위협에 발 벗고 나서서 대응했다. 스쿨 오브 비주얼 아츠의 2019년 전시「목격자로서의 예술」이 선보인 200점의 작품 중에는 2018년 7월 『타임』 표지에 실렸던 낸시 버슨의 트럼프와 푸틴의 얼굴을 합성한 이미지도 포함되어 있었다. 2017년부터 NBC의 「새터데이 나이트 라이브」는 트럼프 행정부와 그와 푸틴의 관계에 대한 풍자극을 통해 큰 인기를 끌었다. 코미디언 세라 쿠퍼가 트럼프의 인터뷰와 연설 영상을 립싱크한 틱톡 영상은 2020년 인터넷을 휩쓸었다.[71] 로빈 벨은 2017년 5월 트럼프 인터내셔널 호텔 입구에 빔프로젝터로 '트럼프에게 주는 뇌물은 이쪽으로Pay Trump Bribes Here'라는 문구를 쏜 것을 시작으로 여러 문구를 보여주며 색다른 방식으로 대중에게 접근하고 있다. 벨의 프로젝터 작업은 '트럼프 보안 요원들이 얼마나 빨리 반응하느냐에 따라' 2분에서 40분간 지속되며, 온라인에서도 이어지고 있다. 그는 이를 통해 "우리가 겪고 있는 것이 정상적인 게 아니라는 사실을 시각적으로 상기시켜주는 동시에 우리가 우리와 함께 살아가는 사람들의 말을 듣고 있고 신경 쓰고 있다는 것을

트럼프 인터내셔널 호텔에 빔 프로젝터를 쏜 로빈 벨의 작업, 2017년 5월.
PHOTO BY LIZ GORMAN / BELL VISUALS / COURTESY OF ROBIN BELL

—

알려주는" 연대의 메시지를 보내는 것이라고 설명했다.[72]

—

그 메시지는 2019년 이스탄불에서 정치적으로 성공을 거두었다. 야당 후보자 에크렘 이마모을루가 정치를 통해 긍정적인 감정의 힘을 보여주며 이스탄불 시장으로 당선되었다. 그의 선거운동 책임자 아테스 일리야스 바소이는 "우리에겐 간단한 규칙이 있었습니다. 에르도안을 무시할 것, 그리고 에르도안을 사랑하는 사람들을 무시할 것, 이렇게 딱 두 가지였어요"라고 말했다. 당시 이스탄불의 구청장이었던 이마모을루는 자유주의적 관점을 이슬람 율법적 라이프스타일과 결합했다. 그는 수차례의 심사 끝에 에르도안의 후보자비날리 이을드름을 이길 수 있는 강력한 후보로 선택되었다. 그럼에도 아무도 그의 '급진적 사랑' 플랫폼이 성공할 것이라고 예측하지 못했다.[73]

이마모을루는 독재자의 공격성과 오만함으로 가득한 정치를 근본적으로 뒤엎었다. 그는 독재자의 지도자-추종자 역학관계를 보여주는 대규모 집회 대신, 길거리로 나가 '이념과 관계없이 모든 사람을 직접 만나 대화하고', 카페, 모스크, 공원 등에서 유권자들을 맞이했다. 또한 시민들에게 위협적 탄압이 아닌 포용을 선사했다. 그는 에르도안의 정의개발당AKP이 보여준, 자신들이 선거에서 패배하면 대재앙이 일어날 거라는 적대적인 톤의 예언에 대해 '다 괜찮아질 거야Everything will be fine'라는 차분하고 긍정적인 캠페인 슬로건으로 맞대응했다.[74]

이마모을루가 3월 선거에서 역전을 이루어냈을 때(이을드름의 득표율은 44.61퍼센트였고 그의 득표율은 48.77퍼센트였다), 에르도안 편이었던 선거 위원회는 부정 선거를 운운하며 선거를 다시 치러야 한다고 발표했다. 이마모을루는 화가 난 그의 지지자들에게 이렇게 말했다. "저 사람들은 우리 안에서 갈등을 일으키려는 겁니다. 하지만 우리는 서로를 포용하며 그에 맞서나갈 겁니다." 시장 선거를 자신의 지지율에 대한 대리 투표로 본 에르도안은(과거에 이스탄불 시장이었다) 다시 시작된 선거운동 기간에 이스탄불의 39개 구를 모두 돌며 유권자들의 집을 방문했다. 그러나 다른 정치인을 모욕했다는 이유로 이마모을루를 감옥에 처넣어버리겠다고 협박하는 듯한 그의 권위주의적 전략들은 잘 먹히지 않았다. 그렇게 6월에 재선거가

"이마모을루가 있는 곳에 희망이 있다." 캠페인 슬로건, 2019.
MURAD SEZER / REUTERS

치러졌고, 그 결과 이마모을루는 전보다 더 오른 54.2퍼센트의 득표율로 선거에서 승리했다(이을드름은 45퍼센트로, 전에 비해 패배한 선거구가 11개 늘었다). 이에 정의개발당 내부 제보자에 의하면 "'생존' 대신 다른 메시지를 전했어야 했던 것 같다"라는 이야기가 나왔다고 한다.[75]

100년 동안 독재자들은 이마모을루가 '공포 정치가 낳은 불신과 적대감의 장벽'이라고 표현한 것을 이용해 그런 악랄한 생각을 바탕으로 정치적 이익을 얻어왔다. 그 장벽은 튀르키예의 신임 시장이 과거와 현재의 저항의 정신을 바탕으로 없애겠다고 분명히 공약한 것이었다. "양극화는 전 세계적 문제입니다." 그가 말했다. "세계

각지에서 포퓰리즘이 분할 통치를 위해 쓰이고 있습니다. 하지만 저는 우리가 이 동향을 뒤엎을 수 있다고 믿습니다." 이마모을루의 승리는 튀르키예의 새로운 미래에 대한 가능성을 보여주며 전 세계 독재자들에게 분명한 메시지를 보내고 있다.[76]

10장

최후

2011년 10월 20일, 카다피는 적들의 눈에 띄지 않기를 바라면서 하수관 속으로 숨었다. 리비아 혁명은 이집트에서 호스니 무바라크를 몰아내고 튀니지에서 엘아비디네 벤 알리를 축출한 아랍의 봄에 힘입어 8개월 전에 시작됐다. 카다피는 자신이 다음 차례라는 생각을 늘 애써 무시해왔다. 그의 국민은 그를 사랑했다. 그는 그들에게 아프리카에서 가장 높은 일인당 국민소득과 평균 수명을 가져다주었고, 그때 그는 다른 사람이었다. 봉기 초기에 그는 "나는 사막 천막 출신의 전사이자 혁명이다"라고 말하며 절대 항복하지 않을 것이라고 경고했다.[1] 국가과도위원회NTC 임시 정부의 군대인 인민해방군 내 그의 추격자들에게 있어서 그가 저지른 42년간의 공포 정치의 대가가 지닌 무게는 그가 던져준 그 어떤 물질적 혜택보다 더 무거웠다. 리비아인들은 자유라는 가장 중요한 것을 잃고 살았다. 이제 그가 숨어 있는 곳에 가까이 접근한 반란군들에게 그의 최후는 오랫동안 기다려온 것이었다.

독재자들의 최후는 모두 다르지만, 카다피에게는 과거 독재자들의 마지막에 공통적으로 작용했던 힘이 중요한 역할을 했다. 그에게 반감을 가진 대중은 다른 나라에서 일어나는 일들을 보고 거기서 추진력을 얻어 거리로 나왔다. 수십 년간 그를 뒷받침했던 엘리트들은 이제 그 지지의 손길을 거두기 시작했다. 핵심 저항 세력은 국제적인 인정과 해외 군대의 지원을 받았다. 여러 세대의 망명자들이 싸움에 힘을 보태려 고국으로 돌아왔다. 각 집단이 자신들만의 방식으로 카다피에 대한 저항을 이어왔지만, 운명적인 순간에 이들의 힘이 하나로 합쳐져 그의 마지막을 이끌어냈다.

독재자 지침서에는 실패에 대한 장이 없다. 그것은 그가 훈련시킨 군인과 세뇌시킨 젊은이들, 아기를 낳으면 보상했던 여성들에 이르는 모든 국민이 그로부터 등을 돌릴 것이라고 미처 생각하지 못한다. 거기에는 권좌에서 내려와 대중 앞에 모습을 드러냈을 때 토마토와 계란 세례를 받았던 피노체트나 강제로 추방당한 아민처럼, 국가적 수치가 되었을 땐 어떻게 해야 하는지에 대한 페이지가 존재하지 않는다. 그 지침서에는 사람들의 마음을 조종하고 몸을 착취하는 법에 대한 설명만 있지, 지도자 자신의 몰락은 다루어져 있지 않다. 심리분석관 제럴드 포스트는 '오로지 추앙받는 것에만 의존하는 자의식을 가진' 지도자들에게 있어서 나이 듦과 남성적 힘의 쇠락은 받아들이기 어려운 것이라고 말한다. 1996년 모부투가 그랬던 것처럼 질병으로 인해 권력에서 물러서는 것은 이미 쇠락의 길을 걷고 있는 사람에게 위험한 일이 될 수 있다.[2] 그들은 자신의 프로파간다가 무시당하고 그의 카리스마적 영향력이 약해지는 날이 올 거라고는 꿈에도 생각지 않고 있다가, 무솔리니와 카다피처럼 국가에 대한 지배력을 빼앗기고 자국민에게 사냥당하는 신세로 전락한다.

　독재자에게 그런 결과는 상상도 할 수 없는 일이지만, 그것은 늘 있어온 일이다. 그들은 자기가 안전하다고 느낄 수 있게 만드는 행동을 강화하고 죽음에 대한 생각은 떨쳐내려 한다. 그런 의미에서 더 많은 적을 박해하거나, 진실을 말하는 이들을 더 열심히 해고하거나, 여성과 부자들을 더 비축해두거나, 점술가에게 앞으로의 운명과 후대의 평가에 대해 묻기도 한다. 또한 그런 통치자들은 자기 동료들에게 일어난 일에 대해 곱씹는다. 히틀러는 무솔리니 같은 결말을 맞지 않기 위해 노력했고, 카다피는 후세인처럼 되지 않기 위해 미국 및 유럽인들과 협력했다. 분석가 스타니슬라프 벨콥스키는 아랍의 봄 반란이 '카다피의 운명이 그를 기다리고 있을지 모른다'고 생각했던 푸틴에게 깊은 인상을 남겼다고 말했다. 권좌를 무한정으로 유지하고 싶다는 트럼프의 욕망은 좋지 않은 결말을 맞이하거나, 기소 면책 특권을 잃거나, 아무것도 아닌 사람이 되는 것에 대한 그와 같은 두려움을 반영한 것이었다. "여기저기 자기 이름을 남기고 다녀야 한다. 그러지 않으면 아무도 나를 기억해주지 않는다." 특히 집권 후반에 충성과 관심을 집요하게 요구하는 독재자의 기저에 깔린 무관심에 대한 불안과 유사한 감정을 내비치며 그가 말했다.[3]

대부분의 독재자가 비자발적으로 정권에서 물러난다는 사실은 놀랍지 않다. 그들은 리더십과 인생의 하향 곡선에 대처하는 데 지극히 미숙하다. 그들은 권력 유지에 도움이 되었던 오만함이나 공격성, 탐욕 같은 것이 스스로의 파멸을 초래하는 상황에서마저 이런 개인적 특성을 쉽게 버리지 못한다. 국가 수입 및 자원에 대한 이들의 약탈은 엘리트들을 계속 충성하게 만들었던 엽관제에 더 이상 자금을 댈 수 없는 상황을 초래할 수 있고, 이는 정당성 상실로 이어진다. 자신은 절대적으로 옳다는 프로파간다를 실제로 믿는 것도 치명적인 결과를 낳을 수 있다. "나는 내 직감을 따르고, 단 한 번도 틀린 적이 없다"라고 말한 무솔리니는 전문가들을 무시하고 그가 듣고 싶은 말만 해주는 아첨꾼과 친지들의 편향된 조언에만 의지한 많은 이의 선두에 있었다. 더 많은 일인 독재자가 대중 혁명보다는 엘리트들에 의해 실각했다. 특히 경제적 혹은 군사적으로 어려운 상황에서는 더 그랬다. 일인 독재자들은 다른 종류의 독재자들보다 더 오래 집권할지 모르지만, 결과적으로는 그들의 80퍼센트가 권좌에서 쫓겨났다.[4]

모부투의 몰락에는 분명한 징후가 있었다. 1990년경, 25년간의 도둑 정치와 폭력 행위는 엘리트와 대중이 그로부터 완전히 돌아서게 만들었다. 그는 최대한 기피해온 민주화를 향한 여정에서 한 걸음 나아가고 세 걸음 물러섰다. 미국인 뒷배들이 점차 이중적인 태도를 취하자 그는 평판을 되살리기 위해 로비스트 로저 스톤과 폴 매너포트를 고용하는 헛된 시도를 했다. "그때부터 기가 확 꺾인 것 같았어요." 모부투의 전 보좌관 오노레 응반다가 국민으로부터 모부투가 얼마나 많은 미움을 받고 있는지 마침내 깨달았던 때를 떠올리며 말했다. 그는 마법사들과 아프리카 전통 영적 치유자인 마라부들을 데리고 그바돌리테에 있는 궁전으로 물러났다. 1996년 그가 전립선암 치료를 위해 스위스를 방문한 것은 반군 지도자 로랑 카빌라가 군사 행동을 일으킬 기회를 제공했고, 이 일로 1997년 모로코로 떠난 모부투는 몇 달 뒤 그곳에서 사망했다. 카리스마 넘치는 삶을 살았던 그는 무덤 속에서도 관심을 끈다. "모부투는 우리 묘지의 스타죠." 2017년 라바트 유럽인 공동묘지의 관리인이 말했다.[5]

민주주의 국가 수장 중에는 대통령직을 내려놓는 것을 자신만의 리더십 유산을 구축할 기회로 생각하는 사람도 많다. 그러나 독재자들은 추종자들의 아첨 세례를 받고 모든 것과 모든 사람을 제 마음대로 부리는 시절이 끝나는 것을 실존적 위협으로 간주한다. 라우라 페르미가 지켜본 바에 의하면 무솔리니는 관중이 없으면 빈 '껍데기'에 불과했다. 이는 오늘날 권력을 쥔 사람들을 포함해 이 책에 등장하는 모든 통치자에게 해당되는 말이다. 독재자들은 자기 권좌를 유지하기 위해서라면 무엇이든 한다. 심지어 전쟁을 시작하거나, 1942년 무솔리니가 동부전선에 병력을 보냈던 것처럼 질 게 뻔한 갈등 상황에서 더 깊숙이 개입하는 것도 마다하지 않는다. 정치학자들은 이런 현상을 '부활을 위한 도박'이라고 부르는데, 거의 모든 독재자가 이 도박에서 진다.[6]

—

1945년 하루 간격으로 일어난 죽음에서마저 무솔리니와 히틀러의 운명은 긴밀하게 얽혀 있었다. 둘은 수년간 서로 돕는 관계를 유지했지만, 제2차 세계대전이 시작되면서 총통이 우위를 점하게 되었다. 1939년 2월, 이탈리아는 오랜 전쟁으로 인해 고갈된 재정과 군 장비를 보충해야 하는 상황이었음에도 불구하고 일 두체는 전쟁, 육군, 해군, 식민지, 공군 수장으로서 최고의 지혜를 발휘해 독일과 강철 조약 동맹을 맺었다. 1939년 8월 중순에 갈레아초 치아노 외무부 장관을 독일로 보내 나치 외무부 장관 요아힘 폰 리벤트로프와 히틀러에게 전쟁을 중단해달라고 설득했다. 그러나 그 만남의 결과는 썩 좋지 못했다. 치아노는 장인인 무솔리니에게 "싸우겠다는 결심이 확고합니다"라고 보고했다. "저녁 식사를 하는 동안에 한마디도 주고받지 못했습니다." 마지막 수단으로 무솔리니는 이탈리아가 '비교전국'이 될 것이라고 선언했다. 그는 장군들의 조언과 히틀러의 점점 격분해가는 메시지를 무시하면서 이후 9개월 동안 하루의 대부분을 클라라 페타치 등의 애인들과 노닥거리며 부인의 시간을 보냈다.[7]

히틀러의 프랑스 전격전의 성공은 무솔리니의 마음을 바꿔놓았고, 이탈리아 군사력에 대해 그가 듣고 싶은 말만 해주었던 허수아비 같은 부하들의 보고도 덩달아 바뀌었다. 1940년 6월 10일, 무솔리니는 이탈리아의 참전을 선언했다. 6월 11일, 이탈리아 여러 도시에 연합군의 첫 폭격이 쏟아지며 앞으로 펼쳐질 민간인들의 오랜 고통의 시작을 알렸다. 수많은 이탈리아인이 시골로 대피했고, 도시에 남은 사람들은 지하 저장고나 임시로 만든 공습 대피소로 몸을 피했다. 다른 나라를 정복하는 영광에만 집중했던 무솔리니는 자국민을 보호하기 위한 적절한 대공 방어 수단을 개발하는 데 전혀 신경 쓰지 않았던 것이다. "당신이 힘 있는 사람일지는 모르지만, 결코 불사의 존재는 아닙니다. 당신도 언젠가 죽을 겁니다." 폭격이 시작된 지 며칠 뒤, 트렌트에 사는 리나 로마니가 무솔리니에게 편지를 보내 경고했다.[8]

이탈리아 군대는 적절한 보급과 무기가 부족했음에도 끈질기게 싸웠다. 그럼에도 다중 전선에서 싸울 능력이 부족했던 이탈리아의 한계를 극복할 수는 없었다. 아프리카에서 발칸반도와 러시아 쪽으로 군대를 이동시킨 그릇된 전략은 연합국이 동아프리카를 해방시키는 것을 더 수월하게 만들어주었다. 1941년 5월, 하일레 셀라시에 황제는 에티오피아의 왕좌를 되찾았고 1942~1943년에 연합국은 리비아까지 장악해 파시즘의 제국주의 꿈에 종지부를 찍었다. 이탈리아가 골칫거리가 되자 히틀러는 무솔리니를 고압적으로 대하며 회담 때 그를 앉혀놓고 여러 시간 동안 장광설을 늘어놓았다. 그러자 무솔리는 애꿎은 자국민을 '겁쟁이'라며 비난했다.[9]

1942년은 이탈리아 국내 전선의 전환점이 된 해였다. 공습과 굶주림, 절망적인 상황을 견뎌내야 했던 이탈리아인들은 정권에 대한 두려움을 점점 잃어갔다. 토리노 지역에서는 노동자들이 16년 만에 처음으로 대규모 파업을 일으켰다. 공산주의 네트워크가 되살아났으며 기독교민주당은 바티칸 내부에서 가톨릭 저항 세력을 결성했다. 무솔리니는 이탈리아에서 부패를 척결하겠다고 약속했지만, 1942년 한 정보원이 했던 말처럼 20년 후 파시즘은 많은 이탈리아인에게 있어 '약자를 착취하는 협잡꾼, 불평등, 부도덕함'의 상징이 되었다. 무솔리니의 딸 에다마저 팔레르모에서 굶주리는 어린이들을 본 뒤로 현실을 인정했다. 같은 해 그는 아버지에게 "알바니아도 가봤고 러시아에도 가봤지만, 이 정도로 심한 고통과 고난은 본 적이 없습니다"라는 분노의 편지를 썼다. 1942년 기록적인 수의 사람들이 무솔리니를 모욕한 혐의로 체포되었고, 1943년에는 그의 사진을 요청하는 편지를 써 보낸 사람의 수가 현저히 줄어들었다. 그때쯤 무솔리니는 대중 앞에 거의 모습을 드러내지 않아, 그가 병에 걸렸거나 죽었다는 소문이 일파만파 퍼져나갔다. 그가 라디오에서 연설을 해도 사람들은 그게 정말 그인지 확신하지 못했다. 한때 모든 이의 뇌리에 강렬히 박혀 있었던 그의 이미지는 힘을 잃었다.[10]

"역사상 1943년 7월 25일의 정부 전복보다 더 오래 기다려온, 그럼에도 아무런 준비 없이 일어난 것은 거의 없었다." 로마 주재 독일 대사관의 육군무관 프리드리히 카를 폰 플레베가 대평의회에 의한 무솔리니의 실각에 대해 쓴 글이다(대평의회는 1939년 이후로 그를 만나지 않았다). 연합군은 몇 주 전 시칠리아에 상륙했고, 무솔리니는 자기가 임명과 해임을 반복한 의회의 많은 이들 사이에서 정당성을 완전히 잃은 상태였다. 파시스트 부대 시절부터 무솔리니에게 충성해온 교육부 장관 주세페 보타이는 1941년 무솔리니가 전화로 퉁명스레 그리스 전선으로 가라고 명령했을 때 인내심의 한계를 느꼈다.

나는 기계적으로 수화기를 내려놓았다. 그리고 눈앞의 허공을 응시했다. 나의 지도자는 이런 비인간적인 방식으로 내게 네 번째 전쟁을 들이밀었다. (…) 20년 넘게 내 마음속에서 고동치던 사랑, 믿음, 헌신, 이런 것들이 일순간 멈췄다. 이제 나는 나의 지도자 없이, 혼자다.[11]

2년 뒤인 7월 24일 밤, 보타이는 일 두체를 실각시키고 이탈리아를 절망적인 상황에서 해방시키기 위한 투표에서 19 대 7로 찬성표를 던진 대평의회 의원 중 한 명이었다. 이런 자기 부하들의 반란을 이해하지 못한 무솔리니는 이튿날 아무 일도 없었다는 듯 출근했다. 그는 당시 피에트로 바돌리오 원수와 함께 통치하고 있던 황제의 소환을 받은 뒤 폰자 죄수 유배지로 보내졌고, 결국 그란사소산맥에 있는 오두막으로 옮겨졌다.

이탈리아 국영 라디오는 지난 20년간 무솔리니의 프로파간다를 방송했다. 그러나 7월 25일 밤 10시 47분, 국영 라디오는 마침내 무솔리니의 통치가 끝났음을 청취자들에게 알렸다. 전국의 도시와 마을 중심가에서 사람들의 환호가 터져나왔고, 부모들은 잠자고 있던 아이들을 깨워 이 기쁜 소식을 알렸다. 사람들은 무솔리니 동상을 박살 내고 그의 사진을 창밖으로 내던졌을 뿐만 아니라 파시스트 유니폼과 당원증을 한데 모아 불태웠고, 로마 시내 트램들은 "비극의 축제가 끝났다"는 문구가 적힌 현수막을 내걸고 운행했다. 슬픔과 절망에 빠진 파시스트 충성파들은 집 안으로 숨어들었다. 1920년, 어린 나이에 무솔리니에게 매료되었던 카를로 시세리는 케냐에 있는 영국군 전쟁 포로수용소에서 그 소식을 접하고는 "현기증 같은 것이 찾아와 멍하고 혼란스러운 상태로 꼼짝 못 하고 있었고, 말조차 나오지 않았다"고 했다. 1943년 여름, 연합군이 반도 위쪽으로 진군해오는 동안 이탈리아는 큰 혼란에 빠졌고, 이탈리아 군대는 무솔리니가 더 이상 정권을 쥐고 있지 않음에도 불구하고 여전히 추축국 편에서 전투를 이어가고 있었다.[12]

무솔리니의 제2막은 피에트로 바돌리오 원수가 9월 8일 연합국에 항복하면서 시작되었다. 황제와 바돌리오가 연합군이 해방시킨 영토에 이탈리아 왕국을 세우려고 남쪽으로 향하는 동안, 독일은 이탈리아군이 추축국을 배신한 것으로 간주하고 이탈리아 안팎에서 싸우고 있던 80만 명의 이탈리아 군인을 독일 제국 전역의 강제 수용소로 보내버렸다. 나흘 뒤, 나치 친위대 장교 오토 스코르체니가 이끄는 특공대원들이 무솔리니를 구출해 독일로 데려와, 그곳에 있던 가족들과 재회하게 해주었다. 그러나 나치 보좌관들의 공손함에도 불구하고 무솔리니의 아내 라켈레는 현실을 정확히 파악했다. 그들은 이제 독일인들의 손아귀에 놓인 처지가 된 것이었다.[13]

"이탈리아의 절반은 독일 것이고, 나머지 절반은 영국 것이다. 이탈리아는 더 이상 이탈리아 것이 아니다." 히틀러가 무솔리니를 독일 의존국인 살로 공화국의 수장으로 앉혔던 9월 9일, 파르티잔(유격대원) 에마누엘레 아르톰이 쓴 글이다. 나치를 등에 업은 이탈리아 파시스트와 연합국을 등에 업은 파르티잔 사이에서 내전이 일어나는 동안, 이탈리아의 노동력, 식량 공급, 군대는 독일 전쟁 기계의 요구에 종속되었다.[14] 1938년 이탈리아 유대인 인구조사를 포함해 다년간 이어져온 이탈리아 파시스트의 반유대인 프로파간다와 법안들은 이탈리아와 독일 사람들이 유대인을 사냥하고 그들의 자산을 몰수하는 데 기여했다. 이탈리아 기술자들은 유대인을 추방하기 위해 국경으로 싣고 가거나 리시에라 디 산 사비아 수용소에서 처형하기 위해 트리에스테로 싣고 가는 기차를 운행했다. 그 수용소에서는 과거 소비보 및 트레블링카 수용소에서 활약했던 전 나치 친위대 장교 프란츠 수호멜이 자신의 전문 기술을 유감없이 발휘하고 있었다. 1943년에서 1945년 사이 이탈리아 영토 바깥으로 추방된 9000명가량의 유대인 중 12퍼센트만이 집으로 돌아왔다. 성직자를 포함한 많은 비유대인 이탈리아인이 자신들의 집과 공장, 수도원에 유대인들을 숨겨주었다. 당시 열한 살이었던 안나 색슨의 가족은 그의 아버지가 데리고 있던 기독교인 직원 중 한 명이 전화로 귀띔해준 덕에 1943년 10월 로마의 유대인 거주지역에서 일어난 나치의 대규모 유대인 검거 작전으로부터 벗어날 수 있었다.[15]

같은 달, 유럽 최대 규모의 저항운동이 모습을 갖춰가고 있었다. 50개국이 넘는 나라에서 전사들이 모여들었고, 핵심 파르티잔 9000명에서 시작된 이 운동은 1945년 4월 무렵 25만 명 이상의 규모로 불어났다. 리비아인을 포함한 이탈리아 제국주의 탄압의 생존자들은 파시스트를 상대로 무기를 들었고, 탈출한 연합군 포로와 러시아 파르티잔들도 여기에 합류했다. 약 4만4000명의 저항군이 사망했다.[16] 이탈리아인들이 저항에 동참하면서 파시즘이 그토록 경멸하던 명예 규율과 인도주의적 원칙이 되살아났다. 그중에는 퀴리노 아르멜리노 장군 같은 전문 군인들과 아우슈비츠로 이송되기 전 파르티잔으로서 구금되었던 화학자 프리모 레비 같은 이탈리아 유대인들도 있었다. 공산주의자 특공대원 일리오 바론티니는 러시아의 붉은 군대 및 만주의 마오쩌둥주의자들과 함께 훈련을 받은 뒤, 스페인에서의 전투를 거쳐 에티오피아 게릴라군과도 함께 싸웠던 인물로, 이제는 고국으로 돌아와 에밀리아로마냐주의 저항군 부대를 이끄는 '다리오 사령관'이 되었다. 1926년 파시스트의 폭력으로 출판업자였던 남편 피에로 고베티를 잃은 파르티잔 아다 고베티는 이 저항이 "혈연이나 국가, 지적 전통으로 맺어진 공동체가 아닌, 순수한 인간관계, 즉 많은 사람과 하나가 됐다는 느낌을 바탕으로 맺어진 연대감"의 회복이었다고 말했다.[17]

오로지 자신 한 사람과 교감하는 대중에게 익숙했던 무솔리니에게 있어 살로에서 추락한 권위를 끌어안고 지내는 시간은 무척 견디기 힘든 것이었다. 그의 호송대에는 나치 친위대 차량이 꼭 포함되어 있었고, 독일인들은 그가 나누는 대화를 모두 기록했다. 1944년 여름, 『코리에레 델라 세라』지에 실린 그의 글은 자신이 초래한 안 좋은 상황에 대해서마저 남 탓을 하는 독재자의 능력을 여실히 보여준다. 그는 자기가 권력으로부터 몰락한 것에 대해 "사람들이 스스로 만들어낸 우상을 무너뜨리는 것은 그다지 놀라운 일이 아니다. 어쩌면 그것은 그들에게 있어 그 우상을 인간적인 수준으로 끌어내릴 수 있는 유일한 방법일지도 모른다"라고 했다. 마치 그가 펴부은 탄압과 무능함이 자기 운명과 아무런 관계가 없다는 듯 말이다. 한때 그의 숭배자였던 툴리오 치아네티(1943년 무솔리니를 정권에서 몰아내는 데 투표해 처벌받은 파시스트 장관)는 감옥에 있으면서 지난날 그가 '무솔리니의 기적 같은 일 처리'에 지나치게 심취해 있었고, '모든 걸 알고, 내다보고, 이루어내는 사람'이라는 숭배에 눈이 멀어 그 독재자가 이탈리아를 멸망의 길로 내몰았다는 걸 미처 보지 못했다고 인정했다.[18]

1945년 4월 27일 무솔리니와 그의 정부 페타치를 붙잡은 공산주의 파르티잔들에게 있어서 그는 여느 인간과 다를 바 없는 필멸의 존재였고, 이튿날 이들은 총살당했다. 4월 29일, 이들의 시신은 밀라노의 로레토 광장으로 옮겨졌고, 냉소적 유머감각을 가진 누군가가 무솔리니의 손에 왕홀을 쥐어주었다. "그 사람이 살아생전 이탈리아인들을 바라봤던 그 눈빛으로 이탈리아인들을 보았던 이는 한 명도 없었다." 쿠르치오 말라파르테가 수많은 사람의 마음을 사로잡았던 그의 눈빛에 대해 쓴 글이다. 그러나 이제 이탈리아 국민은 그의 시신에 소변을 누고 유명한 그 얼굴을 더 이상 알아볼 수 없는 상태가 될 때까지 두들겨 패면서 그들의 믿음을 배신한 대가를 치르게 했다. 이 분풀이를 마무리 짓고 그가 정말 죽었다는 걸 더 많은 사람에게 보여주기 위해 한동안 무솔리니와 페타치의 시신은 다른 파시스트 관리들의 시신과 함께 한 주유소에 내걸려 있었고, 이후 영안실로 옮겨졌다.[19]

무솔리니는 죽어서도 이탈리아인들을 불러 모았다. 1946년 몇몇 파시스트가 표식 없는 무덤에서 그의 시신을 훔쳐갔고, 시신은 몇 주간 행방불명됐다. 그 일이 일어난 후 국가는 그의 가족에게마저 시신(이제 한쪽 다리가 없다)의 위치를 알려주지 않았다. 1957년 무솔리니의 시신은 고향인 프레다피오로 옮겨져 재매장되었다. 그곳에서 그를 맞아준 것은 그 어떤 애인들보다 더 오래 그 곁을 지켰고 세상 누구보다 그를 더 잘 알았던 아내 라켈레였다. 어쩌면 그랬기 때문에 라켈레는 그의 위대함을 단 한 번도 숭배하지 않았던 것인지 모른다. "제 남편은 겉으로는 사자 같았지만, 실은 한심하고 쪼잔한 남자였어요." 1946년 그가 한 기자에게 한 말이다.[20]

—

많은 사람은 히틀러가 언젠가 스스로 목숨을 끊을 거라고 생각했다. 1932년 히틀러를 만난 손금쟁이 요제프 라날드는 그의 자살 성향과 '끔찍한 말로'를 내다봤다. 그러나 제2차 세계대전을 시작할 때만 해도 총통은 자신감 있고 기세등등해 보였다. 1940년 6월 프랑스가 나치에 함락된 후 작가 앙드레 지드는 그를 '서커스 무대의 유일한 마스터'라고 평했다. "머지않아 그가 짓밟은 사람들은 그를 저주하면서도 어쩔 수 없이 그를 추앙하게 될 것이다."[21]

그러나 전쟁이 이어지는 동안 독일인들은 그를 계속 추앙하는 게 점점 더 쉽지 않은 일이 되어간다고 느꼈다. 1941년 나치의 러시아 침공은 장기적인 양면 전쟁으로 이어졌고 1942~1943년 스탈린그라드 전투에서의 패배는 나치의 군사적, 인종적 우월성에 대한 원칙을 뒤흔들었다. 1942년부터 1945년까지 연합군이 퍼부은 39만 건의 폭격으로 130개 도시와 마을의 50만 인구가 목숨을 잃었다. 독일은 식량과 의복도 부족했다. 여자들은 죽은 남편과 형제들의 옷을 입었고, 동양에서 온 노동자들은 신발이 없어 누더기로 발을 감싸고 일했다. 아우슈비츠와 마즈다네크 수용소의 가스실에서 숨진 피해자들로부터 수거한 11만1000켤레의 신발과 15만5000벌의 외투도 그 수요를 다 감당하기에는 역부족이었다.[22]

모든 독재자와 마찬가지로 총통도 공감능력이 떨어졌다. 독일의 운이 다해가면서 1940년 노르웨이 침공이 큰 난관에 부딪히자 발터 바를리몬트 장군이 목격한 히틀러의 '치 떨리는 나약함'이 겉으로 드러났다. 한때 독일 국민과의 정서적 교감의 원천이었던 그의 연설은 이제 따뜻함과 확신이 결여돼 실망감만 안겨줬다. 그에게 보내는 편지와 서명 요청 수가 눈에 띄게 줄고 그에 대한 비판이 확대되면서, 1942년에는 반히틀러 발언으로 기소된 건수가 기록적으로 증가했다.[23]

무솔리니는 성관계로 불안한 마음을 달랬고, 히틀러는 그의 주치의인 테오도어 모렐이 처방해준 수많은 약에 의존했다. 이런 것들은 현실을 제대로 파악하는 능력을 높이는 데는 아무런 도움이 되지 않았다. 프란츠 할더 장군은 히틀러의 "만성적으로 적의 능력을 과소평가하는 경향이 점점 터무니없이 커지고 있다"며 걱정했다. 슈바인푸르트 공습 대피소에서 지내던 한 여성은 "히틀러가 우리 모두를 이 불지옥에 남겨두고 자기 머리에 총알을 박아버릴 것"이라고 예측했다. 1944년 7월 20일, 암살 시도로 인해 총통에 대한 애정은 되살아났지만 그 후로 그가 모습을 드러내지 않자 사람들의 신뢰는 떨어졌다. "총통은 하늘이 보내주신 사람이 맞습니다. 다만 독일을 구하라고 보낸 것이 아니라 망치라고 보낸 것일 뿐이죠." 한 독일인이 히틀러 국가 계획의 결과에 대해 내린 평이었다.[24]

1945년 1월, 붉은 군대가 독일에 도착했고(서방 연합군은 3월에 도착했다), 강제수용소 해방이 시작됐다. 아우슈비츠-비르케나우 수용소에서는 아직 걸을 수 있었던 여성들이 나치 친위대 간수들의 테이블보를 가져다 '해방 원피스'를 만들었다. 그들의 정체성을 되찾는 첫 번째 단계였다. 같은 달에 히틀러는 독일인들을 운명의 손에 맡기고 베를린 벙커로 피신했다. 무솔리니처럼 그도 자기 앞에 펼쳐진 재앙에 대해 자국민 탓을 했다. 게다가 한술 더 떠 아무런 쓸모도 없는 국민 따위는 아예 사라져버려야 한다고 생각했다. "더 강한 세력에 의해 멸망하고 전멸해버리라지. (…) 그러더라도 난 독일을 위해 눈물 한 방울 흘리지 않을 것이다." 1941년 히틀러가 패배를 앞두고 국민에 대한 경멸을 가득 담아 한 말이다. 1945년 3월 그는 네로 명령을 통해 핵심 군사 시설 및 교통 인프라를 파괴하라고 명령했고, 히틀러의 건축가로 당시 군수 및 전시 생산부 장관이었던 알베르트 슈페어는 이를 중지시키려 애를 썼다.[25]

히틀러의 생일이었던 4월 20일, 연합군이 베를린을 에워싸는 동안 소비에트는 베를린에 폭격을 퍼부었다. 그로부터 며칠 뒤 안네마리 하이제의 양장점에는 고급 쿠튀르 드레스를 만들어달라는 주문이 들어왔고, 완성된 드레스는 쏟아지는 폭격을 뚫고 총통의 벙커로 배달되었다. 4월 29일, 에바 브라운은 히틀러와의 결혼식에서 검은색 페라가모 스웨이드 구두와 함께 이 드레스를 입었다. 무솔리니가 죽은 뒤 끔찍한 모습으로 거리에 내걸렸다는 소식을 히틀러가 들은 바로 그날이었다. 4월 30일, 히틀러와 에바 브라운은 청산가리를 먹었고 히틀러는 자기 머리에 총을 쐈다. 자신의 죽음이 '구경거리'가 되지 않길 바랐던 그의 마지막 소원대로 보좌관들은 이들의 시신을 벙커 정원에서 소각했다. 히틀러는 무솔리니가 겪은 공개 망신은 피했지만 그의 재는 붉은 군대에 의해 그가 그렇게도 혐오하던 공산주의자들의 수중으로 넘어갔다.[26]

히틀러 시신의 부재는 이탈리아인들이 무솔리니의 시신을 보며 느낀 '독재자의 죽음을 확실히 목격하는 카타르시스'를 경험하지 못하게 만들었다. 그의 추종자들 중에는 그가 아르헨티나로 피신했다고 믿기로 한 사람들도 있었다. 1945년에는 군대의 명예 규율 혹은 허무주의와 수치심이 뒤섞인 탓에 수만 명이 스스로 목숨을 끊었다. 마그다와 요제프 괴벨스, 히틀러의 변호사 한스 프랑크와 더불어 독일 장군 및 제독들의 10~20퍼센트, 국가사회주의 독일 노동자당의 수많은 당원과 공무원이 여기에 포함됐다. 1945년 7월, 독일이 폐허가 된 가운데 미국 육군 정보부대 장교들이 히틀러의 여동생 파울라를 면담했다. 파울라는 "솔직히 오빠가 원래 꿈이었던 건축가의 길을 갔더라면 더 좋았을 거라고 생각해요"라는, 수많은 사람의 마음을 대변한 말을 했다.[27]

—

모든 독재자는 자신이 신의 축복을 받았다고 여기지만, 프랑코의 말로는 신이 정말로 그에게 특별한 운명을 내려준 게 아닌가 싶은 생각이 들게 한다. 30년 넘게 자국민을 탄압하고도 자기 나라에서 82세의 나이에 병으로 사망한 프랑코는 독재자 지침서를 완벽히 마스터한 듯 보였다. 그의 첫 생존 비결은 제2차 세계대전 때 추축국에 가담하길 거부한 것이었다. 그 덕에 그는 히틀러와 무솔리니의 운명과는 다른 길을 걸었고, 이후에는 냉전의 수혜자로서 정치적으로 부활할 수 있었다. 프랑코는 또한 섹스와 약물, 국가 확장에 중독된 파시스트 동료들보다 덜 복잡한 인생을 살았다. 그는 모든 에너지를 자국 내에서 자기 권력을 유지하고 좌파를 박해하는 데 쏟았다. 역사학자 살바도르 데 마다리아가는 이런 글을 썼다. "프랑코의 정치적 전략은 창처럼 단순하다. 그는 자기 권력을 강화하는 것 외의 다른 어떤 목적이 있는 행동도 하지 않았다. (…) 프랑코가 믿었던 유일한 것은 자기 자신뿐이었다."[28]

통치자로서 프랑코의 정당성은 그가 내전 이후 스페인에 평화를 가져왔고 좌파의 대재앙으로부터 나라를 구했다는 생각을 기반으로 했다. 그러나 그의 진짜 성공은 그의 폭력에 대한 기억을 침묵하게 했다는 것이었다. 한 공화당 퇴역 용사는, 과거에 좌파 전투원이었다 해도 지금 박해받는 걸 피하고 싶다면 "기억하기보다는 잊는 것이 훨씬 더 중요하다"고 말했다. 노예들의 노역으로 지어져 1959년 '국가적 화해'(민족주의자와 공화주의자 전사들이 함께 안장되어 있다)의 장소로 개장된 전몰자의 계곡 기념공원은 이러한 기억의 정치를 상징했다. 이 기억의 정치는 프랑코가 죽은 뒤인 1977년 가해자들에 의해 '침묵 협정' 사면법으로 성문화됐다.[29]

프랑코는 수십 년간 스페인 역사를 쥐락펴락했지만 시간을 되돌릴 수는 없었다. 1969년 그는 권력을 유지하고 있는 상태에서 후안 카를로스 1세를 자신의 후임으로 임명했다. 그는 파킨슨병을 비롯한 별별 질병들로 인해 서서히 쇠약해져갔고, 1975년 사망해 전몰자의 계곡 지하 납골당에 안장되었다. 그러자 내전 기간에 민족주의자 군인들에 의해 스페인 전역의 이름 없는 묘지 구덩이로 내던져진 수많은 이름 모를 시신들이 가족과 친지들을 소리쳐 부르기 시작했다. 적어도 시골에 사는 아르네도 같은 사람들은 그렇게 느꼈다. 아르네도는 땅 파는 사람들을 고용해 가족들의 시신을 꺼내고 제대로 장례를 치렀다. 은밀하게 이어진 풀뿌리들의 이런 노력은 10만 명 넘는 사망자의 정식 집계가 이뤄지는 계기가 되었다. 오늘날까지도 스페인 고고학자들은 공동묘지를 발굴해 프랑코에 의해 희생된 사람들의 유해를 가족들에게 돌려주는 일을 이어가고 있다.[30]

카탈리나 무뇨스의 가족도 그런 경우였다. 1936년 8월 당시 서른일곱 살, 네 아이의 엄마였던 카탈리나 무뇨스는 민족주의자들이 그를 잡으러 집으로 쳐들어왔을 때 생후 9개월 된 막내 마르틴을 품에 안고 있었다. 9월에 이들이 그를 총살하고 팔렌시아 지역의 공동묘지에 아무렇게나 묻어버렸을 때도 막내아들의 딸랑이는 아직 그의 주머니에 들어 있었다. 마르틴은 이모 손에 자랐고, 좌파였던 아버지가 17년의 수감생활을 마치고 집에 돌아온 이후 이들은 어머니 이야기를 한 번도 꺼내지 않았다. 2011년 고고학자들은 무뇨스의 백골과 더불어 아기 딸랑이를 발견했고 이제 여든이 다 된 마르틴을 찾아내 연락을 취했지만, 마르틴의 첫 반응은 어머니에 대해 듣고 싶지 않다는 것이었다. 『엘 파이스』지의 연락을 받은 마르틴의 누나 루시아와 딸 마르티나가 나서서 무뇨스의 유해를 수습해 세비코 데 라 토레 공동묘지에 있는 남편 곁으로 이장했다. 2019년 6월 23일, 팔렌시아 및 아란자디 역사적 기억 수복 협회가 무뇨스에게 경의를 표하고자 주최한 행사에 마르틴도 참석했다. 무뇨스와 함께 묻혔던 딸랑이가 마침내 마르틴의 손으로 돌아온 순간, 무뇨스를 기리려 그 자리에 모인 이들도 함께 딸랑이를 흔들었다. "우린 대체 어떤 세상을 살았던가Qué tiempos aquellos", 아들에 대한 어머니의 멈추지 않는 사랑의 상징을 손에 든 그가 조용히 말했다.[31]

그로부터 넉 달 뒤, 프랑코의 심판의 날이 다가왔다. 사회당은 세금으로 유지되는 장소에 프랑코의 시신이 안장되어 있는 게 적절치 않다면서 오래전부터 전몰자의 계곡 납골당에서 그의 시신을 빼려고 노력해왔다. 다년간 프랑코의 가족 및 프란시스코 프랑코 재단과 소송을 벌인 끝에 2019년 10월 마침내 그의 유해가 엘 파르도 왕궁 근처의 공동묘지로 이장됐다. 프랑코의 지지자들은 이 이장이 "스페인 사회의 오래된 균열을 다시 일으킬 것"이라고 주장했다. 하지만 오히려 반대로 여전히 프랑코의 권력 숭배라는 무아지경에 빠져 있는 역사의 한 장에 종지부를 찍었다. 전몰자의 계곡은 2007년 발효된 기억법Memory Law에 따라 역사 교육의 장소로 변모해나가고 있다. 희생자의 무덤 발굴 작업 또한 계속되고 있고, 결혼반지, 라펠핀, 아기 딸랑이 같은 그들의 헌신과 자긍심이 담긴 소박한 물건이 수없이 발굴되고 있기에, 언젠가는 프랑코 독재 정권의 모든 희생자가 낱낱이 밝혀지는 날이 올 수 있을 것이다.[32]

—

피노체트는 늘 프랑코를 본받고자 했다. 그리고 얼마간 그의 길을 따라가는 데 성공했다. 피노체트 역시 추방되거나 처형되지 않고 고국에서 자연사했기 때문이다. 그러나 그는 프랑코보다 훨씬 더 복잡한 최후를 맞았다. 그의 권력은 단계적으로 무너졌다. 1988년 10월 국민투표로 정치권력에서 퇴출된 데 이어 1998년 런던에서 체포되었고, 2000년대 초에는 그의 부패가 모두 까발려졌다. 이 모든 일이 그에게는 충격이었다. 듣고 싶은 말만 들어왔던 피노체트는 1980년대 많은 미국 정부 인사가 그를 시대착오적 인물로 보고 있다는 신호를 무시해버렸다. 해리 반스 주 칠레 미국 대사가 선례를 깨고 야당과 접견했을 때, 피노체트는 그의 대통령궁 출입을 금지했다. 마치 그렇게 하면 문제가 해결되기라도 할 것처럼 말이다. 무엇보다 피노체트는 그의 통치에 종지부를 찍고 민주주의를 회복하겠다는 칠레 국민의 의지를 과소평가했다.[33]

1988년 국민투표 캠페인 기간에(그가 계속 집권할지를 결정하는 이 투표는 1980년 헌법에 의해 법제화된 것이었다) 피노체트는 전국을 순회하며 저소득층의 표심을 얻고자 신축 주택에 대한 권리증을 마구 나눠주었다. 그러나 이것은 결코 민주적 선거가 아니었다. 야당 선거운동 사무실들은 폭격을 당했고 자원봉사자들은 두드려 맞았다. 집회는 강제로 해산되었고 수천 명이 체포됐다. 그의 TV 선거 광고는 해묵은 공포 전략에 의존했다. 광고는 차오르는 물에 빠져 허우적대는 남자, 무장한 폭도들을 피해 도망가는 엄마와 아이, 심지어 무덤에서 되살아나 라이플총을 붙들고 있는 아옌데의 모습을 보여주었다. 그는 좌파의 무정부 상태에 대한 공포감을 자극하며 칠레인들에게 소름 끼치는 메시지를 보냈다. '나를 뽑아라, 그러지 않으면 너희도 이 꼴이 될 거다.'[34]

이 위협적인 분위기는 야당의 시민사회 동원 성공을 한층 더 빛나게 만들었다. 결정적으로 10여 개의 반피노체트 정당이 서로 간의 차이를 뒤로하고 하나의 연합체, 콘세르타시온Concertación을 결성했다. 군부 정권은 쿠데타 이후 유권자 명단을 폐기해버렸지만, 전미민주주의기금과 시민 십자군은 미국에서 220만 달러의 지원금을 받아 칠레 국민 740만 명을 유권자로 등록하고 12만 명에게 투표 참관인 교육을 실시했다. 운동가들은 집집마다 돌아다니며 한 사람 한 사람의 표가 중요하다고 설득했고, 병행 투표 집계를 비준하기 위해 법률가 재판소Tribunal of Jurists가 설립되었다.[35] 신중하게 고안된 야당의 긍정적 캠페인은 이전의 대규모 시위에서 나온 '보살핌과 연대에 대한 사람들의 열망'을 알아주었다. 예술행동집단의 NO+ 슬로건은 1988년 9월 수많은 사람을 길거리로 나오게 한 즐거움을 위한 행진March for Joy에서 되살아났다. TV로 전해진 '감히' 희망을 품는 평범한 사람들의 모습은 많은 이의 마음에 불을 붙였다.[36]

중도파 기독교민주당 지도자인 파트리시오 아일윈을 야당 후보자로 선택한 것은 정치적 과정에 대한 신뢰를 회복하는 데 도움이 됐다. 법학 교수인 그의 헐렁한 스웨터 차림과 차분한 태도는 위협적이지 않은 시민적 남성성을 투영했다. 그는 또한 신자유주의 경제 정책들을 없애지 않겠다며 보수주의자들을 안심시켰다. 그 외의 야당 인사들은 좀더 대립하는 역할을 했다. 1987년 12월, 사회주의 지도자 리카르도 라고스는 TV 방송에서 피노체트의 '고문, 암살, 인권 침해'에 대해 비판함으로써 금기를 깼다. 잔뜩 긴장해 그의 발언을 저지하려던 진행자에게 그는 이렇게 말했다. "저는 지난 15년간의 침묵을 대변해 말하는 겁니다." 새롭게 등장한 『라 에포카』 같은 일간지들은 군 폭력의 "숨겨진 역사"를 폭로했고, 친군부 정권 일간지 『엘 메르쿠리오』는 13퍼센트로 떨어진 구독률을 다시 끌어올리기 위해 인권에 대한 기사를 다루기 시작했다. 그리고 마침내 국민투표가 시작됐을 때, 피노체트는 더 이상 지도자로서 자신의 행위에 대한 대중적 서사를 독점하지 못했다.[37]

1988년 10월 5일, 독재자의 패배는 전 세계 언론의 헤드라인을 장식했지만 54.7퍼센트 대 43퍼센트라는 선거 결과는 칠레가 분열된 상태로 민주주의의 여정을 시작했다는 것을 의미했다. 피노체트는 실각 후의 대비책까지 미리 마련해둬, 1998년까지 군대 수장으로 있었고 그 후에는 기소 면책권이 있는 종신 상원의원이 되었다. 그는 임기 마지막을 새로운 민주주의의 힘을 제한하는 데 보냈는데, 이를테면 자신한테 충성하는 재판관들이 칠레 대법원 재판관의 대다수를 차지하도록 만들었다. 그러나 피노체트는 1990년대 초 아일윈의 정부가 독재의 부당함을 해결하기 위해 시행한 조치들까지 막을 순 없었다. 피해자 가족들은 보상금을 받았고 수백 명의 정치범이 사면되었으며 망명자들은 귀국 지원을 받았다. 그리하여 1994년까지 20만 칠레 망명자 가운데 5만 명이 고국으로 돌아왔다.[38]

피노체트의 하수인들을 기소하기까지는 더 오랜 시간이 걸렸다. 군부는 피노체트의 1978년 사면이 테러가 한창일 때 일어난 일에 대한 형사 사법 절차를 면하게 해주었다고 주장했고, 이 덕에 잉그리드 올데로크 같은 전 국가정보국DINA 고문 전문가들은 징역살이를 피했다. 올데로크는 꽤나 안전하다고 느꼈던지 1996년에 자기 차에 "우리 개들 사랑해"라는 범퍼 스티커를 붙이고 다녔다. 그러나 다른 이들, 특히 전 국가정보국 수장 마누엘 콘트레라스는 징역을 살았다. 그는 1976년의 올란도 레텔리에르 살인 혐의로 1995~2001년 처음 징역형을 받았고, 그 뒤로도 수백 년에 달하는 형량이 추가로 선고되었다. 콜로니아 디그니다드의 신나치 교주 파울 셰퍼는 2005년 수감되었다. 2007년까지 수십 명의 육군 장군과 500명에 가까운 관료 및 전 국가정보국 요원들이 기소되었고, 그 수는 2015년 800명으로 늘어났다.[39]

1994년 출판된 피노체트 회고록의 마지막 권에서 그의 독재의 마지막이 어땠는지를 엿볼 수 있다. 추종자들과 찍은 사진, 키신저 같은 외국인 권위자들의 아첨, 카이사르와 나폴레옹에 대한 언급은 '선거로 인한 우발 사태'를 떠나 칠레 역사에서 자신의 중요한 위치를 강조한다. 그러다가 국민투표를 피델 카스트로와 미국 관료들이 일으킨 '초국가적' 음모이자, '해리 반스 주니어'가 히틀러 역을 맡은 나치 스타일의 '장검의 밤'이라고 묘사한 부분에서는 분위기가 급격히 어두워진다. 피노체트 같은 독재자들에게 있어 정권에서 퇴진당하는 것은 심리적 나락으로 추락하는 것과 같고, 그가 "국민투표라는 심연la vorágine plebiscitaria"이라 한 것은 완전한 몰락의 느낌을 반영

하고 있다.[40]

　1998년은 매우 중요한 해였다. 피노체트는 치료받으러 런던에 갔다가 그곳에서 반인륜적 범죄 혐의로 가택연금에 처해졌다. 프랑코의 통치하에서 자란 스페인 국립 고등법원 판사 발타사르 가르손이 기소를 주도했다. 가르손은 피노체트를 스페인 법정에 세우기 위해 그에 대한 범죄인 인도 요청을 할 때 보편 관할권의 원칙을 적용했다. 상원 의사당은 피노체트의 면책 특권을 부정하는 법적 선례를 세웠지만, 영국 내무부는 그의 건강이 좋지 않다는 이유로 귀국을 허락했다. 2000년 그가 탄 비행기가 산티아고에 착륙하자마자, 피노체트는 순식간에 건강을 회복하는 독재자의 기적을 일으키며 갑자기 휠체어를 박차고 일어나 환영 행사를 만끽했다.[41]

　그럼에도 전 독재자의 체포 소식은 정의의 수레바퀴를 움직이게 했다. 몇 달 전, 칠레 공산당 대표 글래디스 마린은 피노체트의 집단 학살, 납치 및 기타 인권 침해 행위에 대해 처음으로 그를 책임자로 지목한 소송을 제기했다. 그 과정에서 마린은 자신에게 일어난 일을 자녀들에게 설명해야 했다. 피노체트는 면책 특권을 박탈당했고, 결국 죽음의 카라반과 콘도르 작전에서 그의 역할에 대한 심리가 시작되었다. 그는 비록 군의관들이 치매라는 의심스러운 진단을 내린 덕에 재판정에 서는 일만큼은 피했지만, 이후 여러 건의 기소가 이어졌다.[42]

　피노체트의 폭력이 세상에 드러남에 따라 그의 부패도 까발려지기 시작했다. 2004년 리그스 은행의 비밀 계좌가 발견되었고, 2005년에는 영국 및 그 외 국가들과 무기 거래를 하고 받은 리베이트가 폭로되었다. 이 모든 불법 수익은 해외 계좌에 보관되어 있었다. 결국 그와 그의 가족이 받은 혐의에는 탈세, 공공 자금 오남용, 자금 세탁 등이 포함되었다.[43]

그러나 수하들과 달리 피노체트는 감옥에 가지 않았다. 2006년 12월, 그는 수백 건의 심리가 진행 중이었는데도 단 하나의 유죄 선고도 받지 않은 채 사망했다. "정의보다 죽음이 먼저 그를 데려갔다." 작가 겸 예술가 페드로 레메벨이 『라 나시온』에 게재한 비판 사설에서 한 말이다. 그의 장례식에서, 살해당한 카를로스 프라츠 장군의 손자 프란시스코 쿠아드라도 프라츠는 피노체트의 관에 침을 뱉었다. 한편 피노체트의 손자 아우구스토 피노체트 몰리나는 자신과 이름이 같은 할아버지를 찬양했다가 바로 다음 날 군에서 퇴출되었다.[44]

칠레 망명자 아리엘 도르프만 "아아, 시간은 죽음과 망각의 편에서 있구나"라는 글을 남겼지만, 계속된 사법 심판은 피노체트의 죄에 대한 기억이 사라지지 않게 해 주었다. 칠레인들은 2013~2016년 부에노스아이레스에서 열리고 산티아고, 아순시온, 라 파스, 몬테비데오에서 생중계된 콘도르 작전 재판을 모두 지켜보았다. 법정에 찾아온 사람들은 유리 보안 벽 너머 피고인들을 향해 사라진 가족과 친지의 이제는 희미해져버린 사진을 들어올렸다.[45] 피노체트는 프랑코가 그러했듯 자신의 모든 비밀을 간직한 채 박수받으며 정권에서 물러날 것이라고 생각했다. 하지만 권력을 잃은 후 그는 21세기 독재자의 강적이라 할 수 있는 인권 운동가, 탐사보도 기자, 국제법 전문 판사들과 마주해야 했다.

카다피는 새로운 독재자의 시대로 성공적으로 넘어왔다고 생각했다. 그는 생존에 필요하다면 과거에 적이었던 자들과도 기꺼이 손잡는 점에 있어서는 프랑코를 능가했다. 그는 9.11 테러 이후 반이슬람 운동이 절정에 이르렀을 때 오히려 승승장구하며 서구와 협력관계를 맺었다. 그는 모부투와 아민처럼 추방되거나, 미군에 의해 지하 은신처에서 끌려 나와 반인륜적 범죄에 대한 유죄 판결을 받고 자국민에 의해 처형된 사담 후세인 같은 운명을 맞이할 생각이 전혀 없었다.

2000년대 중후반, 카다피는 자국 내 반대가 거세지는 것을 미연에 방지하기 위해 약간의 자유화를 허락하는 실험을 한다. 런던경제대학에서 박사학위를 받은 그의 아들 사이프 알-이슬람은 새로운 리비아의 상징이 되었다. 사이프 알-이슬람은 고문 반대 캠페인과 더불어 이슬람교도 수감자를 대상으로 '개혁과 회개' 프로그램을 시작했다(2006년 100명이 사면되었다). 리비아 프레스 통신사, 알 리비아 텔레비전 방송국, 그리고 다수의 신문사가 포함된 그의 알 가드 미디어 그룹은 부패 관련 문제들을 다루었다. 피노체트와 마찬가지로 카다피도 국내 개혁이 위험하다고 생각했다. 2010년 말, 그는 아들의 실험을 중지하고 수많은 알 가드 직원을 잡아들였다.[46]

그러는 동안에도 서구에 대한 카다피의 분노는 사그라들지 않았다. 2003년 그는 1988년 스코틀랜드 여객기 폭파 사건과 1989년 니제르 테러 공격의 희생자 가족들에게 15억 달러의 보상금을 지불하는 데 합의했다. 그러나 2009년 그의 정부는 이 보상금을 마련하기 위해 받은 '대출'을 갚을 여력이 되지 않는다는 거짓 주장을 펼쳤다. 카다피는 서구 정유 회사들이 리비아의 보상금을 대신 내주지 않으면 '심각한 결과'가 빚어질 것이라는 어처구니없는 요구를 했다. 갈취나 다름없는 이 행위에 굴복한 회사들은 사실상 자기네 사람들을 죽인 일에 대한 사죄금을 대신 내준 것이었다.[47] 같은 해, UN 총회에서 발언해달라는 요청을 받은 카다피는 그 국제회의 데뷔 무대에서 서구 제국주의에 대한 비난을 쏟아냈다. 트럼프 또한 카다피의 뉴욕 방문을 기회라고 여겼다. 2009년 그는 카다피를 찾아가 '지중해 해안지역 건설'이라는 프로젝트에 자금을 대려고 했지만 실패했다. 카다피가 숙소로 사용하는 커다란 텐트를 칠 장소를 구하는 데 어려움을 겪고 있다는 걸 안 트럼프는 자신의 뉴욕 베드퍼드 부지를 그에게 임대해주었다. 이웃들이 이 거래를 막자 트럼프는 카다피가 낸 보증금 20만 달러를 '뜯어냈다'고 큰소리쳤다. 이 일은 외국 엘리트들과 카다피가 어떤 식으로 리비아의 '서구와의 화해'로부터 이익을 취했는지 요약해서 보여준다. 엘리트들은 돈을 벌었고 그는 정권을 연장했다.[48]

"어떤 이들은 죽을 테고 사람들은 그 죽음을 잊겠지만, 결과적으로는 옳은 것, 선한 것, 진보하는 것이 승리할 것이다." 이것은 카다피의 철학이었다. 하지만 2011년, 그의 자국민을 경멸하는 마음과 사랑으로 맺어진 유대와 기억을 무시한 대가가 그를 찾아왔다. 리비아 혁명은 수년간 벵가지 법원 청사 앞에서 아부 살림에서 실종된 가족에 대한 진실 규명을 촉구하는 시위를 이어온 여성들로부터 시작됐다. 2월 15일 이 여성들을 변호하던 인권 변호사 파티 테르빌이 체포된 것은 부당함의 도를 넘어선 사건이었다. 튀니지와 이집트에서 일어난 아랍의 봄의 성공에 힘입어, 원래 수십 명에 불과하던 시위자들이 2월 16일에는 수백 명으로 늘어났고, 2월 17일 '분노의 날'에는 수천 명에 달했다. 정부군이 이 평화 시위에 총격을 퍼부었을 때, 부당한 인권 문제에 대해 시작된 이 지역 시위는 정권 타도를 외치는 전국적인 움직임으로 바뀌었다.[49]

카다피는 리비아인들에게 착취로부터의 자유를 약속했다. 그러나 2011년 즈음에는 수백만 국민이 그를 고통과 폭정의 원흉으로 생각하게 됐다. 이미 부패로 병들어 있던 리비아 경제는 2008년 경기 침체 이후 이어진 유가 하락으로 더 큰 어려움을 겪었다. 반란 초기의 구심점은 젊은 실업자 남성들이었으나, 곧 빈곤한 중산층 리비아인들까지 이에 합세했다. 여성들은 반란군에게 피난처와 식량을 제공하고 은밀히 무기를 조달했으며 언론인으로서 활동했지만, 군사 훈련을 받았음에도 불구하고 무장 투쟁에서는 대부분 제외되었다. 이는 이슬람주의자들이 권력을 잡으면서 앞으로 펼쳐질 젠더 정치의 미리 보기 같은 것이었다.[50]

2월 20일, 혁명은 동부 지역에서 트리폴리타니아로 확산되었고 군에서 탈주한 많은 이가 여기에 합류했다. 카다피의 동맹 부족인 와르팔라족에는 1993년 쿠데타에 가담했던 장교들처럼 항상 그에 반대하는 사람들이 있었다. 반란군 93여단은 그 장교들의 정신을 기렸다. 와르팔라족 원로인 아르캄 알와르팔리는 2월 말 『알 자지라』를 통해 카다피에게 다음과 같은 메시지를 보냈다. "우리 형제에게 분명히 말한다. 당신은 이제 더 이상 우리 형제가 아니다. 당장 이 나라를 떠나라."[51]

카다피에게 추방은 상상도 할 수 없는 일이었다. 그는 자기가 사실로 믿게 된 그의 인기에 대한 국가 프로파간다와 너무 상반되는 일이 벌어지자 처음에는 큰 충격을 받았다. 그는 반란 초기에 CNN 앵커 크리스티안 아만푸어에게 이렇게 말했다. "우리 나라 사람들은 모두 저를 사랑합니다. 목숨을 걸어서라도 절 지킬 겁니다." 그러나 반란이 점점 더 거세지자 그의 충격은 분노로 바뀌었다. 일관되게 독재자적 사고방식을 유지한 그는 혁명을 개인적인 배신행위로 보았다. 2월 22일, 그는 "저는 이 나라를 떠나지 않을 겁니다. 이 나라의 모든 가정, 모든 골목, 모든 사람을 다 정화하겠습니다"라고 다짐했다. 이처럼 카다피는 프랑코 같은 소리를 했고, 3월에는 벵가지 포위 작전을 프랑코의 마드리드 점령과 견주기도 했다.[52]

이탈리아 저항운동에서도 그랬듯, 리비아 망명자들은 고국으로 돌아와 자신들의 인생을 송두리째 바꿔놓은 자에게 맞서 싸우기 시작했다. 안와르 하라가는 아부 살림 감옥에서 11년간의 수감생활을 마치고 2000년 약혼자와 함께 맨체스터로 갔다. 그리고 2011년 8월, 그는 리비아 수도 포위 작전에 참여해 트리폴리 여단에 맞서 싸웠다. 소르본대학 출신 변호사인 안와르 페키니도 리비아로 돌아와 카다피 저항운동을 조직했다. 그는 1920년대에 파시스트에 맞서 싸웠던 자신의 할아버지 무함마드 페키니의 정신을 받들고, 군주제 시절 총리였던 자신의 삼촌 모히딘 페키니의 개혁에 대한 희망을 마음에 품고 싸웠다.[53]

그러나 국가과도위원회NTC 정부의 지휘권을 받아들이지 않았던 집단들을 포함해 수백 개의 반란 집단의 존재는 리비아에 혼란스러운 정세를 초래했다. 명확한 전환 계획 없이 진행된 NATO의 군사 개입도 한 가지 원인이었다. 리비아의 미래에 대해 확실히 정해진 길이 없다는 것을 본 (더불어 리비아 석유에 대한 대체재를 찾지 못한) 베를루스코니는 2월에 NATO가 제안한 조치에 반대하고 나섰지만, 이탈리아는 3월부터 시작된 공습에 합류했다. 8월에는 카다피의 주둔지 트리폴리가 포위되면서 리비아 엘리트들도 그에게서 등을 돌렸다. 카다피가 쿠데타를 모의하던 시절부터 그와 함께했던 압데살람 잘루드는 이제 리비아 국민에게 "이 폭군과 손절하라"고 촉구했다. 그는 히틀러와 달리 카다피는 스스로 목숨을 끊지 않을 것이라고 경고했다.[54]

카다피의 죽음은 히틀러보다는 후세인이나 무솔리니의 죽음에 가까웠다. 10월 20일, NATO의 폭격이 고향 마을로 돌아가려던 카다피의 호송대를 전멸하다시피 했다. 인민해방군 군인들이 하수관 속에 숨어 있는 그를 찾아 지상으로 끌어냈다. "내가 너희한테 뭘 잘못했다고!" 그들에게 구타당하고 수차례 총을 맞던 카다피가 외쳤다. 그의 시신은 미스라타의 한 냉동창고로 옮겨져 대중에게 전시됐다. 그가 죽었다는 걸 자기 눈으로 직접 보기 위해 몇백 킬로미터를 달려온 사람들도 있었다.[55]

카다피의 요새에서 오랫동안 포로생활을 했던 소라야는 TV를 통해 그의 시신을 보고 안도감과 씁쓸함을 동시에 느꼈다. "그가 죽기를 바랐어요. 그가 저지른 일에 대해 죗값을 치르길 바랐죠." 그러나 카다피가 죽고 난 뒤에도 소라야의 시련은 끝나지 않았다. 친 카다피 인사들뿐만 아니라 반카다피 투사들도 그를 강간했기 때문이다. UN 인권위원회와 리비아 심리학자 세함 세르기와의 조사에 의하면 정권의 성폭행 문화는 내전 기간에도 이어졌다. 강간은 복수와 위협 정책의 일부가 되었다. 이슬람주의자들의 영향력이 커지면서 여성들의 자유는 퇴보했다. 카다피가 사망하고 사흘 뒤, 국가과도위원회 정부의장 무스타파 압둘 잘릴은 리비아의 해방을 선언함과 동시에 일부다처제에 대한 제한을 풀어주는 샤리아법에 기반한 새로운 입법 구조를 발표했다. "다들 더 많은 걸 기대했던 것 같습니다." 2018년 심리치료사 사마르 아와수드가 말했다. 아와수드와 리비아 여성들은 독재가 종식되면 더 큰 성평등이 찾아오기를, 적어도 이 나라가 두려움 없이 살 수 있는 나라가 되기를 바랐다.[56]

카다피의 폭력으로 집안이 풍비박산 난 히샴 마타르는 오랫동안 이날이 오기를 기다렸다. 2011년 2월, 그의 친척들은 모두 아부 살림에서 석방됐지만 아버지 자발라 마타르의 생사는 여전히 안갯속이었다. 카다피 사망 후 1년 뒤인 2012년, 마타르는 수십 년 전 떠났던 고국으로 돌아왔다. 결국 그는 아버지에게 무슨 일이 일어났는지 알아내지 못했지만 삼촌 마흐무드를 만나 많은 이야기를 나눌 수 있었다. 마흐무드는 21년의 기나긴 수감생활을 어떻게 버텨냈는지를 설명하며 이렇게 말했다. "내 내면 한켠에 여전히 모두를 사랑하고 용서할 수 있는 마음을 간직하고 살았어. 그놈들도 그것만큼은 빼앗지 못했지."[57]

—

"세상의 영광이 그렇게 저물어가는구나SIC TRANSIT GLORIA MUNDI."
카다피의 사망 소식을 접한 베를루스코니가 한 말이다.[58] 그로부터
한 달도 채 지나지 않은 2011년 11월 15일, 이번에는 그가 정권에서
물러설 차례였다. 유로존 위기의 결정적인 순간에 조르조 나폴리타
노 대통령은 그에게 사임을 요구했다. 20건의 기소와 7건의 유죄 판
결을 받은(모두 뒤집혔다) 위풍당당한 사람치고는 이상하리만큼 조
용한 퇴각이었다. 그 뒤로 들어선 전 EU 집행위원장이자 경제학자
마리오 몬티의 '기술관료적' 정부는 실력보다 충성도를 높게 샀던
베를루스코니의 관행을 크게 비판했다.

75세의 나이로 정권에서 물러난 베를루스코니는 자신의 팬들에
게 남성적 힘을 유지한 채 나이 들어가는 본보기를 제시했다. 스위
스 성형외과에서 '캘리포니아 리프팅'을 받았다는 등의 성형 고백은
남성과 여성 모두에게 감정적으로 어필했다. 그의 남성적 정력의
과시는 이를 독재자적 통치 스타일의 일부로 본 비판가들을 분노하
게 한 반면, 추종자들은 열광하게 했다. "그는 아내를 잃었을지언정
유권자들만큼은 잃지 않았다." 2009년 논평가 베페 세베르니니가
젊은 여성들을 자기 마음대로 취하려 했던 강박 때문에 이혼당한
일을 두고 한 말이다.[59]

"나는 마지막 두 국제 정상회담의 스타였다. 나는 단순한 정치인
이 아니라 거물이었기에 모두가 나와 사진을 찍고 싶어했다."
2010년 12월 베를루스코니는 으스댔다. 그러나 사실 그의 인격 숭

배는 포르자 이탈리아에 그와 별개의 정치적 정체성을 발전시킬 여지를 주지 않았고, 끊임없는 법적 문제, 스캔들, 충성도 테스트로 쉴 틈을 주지 않았다. 정치학자 조반니 오르시나는 그들에게 있어 "실제적인, 혹은 가상의 공격으로부터 베를루스코니를 지키는 것은 장기적이고 광범위한 개혁보다 더 중요한 것이었다"라는 평가를 내렸다.[60]

2011년 2월, 정치적으로 정체되어 있는 듯한 느낌과 베를루스코니에 대한 불만이 한계에 다다랐다. 수백만의 시민이 이탈리아 30개 도시의 거리로 쏟아져 나와 그의 퇴진을 부르짖었다. 새로운 지도자가 필요하다고 목소리를 낸 25~34세의 이탈리아인들 중 실제로 시위에 참여한 이의 비율은 2006년 28.3퍼센트에서 2011년 41.7퍼센트로 증가했다. 2011년 4월 베를루스코니의 미성년자 엘마루그와의 성관계에 관한 재판에 온 언론의 스포트라이트가 집중됐다. 승인받은 기자 110명과 200명의 증인이 재판에 참석했다. 법정에는 그의 섹스 파티에 함께했던 33명의 사람도 자리하고 있었는데, 그중에는 저녁 식사 후 자리를 떴지만 베를루스코니가 자랑스레 '푸틴 침대'를 보여줄 때까지는 있었다는 미국 영화배우 조지 클루니도 있었다. 베를루스코니는 이 혐의를 좌파들의 중상모략으로 일어난 사법적 박해라고 주장했지만, 미성년자 성관계에 대한 사건이니만큼 그런 케케묵은 헛소리는 통하지 않았다.[61]

유로존 위기가 베를루스코니 퇴각에 박차를 가한 것은 맞지만, 결정적으로 그가 수년간 저질러온 성차별주의적 행동, 부패, 독재자들과의 결탁은 유럽의 지도자 및 정재계 엘리트들이 그로부터 신뢰를 거둬들이도록 만들었다. 이탈리아는 그리스, 포르투갈, 스페인의 운명을 피해갈 수 있었는데, 이는 어느 정도 국민의 강력한 저축 습관 덕분이었다. 그러나 2조6000억 달러 규모의 국가 부채는 EU 및 기타 금융 구조 기관이 감당할 만한 수준을 훌쩍 뛰어넘은 것이었다. 베를루스코니는 EU와 IMF가 밀어붙인 긴축 정책을 시행하고 싶지 않았다. 그러나 10월에 이탈리아의 10년 만기 국채가 지속 불가능한 한계점까지 치솟자 이탈리아 재정 기구는 최후통첩을 내놓았다. 개혁하든지, 아니면 사임하라는 것이었다.[62]

베를루스코니의 명성이 곤두박질친 결정적인 한 방은 10월 23일 열린 긴급 정상회담에서 기자들이 메르켈과 사르코지에게 이탈리아가 의무를 다할 거라고 믿는지 물었을 때 일어났다. 평소라면 요령 있게 넘겼을 독일 총리가 한심하다는 듯 눈알을 굴리고 프랑스 대통령이 헛웃음을 치자, 장내는 웃음바다가 됐고 베를루스코니는 멀뚱히 이를 지켜보기만 했다. 2009년 스포글리 대사는 클린턴 국무장관에게 베를루스코니가 푸틴의 '나팔수'로 전락하면서 무능한 지도자이자 못 미더운 협력자가 되었다고 경고했다. 이제 그의 행동과 인성으로 인해 그 나라가 치러야 하는 대가가 만천하에 드러났다. 3주 후, 나폴리타노는 베를루스코니를 대통령궁으로 소환해 총리 사임 요청은 거부할 수 없는 것임을 분명히 했다.[63]

강요로 인해 사임한 후에도 얼마간 핵심 유권자들을 잃지 않았다는 사실은 베를루스코니의 인격 숭배와 언론 매체의 힘을 잘 보여주는 것이었다. 이는 2019년 트럼프 탄핵 때와 마찬가지로 오히려 그를 피해자처럼 보이게 만들어 지지자들의 충성심을 강화했다. 포르자 이탈리아는 2013년 선거 때 정당으로서 부활했지만 중도좌파에게 1퍼센트도 안 되는 차이로 패배했다. 얼마 뒤 같은 해, 마침내 판결이 내려졌다. 이제 베를루스코니는 탈세, 미성년자와의 성관계, 불법 도청, 뇌물 수수 혐의에 대해 유죄를 선고받아 2018년까지 공직에 출마하는 것이 금지되었다. 2017년 베를루스코니는 푸틴에게 둘의 얼굴이 새겨진 이불 커버를 선물로 주었지만, 그때 푸틴은 이미 베를루스코니를 쓸모없는 존재로 인식하고 있었고 자신한테 도움이 될 훨씬 더 강력한 파트너를 찾은 터였다.[64]

베를루스코니는 감옥행을 피했지만 그의 측근들 중 일부는 감옥에 갇히거나 가택연금에 처해졌다. 일흔이 넘은 나이였기에 그는 밀라노 노인 돌봄 시설에서의 사회봉사로 형기가 대체되었다. 그러나 2019년에 판사들은 당시 88세였던 그의 부역자 에밀리오 페데에게 가택연금으로 4년 7개월형을 충분히 살 수 있다는 판결을 내렸다. 수십 년간 그의 곁을 지켰던 마르첼로 델우트리는 운이 더 없었다. 2014년 대법원이 그의 마피아 연루죄에 대한 2004년 판결을 확정했을 때, 그는 징역을 피하기 위해 레바논으로 도주했으나 곧 체포되었다. 결국 그는 2021년까지 총 7년형을 살았다.[65]

베를루스코니는 피노체트와 달리 공식 회고록을 쓰지 않았다. 그러나 그의 박해의 주제는 2014~2015년 언론인 앨런 프리드먼과 나눴던 심층 인터뷰에 잘 드러나 있다. 그는 자신의 법적 문제를 '사법적 쿠데타'의 결과로 묘사했고, TV에 거의 나오지 않게 된 것에 대해 '투명인간이 된 듯한' 기분을 느꼈다고 말했다. 그리고 2018년에 정치 활동 금지 조치가 해제되자마자 이 81세 노인은 다시 카메라 앞에 서, 포르자 이탈리아를 홍보하고 카다피에게 오럴 섹스에 대한 조언을 해주었다는 농담을 했다. 그해 치러진 선거는 2011년 그가 정권에서 물러난 후 국내 정치 지형에 일어난 대격변을 확실히 보여주었다. 베페 그릴로의 오성운동Five Star Movement과 마테오 살비니의 동맹League은 유권자들의 절반에 달하는 표를 얻어 유럽 최초로 전원 포퓰리스트로 구성된 정부를 형성했다. 중도좌파의 득표율은 18퍼센트에 그쳤고 포르자 이탈리아는 고작 14퍼센트만 얻었다. 하지만 베를루스코니는 2019년 유럽의회 의원에 출마해 선출되면서 어떻게든 계속 정치에 발을 담그고 있었다.[66]

TV 시대의 황제였던 베를루스코니는 인터넷 시대에는 별 힘을 쓰지 못했다. 2011년 그가 총리직에서 물러났을 때, 운동가 겸 이론가인 프랑코 '비포' 베라르디는 '더 젊고 더 냉정한' 누군가가 '포퓰리스트 부대'의 지도자로서 힘을 얻을 것이라고 경고했다. 그 사람은 베를루스코니가 TV를 활용했던 것과 같은 기술로 소셜미디어를 활용하는 46세의 북부동맹 대표 마테오 살비니였다. 이 21세기 독재자는 국산품만 먹고 마신다는 글을 트위터에 올리고 웃통을 벗은 채 포즈를 취하며, 푸틴을 찬양하고 전략적인 순간에 묵주에 입을 맞춘다. 살비니 또한 폭력적인 언어를 사용하고 공개적으로 인종차별적 태도를 취한다는 면에서 과거의 독재 지도자들과 닮았다. 베를루스코니는 유럽에서 최초로 이민자들을 구금했지만, 2017년 살비니는 내무부 장관으로서 '모든 거리, 모든 동네에서 이민자들을 싸그리 청소할 것'을 촉구하며 프랑코와 카다피의 전철을 답습했다.[67]

2015년 3월, 베를루스코니는 '포르자 이탈리아를 공화당으로 전환할 것'을 제안했다. 같은 달, 트럼프는 공화당이 포르자 이탈리아의 한 버전처럼 변모하는 것을 가속화한 대선 캠페인 예비 위원회를 조성했다. 공화당의 권위주의적 경향은 트럼프 등장 이전부터 있어왔다. 그러나 2020년, 공화당은 기소를 피하기 위해 정권을 유지하고, 자신의 인격 숭배를 지속하며, 푸틴의 외교 정책 목표를 추진하고, 극우 세력을 주류에 편입시키는 것을 가장 중요한 과제로 생각하는 일인 독재자의 도구로 전락했다. 피파 노리스 등의 정치학자들이 실시한 연구에서 공화당은 자유민주주의적 가치를 거부하는 서구에서 가장 극단주의적인 정당 중 하나로 꼽힌다. 공화당의 이민에 대한 입장, 인종 평등 및 성평등과 LGBTQ+ 인권에 반대하는 움직임, 민족 및 종교적 소수자들에 대한 태도는 에르도안과 모디 같은 독재자들이 소속된 정당의 견해와 무척 유사하다.[68]

핵무기에 대한 접근성과 세계에서 가장 강력한 군대의 지휘권을 가진 트럼프는 베를루스코니보다 훨씬 더 위험하고 파괴적인 지도자다. 그러나 베를루스코니가 집권했던 10년은 미국, 브라질, 그리고 그 외 반민주주의적 공격을 받고 있는 국가들을 위한 경고의 메시지로서 주목할 만한 가치가 있다. 베를루스코니는 개방된 사회에서 활동했지만 점차 정부의 책임, 상호 관용, 표현의 자유에 대한 존중과 같은 기본적인 민주주의 가치 기반을 약화시켰다. 2009년 그는 자신의 당을 극우파 국가동맹AN과 통합해 자유국민당 연합체를 결성했고, 이는 그가 2011년 축출되기 전까지 반이민, 친백인 기독교적 강령으로 이탈리아를 통치했다. 그 전까지 이탈리아는 명목상으로나마 민주주의로 남아 있었을지 모르지만, 베를루스코니는 자신이 존경하던 자유를 억압하는 지도자들을 롤모델로 삼아 이탈리아 정부를 개인적인 부와 권력을 축적하기 위한 도구로 만들어버렸다.

맺는 말

　독재자들이 정권에서 퇴출될 때, 그 나라 사람들은 대놓고 그들을 비난하며 그들에 대한 기억을 지워버리곤 한다. 또한 그들은 한 남자의 파괴적인 환상을 실현하도록 강요받는 비현실적인 상태로 살았다는 이미지를 이용한다. 한 이탈리아 언론인은 파시즘을 '꿈의 역사'라고 회상했지만, 대부분의 사람은 그것을 폭력과 공포로 얼룩진 20년간의 악몽이라고 부를 것이다. 독재자의 부역자들에게 있어서 그런 이미지는 독재자의 파괴적인 목표 실현을 도운 것에 대한 그들의 책임을 줄여준다. 그것은 편리할 뿐만 아니라 그 지도자가 사망할 때 국민에게 커다란 카타르시스를 안겨준다. 독재자가 나라를 잘 이끌 특별한 능력이 있다고 주장했던 만큼, 그렇지 못한 이 결과의 모든 책임을 그에게 떠넘기고 비난의 화살을 퍼부을 수 있기 때문이다.[1]

　그러나 사실 권력에서 물러났다고 해서 독재자들이 완전히 사라지는 것은 아니다. 그 대신 국민의 몸에 흔적처럼 남아 있다. 그를 위해 경례하고 찬양가를 부르던 근육에 새겨진 기억은 쉽게 지워지지 않는다. 독일 서남부 도시 프리드리히스하펜의 박물관 관장인 노어베르트 슈타인하우저의 어머니는 전쟁이 끝나고 얼마 되지 않았을 때 일요일에 산책하면서 남편이 습관적으로 "하일 히틀러"를 하지 않도록 손을 꼭 잡고 걸었다고 한다. "독재자는 죽고 나서도 피해자들의 몸과 마음에 남아 있을 뿐만 아니라 그 밖의 사람들에게도 남아 있습니다." 칠레의 그래픽 아티스트 기요가 2018년에 한 말이다. 지도자의 탄압적인 존재감과 정책의 영향력을 지우는 데는 오랜 시간이 걸린다. 특히 그의 상징, 매장지, 건물이 남아 있다면 더 어렵다. 철학자 오르테가 이 가세트는 이러한 폐해를 '수령, 잔재, 시체, 해골 또는 화석'이라고 표현했다.[2]

파시즘을 주제로 한 각종 모자이크에 일 두체의 슬로건으로 가득한 로마 포로 무솔리니 스포츠 단지(지금은 '포로 이탈리코'라고 불린다)는 타임캡슐이라는 단 하나의 성과만을 상징한다. 건축물 보존 운동가들과 파시즘에 대한 향수로 가득한 극우 세력은 2000년 이곳의 복원 작업이 완료되자 크게 환호했다. 2014년 중도좌파 마테오 렌치 총리는 그곳에서 2024년 로마의 올림픽 유치 신청을 발표했다. 그는 무솔리니를 구원자처럼 묘사한 루이지 몬타나리니의 1936년 그림 「파시즘의 절정」 아래에 서 있었는데, 그 모습은 독재자의 망령이 아직까지도 이탈리아를 괴롭히고 있음을 보여주는 적절한 비유였다. 상당 부분 불법적인 수입 덕분에 수집할 수 있었던 장서들로 구성된 피노체트의 호화찬란한 도서관은 산티아고의 관광 명소다. 하지만 그의 시골 부지 로스 볼도스는 황폐하기 짝이 없는 모습으로 변했고, 그의 유해가 뿌려진 곳임에도 불구하고 대마초 농장이 됐다.[3]

추종자들이 독재자가 나라를 발전시켰다는 증거로 여기는 경기장, 고속도로, 공항은 독재 통치가 일으킨 처참한 피해를 결코 상쇄할 수 없다. 자산 몰수, 기업 사냥, 학교 교육 방해, 부모들의 행방불명, 아이들 납치, 공동체 집단 학살은 사회에 메울 수 없는 공허함을 남긴다. 1930년 반파시스트 카를로 로셀리는 법정에서 이렇게 증언했다.

제게는 집이 있었지만 그들이 부숴버렸습니다. 제 신문도 있었지만 그들이 폐지해버렸습니다. 제겐 교수직도 있었지만 내려놓아야 했습니다. 제게는 신념과 존엄성, 이상이 있었고 아직도 있습니다만, 이것을 지키기 위해 저는 감옥에 가야 했습니다. 제게는 아멘돌라, 마테오티, 고베티 같은 스승과 친구들이 있었지만 그들이 모두 죽여버렸습니다.[4]

7년 뒤, 무솔리니는 그에게서 목숨마저 앗아갔다.

독재자가 권력을 장악하고 유지하는 데 활용한 기관들은 독재자의 실각 이후 무의미해지거나 신뢰를 잃곤 한다. 무솔리니의 국가 파시스트당, 히틀러의 국가사회주의 독일 노동자당, 모부투의 인민혁명운동 모두 해산됐다. 공무원직과 전문직도 마찬가지다. 카다피는 리비아의 국가 관료 체제를 부패와 족벌주의로 오염시켰고, 언론인들의 전문 기술은 오랫동안 프로파간다를 생산해내는 수준에 머물러 있었다. 전문 지식과 실력보다 충성심을 높이 사고 폭력이 그 자체로 목적이 되게 함으로써 전문화를 저해하며 군의 사기를 꺾었는데, 특히 잘못된 판단으로 시작한 전쟁이 패배로 끝날 때는 더 심했다. 1945년 독일 장교들의 집단 자살이 그 한 예다. 칠레군은 피노체트가 총사령관으로 있는 동안에는 어느 정도 힘을 유지했다. 하지만 2000년대에 들어서 수십 명의 장군과 1300명의 하급 장교가 인권 침해 혐의로 기소되면서 초토화됐다. "전 아직도 우리 기관이 어쩌다 이렇게 됐는지 이해하려고 노력 중입니다. 내가 알고 지내며 존경했던 장교들이 대체 왜 그런 일을 한 건지 말입니다." 쿠데타 직전에 은퇴한 한 칠레 장교가 한 말이다.[5]

외국 조력자들의 도움을 받는 독재 국가들은 그들이 초래한 심각한 사회 혼란과 파괴를 덮어 감춘다. 그리고 독재주의가 효율성과 경제성장 면에서 민주주의보다 낫다는 이야기를 끊임없이 들먹인다.[6] 분명 어떤 종류의 사람들은 독재 정치하에서 성공하고 더 잘산다. 독재자들은 자기편과 금융 엘리트들이 자본을 모으고 공공재를 사유화하도록 돕는다. 그러나 전반적인 경기는 그러한 약탈 때문에 침체되곤 한다. 파시스트 국가들은 유대인과 그 외 적들의 자산을 노렸고, 반식민주의 군부 정권은 외국인을 추방했다(모부투, 카다피, 아민은 이렇게 해놓고서 나라 경제를 살리기 위해 일부를 다시 불러들이기도 했다). 그리고 푸틴과 에르도안 같은 새로운 독재자들은 몇십 년 동안 일궈진 기업들도 포함해 수익성 있는 기업들을 점령한다. 독재자들은 경제적 불평등을 악화시키고, 국가 자원을 약탈하며, 실력보다 이념을 중요시할 뿐만 아니라 수많은 인재를 죽이고, 수감하고, 추방함으로써 그들이 지배한 사회를 빈곤하게 만든다.

피노체트가 그 한 예다. 오래전부터 그의 명성은 그가 허용한 신자유주의적 개혁 덕에 칠레가 쿠바 같은 처지가 되지 않을 수 있었다는 생각에 의지해왔다. 이는 사실과 다른 주장이며, 1980년대 초에 일어난 재앙에 가까운 은행 줄도산, 민영화와 함께 찾아온 부패, 그의 쿠데타가 초래한 경제적, 정치적, 인적 비용을 완전히 무시한 발언이다. 푸틴이 또 다른 예다. 그의 독재가 경제성장을 촉발했다는 주장은 유가 상승 같은 그의 통제 밖에 있는 요인들을 일절 고려하지 않은 것이며, 더불어 푸틴의 부패와 자산 유출로 인한 국가 수입의 막대한 낭비와 손실도 무시한 것이다.[7]

국민과 영토, 부를 축적하고 통제하려는 욕망은 독재 통치의 트레이드마크다. 독재자는 그가 음식과 수면을 필요로 하는 것만큼이나 이러한 소유물을 필요로 한다. 대중이 참여하는 집회부터 히틀러의 베르그호프 별장, 모부투의 그바돌리테 궁전, 트럼프의 플로리다 마러라고 리조트 같은 사적인 공간에서 열리는 엘리트 모임까지, 독재 통치에 수반되는 의례와 화려한 행사는 독재자의 통제와 경배에 대한 끝없는 욕구를 반영한다. 물론 모든 걸 잃을지도 모른다는 은밀한 두려움 속에 사는 독재자에게는 모든 걸 갖는 것만으로 충분치 않다. 그가 자신은 절대 틀리지 않다고 주장하는 그 순간에도 공포라는 악마는 그를 쫓아온다. 독재자는 자신이 탄압하는 사람들, 자신에게 제재를 가하거나 실각시킬 수도 있는 외국인 후원자 및 국제 세력, 자신을 기소할지도 모르는 사람들, 언제든 등을 돌릴 수 있는 엘리트들, 지구상에서 자신을 없애버리려고 혈안이 되어 있는 정적들을 끊임없이 경계하며 살아야 한다. 그런 독재자들이 사람들을 자신에게 묶어두기 위해 협박과 후견주의를 이용하고, 무소불위의 남성성이라는 망토를 두르고, 자신의 독재적 세계관에 정당성을 부여해줄 파트너로서 다른 독재자들과 관계를 맺으려는 이유는 바로 그 두려움 때문이다. 많은 독재자가 전리품을 보관하기 위해 왕궁이나 벙커를 짓고, 그들의 오만함과 부실 국정 운영이 위기를 불러일으키면 국민을 피해 그 안에 숨는다.

독재자들에게 효과적으로 저항하기 위해 우리는 그들이 어떻게 정권을 잡고 그것을 유지했는지를 냉정한 시선으로 바라봐야 한다. 독재자의 유혹과 위험만큼이나 핵심적 특징인 카리스마는 남성적 권위를 찬양함으로써 수많은 추종자를 끌어모은다. 독재자는 가부장적인 권위가 위협받는 것처럼 보일 때 잽싸게 그것을 비호하고 나선다. 1920년대 이탈리아에서 그랬고, 1930년대 독일과 스페인, 1990년대 러시아와 또 이탈리아, 그리고 2016년 미국에서 그랬다. 남성적 정력 과시와 '일대일' 외교를 바탕으로 세워진 남성적 독재 권력 모델은 훗날 여성이 이끄는 독재 국가들이 출현하면 언제든 갈아치워질 수 있다. 프랑스 국민연합의 지도자 마린 르펜부터 시작해, 유럽 극우파 내에서 여성들이 두각을 나타내고 있다. 트럼프는 2019년 G20 정상회의 때 그랬던 것처럼 딸 이방카를 계속 국가 원수들과의 단체사진에 포함시키면서 미래의 지도자로 밀고 있다. 여성이 이끄는 우파 국가라 해도 부패, 여성 혐오, 그리고 많은 국가에서 백인 인종 우세, 이런 것들을 추구하는 합법적인 권력이라는

독재주의가 가진 매력에는 아무런 위협이 되지 않는다.[8]

　독재자의 불한당 같은 면모 또한 사람들을 끌어당긴다. 독재자는 법질서에 기반한 통치를 주장하지만 실제로는 무법을 조장한다. 이 모순은 정부가 점차 범죄 집단으로 진화하면서 공식적인 정책으로 자리 잡는다. 히틀러의 독일이 그랬고, 푸틴의 러시아도 그랬다. 처벌받지 않고 범죄를 저지를 수 있으며, 한 정치질서를 없애고 새로운 정치질서를 만들어내는 집단적인 움직임에 동참할 수 있다는 것은 많은 이에게 더없이 매력적인 일이다. 이것이 바로 실각한 통치자의 일부 부역자가 그들이 가담한 참상이 밝혀진 뒤에도 뉘우치지 않는 이유다. "우리 개들 사랑해"라는 소름 끼치는 범퍼 스티커를 붙이고 다녔던 칠레의 고문 전문가 잉그리드 올데로크처럼 말이다. 독재자들이 국민 사이에서 조성하는 특별한 심리적 분위기, 즉 권력에 복종하는 안락함과 일탈의 짜릿함이 뒤섞인 이 감정은 사람들의 삶에 활기와 목적, 극적인 사건을 제공한다.

　독재자들이 어떻게 권력을 손에 쥐고 그렇게 오래 집권할 수 있었는지 이해하는 것은 이를테면 독일인들은 아주 교양 있는 사람들이라든가, 칠레인들은 폭력적인 그 주변 이웃 나라 사람과는 다르다는 생각 같은, 그 나라 국민이 자랑스럽게 여겨온 국가 정체성을 포기하는 것을 의미한다. 1920년대 초, 이탈리아 국민 중 '파시즘은 우리 나라의 자서전'이라고 했던 고베티의 말을 듣고 싶어하는 사람은 거의 없었다. 마찬가지로 많은 미국인이 트럼프의 인종차별, 그리고 무엇보다 명성과 이익에 대한 집착이 미국 사회의 오랜 특성을 반영하고 있기 때문에 그가 당선될 수 있었다는 생각은 받아들이지 않는다. "모든 국가는 그 국가가 받아 마땅한 불한당을 얻는다." 무솔리니 치하의 이탈리아를 두고 전 파르티잔이 한 이 말은 다소 지나치게 들릴지 모르지만 한편으로는 더없이 정확하다.[9]

　"우리 운명을 결정하는 사람들은 사실 우리보다 더 나은 사람들이 아니다. 우리보다 더 똑똑하지도, 더 강하지도, 더 현명하지도 않다." 독재자들과 오래 이야기를 나누어본 언론인 오리아나 팔라치가 내린 결론이다. 독재자의 인기 비결은 특출난 듯하면서, 인간미 넘치는 단점이 있는 평범한 사람처럼 보이는 것이다. 무솔리니는 소설가 엘사 모란테에게 '거칠고 교양 없는 그저 그런 사람'이자 '오늘날 이탈리아인의 완벽한 전형이자 거울'이라는 인상을 남겼다. 베를루스코니는 지금 트럼프가 미국인들에게 하고 있듯, 이탈리아인들로 하여금 규칙을 어기는 것을 기분 좋게 느끼게 해주었다. 튀르키예 추종자들은 에르도안을 마치 자기 가족의 일원처럼 묘사한다. "누구에게나 푸틴 같은 면이 있다." 푸틴을 좋아하지 않는 노벨문학상 수상 작가 스베틀라나 알렉시예비치가 한 말이다.[10]

　인격 숭배와 '우리 같은 사람'이라는 포퓰리즘적 이데올로기로 포장된 이들의 친근함 또한 많은 사람이 초기에 그들을 위험하다고 여기지 않는 이유다. 독재자들이 천재 지략가라는 소리가 종종 들려오긴 하지만, 그들 중 통치에 대한 전체적인 계획을 세워둔 사람은 거의 없다고 봐도 좋다. 그들의 진짜 재능은 체스 마스터의 재능보다는 길거리 싸움꾼이나 사기꾼들이 가진 재능에 가깝다. 즉, 자신한테 주어진 기회를 최대한 활용하는 민첩함, 사람들을 자기편으로 만들고 자신의 거짓말을 믿게 만드는 기술, 그들이 갈망하는 절대권력을 얻는 데 필요한 것이라면 뭐든 할 의지다. 그리고 그들 대부분이 자기가 상상했던 것보다 훨씬 더 큰 권력을 얻었다.

지도자를 신봉하는 사람들에게는 지도자가 너무 중요한 존재인 만큼, 그가 그들에게 퍼붓는 경멸과 멸시는 더 안타깝게 느껴진다. 1931년 쿠르치오 말라파르테가 히틀러와 그의 가장 충실한 부역자들과의 관계에 대해 한 말은 선견지명을 담고 있다.

> 히틀러는 자신의 잔인함을 통해 사람들의 자존심을 꺾고 양심의 자유를 짓밟으며 개개인의 가치를 깎아내림으로써, 자신의 지지자들을 존엄성이란 눈 뜨고 찾아볼 수 없는 아첨꾼으로 만들어버린다. 모든 독재자와 마찬가지로 그 또한 자기가 경멸할 수 있는 사람들만을 아낀다.[11]

이 보편적인 원칙이야말로 독재자가 걸핏하면 자국민 탓을 하는 이유다. 파시스트들부터 카다피에 이르는 통치자들은 적군의 폭격이 쏟아지거나, 저항 세력이 거세지거나, 검찰이 수사망을 좁혀올 때 이게 다 국민의 잘못이라고 말한다. 자신이 그들에게 하사한 위대함이라는 망토를 두를 배짱도, 강인함도 국민에게는 없다는 것이다. "이탈리아인들은 양 같은 민족이다. 그걸 바꾸는 데는 18년 가지고는 어림도 없다." 1940년 1월, 무솔리니가 수백만 명을 죽게 만들고 결국 자신의 정권도 무너뜨린 그 전쟁에 무모하게 참전하기 몇 달 전 갈레아초 치아노에게 불평하며 한 말이다. "미켈란젤로도 조각작품을 만들려면 대리석이 필요했다. 그에게 점토만 있었다면 그는 한낱 도공에 지나지 않았을 것이다."[12]

독재주의에 맞서려면 반드시 정부의 책임성과 투명성을 최우선으로 삼아야 한다. 독재 통치의 핵심에는 그와 그의 측근들이 법과 법의 판결보다 위에 있으며, 진실에 얽매여 있지 않다는 주장이 있다. 선거라는 오래된 척도의 신뢰성이 떨어지기 때문에 책임성 또한 열린 사회를 위한 수단으로 무척 중요하다. 신생 독재 국가들은 민주주의인 척할 때가 많고, 일인 독재자가 지배하는 명목상의 민주주의 국가들은 독재 국가처럼 행동하곤 한다. 베를루스코니의 이탈리아가 그랬듯, 트럼프의 미국에서는 더 이상 아무것도 의미가 없고 모든 것이 '신용 사기'의 문제가 될 때까지 합법과 불법, 사실과 허구, 유명인과 정치가 한데 뒤섞여 있다. 책임과 진실의 기준에서 벗어나는 것의 심각한 악영향은 트럼프의 2020년 1월 국정 연설에 대한 CBS 뉴스 언론인 노라 오도넬의 반응에서 뚜렷이 드러나 있다. 그 연설에는 그의 대통령 재임 기간의 경제성장에 대해 사실과 다른 발언이 많이 포함되어 있었지만, 오도넬은 "리얼리티 TV 대통령의 위대한 승리, 마스터 쇼맨이 이룩한 최고의 결과물"이라고 극찬했다.[13]

반부패 노력은 투명성과 책임의 가치에 대한 교육을 포함해야 하고, 사람들이 애초에 부패에 가담할 생각을 하지 않게 하는 직장 및 정부 문화를 장려해야 한다. 기소는 사람들의 관심을 끌기 어려우며 자칫 지도자와 그 협력자들을 피해자처럼 보이게 만들 수 있다. 따라서 예방이 훨씬 더 좋은 방법이다. 우리는 국제투명성기구가 전 세계에서 하고 있는 것처럼 엘리트들에게 반부패 기관과 결연을 맺으라고 장려할 수 있다. 또한 지역적, 국가적 수준에서 사회 정의와 책임을 위해 일하는 시민단체 및 비영리 단체를 지원하는 것도 한 방법이다. 더불어 은행, 로펌 등 독재자의 부패를 가능케 하는 조력자들에게 압력을 넣음으로써 이익을 위해 독재자 편에 서서 일하는 관행을 재고하게 만들 수도 있다. 독재자의 모든 언행을 거의 실시간으로 보도하는 언론은 자코모 마테오티부터 보리스 넴초프, 그리고 현재 목숨 걸고 진실을 폭로하는 사람들처럼 용기를 내 그들의 부패를 비난하는 이들의 이야기를 전할 의무가 있다. 또한 반부패 행동을 장려하는 노력이 더 널리 알려져야 한다. 예를 들어 모 이브라힘 재단은 민주적으로 선출된 아프리카 국가 원수로서 자국 내 법치와 인권을 강화한 원수들에게 10년에 걸쳐 500만 달러의 상금을 수여한다.[14]

지금 민주주의는 그 어느 때보다 영웅을 더 필요로 하며, 열린 사회의 가치와 장점을 보여주는 설득력 있는 내러티브를 필요로 한다. 철학자 마사 누스바움의 주장처럼, 열정과 사랑이 민주 정치 모델에 필수적인 것으로 인식된다면 자유주의적 가치는 '미온적이고 지루해' 보이지 않을 것이다. 우리는 너무 자주 우리 나라에 대한 애정인 애국심을 포함해 어떤 감정을 형성하는 일을 민주주의의 적에게 맡겨왔다. 2020년 6월, 언론인 조지 패커는 코로나바이러스 팬데믹으로 인해 미국에서 드러난 정치적 부패, 리더십의 실패, 기타 사회적 병폐를 보고 얻은 교훈에 대해 이런 글을 남겼다. "민주주의에서 시민이 되는 것은 필수적인 일이며, 연대의 대안은 죽음뿐이다." 전 세계적으로 그 메시지가 많은 이에게 절실히 와닿기까지,

자유는 종종 축소되거나 퇴색되어야 했다.[15]

1920년대에 미국 은행들과 매스컴이 무솔리니의 독재를 뒷받침했던 것부터 시작해서 미국은 독재주의가 세계 곳곳에서 성공하는 데 큰 역할을 해왔다. 미국이 독재자들을 후원했던 것이 군사 쿠데타 시절에 가장 두드러지긴 했지만, 미국은 그 후로도 계속 독재자들을 지원해왔다. 변호사와 자산관리 전문가들은 독재자들이 자기 나라에서 수탈한 재산을 해외 자금 도피 계좌에 보관할 수 있게 해줌으로써 그들이 권력을 유지하는 데 도움을 줬다. 로펌 그린버그 트라우리그는 2015년부터 2019년까지 직접, 그리고 하도급 업자로서 오르반과 에르도안을 위해 일했다. 트럼프의 개인 변호사이자 개인 특사 루돌프 줄리아니는 과거 그린버그 트라우리그에서 에르도안의 해외 업무를 담당한 바 있다.[16]

미국 홍보 회사와 로비 회사들은 독재자의 폭력을 덮어주는 동시에 그들의 나라를 사업과 관광을 위한 기회의 땅처럼 홍보했다. 케첨은 2006~2014년 푸틴을 위해 일하며 훌륭히 로비해 그가 2007년 『타임스』의 '올해의 인물'로 선정되게 했다. 트럼프를 위해 일했던 로비 회사 발라드 파트너스는 에르도안을 위해서도 일했는데, 에르도안은 이 회사 외에도 다섯 곳의 미국 로비 회사와 홍보 회사를 고용했다. 2017년 마이클 플린은 트럼프의 국가안보보좌관으로 활동하는 동시에 에르도안의 미국 내 이익을 대변하는 외국 대리인으로서 에르도안으로부터 급여를 받았다. 이 모든 업체와 개인들은 자국 내에서 민주주의의 혜택을 누리는 한편, 독재자들이 수백만 명

외국인의 민주주의를 파괴하는 데 일조했다.[17]

미국이 독재의 역사와 깊이 얽혀 있는 것을 고려할 때, 일각에서는 트럼프의 집권을 신성한 정의로 보기도 한다. 독재나 외세의 점령을 한 번도 겪어본 적 없는 이 나라는 이제 각종 독재 전략을 직접 경험하고 있다. 민주주의 아래에서 자유를 당연시하며 산다는 엄청난 특권은 그 자유가 공격받을 때 약점이 된다. 과거에 그랬듯이, 정치에 대한 독재자의 신선한 접근 방식은 노련한 관찰자들마저 혼란스럽게 만들었다. 조지 W. 부시 대통령은 트럼프의 2017년 취임식 연설을 논할 만한 기준 틀이 없어 '이상한 헛소리'라고 묘사했다. 비록 독재 역사의 맥락에서는 더할 나위 없이 정상적인 것이었지만 말이다. 1920년대와 1930년대의 이탈리아인과 독일인들, 그리고 1973년 쿠데타 이후 일부 칠레인이 그랬듯이, 많은 미국인이 거짓과 극단주의 정치를 지지하는 그 남자가 대통령이 되고 나면 정신을 좀 차리고 민주주의적 규범과 제도를 준수할 것이라고 믿었다. 2020년 3월, 전 『뉴욕타임스』 기자 클라이드 하버만은 트위터에 대부분의 사람보다 훨씬 더 솔직한 이런 글을 올렸다.

> 오늘 아침, 나는 2016년 11월에 했던 순진한 생각을 떠올렸다. 트럼프가 끔찍한 사람이라는 건 그때도 다들 알고 있었지만, 나는 그 사람이 대통령이 되면 바뀔 거라고 생각했다. 자리가 사람을 만든다며 말이다. 그렇게 잘못된 생각이 또 있을까.[18]

많은 이가 코앞에 다가온 위험의 심각성을 인식했을 때쯤에는 국가 수장의 파괴적인 성정과 통치 스타일 때문에 치러야 할 대가가 너무 뚜렷해져 있다.

2020년 코로나바이러스 확산과 인종차별 반대 시위에 대한 트럼프의 반응은 그야말로 전형적이었다. 코로나바이러스 확산 초기 그 중요한 시기에 트럼프는 질병통제예방센터와 그 외 전문가들을 무시하고 잘못된 정보를 대중에게 쏟아부었다. 그는 코로나19 바이러스를 독감 수준이라고 말하며 검증되지 않았거나 위험한 치료법을 퍼뜨렸고, 사람들이 코로나 검사를 받는 것을 방해했다. 사람들이 검사를 더 많이 받을수록 보고되는 확진자 수는 늘어날 테고, 그러면 그의 능력에 대한 주장은 힘을 잃고 그가 약속한 미국 경제 부흥이 늦어져, 결과적으로 재선은 위태로워질 거라는 생각 때문이었다. 트럼프는 세균공포증이 있는 것으로 유명함에도 불구하고 공개 석상에서 보호 장비 착용을 거부하며 모든 게 정상이라는 분위기를 연출하는 지경에까지 이르렀다. 6월, 그의 부름에 응해 털사, 피닉스 등 지역에서 열린 실내 집회에 마스크를 쓰지 않고 모인 수천 명의 사람은 그의 프로파간다를 위한 총알받이가 되어, 그가 질병조차 무너뜨릴 수 없는 남자다운 지도자 행세를 할 수 있게 해주었다. 그러나 당시 미국은 몇 달 연속으로 세계에서 가장 높은 감염률을 보이고 있었다.[19]

독재자들 사이에서 대대로 이어져온 부패의 전통에 따라, 트럼프 행정부 또한 팬데믹 관련 구제 기금으로 할당된 자원을 협력자들에게 보상하고 후원자 네트워크를 강화하는 데 사용했다. 트럼프 재선 캠페인에 고용된 데이터 회사 펀웨어는 2조 달러 상당의 지원금

중 285만 달러를 받았는데, 이는 평균 지급액의 14배에 달하는 액수였다. 분할 통치 전략은 여러 주가 의료 기기를 두고 쟁탈전을 벌이며 대립하게 만들었다. 트럼프는 공화당 주지사나 공개적으로 그에게 경의를 표하는 사람들을 편애했고, 다른 각료들에 대해서는 그들의 공신력을 떨어뜨리려고 했다. 그는 2020년 4월 언론 브리핑에서 "여러분의 주지사가 제 역할을 다하지 못한다면 우리가 보호해드리겠습니다"라는 말을 했는데, 하원의원 애덤 시프는 트럼프의 접근 방식을 요약해서 이 말을 이렇게 해석했다. "쉽게 말해 주지사들은 그에게 충성하고 경배해야 한다는 겁니다. 그러지 않으면 불이익을 당할 거라고요."[20]

시프 의원이 묘사한 독재자적 리더십 모델은 트럼프의 시위에 대한 반응의 기본 골조이기도 하다. 2020년 5월 29일 금요일, 시위자들이 백악관 잔디밭 근처에 쳐진 임시 울타리를 침범하자, 미 첩보부는 트럼프를 백악관 지하의 대피 벙커로 황급히 데려갔다. 한 시간 뒤 트럼프가 모습을 드러냈을 때, 워싱턴 DC를 군사 점령지와 유사한 무언가로 바꾸는 계획은 이미 실행되고 있었다. 주말 동안 시위대 머리 위로 라코타와 블랙 호크 헬리콥터들이 날아다녔으며, 5000명의 주 방위군이 수도로 대거 투입됐다. 이들은 필요 시 미국 시민들을 향해 사용하기 위한 수만 발의 탄약도 지참하고 있었다. FBI, DOJ(법무부), 교도국 등의 기관들도 이 작전에 참여했다. 중무장한 많은 요원이 명확히 알아볼 수 없는 제복 휘장을 달고 있었는데, 일각에서는 이를 두고 푸틴이 2014년 러시아의 크림반도 합병당시 표식이 없는 '리틀 그린 맨' 의용군을 투입했던 것을 떠올렸

다.[21]

독재자의 자국민에 대한 두려움과 혐오감은 그의 권력이 위협받을 때 가장 잘 드러나는 법이며, 트럼프도 마찬가지였다. 6월 1일 월요일, 마크 에스퍼 국방부 장관을 포함해 여러 백인 남성을 대동하고 나타난 트럼프는 장미 정원으로 걸어가서 '전문적인 무정부주의자, 난폭한 폭도, 방화범들 (…) 안티파', 그리고 기타 '테러리스트들'이 시위에 가담했다며 이들을 맹렬히 비난했다. 그는 지방 및 주 관료들에게 이 불안정한 상황을 그들 선에서 끝내지 않으면 자신이 '미국 군대를 동원해 그들 대신 이 문제를 신속히 해결할 것'이라고 경고했다. 그리고 그것을 증명하기라도 하듯 그가 연설하는 동안 보안군들이 백악관 바로 앞에 위치한 라파예트 광장에서 최루탄과 섬광탄, 기마경찰대를 이용해 시위대를 해산시키고 있었다. 그리고 그는 세인트존스 교회로 걸어가 성경을 소품처럼 들고 카메라 앞에서 포즈를 취했다.[22]

트럼프의 프로파간다 곡예, 그리고 시위를 상대하는 방식은 그의 평판을 더 떨어뜨렸고 오랜 협력자들이 그와 거리를 두게 만들었다. 트럼프의 확고부동한 협력자이자 모부투 및 그 외 독재자들의 후원자이기도 했던 복음주의 지도자 팻 로버트슨마저 치안에 관한 그의 과장된 언어를 냉혹하고 위험하다며 비난했다. 트럼프의 전 국방부 장관 제임스 매티스 장군은 트럼프가 민주주의에 대한 위협이라고 경고했다. 그러나 그 어떤 것도 트럼프가 2020년 7월 포틀랜드와 여러 도시의 시위자들에게 그 전술을 확대 적용하는 것을 막지 못했다. 예방 차원의 체포와 아무 표식도 없는 밴에 시위자들

을 강제로 태우는 모습은 에르도안, 피노체트 같은 독재자들이 적에게 하던 행동을 떠올리게 했다.[23]

"완전히 장악하지 못한다면 시간 낭비나 다름없다." 그날 트럼프가 독재자들의 공통된 인생철학을 드러내며 말했다. 그 시기 그의 행동은 독재자들이 권력을 위협받을 때 어떻게 행동하는지를 직접 경험한 미국인들에게는 너무나 익숙한 것이었다. "사담, 바샤르, 카다피 모두 이렇게 했다." 트럼프가 시위자들에게 무력을 사용한 것을 두고 유럽과 아시아에서 CIA 작전을 지휘한 마크 폴리메로풀로스가 트위터에 올린 글이다. 로버트 포드 전 대사와 그 밖의 외교관들은 리비아 혁명 당시 반체제 인사들을 모조리 찾아내 다 죽여버리겠다던 카다피의 최후의 다짐을 떠올렸다.[24]

하지만 그런 비교는 역사가 남긴 또 다른 교훈을 떠올리게 했다. 바로 독재자의 집요함, 그리고 권력을 유지하기 위해서라면 뭐든 할 의지를 절대 과소평가하지 말라는 것이다. 민주주의 붕괴의 징후를 찾아내도록 훈련받은 전현직 CIA 분석관 및 요원들은 시위대에 대한 무력 사용과 양극화는 강력한 독재적 탄압을 예고하는 것이라고 경고했다. "이것은 붕괴 직전의 나라에서 일어나는 일입니다." 전 분석관 게일 헬트가 말했다. CIA 위장 요원 출신인 하원의원 애비게일 스팬버거(민주당, 버지니아)는 점차 고조되는 미국의 긴장 상황에 대해 "전 이 전략에 대해 잘 알고 있습니다"라며 경고했다. 비상 조치는 능력과 인지도가 하락하고 있는 지도자의 눈에는 대단히 매력적인 것으로 보인다.[25]

그런 때일수록 프로파간다는 더더욱 중요해지며, 지도자를 모시는 사람들은 그의 카리스마적 힘이 줄어든 만큼 초과근무를 해서라도 그 공백을 메워야 한다. 2020년 6월 8일, 백악관 대변인 케일리 맥이너니가 기자 회견을 열었다. 백악관 밖의 상황은 대통령에게는 썩 좋지 않게 돌아가고 있었다. 전 세계 총 40만5000명의 코로나바이러스 사망자 중 미국인 사망자 수가 10만 명 이상에 달했고, 감염은 여전히 활발히 확산되고 있었다. 실업률이 증가했고(2월에 620만 명이던 것이 5월에는 2050만 명으로 급증했다), 트럼프 지지율은 5월 이후 7퍼센트가 더 하락해 38퍼센트까지 떨어졌다. 그러나 백악관 내부에서는 지난날 수많은 독재 국가를 지탱해주었던 마법 같은 생각이 만연해 있었다. "국민 여러분, 좋은 아침입니다." 맥이너니가 기자들에게 말했다. "위대한 나라로의 전환이 이제 공식적으로 시작되었습니다."[26]

독재 통치의 특징인 끊임없는 거짓말과 부패, 인명에 대한 인면수심의 경시는 절망으로 이어진다. 그렇기 때문에 탄압적인 정부에 맞선 저항의 역사를 제대로 아는 것이 더더욱 중요하다. 사람들은 거듭해서 위대한 결단과 용기를 보여주었고, 새로운 사회를 만들 수 있다는 희망을 지키기 위해 목숨을 걸었다. 이 과정은 모든 독재자가 잔인함을 조장하고 사람들 간의 유대를 저해하기 위해 실시하는 감정적 훈련을 거부하는 데서 시작된다. 성공의 비결을 묻는 기자에게 무솔리니는 "황무지 같은 마음을 유지해야 한다"고 답하며, 권력을 행사하는 데 우정은 방해된다고 덧붙였다. 독재 치하에서 성장한 젊은 영화감독 알베르토 라투아다의 눈에 비친 파시즘의 모든 폐해가 그 정서에 압축되어 담겨 있다. 1941년 그는 다음과 같은 끔찍한 진단을 내렸다.

사랑의 부재는 어쩌면 피해갈 수 있었던 수많은 비극이 일어나게 했다. 사랑의 황금비 대신 무관심의 검은 장막이 사람들을 뒤덮었다. 그리하여 사람들은 사랑의 눈을 잃고 더 이상 앞을 제대로 볼 수 없게 됐다. (…) 그 모든 가치의 붕괴, 양심의 파괴와 절멸은 그렇게 시작된 것이다.[27]

80년 가까운 세월이 흘러 모스크바의 한 대학생이 그와 같은 마음을 공유했다. 2019년, 모스크바 시의원에 출마했던 예고르 주코프가 비폭력 시위를 지지하고 러시아 지도자를 '미치광이'라고 한 일로 푸틴 정부로부터 '극단주의' 혐의로 기소됐다. 주코프는 법정 진술에서 푸틴이 스스로를 기독교 정신과 전통적 가치의 수호자라고 주장하는 것은 위선이라며 목소리를 높였다. 그는 푸틴의 부패와 '우리가 서로를 비인간적으로 바라보게 하려는' 목표를 비판했다. 주코프에게 기독교 정신이란 우리 이웃을 사랑하고 '세상의 짐'을 짊어지는 것을 뜻하며, 그는 세속적인 통치 방식도 이를 따라야 한다고 믿었다. "사랑은 믿음이자 공감이며, 인류애, 서로 돕는 마음, 보살핌입니다. 그런 사랑을 기반으로 이루어진 사회가 강한 사회입니다. 어쩌면 세상에 있을 수 있는 모든 사회 가운데 가장 강한 사회일 겁니다." 주코프는 검찰이 구형한 징역 4년형 대신 집행유예 3개월을 선고받았다. 하지만 3년간 온라인 게시물 작성을 금지당했다. 푸틴은 주코프가 러시아의 미래, 푸틴이 없는 그 미래를 대

변하는 목소리이자, 자신과 정반대되는 정치·윤리 모델의 옹호자라는 걸 잘 알고 있다.[28]

다른 이들에게 마음을 열고 그들을 온정 어린 시선으로 보는 것은 독재 통치를 상대로 계속해서 효과적인 선거 결과를 이끌어냈다. 칠레 야당의 1988년 '기쁨이 오고 있다' 캠페인은 피노체트를 실각시켰고, 2019년 에크렘 이마모을루를 이스탄불 시장에 당선되게 했던 '급진적 사랑' 노선은 낙관주의, 연대, 공동체 의식 같은 정서를 불러일으켰다. 이마모을루가 그랬듯, 여전히 독재자를 지지하고 있기는 하지만 내심 동요하고 있는 사람들에게 다가가는 것 또한 좋은 결과를 가져올 수 있다. 다만 그런 사람들은 우리가 적절한 때에 열린 마음으로 다가가지 않으면 수치심을 느끼고 자신의 판단이 틀렸다는 것을 인정하지 않으려 할 수 있다.[29]

경기 침체, 패전, 약탈과 폭력으로 인한 국가적 고난, 혹은 공공 보건 위기에 대한 잘못된 대처는 독재자의 부정행위와 무능에 대한 증거를 무시하기 어렵게 만든다. 독재자들만큼 이렇게 대놓고 공공의 이익보다 자기 보호를 우선시하고, 이렇게까지 윤리적 리더십을 규정하는 인간적인 자질, 즉 타인에게 공감하고 그들을 대신해 행동하는 능력이 결여된 부류의 통치자도 없다. 여러 국가가 점차 깨달았듯, 독재자는 그의 나라가 그를 가장 필요로 할 때 가장 최악의 지도자가 된다.

우리 사회에서 양극화와 혐오가 확산될 때 우리가 선택할 수 있는 길은 두 가지가 있다. 골을 더 깊이 파거나, 아니면 독재자가 가장 두려워하는 것이 바로 연대, 사랑, 대화임을 알고 반대편을 향해 손을 내밀어 새로운 파괴의 굴레를 멈추는 것이다. 역사는 인류에 대한 희망과 믿음의 끈을 놓지 않는 것, 그리고 지금 이 순간 자유를 위해 투쟁하는 이들을 돕는 것이 얼마나 중요한지 여실히 보여준다. 우리는 지난 100년 동안 민주주의가 무너지고 되살아나는 과정을 겪고 살아온, 또 그 안에서 죽어간 사람들의 이야기를 마음속에 지니고 살아가야 한다. 그 이야기들이야말로 오늘 우리의 소중한 이정표이기 때문이다.

감사의 말

이 책은 독재자들과 그들이 개인 및 사회에 미친 해로운 영향에 대해 내가 평생 동안 생각한 바를 담아냈다. 캘리포니아에 있는 내 고향 퍼시픽 팰리세이즈는 한 십대 아이가 독재 정권과 그 잔혹 행위들에 대해 깊이 생각해보게 된 곳이라고 하기엔 썩 어울리지 않는 해안 도시였다. 그러나 작곡가 아르놀트 쇤베르크나 작가 토마스 만 등 나치 정권에서 도망쳐 나온 수많은 망명자가 그곳과 그 인근 마을에 정착해 살았다. 1970년대와 1980년대까지도 그들의 흔적은 도시 곳곳에 남아 있었기에 나는 그들의 역사에 대해 더 알아보고 싶어졌다. 이후 로스앤젤레스의 캘리포니아대학 학부생 시절에 로버트 울의 독일 망명자에 대한 세미나를 듣고 그 역사적 맥락을 이해하게 됐고, 작곡가 오토 클렘퍼러가 베를린에서 캘리포니아 남부로 이주한 과정에 대해 졸업 논문을 쓰면서 과거 기록들을 조사하고 사람들을 인터뷰하는 즐거움을 알게 됐다. 수십 년이 지난 지금도 나를 움직이는 그 힘은 여전히 그대로다.

　이 책은 또한 극우 정치 세력의 주류화가 민주주의를 훼손하는 것에 대한 나의 직접적인 경험을 바탕으로 한다. 나는 감사하게도 풀브라이트 장학생 프로그램의 지원을 받아 실비오 베를루스코니의 중도우파 연합이 1945년 이후 처음으로 네오파시스트들을 정부로 불러들였던 1994년에 로마에서 연구를 이어갈 수 있었다. 나는 이탈리아에 대해 잘 알고 있었지만, 그 경험을 통해 이탈리아 사람들이 그 전에는 조용히 감추고 있었던 파시즘에 대한 향수와 찬양을 공개적으로 표현하면서 정치 지형이 변화하는 것을 피부로 실감할 수 있었다. 집 건너편에 있던 독일식 맥줏집에서 사람들이 "하일 히틀러"나 "비바 일 두체Viva Il Duce"(지도자여 영원하라)라고 소리치는 것을 들은 게 한두 번이 아니었다.

　그로부터 20여 년이 지나 도널드 트럼프가 대통령 선거 유세를 시작했을 때, 나는 그때와 비슷한 느낌을 받았다. 트럼프가 신나치 프로파간다를 리트윗하고, 민주당 대통령 후보 힐러리 클린턴을 수감할 것을 촉구하며, 집회에서 자신의 추종자들에게 충성 선서를 하도록 하는 그 모든 일이 무척이나 익숙하게 느껴졌다. 그리고 두려움이 찾아왔다. 그 전에 나는 파시즘 정권이 어떤 식으로 이탈리아인들로 하여금 폭력을 인종 및 정치적 청소와 제국주의적 지배를 위해 필수적인 요소로 받아들이게 만들었는지를 저술한 이탈리아 파시즘에 대한 광범위한 저서를 발표했다. 이후 그 연구를 기반으로 하여 2015년에는 트럼프가 미국 민주주의에 미치는 위험성에 대해 대중에게 경고하는 사설을 쓰기 시작했다. 그리고 트럼프가 미국 대통령으로 취임한 2017년 1월에는 그가 자신의 세력을 굳히기 위해 사용할 독재자적 전략을 미리 간파해 대중에게 알렸다. 내 예측이 정확했던 것으로 밝혀졌지만 하나도 기쁘지 않았다. 뉴욕대학 이탈리아학과 학과장 스테파노 알베르티니, 뉴욕대학 역사학과 및 이탈리아학과의 동료들, 뉴욕대학 홍보실 이사 제임스 데빗에게 연구를 지원해주셔서 감사하다는 말을 전한다. 내 작업이 더 많은 사람에게 전해질 수 있게 해준 CNN의 내 첫 편집자들, 리처드 갤런트와 팻 비덴켈러에게도 감사의 마음을 보낸다.

이 책은 데이터세트, 기록 문서, 역사학, 젠더 연구, 정치학, 시각문화 연구 등을 바탕으로 한다. 하지만 내가 가장 소중하게 생각하는 자료 출처는 회고록, 만화 소설, 경찰 수사 기록 및 군사 심문 기록, 인터뷰 등을 통해 전해진 독재 정치를 실제로 경험한 사람들의 증언이다. 이 책을 위해 인터뷰에 동의해준 분들께 무한한 감사를 전한다. 그들의 이야기 중 일부는 이 책에서 처음으로 공개되는 것이다.

전 세계 수많은 동료와 친구들이 내 질문에 성심성의껏 답해주고 다방면으로 도움을 주었다. 그들의 도움이 없었다면 이 책은 세상에 나올 수 없었을 것이다. 앨런 에인절, 존 보든, 모하마드 바지, 이자크 벤기야트, 조르조 베르텔리니, 엘리엇 본스타인, 니나 벌리, 랜달 비트워크, 마우로 카날리, 조지 드 카스트로 데이, 프레드 쿠퍼, 제시카 데이비드슨, 에미디오 디오다토, 만수르 엘키키아, 레베카 팔코프, 제임스 페르난데스, 안토니오 페로스, 페데리코 핀첼스타인, 데이비드 포각스, 밈모 프란치넬리, 마크 갈레오티, 알프레도 곤

잘레스 루이발, 스티븐 건들, 벤자민 헤트, 존 후퍼, 이반 자크시치, 제프리 젠슨, 데이비드 케르저, 애덤 클라스펠트, 마르완 크레이디, 조 라바니, 올가 라우트만, 프란체스카 레사, 마이클 리빙스턴, 세르조 루자토, 니콜레타 마리니 마이오, 히샴 마타르, 크리스토퍼 마티아스, 몰리 매큐, 제니퍼 메르시에카, 엔리케 모라디에요스, 리 모건 베서, 세바스티안 모트, 조반니 오르시나, 프레이저 오타넬리, 후안 크리스토발 페냐, 갈라드리엘 라벨리, 잔니 리오타, 로베르토 사비아노, 로라, 알렉스, 그리고 파비오 셸비그, 리처드 스타이그만 갈, 알렉산더 스틸, 매리 헬렌 스푸너, 더크 밴더윌, 크리스티안 바카리, 스티븐 와일리에게 감사를 전한다.

호르헤 다그니노가 로스안데스대학에서 강의해달라고 나를 초대했고, 따뜻하게 맞아주었다. 산티아고에 머무는 동안 인터뷰를 할 수 있도록 도움을 준 알포 곤살레스 아구아도에게도 감사 인사를 전한다. 내가 펜실베이니아 아넨버그통신대학에서 프로파간다에 대한 강의를 할 수 있게 해준 바비 젤리저에게 감사한다. 스탠퍼드대학, 노스이스턴대학, 뉴욕주립대학 뉴팔츠, 펜실베이니아대학, 브리티시컬럼비아대학, 제임스메디슨대학, 케임브리지대학에서 했던 강연 후 이어진 논의에서 많은 것을 배웠다. 다이앤 코일, 안와르 페키니, 미아 풀러, 스테파니 말리아 홈, 올가 라우트만, 리사 티어스텐이 감사하게도 원고를 나누어 읽어주었고, 안드레아 채핀의 세심한 편집을 거쳐 글이 더 명료해질 수 있었다.

우리 연구 조교들 안드레아스 페르난데스 카라스코, 찰스 던스트, 에젤 사힌카야, 줄리오 살바티, 메이삼 타헤르의 도움을 받을 수 있어서 무척 행운이었다. 니콜라 루치가 이미지 자료 조달을 완벽히 해주었다. 알렉산더 랭스태프가 원고 전체를 읽고 다듬어주었고, 참고문헌 목록을 작성해주었다.

처음부터 이 책을 믿어주고 저술 및 출판 과정 전반에서 현명한 조언을 해준 나의 대리인 웬디 스트로스먼에게 무한한 감사를 보낸다. W. W. 노턴 앤 컴퍼니의 부사장이자 편집장인 알랭 메이슨이 이 원고를 수차례 읽고 뛰어난 편집 실력과 구조와 흐름에 대한 날카로운 감각으로 잘 정리해주었다. 그가 이 책에 쏟아준 시간과 노력에 감사한다. 모 크리스트, 재닛 그린블랫, 리베카 호미스키가 출판 과정에서 이 책을 훌륭히 이끌어주었고, 카일 래들러와 스티브 콜카가 전문성과 열정을 쏟아 홍보와 마케팅에 힘써주었다.

내 친구들 역시 그들의 삶과 작업을 통해 좋은 영향력을 전해주었다. 내게 힘을 주고 깊은 대화를 나눠준 스테파노 알베르티니, 조반나 칼비노, 다이앤 코일, 다니엘라 델 보카, 트로이 엘란더, 미아 풀러, 론다 개럴릭, 스테파니 말리아 홈, 니타 후네하, 케이트 로이에, 잔카를로 롬바르디, 제니 맥피, 신치아 뮬, 엘런 네렌버그, 프랑코 피로네, 재클린 라이히, 다나 렌가, 마리나 사고나, 이지아바 세고, 루티 테이텔, 데이비드 토코프스키, 리사 티어스텐에게 감사의 마음을 전한다. 세계 여러 지역에서 흩어져 살고 있는 내 가족들이 이 책을 쓰는 내내 든든한 지원군이 되어주었다. 슐로미트 알모그, 갤 알모그, 시모니다 벤기앳, 두시카 사빅 벤기앳, 마이클 벤기앳, 스테이시 벤기앳, 빅터와 비티 벤기앳, 베잘렐과 제하바 티다르, 그리고 나의 부모님 래피얼 벤기앳과 마거릿 로비슨에게 감사하다고 말하고 싶다. 그리고 개인적으로 캔더스 가족이 유머와 친절로 나를 항상 웃음 짓게 해주었다.

나 때문에 원치 않게 독재자들에 대한 이야기를 많이 들어야 했고, 오랫동안 독재자 관련 서적들로 점령당한 집에서 살아야 했던 나의 딸 줄리아와 동반자 빌 스콧에게 이 책을 바친다. 두 사람은 내 인생에 있어 큰 축복이다.

주

시작하는 말

1. Rob Evans, Luke Harding, and John Hooper, "WikiLeaks Cables: Berlusconi 'Profited from Secret Deals' with Putin," *Guardian*, December 2, 2010; "Silvio e Patrizia, tutte le registrazioni," *L'Espresso*, July 20, 2009: http://espresso.repubblica.it/palazzo/2009/07/20/news/silvio-e-patrizia-tutte-le-registrazioni-br-1.28772?refresh_ce.

2. Mikhail Zygar, *All the Kremlin's Men. Inside the Court of Vladimir Putin*(New York: Public Affairs, 2016), 121-123; Michael Crowley, "Is Putin Playing Trump Like He Did Berlusconi?" *Politico*, August 18, 2016; Jason Horowitz, "A Prime Minister Cut Down to Size," *New York Times*, December 31, 2003.

3. Ronald Spogli, "Italy-Russia Relations: The View from Rome" cable to Hillary Clinton, secretary of state, January 26, 2009, at: https://wikileaks.org/plusd/cables/09ROME97_a.html. Also Ronald Spogli, "Scenesetter for your December 3 Visit to Rome," cable to Condoleezza Rice, secretary of state, November 19, 2008, in Guardian Staff, "US Embassy Cables: Italian MP Named as Berlusconi's Bagman by US," *Guardian*, December 2, 2010: https://www.theguardian.com/world/us-embassy-cables-documents/179002.

4. Evans, Harding, Hooper, "WikiLeaks Cables"; Matt Trueman, "Satirical Play Gives New Head of State Putin the Berlusconi Treatment," *Guardian*, March 5,

2012. Varvara Faer directed *BerlusPutin*. The South Stream pipeline project was canceled in 2014 due to EU objections.

5. David Runciman, *How Democracy Ends*(London: Profile Books, 2018), 87-93; Basharat Peet, *A Question of Order. India, Turkey, and the Return of Strongmen*(New York: Columbia Global Reports, 2017); Sergei Guriev and Daniel Treisman, "How Modern Dictators Survive: An Informational Theory of the New Authoritarianism," NBER Working Paper 21136(April 2015). Freedom House recorded fewer democracies in Europe and Eurasia in 2020 than at any point since they began to issue reports on the health of global democracy in 1995. Zselyke Csaky, *Dropping the Democratic Façade*, Freedom House Nations in Transit 2020 report: https://freedomhouse.org/sites/default/files/2020-05/NIT_2020_FINAL_05062020.pdf.

6. Dr. Li Wenliang passed away five weeks later of coronavirus. Li Yuan, "Widespread Outcry in China over Death of Coronavirus Doctor," *New York Times*, February 7, 2020; Lisandra Paraguassu and Anthony Boudle, "While Bolsonaro Ignores Warnings, Coronavirus Spreads in Brazil," Reuters, March 24, 2020; Economist Staff, "Diseases like Covid-19 Are Deadlier in Non-Democracies," *Economist*, February 18, 2020; Zeynep Tufekci, "How the Coronavirus Revealed Authoritarianism's Fatal Flaw," *Atlantic*, February 22, 2020; Florian Bieber, "Authoritarianism in the Time of Coronavirus," *Foreign Policy*, March 30, 2020; Orna Herr, "How Is Chinese Censorship Affecting Reporting of the Coronavirus?" *Index on Censorship*, February 5, 2020.

7. Robert Darnton, *Censors at Work: How States Shaped Literature*(New York: W. W. Norton, 2014), 14.

8. Frank Dikötter, *How to Be a Dictator. The Cult of Personality in the Twentieth Century*(London: Bloomsbury, 2019); E. A. Rees, "Leader Cults: Varieties, Preconditions and Functions," in *The Leader Cult in Communist Dictatorships*, ed. Balázs Apor, Jan C. Behrends, Polly Jones, and E. A. Rees(New York: Palgrave Macmillan, 2004), 3-26; David D. Roberts, *Fascist Interactions. Proposals for a New Approach to Fascism and Its Era*(New York: Berghahn, 2016), 202-219; Howard W. French, "Anatomy of Autocracy: Mobutu's Era," *New York Times*, May 17, 1997.

9. Owen Worth, *Morbid Symptoms: The Global Rise of the Far-Right*(London: Zed

Books, 2019); Cas Mudde, *The Far Right Today*(Oxford: Polity Press, 2019).

10. Cas Mudde, *Populism: A Very Short Introduction*(New York: Oxford University Press, 2017); Jan-Werner Müller, *What Is Populism?*(Philadelphia: University of Pennsylvania Press, 2016); Pippa Norris, *Cultural Backlash: Trump, Brexit, and Authoritarian Populism*(Cambridge, UK: Cambridge University Press, 2019); Roger Eatwell and Matthew Goodwin, *National Populism. The Revolt against Liberal Democracy*(New York: Penguin Random House, 2018); Federico Finchelstein, *From Fascism to Populism in History*(Berkeley: University of California Press, 2017).

11. Eva Hartog, "Is Stalin Making a Comeback in Russia?" *Atlantic*, May 28, 2019; Timofey Neshitov, "The Comeback of a Soviet Dictator," *Der Spiegel*, August 8, 2019. Putin banned mention of the 1939 Molotov-Ribbentrop pact so as not to tarnish Stalin's Great Patriotic War against the Nazis. Vladimir Luzgin was convicted in 2016 for posting an article on Vkontatke saying the USSR and Germany attacked Poland together. The historian Yury Dmitriev has been in and out of prison since December 2016 for exposing Soviet-era executions and mass graves(his latest imprisonment is due to false charges of sex crimes): Perseus Strategies, *The Kremlin's Political Prisoners. Advancing a Political Agenda By Crushing Dissent*, May 2019, 1, 71. https://www.perseus-strategies.com/wp-content/uploads/2019/04/The-Kremlins-Political-Prisoners-May-2019.pdf.

12. Berlusconi, interview with Boris Johnson and Nicholas Farrell, *Spectator*, September 11, 2003; Vassili Golod, "Austria's Kurz Wants 'Axis of Willing' against Illegal Migration," *Politico*(EU edition), June 13, 2018; Chris Baynes, "Brazil's Far-Right President Bolsonaro Falsely Claims Nazism Was a 'Leftist' Movement," *Independent*, April 4, 2019. Historically grounded works include Sherri Berman, *Democracy and Dictatorship in Europe from the Ancien Régime to the Present Day*(New York: Oxford University Press, 2019); Federico Finchelstein, *A Brief History of Fascist Lies*(Berkeley: University of California Press, 2020); Gavriel D. Rosenfeld, *Hi Hitler! How the Nazi Past Is Being Normalized in Contemporary Culture*(Cambridge, UK: Cambridge University Press, 2015).

13. Fareed Zakaria, "The Rise of Illiberal Democracy," *Foreign Affairs*, 76, no. 6(1997): 22-43, and his *The Future of Freedom: Illiberal Democracy at Home and Abroad*(New York: W. W. Norton, 2003); Paul Lendval, *Orbán: Hungary's Strong-*

man(New York: Oxford University Press, 2018). On varieties of authoritarianism, Natasha Ezrow, "Authoritarianism in the 21st Century," and Erica Frantz, "Authoritarian Politics: Trends and Debates," in *Politics and Governance*, 6, no. 2(2018), 83-86 and 87-89; Erica Frantz, *Authoritarianism: What Everyone Needs to Know*(New York: Oxford University Press, 2018); Juan Linz, *Totalitarian and Authoritarian Regimes*(1975; rev. ed., Boulder: Lynne Riennes, 2000); Milan Svolik, *The Politics of Authoritarian Rule*(Cambridge, UK: Cambridge University Press, 2012); Marlies Glasius, "What Authoritarianism Is... and Is Not: A Practice Perspective," *International Affairs*, 94, no. 3(2018): 513-533.

14. Daron Acemoglu, Thierry Verdier, and James A Robinson, "Kleptocracy and Divide-and-Rule: A Model of Personal Rule" *Journal of the European Economic Association*, 2, nos. 2-3(2004): 162-192; Erica Frantz and Natasha Ezrow, *The Politics of Dictatorship Institutions and Outcomes in Authoritarian Regimes*(Boulder; Lynne Rienner, 2011); Barbara Geddes, *How Dictatorships Work. Power, Personalization, and Collapse*(Cambridge, UK: Cambridge University Press, 2018); Bruce Bueno de Mesquita, James D. Morrow, Randolph M. Siverson, and Alastair Smith, *The Logic of Political Survival*(Cambridge, MA: MIT Press, 2003).

15. For other discussions of dictators' toolkits: Bruce Bueno de Mesquita and Alastair Smith, *The Dictator's Handbook: Why Bad Behavior Is Almost Always Good Politics*(New York: Public Affairs, 2011); Erica Frantz and Andrea Kendall-Taylor, "A Dictator's Toolkit: Understanding how Co-optation Affects Repression in Dictatorships," *Journal of Peace Research*, 51, no. 3(March 2014): 332-346; Barry Rubin, *Modern Dictators. Third World Coup Makers, Strongmen, and Populist Tyrants*(New York: McGraw-Hill, 1987), 294-321.

16. Reuters Staff, "Philippine Leader Says Once Threw Man from Helicopter, Would Do It Again," Reuters, December 29, 2016; Trump, in "Remarks by President Trump and President Erdoğan of Turkey before Bilateral Meeting," at https://www.whitehouse.gov/briefings-statements/remarks-president-trump-president-erdogan-turkey-bilateral-meeting-2/; Douglas C. Canterbury, *Neoextractionism and Capitalist Development*(London: Routledge, 2018), 158-211.

17. Ariel Malka, Yphtach Lelkes, Bert N. Bakker, Eliyahu Spivack, "Who Is Open

to Authoritarian Governance within Western Democracies?" *Perspectives on Politics*, forthcoming; Karen Stenner, *The Authoritarian Dynamic*(Cambridge, UK: Cambridge University Press, 2005); Steven Levitsky and Daniel Ziblatt, *How Democracies Die*(New York: Crown Books, 2018), 102-112; Marc J. Hetherington and Jonathan D. Weiler, *Authoritarianism and Polarization in American Politics*(Cambridge, UK: Cambridge University Press, 2009); Fathali M. Moghaddam, *Threat to Democracy: The Appeal of Authoritarianism in an Age of Uncertainty*(Washington, DC: American Psychological Association, 2019); Kate Manne, *Down Girl: The Logic of Misogyny*(New York: Oxford University Press, 2018); Peter Beinert, "The New Authoritarians Are Waging War on Women," *Atlantic*, January/February 2019; Jason Stanley, *How Fascism Works. The Politics of Us and Them*(New York: Random House, 2018), 127-140.

18. Jacques Bainville, *Les Dictateurs*(Paris: Denoël et Steele, 1935), 11. Bainville is warning against underestimating Mussolini in this manner. Ernest Becker, *The Birth and Death of Meaning*(New York: Free Press, 1971), 161; Francesca Dallago and Michele Roccato, "Right-Wing Authoritarianism: Big Five and Perceived Threat to Safety," *European Journal of Personality*, 24, no. 2(2010): 106-122.

19. Oliver Hahl, Minjae Kim, and Ezra W. Zuckerman Sivan, "The Authentic Appeal of the Lying Demagogue: Proclaiming the Deeper Truth about Political Illegitimacy," *American Sociological Review* 83, no. 1(2018): 1-33; Jennifer Kavanagh and Michael D. Rich, *Truth Decay: An Initial Exploration of the Diminishing Role of Facts and Analysis in American Public Life*, RAND Corporation Report, 2018: https://www.rand.org/pubs/research_reports/RR2314.html; Sophia Rosenfeld, *Democracy and Truth. A Short History*(Philadelphia: University of Pennsylvania Press, 2018).

20. Mario Celentano, in Christopher Duggan, *Fascism and the Mafia*(New Haven: Yale University Press, 1989), 101.

21. Ali Vitali, "Trump Says He Could 'Shoot Somebody' and Still Maintain Support," NBC News.com, January 23, 2016; Rodrigo Duterte, in Adrian Chen, "When a Populist Demagogue Takes Power," *New Yorker*, November 21, 2016.

22. Walter Benjamin, *Illuminations*, ed. Hannah Arendt, trans. Harry Zohn(New York: Schocken Books, 1968), 257; Giorgio Agamben, *State of Exception*, trans.

Kevin Attell(Chicago: University of Chicago Press, 2005).

23. Curzio Malaparte, *Tecnica del colpo di Stato*(Florence: Vallecchi, 1994), 227, 240.

24. Ian Kershaw, *The "Hitler Myth". Image and Reality in the Third Reich*(Oxford: Oxford University Press, 1987); Association for Diplomatic Studies and Training, Oral History Collection(ADST), Brandon Grove, ambassador to Zaire 1984-1987, interviewed by Thomas Stern, November 1994 at: https://adst. org/2016/09/kleptocracy-and-anti-communism-when-mobutu-ruled-zaire/; George Seldes, *Sawdust Caesar. The Untold History of Mussolini and Fascism*(New York: Harper and Brothers, 1935), 367; Brian D. Taylor, *The Code of Putinism*(New York: Oxford University Press, 2019), 2; Dean Hancock, *Tyrannical Minds. Psychological Profiling, Narcissism, and Dictatorship*(New York: Pegasus Books, 2019); Jerrold Post, *Leaders and Their Followers in a Dangerous World. The Psychology of Political Behavior*(Ithaca, NY: Cornell University Press, 2004).

25. Daron Acemoglu and Murat Ucer, "The Ups and Downs of Turkish Growth, 2002-2015: Political Dynamics, the European Union and the Institutional Slide," National Bureau of Economic Research Working Paper no. 21608(October 2015); Maggie Haberman and Russ Buettner, "In Business and in Governing, Trump Seeks Victory in Chaos," *New York Times*, January 20, 2019; Philip Rucker and Carol Leonnig, *A Very Stable Genius: Donald J. Trump's Testing of America*(New York: Penguin, 2020); Mansour O. El-Kikhia, *Libya's Qaddafi. The Politics of Contradiction*(Gainesville: University Press of Florida, 1997), 88-89; Dr. David Barkham, in Hancock, *Tyrannical Minds*, 152.

26. Jon Lee Anderson, "King of Kings. The Last Days of Muammar Gaddafi," *New Yorker*, November 7, 2011.

27. Archie Brown, *The Myth of the Strong Leader. Political Leadership in the Modern Age*(New York: Basic Books, 2014); Benjamin F. Jones and Benjamin A. Olken, "Do Leaders Matter? Leadership and Growth since World War II," *Quarterly Journal of Economics* 120, no. 3(2005): 835-864; Vance Serchuk, "The Myth of Authoritarian Competence," *Atlantic*, September 24, 2018; Acemoglu, Verdier, Robinson, "Kleptocracy."

28. Charlie Chaplin, in Alain Joubert, *Le moustache d'Adolf Hitler, et autres essais*(Paris: Gallimard, 2016), 16-17.

29. Max Weber, *Economy and Society. An Outline of Interpretive Sociology*, ed. Guenther Roth and Claus Wittich, vol. 1(Berkeley: University of California Press, 1978), 241; Brown, *Myth of the Strong Leader*, 4-6; Kershaw, "*Hitler Myth*," 8-11.

30. Bueno de Mesquita, Morrow, Siverson, and Smith, *Logic*; Jennifer Gandhi, *Political Institutions under Dictatorship*(Cambridge, UK: Cambridge University Press, 2008), 73-106.

31. Raj M. Desai, Anders Olofsgård, and Tarik M. Yousef, "The Logic of Authoritarian Bargains: A Test of a Structural Model," Brookings Global Economy and Development Working Paper no. 3(2007); Guriev and Treisman, "Modern Dictators"; Acemoglu, Verdier, Robinson, "Kleptocracy," 169-172.

32. David Enrich, *Dark Towers: Deutsche Bank, Donald Trump, and an Epic Trail of Destruction*(New York: Custom House, 2020); Gabriel Zucman, *The Hidden Wealth of Nations. The Scourge of Tax Havens*, trans. Teresa Laven-der Fagan(Chicago: University of Chi- cago Press, 2015); Brian Klaas, *The Despot's Accomplice: How the West Is Aiding and Abetting the Decline of Democracy*(New York: Oxford University Press, 2016).

33. Joseph Szlavik, in Richard Leiby, "Fall of the House of von Kloberg," *Washington Post*, July 31, 2005; Pamela Brogan, *The Torturers' Lobby. How Human Rights-Abusing Nations Are Represented in Washington*, The Center for Public Integrity Report, 1992: https://cloudfront-files-1.publicintegrity.org/legacy_projects/pdf_reports/THETORTURERSLOBBY.pdf; *Spin Doctors to the Autocrats: European PR Firms Whitewash Repressive Regimes*, Corporate Europe Observatory report, January 20, 2015: https://corporateeurope.org/sites/default/files/20150120_spindoctors_mr.pdf; Neal M. Rosendorf, *Franco Sells Spain to America. Hollywood Tourism and PR as Postwar Spanish Soft Power*(New York: Palgrave, 2014).

34. Shawn Wen, "Eight Women in Love," *N+1*, October 17, 2016; Rose Styron, "Special Report on Chile," in Amnesty International, *Special Report on Torture*(New York: Farrar, Straus and Giroux, 1975), 257; Hannah Arendt, *Origins of Totalitarianism*(New York: Meridian Press, 1958) and her *Eichmann in Jerusalem*(New York: Viking Press, 1964).

35. Gabriele Herz, *The Women's Camp in Moringen. A Memoir of Imprisonment in*

Nazi Germany 1936-1937, ed. Jane Caplan(New York: Berghahn, 2006), 90, 113-114.

1장 파시스트 점령

1. Elena Bianchini Braglia, *Donna Rachele*(Milan: Mursia, 2007), 62; Laura Fermi, *Mussolini*(Chicago: University of Chicago Press, 1961); Mimmo Franzinelli, *Il Duce e le donne. Avventure e passioni extraconiugali di Mussolini*(Milan: Mondadori, 2013).

2. The offending article was Mussolini, "Dalla neutralità assoluta alla neutralità attiva ed operante," *Avanti!* October 18, 1914; Renzo De Felice, *Mussolini il rivoluzionario, 1883-1920*(Turin: Einaudi, 1965); Richard Bosworth, *Mussolini*(London: Bloomsbury, 2011), 66-103; Franzinelli, *Il Duce*, 24-28.

3. Enzo Traverso, *The Origins of Nazi Violence*, trans. Janet Lloyd(New York: The New Press, 2003), and his *Fire and Blood. The European Civil War 1914-1945*, trans. David Fernbach(London: Verso, 2016).

4. Fermi, *Mussolini*, 73; Mussolini, "Trincerocrazia," *Il Popolo d'Italia*, December 15, 1917; Sven Reichardt, *Faschistische Kampfbünde: Gewalt und Gemeinschaft im italienischen Squadrismus und in der deutschen SA*(Vienna and Cologne: Böhlau-Verlag Gmbh, 2009).

5. Mussolini, "Stato anti-stato e fascismo," *Gerarchia*, June 25, 1922; Robert Paxton, *The Anatomy of Fascism*(New York: Vintage, 2005), 3-54.

6. Susan Pedersen, *The Guardians. World War One and the Crisis of Empire*(New York: Oxford University Press, 2017).

7. Marc Reynebeau, "'Je ne sais quoi': Reflections on the Study of Charisma," in *Charismatic Leadership and Social Movements*, ed. Jan Willem Stutje(New York: Berghahn, 2012), 155-163; first and third quotes from Heinrich Class, 1920, in Lothar Machtan, *The Hidden Hitler*, trans. John Brownjohn(New York: Basic Books, 2001), 122-123; Ojetti, 1921, in Christopher Duggan, *Fascist Voices. An Intimate History of Mussolini's Italy*(New York: Oxford University Press, 2013), 48.

8. Richard Evans, *The Coming of the Third Reich*(New York: Penguin, 2003); Wolfgang Schivelbusch, *The Culture of Defeat: On National Trauma, Mourning, and Recovery*(New York: Picador, 2001), 189-288; H. James Burgwyn, *The Legend of the Mutilated Victory. Italy, the Great War and the Paris Peace Conference*,

1915-1919(Westport, CT: Praeger, 1993).

9. Kersten Knipp, *Die Kommune der Faschisten Gabriele D'Annunzio, die Republik von Fiume und die Extreme des 20. Jahrhundert*(Stuttgart: WBG Theiss, 2019).

10. Mario Piazzesi, in Duggan, *Fascist Voices*, 43; Mimmo Franzinelli, *Squadristi. Protagonisti e techniche della violenza fascista, 1919-1922*(Milan: Mondadori, 2003).

11. Jacqueline Reich, *The Maciste Films of Italian Cinema*(Bloomington: Indiana University Press, 2015); Giuseppe Bastianini, *Uomini cose fatti. Memorie di un ambasciatore*(Milan: Vitagliano, 1959), 6; Giorgio Pini, *Filo diretto con Palazzo Venezia*(Bologna: Cappelli, 1950), 23; Carlo Ciseri, in Duggan, *Fascist Voices*, 8.

12. Benito Mussolini, "Il fascismo e i problemi della politica estera italiana," speech given in Trieste, February 6, 1921, in *Opera Omnia*, ed. Edoardo and Duilio Susmel(Florence: La Fenice, 1951-1980), 44 vols., XVI/150-160; Mussolini, "Stato anti-Stato e fascismo."

13. Giulia Albanese, *La marcia su Roma*(Rome: Laterza, 2006); Mauro Canali, *La scoperta dell'Italia. Il Fascismo raccontato dai corrispondenti americani*(Venice: Marsilio, 2017).

14. Mussolini, "Forza e consenso," *Gerarchia*, March 1923; Rachele Ferrario, *Margherita Sarfatti: La regina dell'arte nell'Italia fascista*(Milan: Mondadori, 2015); Denis Mack Smith, *Mussolini*(New York: Alfred A. Knopf, 1982), 56-58, 62-74; Clara Elisabetta Mattei. "Austerity and Repressive Politics: Italian Economists in the Early Years of the Fascist Government," *The European Journal of the History of Economic Thought*, 24, no. 5(2017): 998-1026.

15. Fermi, *Mussolini*, 229; Mauro Canali, "The Matteotti Murder and the Origins of Mussolini's Totalitarian Dictatorship," *Journal of Modern Italian Studies* 14, no. 2(2009): 143-167.

16. Canali, "Matteotti Murder."

17. Canali, "Matteotti Murder"; Mack Smith, *Mussolini*, 74-79; Duggan, *Fascist Voices*, 50.

18. G. A. Borgese, *Goliath: The March of Fascism*(New York: Viking, 1937), 263; Canali, "Matteotti Murder"; Rosa B. to Mussolini, December 31, 1923, in *Caro Duce. Lettere di donne italiane a Mussolini 1922-1943*(Milan: Rizzoli, 1989), 114; Ugo Ojetti, in Fermi, *Mussolini*, 238.

19. Fermi, *Mussolini*, 237; Giorgio Amendola in Mack Smith, *Mussolini*, 85; Mussolini, "Discorso del 3 gennaio," in Mussolini, *Opera Omnia*, XI/235-241.

20. Francesco Nitti, letter of March 5, 1925, to King Vittorio Emanuele III, in Santi Fedele, "Francesco Saverio Nitti dal lungo esilio al rientro in Italia," *Humanities* 1, no. 1(2012), 2.

21. Canali, "Matteotti Murder"; Gian Giacomo Migone, *The United States and Italy. The Rise of American Finance in Europe*(Cambridge, UK: Cambridge University Press, 2015), 90-94, 150-164.

22. Wolfgang Schieder, *Adolf Hitler. Politischer Zauberlehrling Mussolinis*(Berlin: De Gruyter Oldenbourg, 2017).

23. Sefton Delmer, *Trail Sinister. An Autobiography, Volume One*(London: Secker and Warburg, 1961), 188-189; Benjamin Carter Hett, *Burning the Reichstag*(New York: Oxford University Press, 2014); Richard J. Evans, "The Conspiracists," *London Review of Books* 36, no. 9(2014).

24. Neil Gregor, "Hitler," in *Mental Maps in the Era of Two World Wars*, ed. Steven Casey and Jonathan Wright(New York: Palgrave Macmillan, 2008), 196; August Kubizek, *The Young Hitler I Knew*, trans. E. V. Anderson(Boston: Houghton Mifflin, 1955), 14; Volker Ulrich, *Hitler: Ascent 1889-1939*(New York: Knopf, 2016); Joachim Fest, *Hitler*(New York: Mariner Books, 2002).

25. Hitler, speech in Salzburg, August 1920, in Gregor, "Hitler,"189; Hitler, "Rathenau und Sancho Pansa," *Völkischer Beobachter*, March 13, 1921; Hitler, *Mein Kampf*, trans. Ralph Manheim(Boston: Houghton Mifflin, 1999), 562; Joseph Goebbels, July 12, 1925, in *Die Tagebücher von Joseph Goebbels. Sämtliche Fragmente: Aufzeichnungen 1923-1941*, ed. Elke Fröhlich(Munich: K.G. Saur Verlag, 1998-2006), vol. 1, 326-327.

26. Daniel Siemens, *Stormtroopers. A New History of Hitler's Brownshirts*(New Haven: Yale University Press, 2017); Reichardt, *Faschistische*.

27. Daniel Kalder, *The Infernal Library: On Dictators, the Books They Wrote, and Other Catastrophes of Literacy*(New York: Henry Holt, 2018), 128.

28. Major Giuseppe Renzetti met with Hitler forty-two times between 1929 and 1942. Renzo De Felice, *Mussolini e Hitler. I rapporti segreti, 1922-1933*(Rome: Laterza, 2013); Schieder, *Hitler*, 40-43, 54-57; Christian Goeschels, *Mussolini*

and Hitler: The Forging of the Fascist Alliance(New Haven: Yale University Press, 2018), 17-36; Mack Smith, *Mussolini*, 172-173.

29. Claudia Schmölders, *Hitler's Face. The Biography of an Image*(Philadelphia: University of Pennsylvania Press, 2006), 69-99; Lutz Koepnik, "Face Time with Hitler," in *Visualizing Fascism: The Twentieth-Century Rise of the Global Right*, ed. Julia Adeney Thomas and Geoff Eley(Durham: Duke University Press, 2020), 111-133.

30. Eugen Dollmann, in Machtan, *Hitler*, 134; Hitler to Mussolini, June 8, 1931, in De Felice, *Mussolini e Hitler*, 229; Kalder, *Library*, 134-138; P. F. Beck to Hitler, April 25, 1932, in *Letters to Hitler*, ed. Henrik Eberle, trans. Steven Rendall(New York: Polity Press, 2012), 50-52.

31. Evans, *Coming of the Third Reich*; Fritz Thyssen, *I Paid Hitler*(New York: Farrar and Rinehart, 1941), 111.

32. Renzetti, January 23, 1933, report to Mussolini, in De Felice, *Mussolini e Hitler*, 249; Hett, *Reichstag Fire*; Borgese, *Goliath*, 375.

33. Enrique Moradiellos, *Franco: Anatomy of a Dictator*(London: I.B. Tauris, 2018); Paul Preston, *Franco: A Biography*(New York: Basic Books, 1994); Stanley G. Payne and Jesus Palacios, *Franco: A Personal and Political Biography*(Madison: University of Wisconsin Press, 2018).

34. Bruce W. Farcau, *The Coup. Tactics in the Seizure of Power*(Westport, CT: Praeger, 1994), 115-120; Julian Casanova, *A Short History of the Spanish Civil War*(London: I.B.Tauris, 2013), 6-11.

35. Franco, in Preston, *Franco*, 105; Moradiellos, *Franco*, 33; Geoff Jensen, *Franco: Soldier, Commander, Dictator*(Dulles, VA: Potomac Books, 2005), 57-70; Manuel Villatoro, "'La Baraka': la misteriosa 'benedición mora' que salvó a Francisco Franco de una sangrienta muerte en el Rif," *ABC*, October 18, 2018.

36. Casanova, *Short History*. The center-left earned 34.3 percent vs. 33.2 percent for the center-right.

37. Paul Preston, "Franco as Military Leader," *Transactions of the Royal Historical Society* 4(1994), 27-28; Ismael Saz, "Fascism and Empire: Fascist Italy against Republican Spain," *Mediterranean Historical Review*, 13, nos. 1-2(1998), 126; Ángel Viñas and Carlos Collado Seidel, "Franco's Request to the Third Reich

for Military Assistance," *Contemporary European History* 11, no. 2(2002), 207-208; Helen Graham, *The Spanish Civil War. A Very Short Introduction*(New York: Oxford University Press, 2005), 38-39.

38. General Amado Balmes died by accidental gunshot on the eve of the coup. Generals Joaquín Fanjul and Manuel Goded were executed by Republicans.

39. NSA Archive, FBI report, January 21, 1982, mentions the meeting of Pinochet and Delle Chiaie in the context of the terrorist activities of the Pinochet regime: https:// nsarchive2.gwu.edu//NSAEBB/NSAEBB8/docs/doc02.pdf.

2장 군사 쿠데타

1. President Richard Nixon, in R. W. Apple, "Nixon, Greeting Mobutu, Lauds the Congo," *New York Times*, May 8, 1970; Sean Kelly, *America's Tyrant. The CIA and Mobutu of Zaire*(Washington, DC: American University Press, 1993).

2. Malcolm X, in Robin D. G. Kelly, "A Poetics of Anticolonialism," in Aimé Cesaire, *Discourse on Colonialism*(New York: Monthly Review Press, 2000), 8. Spain retained the Moroccan cities of Ceuta and Melilla. Jan C. Jansen and Jürgen Osterhammel, *Decolonization: A Short History*, trans. Jeremiah Riemer(Princeton, NJ: Princeton University Press, 2017); Todd Shepard, *Voices of Decolonization: A Brief History with Documents*(New York: Bedford/St. Martins, 2014).

3. Dirk Vandevalle, *A History of Modern Libya*(Cambridge, UK: Cambridge University Press, 2012), 78-82; Josh Keating, "Trained in the USA," *Foreign Policy*, March 28, 2012.

4. Naumihal Singh, *Seizing Power. The Strategic Logic of Military Coups*(Baltimore: Johns Hopkins University Press, 2014), 3. The 75 percent of democratic failures were in areas with populations of more than 100,000; Farcau, *The Coup*, 54.

5. Singh, *Seizing Power*, 3.

6. Gaddafi, radio address, September 1, 1969, in Alison Pargeter, *Libya: The Rise and Fall of Gaddafi*(New Haven: Yale University Press, 2012), 59-60; ADST, George Lane, principal officer of US Libyan embassy, Benghazi branch office, interview with Richard Nethercutt, 1990: https://adst.org/2013/08/qaddafi-the-man-and-his-rise-to-power/.

7. Gaddafi attended the Army School of Education in Beaconsfield. Michael Cock-

erell, "Lieutenant Gaddafi in Swinging London," *Standpoint Magazine*, January/ February 2012.

8. Mohamed Fekini to General Rodolfo Graziani, letters of June 4 and June 10, 1922. Eight other tribal chiefs signed the former letter. In Angelo Del Boca, *Mohamed Fekini and the Fight to Free Libya*(New York: Palgrave Macmillan, 2011), 115-118.

9. Ali Ahmida, *Forgotten Voices. Power and Agency in Colonial and Postcolonial Libya*(New York: Routledge, 2005); Hisham Matar, *The Return*: *Fathers, Sons and the Land in Between*(New York: Random House, 2016), 131-140; Stephanie Malia Hom, *Empire's Mobius Strip. Historical Echoes in Italy's Crisis of Migration and Detention*(Ithaca, NY: Cornell University Press, 2019), 83-89.

10. Vandewalle, *Modern Libya*, 50-53; Muhammad T. Jerary, "Damages Caused by the Italian Fascist Colonization of Libya," in *Italian Colonialism*, ed. Ruth Ben-Ghiat and Mia Fuller(New York: Palgrave Macmillan, 2005), 203-208; Anna Baldinetti, *The Origins of the Libyan Nation. Colonial Legacy, Exile and the Emergence of the Nation-State*(New York: Routledge, 2010).

11. Saskia van Genugten, *Libya in Western Foreign Policies, 1911-2011*(New York: Palgrave Macmillan, 2016), 59-80; Stephen Blackwell, "Saving the King: Anglo-American Strategy and British Counter-Subversion Operations in Libya, 1953-1959," *Middle Eastern Studies* 39, no. 1(2003), 14-15.

12. Matar, *Return*, 29-30; Daniel Kawczyinski, *Seeking Gaddafi*: *Libya, the West, and the Arab Spring*(London: Biteback Publishing, 2011), 18-19; ADST, George Lane interview; Ronald Bruce St. John, *Libya*: *From Colony to Revolution*(London: Oneworld Publications, 2017), 139-140.

13. Vandewalle, *Modern Libya*, 78; Pargeter, *Libya*, 72-76.

14. Joel Fishman, "The Postwar Career of Nazi Ideologue Johann von Leers, aka Omar Amin, the 'First Ranking German' in Nasser's Egypt," *Jewish Political Studies Review* 26, nos. 3-4(2014): 54-72; van Genugten, *Libya*, 81-104; Arturo Varvelli, *L'Italia e l'ascesa di Gheddafi. La cacciata degli italiani, le armi e il petrolio(1969-1974)*(Milan: Bal- dini Castoldi Dalai, 2009), 210-222.

15. Muammar Gaddafi, *Escape to Hell and Other Stories*(Toronto: Hushion House, 1998), 64; Pargeter, *Gaddafi's Libya*, 76-80; Gaddafi, in Ruth First Papers, RF/2/21/10: "Answers to questions submitted by Ruth First to Colonel

Muammar Gaddafi, Tripoli, Friday 2 July 1971," 5: https://sas-space.sas. ac.uk/3598/1/RF_2_21_10.pdf.

16. Transcript of call in Jon Lee Anderson, "The Dictator," *New Yorker*, October 19, 1998; Ana Maria, interview in José Yglesias, *Chile's Days of Terror. Eyewitness Accounts of the Military Coup*, ed. Judy White(New York: Pathfinder Press, 1974), 76.

17. Patrice McSherry, *Predatory States: Operation Condor and Covert War in Latin America*(Lanham, MD: Rowman & Littlefield, 2005); Patricia Mayorga, *Il condor nero. L'internazionale fascista e i rapporti segreti con il regime di Pinochet*(Milan: Sperling & Kupfer, 2003); Anna Cento Bull and Galadriel Ravelli, "The Pinochet Regime and the Trans-Nationalization of Italian Neo-Fascism," in Robert Leeson, ed., *Hayek: A Collaborative Bibliography. Part XIII: "Fascism" and Liberalism in the (Austrian) Classical Tradition*(New York: Palgrave Macmillan, 2018), 361-393.

18. Oscar Guardiola-Rivera, *Story of a Death Foretold. The Coup against Salvador Allende, September 11, 1973*(London: Bloomsbury Press, 2013), 44-45, 76-95; Maria José Henríquez Uzal, *Viva la verdadera Amistad! Franco y Allende, 1970-1973*(Santiago: Editorial Unversitaria, 2014); ADST, Samuel F. Hart, economist, US embassy, Santiago, 1971-1975, interview with Charles Stuart Kennedy, June 12, 1992, at https://adst.org/2013/09/chiles-coup-against-salvador-allende-and-the-truth-behind-missing/.

19. Nixon to White House Chief of Staff H. R. Haldeman, January 18, 1972, Nixon Tapes, Conversation 650-013: http://nixontapeaudio.org/chile/650-013.pdf.

20. Guardiola-Rivera, *Death Foretold*, 178-215; Henry Kissinger, *Years of Upheaval*(Boston: Little, Brown, 1982), 376; Richard Helms, in NSA Archive, Kornbluh, "Chile and the United States," CIA, Notes on Meeting with the President on Chile, September 15, 1970: https://nsarchive2.gwu.edu/NSAEBB/NSAEBB8/docs/doc26.pdf; Henry Kissinger to Nixon and H. R. Haldeman, June 11, 1971, Nixon Tapes, Conversation 517-004: http://nixontapeaudio.org/chile/517-004.pdf.

21. Ambassador Edward Korry, 1970 cable to Washington DC, in David Stout, "Edward Korry, 81, Is Dead: Falsely Tied to Chile Coup," *New York Times*, January 30, 2003. Korry detested Allende but was kept out of coup plotting due to

Nixon's distrust of him.

22. Jonathan Kandel, "Chilean Officers Tell How They Began to Plan the Take-Over Last November," *New York Times*, September 27, 1973; CIA officer, in Kristian C. Gustafson, "CIA Machinations in Chile. Reexamining the Record," at: https://www.cia.gov/library/center-for-the-study-of-intelligence/csi-publications/csi-studies/studies/vol47no3/article03.html; John R. Bawden, *The Pinochet Generation. The Chilean Military in the Twentieth Century*(Tuscaloosa: University of Alabama Press, 2016), 96-134; Mónica González, *La Conjura. Los mil y un dias del golpe*(Santiago: Ediciones B Chile, 2000).

23. Jack Devine, "What Really Happened in Chile," *Foreign Affairs* 93, no.4(2014): 26-35; Senator Maria Elena Carrera, in Thomas Wright and Rody Oñate, *Flight from Chile. Voices from Exile*(Albuquerque: University of New Mexico Press, 1998), 15; Bawden, *Pinochet Generation*, 128-131; Heraldo Muñoz, *The Dictator's Shadow: Life Under Augusto Pinochet*(New York: Basic Books, 2008), 22-44; González, *Conjura*.

24. Muñoz, *Dictator's Shadow*, 21; Mario González, in Wright and Oñate, *Flight*, 31-36.

25. Muñoz, *Dictator's Shadow*, 22-31, Juan Cristóbal Peña, *La secreta vida literaria de Augusto Pinochet*(Santiago: Random House Mondadori, 2013), 81-88; Mary Helen Spooner, *Soldiers in a Narrow World. The Pinochet Regime in Chile*(Berkeley: University of California Press, 1999), 18-24.

26. Patricio, in Yglesias, *Terror*, 113-114.

27. Jurandir Antonio Xavier, in Yglesias, *Terror*, 123; Mark Ensalaco, *Chile under Pinochet: Recovering the Truth*(Philadelphia: University of Pennsylvania Press, 1999), 69-97; Pablo Policzer, *The Rise and Fall of Repression in Chile*(Notre Dame, IN: University of Notre Dame Press, 2009).

28. Eduardo Frei, quoted in Steve J. Stern, *Battling for Hearts and Minds. Memory Struggles in Pinochet's Chile, 1973-1988*(Durham, NC: Duke University Press, 2006), 26; Associated Press, "Chile: Six People Sentenced for 1982 Murder of Former President," *Guardian*, January 30, 2019.

29. Pinochet, in Genaro Arriagada, *Pinochet. The Politics of Power*(Boston: Unwin Hyman, 1988), 9, 16; Gerretsen, interview with Melissa Gutierrez,"Chas Ger-

retsen, el fotógrafo tras la imagine más terrorifica de Pinochet: 'El era un monstruo,'" *The Clinic Online*, September 2, 2013; Carlos Huneeus, *The Pinochet Regime*, trans. Lake Sagaris(Boulder: Lynne Rienner, 2007), 70-81.

3장 새로운 독재자의 출현

1. Silvio Berlusconi, videomessage, January 26 1994, transcription in Gian Antonio Stella and Sergio Rizzo, *Cosi parlò il cavaliere*(Milan: Rizzoli 2011), 120-122; Alexander Stille, *The Sack of Rome*: *How a Beautiful European Country with a Fabled History and a Storied Culture Was Taken Over by a Man Named Silvio Berlusconi*(New York: Penguin Press, 2006), 151-157; Massimo Ragnedda, "Censorship and Media Ownership in Italy in the Era of Berlusconi," *Global Media Journal*: *Mediterranean Edition* 9, no. 1(2014), 13.

2. Yascha Mounk, 'How Authoritarians Manipulate Elections," *Atlantic*, May 8, 2019; Nic Cheeseman and Brian Klaas, *How to Rig an Election*(New Haven: Yale University Press, 2019).

3. Mark Bray, *Antifa*: *The Anti-Fascist Handbook*(New York: Melville House, 2017), 54-64; Paul Hockenos, *Free to Hate. The Rise of the Right in Post-Communist Europe*(New York: Routledge, 1993); Post, *Leaders*, 162-171.

4. Gregory Crouch, "Three to Watch: Populists of the Hard Right," and Mark Hunter, "Europe's Reborn Right," both in *New York Times Magazine*, April 21, 1996; Stephen Kinzer, "Germany's New Right Wears a 3-Piece Suit," *New York Times*, May 28, 1995; Paul Ginsborg, *Silvio Berlusconi. Television, Power, and Patrimony*(New York: Verso, 2004), 66.

5. Margaret Quigley, "The European New Right and U.S. Politics," in *Trumping Democracy. From Reagan to the Alt-Right*, ed. Chip Berlet(New York: Routledge, 2020), 54-60; Piero Ignazi, *Postfascisti? Dal Movimento sociale italiano ad Alleanza Nazionale*(Bologna: Il Mulino, 1994).

6. Berlusconi, in Giovanni Ruggeri and Mario Guarino, *Berlusconi. Inchiesta sul signor TV*(Milan: Kaos 1994), 271. The Christian Democrat Party provided every prime minister, 1946 to 1983 and 1986 to 1992.

7. Berlusconi and Francesco Borelli, in Alan Friedman, *My Way. Berlusconi in His Own Words*(London: Biteback Publishing, 2015), 90, 107.

8. On Dell'Utri, whose 2004 conviction was confirmed by the Italian Supreme Court in 2014, Stille, *Sack of Rome*, 37-51.

9. Ginsborg, *Berlusconi*, 3-6.

10. Stille, *Sack of Rome*, 16; Ginsborg, *Berlusconi*, 33; Ragnedda, "Censorship," 15.

11. Friedman, *My Way*, 97-98; Gianfranco Pasquino, "The Five Faces of Silvio Berlusconi: The Knight of Anti-Politics," *Modern Italy* 12, no. 1(2007): 39-54; Cristian Vaccari, "The Features, Impact, and Legacy of Berlusconi's Campaigning Language and Style," *Modern Italy* 20, no. 1(2015): 25-39; Stille, *Sack of Rome*, 162-169; Dell'Utri, in Ruggeri and Guarino, *Berlusconi*, 270.

12. Gianni Agnelli, in Friedman, *My Way*, 97.

13. Experience of the author in Rome, 1994; Gianfranco Fini, interview with Alberto Statera, "Il migliore resta Mussolini," *La Stampa*, April 1, 1994; Ignazi, *Postfascisti?*; Ginsborg, *Berlusconi*, 68. AN got 13.5 percent and the League 8.4 percent in the 1994 election.

14. Vittorio Sgarbi, July 14 and 16, 1994, in Ginsborg, *Berlusconi*, 83, 67; Elisabetta Rubini, "Le vicende giudiziarie di Silvio B.: è andato cosi," in *Berlusconismo. Analisi di un fenomeno*, ed. Paul Ginsborg and Enrica Asquer(Rome: Laterza, 2011); Cristina Dallara, "Powerful Resistance against a Long-Running Personal Crusade: The Impact of Silvio Berlusconi on the Italian Judicial System," *Modern Italy*, 20, no. 1(2015), 64; Alberto Vannucci, "The Controversial Legacy of 'Mani Pulite': A Critical Analysis of Italian Corruption and Anti-Corruption Policies," *Bulletin of Italian Politics* 1, no. 2(2009), 251.

15. Berlusconi, in Stille, *Sack of Rome*, 17-18.

16. Fiona Hill and Clifford Gaddy, *Mr. Putin. Operative in the Kremlin*(Washington, DC: Brookings Institution Press, 2013), 153-189; Julie A. Cassidy and Emily D. Johnson, "A Personality Cult for the Postmodern Age," in Helena Goscilo, ed., *Putin as Celebrity and Cultural Icon*(New York: Routledge, 2013), 40.

17. Putin, in Masha Gessen, *The Man without a Face: The Unlikely Rise of Vladimir Putin*(New York: Riverhead Books, 2012), 68; Hill and Gaddy, Putin, 181-183.

18. Singh, *Seizing Power*, 195-221; Gessen, *Man without a Face*, 101-129.

19. Joke in David Stuckler and Sanjay Basu, *The Body Economic: Why Austerity Kills*(New York: Basic Books, 2013), 32; Timothy Heleniak, "Population Trends,"

in Stephen K. Wegren, ed., *Putin's Russia*: *Past Imperfect, Future Uncertain*(Lanham, MD: Rowman & Littlefield, 2016), 153-160; Masha Gessen, "The Dying Russians," *New York Review of Books*, September 2, 2014; Karen Dawisha, *Putin's Kleptocracy*: *Who Owns Russia?*(New York: Simon and Schuster, 2015), 13-35.

20. Hill and Gaddy, *Putin*, 147-165; Dawisha, *Putin's Kleptocracy*, 104-162.

21. As FSB head, Putin had also proved his worth by forcing the resignation of Russian prosecutor general Yuri Skuratov, who was investigating Yeltsin's family and inner circle for corruption. The FSB had film shown on television of Skuratov having sex with two prostitutes. David Satter, "How Putin Became President," *The American Interest*, May 19, 2016; ADST, Thomas Pickering, ambassador to Russia, 1993-1996, interviewed by Charles Stuart Kennedy, April 2003: https://adst.org/?s=Putin.

22. Zhenya Molchanova and Lt. Colonel Ivan Timoshenko, in Natalya Shulyakovskaya and Catherine Belton, "Public Sees Madness in the Kremlin," *Moscow Times*, August 10, 1999; "'Who Is Putin?' How Russia Reacted to Leader's Rise to Power, 20 Years Ago," *Moscow Times*, August 9, 2019; Boris Nemtsov, in Andrei Zolotov, "President Draws Criticism from All Political Camps," *Moscow Times*, August 10, 1999; Tobias Rupprecht, "Formula Pinochet: Chilean Lessons for Russian Liberal Reformers during the Soviet Collapse, 1970-2000," *Journal of Contemporary History*, 51, no. 1(2016): 165-186.

23. Putin, August 16, 1999, speech to Duma, in Dawisha, *Putin's Kleptocracy*, 202-203; Gessen, *Man without a Face*, 22-42; Amy Knight, *Orders to Kill. The Putin Regime and Political Murder*(New York: Thomas Dunne Books, 2017), 79-99; David Satter, *Darkness at Dawn*: *The Rise of the Russian Criminal State*(New Haven: Yale University Press, 2004), 63-71.

24. Knight, *Orders*, 93-98; Dawisha, *Putin's Kleptocracy*, 243-251.

25. Kissinger, quoted in Ian Traynor, "Putin Urged to Apply the Pinochet Stick," *Guardian*, March 30, 2000; José Pinera, "A Chilean Model for Russia," *Foreign Policy* 79, no. 5(2000): 62-73; Rupprecht, "Formula Pinochet"; "Russia at the Turn of the Millenium," December 31, 1999, essay attributed to Putin, in Hill and Gaddy, *Putin*, 40; Dawisha, *Putin's Kleptocracy*, 7; Masha Gessen, *The Future Is History*: *How Totalitarianism Reclaimed Russia*(New York: Riverhead Books,

2017), on how the process unfolded.

26. George W. Bush, in Michael Wolff, *Fire and Fury. Inside the Trump White House*(New York: Henry Holt, 2018), 44; Donald Trump, "The Inaugural Address," January 20, 2017, at: https://www.whitehouse.gov/briefings-statements/the-inaugural-address/.

27. Sarah Kendzior, *Hiding in Plain Sight. The Invention of Donald Trump*(New York: Flatiron Books, 2020); Wayne Barrett, *Trump: The Deals and the Downfall*(New York: HarperCollins, 1992); David Barstow, Susanne Craig, and Russ Buettner, "Trump Engaged in Suspect Tax Schemes as He Reaped Riches from his Father," *New York Times*, October 2, 2018; Michael Rothfeld and Alexandra Berzon, "Donald Trump and the Mob," *Wall Street Journal*, September 1, 2016; David Cay Johnson, "Just What Were Donald Trump's Ties to the Mob?" *Politico*, May 22, 2016; Christopher Knaus, "Trump's Bid for Sydney Casino 30 Years Ago Rejected Due to 'Mafia Connections,'" *Guardian*, August 15, 2017; David A. Fahrenthold and Jonathan O'Connell, "How Donald Trump Inflated His Net Worth to Lenders and Investors," *Washington Post*, March 28, 2019.

28. Mike McIntire, Megan Twohey, and Mark Mazzetti, "How a Lawyer, a Felon and a Russian General Chased a Moscow Trump Tower Deal," *New York Times*, November 29, 2018; Franklin Foer, "Russian-Style Kleptocracy Is Infiltrating America," *Atlantic*, March 2019; Christina Maza, "Former Trump Associate Felix Sater Accused of Laundering Millions," *Newsweek*, March 26, 2019; Robby Browne, Corcoran Group broker, in Jacob Bernstein, "Trump Tower, a Home for Celebrities and Charlatans," *New York Times*, August 12, 2017; Brett Samuels, "Trump Says He'll Meet with Dictators If It's Good for the US," *Hill*, November 12, 2019; Greg Price, "Ivanka Trump Sat in Vladimir Putin's Chair and Spun Around, President's Former Associate Says," *Newsweek*, May 17, 2018; Vicky Ward, *Kushner, Inc. Greed. Ambition, Corruption*(New York: St. Martin's Press, 2019), 38; Anita Kumar, "Buyers Tied to Russia, Former Soviet Republics Paid $109 Million in Cash for Trump Properties," McClatchy, June 19, 2018.

29. Emma Green, "It Was Cultural Anxiety That Drove White, Working-Class Voters to Trump," *Atlantic*, May 9, 2017; Trump, in Politico Staff, "Full Text: Donald Trump 2016 RNC Draft Speech Transcript," *Politico*, July 21, 2016; German

Lopez, "Trump's Long History of Racism from the 1970s to 2019," *Vox*, July 15, 2019; *USA Today*, "Trump Nation," 2016 interviews with Trump supporters from all 50 states: https://www.usatoday.com/pages/interactives/trump-nation/#/?_k=9nqnw0.

30. Thomas E. Mann and Norman J. Ornstein, "Let's Just Say It: The Republicans Are the Problem," *Washington Post*, April 27, 2012; Hetherington and Weiler, *Authoritarianism*; Tim Alberta, *American Carnage* (New York: HarperCollins, 2019).

31. Berlet, ed., *Trumping Democracy*; Alberta, *American Carnage*, 110-117; Brian Rosenwald, *Talk Radio's America. How an Industry Took Over a Political Party That Took Over the United States* (Cambridge, MA: Harvard University Press, 2019); Guardiola-Rivera, *Death Foretold*, 238.

32. Sessions and Trump in Eli Stokol, "Sen. Jeff Sessions endorses Trump," *Politico*, February 28, 2016. Nancy McLean, *Democracy in Chains: The Deep History of the Radical Right's Stealth Plan for America* (New York: Viking, 2017), 154-168; Sahil Chinoy, "What Happened to America's Political Center of Gravity?" *New York Times*, June 26, 2019, which discusses results from the Manifesto Project that covers over 1,000 parties in 50 countries since 1945: https://manifesto-project.wzb.eu/; Pippa Norris, "Measuring Populism Worldwide," Harvard Kennedy School Faculty Research Working Paper No. RWP20-002, February 2020. Link to results and Global Party Survey dataset at: https://www.hks.harvard.edu/publications/measuring-populism-worldwide.

33. Nicholas Farrell, "'I'm Fascinated by Mussolini,'" *Spectator USA*, March 14, 2018; Jane Mayer, "New Evidence Emerges of Steve Bannon and Cambridge Analytica's Role in Brexit," *New Yorker*, November 18, 2018.

34. Ward, *Kushner*, 82; Wolff, *Fire and Fury*, 41, 77, 193; Nahal Toosi and Isaac Arnsdorf, "Kissinger, Longtime Putin Confidant, Sidles Up to Trump," *Politico*, December 24, 2016.

35. Jeff Horowitz and Chad Day, "AP Exclusive: Before Trump Job, Manafort Worked to Aid Putin," *AP News*, March 22, 2017; Betsy Swan and Tim Mak, "Top Trump Aide Led the 'Torturers' Lobby,'" *Daily Beast*, November 6, 2017; Tom McCarthy, "Paul Manafort: How Decades of Serving Dictators Led to

Role as Trump's Go-To Guy," *Guardian*, October 30, 2017; Jack Anderson and Dale Van Atta, "Mobutu in Search of an Image Boost," *Washington Post*, September 25, 1989; Brogan, "The Torturers' Lobby," 1, 6, 31, 51-60.

36. Trump, tweet of June 18, 2013, at: https://twitter.com/realdonaldtrump/status/347191 326112112640?lang=en; Tina Nguyen, "Eric Trump Reportedly Bragged about Access to $100 Million in Russian Money," *Vanity Fair*, May 8, 2017; Donald Trump Jr. comment in David Remnick, "Trump and Putin: A Love Story," *New Yorker*, August 3, 2016; Craig Unger, *House of Trump, House of Putin*(New York: Dutton, 2019); Michael Isikoff and David Corn, *Russian Roulette: The Inside Story of Putin's War on America and the Election of Donald Trump*(New York: Twelve, 2018).

37. Nick Corasaniti and Maggie Haberman, "Trump Suggests 'Second Amendment People' Could Act against Hillary Clinton," *New York Times*, August 8, 2016; Eric Bradner, "Conway: Trump Offered 'Alternative Facts' on Crowd Size," CNN.com, January 23, 2017.

38. Ruth Ben-Ghiat, "Trump and Bannon's Coup," CNN.com, February 1, 2017; Bannon, in Philip Rucker and Robert Costa, "Bannon Vows a Daily Fight for 'Deconstruction of the Administrative State,'" *Washington Post*, February 23, 2017; Conor Friedersdorf, "The Radical Anti-Conservatism of Stephen Bannon," *Atlantic*, August 25, 2016; Kellyanne Conway, tweet, January 28, 2017: https://twitter.com/KellyannePolls/ status/825358733945475073.

4장 더 위대한 국가

1. Herr S., in Charlotte Beradt, *The Third Reich of Dreams*, trans. Adriane Gottwald(Chicago: Quadrangle Books, 1966), 5-7.

2. Tilman Allert, *The Hitler Salute. On the Meaning of a Gesture*(New York: Picador, 2009); Kershaw, "Hitler Myth," 60.

3. Allert, *Hitler Salute*, 38-39, 60, 68; Wendy Lower, *Hitler's Furies: German Women in the Nazi Killing Fields*(New York: Houghton Mifflin, 2013), 22.

4. Gaddafi adopted a different Muslim calendar than the rest of the Arab world. Mussolini, "Discorso sull' Ascensione," May 26, 1927, in *Scritti e discorsi* 66: 77.

5. Paulo Pachá, "Why the Brazilian Far Right Loves the European Middle Ages,"

Pacific Standard, March 12, 2019; Matthew Gabriel, "Islamophobes Want to Recreate the Crusades. But They Don't Understand Them at All," *Washington Post*, June 6, 2017; Aristotle Kallis, *Fascist Ideology: Territory and Expansionism in Italy and Germany, 1922-1945*(New York: Routledge, 2000); Soner Cagaptay, *Erdogan's Empire: Turkey and the Politics of the Middle East*(London: I.B. Tauris, 2019).

6. Alexander Reid Ross, "Hitler in Brasilia: The U.S. Evangelicals and Nazi Political Theory behind Brazil's President in Waiting," *Haaretz*, October 28, 2018; John G. Dunlop, "Aleksandr Dugin's Foundation of Geopolitics," *Demokratizatskiya* 23, no. 1(2004): 41-58. General Golbery do Couto e Silva published the influential book *Brazil's Geopolitics* in 1966 while he headed the Brazilian dictatorship's national intelligence services.

7. David Aliano, *Mussolini's National Project in Argentina*(Madison, NJ: Farleigh Dickinson Press, 2012); Aristotle Rama Lakshmi, "Nahrendra Modi Urges the Indian Diaspora to Become an Extension of Foreign Policy," *Guardian*, March 2, 2015; Jenny Hill, "Turkey Election: Expats Play Decisive Role in Erdogan Vote," BBC.com, June 21, 2018.

8. Matar, *Return*, 92; Tim Noonan, "Hoop Dreams of a Stateless Player," *Asia Times*, May 9, 2019.

9. Matar, *Return*, 4; Iván Jakisć and Luis Caro, in Wright and Oñate, *Flight*, 122, 125-130.

10. Steven J. Ross, *Hitler in Los Angeles. How Jews Foiled Nazi Plots against Hollywood and America*(New York: Bloomsbury, 2017).

11. Bawden, *Pinochet Generation*, 149; Sarah Sanders, in Kate Sullivan, "God 'wanted Donald Trump to become President,'" CNN.com, January 31, 2019; Jeff Sharlet, "'He's the Chosen One to Run America': Inside the Cult of Trump, His Rallies Are Church and He Is the Gospel," *Vanity Fair*, June 18, 2020.

12. Mussolini, "Discorso sull' Ascensione"; Benito Mussolini, preface to Riccardo Korherr, *Regresso delle nascite: Morte dei popoli*(Rome: Unione Editoriale d'Italia, 1928), 10, 19.

13. Victoria de Grazia, *How Fascism Ruled Women*(Berkeley: University of California Press, 1992); Duggan, *Fascist Voices*, 145-146; Alessandra Gissi, "Reproduction," in *The Politics of Everyday Life in Fascist Italy. Outside the State?* ed. Josh Arthurs,

Michael Ebner, and Kate Ferris(New York: Palgrave Macmillan, 2017), 99-122.

14. Duggan, *Fascist Voices*, 274-282; Raymond Jones, *Adwa: African Victory in an Age of Empire*(Cambridge, MA: Harvard University Press, 2011); Aram Mattioli, *Experimentierfeld der Gewalt: der Abessinienkrieg und seine internationale Bedeutung, 1935-1941*(Zürich: Orell Füssli, 2005).

15. Ben-Ghiat, *Fascist Modernities: Italy, 1922-1945*(Berkeley: University of California Press, 2001), 123-170; Mia Fuller, *Moderns Abroad. Architecture, Cities, and Italian Imperialism*(New York: Routledge, 2006); Lorenzo Benadusi, *The Enemy of the New Man: Homosexuality in Fascist Italy*, trans. Suzanne Dingee and Jennifer Pudney(Madison: University of Wisconsin Press, 2012); Maura Hametz, "Borderlands," in *Everyday Life*, ed. Arthurs, Ebner, Ferris, 151-178.

16. "Come coprire i vuoti," *Vita universitaria*, October 5, 1938; Michele Sarfatti, *The Jews in Mussolini's Italy: From Equality to Persecution*(Madison: University of Wisconsin Press, 2006); Marie-Anne Matard-Bonnard, *L'Italia fascista e la persecuzione degli ebrei*(Bologna: Mulino, 2007); for legal aspects, Michael Livingston, *The Fascists and the Jews of Italy: Mussolini's Race Laws, 1938-1945*(Cambridge, UK: Cambridge University Press, 2014).

17. Angela Saini, *Superior: The Return of Race Science*(Boston: Beacon, 2019), gives an overview. Hans Weinert, *Biologische Grundlagen für Rassenkunde und Rassenhygiene*(Stuttgart: Ferdinand Enke Verlag, 1934), in Roberto Esposito, *Bios: Biopolitcs and Philosophy*, trans. Timothy Campbell(Minneapolis: University of Minnesota Press, 2008), 113, 110-143; Michael Burleigh and Wolfgang Wipperman, *The Racial State. Germany, 1933-1945*(Cambridge, UK: Cambridge University Press, 1991); Henry Friedlander, "The Exclusion and Murder of the Disabled," in *Social Outsiders in Nazi Germany*, ed. Robert Gellately and Nathan Stoltzfus(Princeton, NJ: Princeton University Press, 2018), 145-164.

18. Clarence Lusane, *Hitler's Black Victims. The Historical Experiences of Afro-Germans, European Blacks, Africans, and African-Americans in the Nazi Era*(New York: Routledge, 2002), 137-141; Hitler, *Mein Kampf*, 644.

19. The 1935 Nuremberg Laws encompassed the Law for the Protection of German Blood and German Honor and the Reich Citizenship Law and their supplementary decrees. Sheila Fitzpatrick and Alf Lüdtke, "Energizing the Everyday.

On the Making of Social Bonds in Nazism and Stalinism," in *Beyond Totalitarianism*: *Stalinism and Nazism Com‑ pared*, ed. Michael Geyer and Sheila Fitzpatrick(New York: Cambridge University Press, 2009), 276‑79; Arnold Schoenberg, *Letters*, ed. Erwin Stein(Berkeley: University of California Press, 1987), 192; David Cesarani, *Final Solution. The Fate of the Jews, 1933‑1949*(New York: St. Martins Press, 2016), 158‑159, 216‑221. Ten thousand Jews returned to Germany by 1935, most because they could not support themselves abroad or had expired visas: Jane Caplan, "Introduction" to Herz, *Moringen*, 8‑9.

20. Mosse, "Introduction," xxxviii, and Ilse McKee, "Skepticism and Participation," 278, in George Mosse, *Nazi Culture. A Documentary History*(New York: Schocken Books, 1966); Friedrich C. Tubach, *German Voices: Memories of Life during Hitler's Third Reich*(Berkeley: University of California Press, 2011), 25‑26; Claudia Koonz, *The Nazi Conscience*(Cambridge, MA: Belknap Press, 2003); Melita Maschmann, *Account Rendered. A Dossier on my Former Self*, trans. Geoffrey Strachan(New York: Abelard–Shuman, 1965), 36.

21. Letter from Dr. Erich Oberdorfer, Vienna, March 16, 1938, in *Letters to Hitler*, ed. Eberle, 160.

22. Augusto Pinochet, *El Dia Decisivo: 11 de Septiembre de 1973*(Santiago: Andres Bello, 1979), 156; Augusto Pinochet, *Camino Recorrido. Memorias de un Soldado*(Santiago: Instituto Geográfico Militar de Chile, 1991), 2: 29‑30; Pinochet, speech of March 11, 1974, in Stern, *Battling*, 68; Giselle Munizaga and Carlos Ochsenius, *El discurso publico de Pinochet*(Buenos Aires: Consejo Latinoamericano de Ciencias Sociales, 1983), 40‑42; Jack B. Kubisch, November 16, 1973 memo to Kissinger, in Bawden, *Pinochet Generation*, 143.

23. Foreign Affairs Minister Admiral Ismael Huerta, address to the United Nations General Assembly, October 9, 1973, in Laurence Birns, ed., *The End of Chilean Democracy: An IDOC Dossier on the Coup and Its Aftermath*(New York: Seabury Press, 1974), 46.

24. Gason Acuna, director of government information, in Stern, *Battling*, 61; Luis Hernán Errázuriz and Gonzalo Leiva Quijada, *El Golpe Estético. Dictadura Militar en Chile 1973‑1989*(Santiago: Ocholibros, 2012), 13‑43.

25. Mario Rinvolucri, "Faculty Purge at Austral University," in Birns, ed., *Chilean*

Democracy, 122-125; Marc Cooper, *Pinochet and Me. A Chilean Anti-Memoir*(New York: Verso, 2000), 65; Jonathan Kandell, "A Wide Anti-Marxist Purge in Chile Is Shaking the Universities," *New York Times*, November 14, 1973, reported that 6,000 out of 16,000 students and 100 professors had already been removed at the University of Concepción alone.

26. Muñoz, *Dictator's Shadow*, 52-54; Huneeus, *Pinochet*, 57-59; Errázuriz and Leiva Quijada, *Golpe Estético*; Alejandra Matus, *Doña Lucia. La biografia no autorizada*(Santiago: Ediciones B, 2013), 212-18; Stern, *Battling*, 68-73.

27. Galadriel Ravelli, "Far-Right Militants and Sanctuaries in the Cold War: The Transnational Trajectories of Italian Neo-Fascism." PhD dissertation, University of Bath, 2017, 178-194.

28. Cooper, *Pinochet*, 106; Clara Han, *Life in Debt. Times of Care and Violence in Neoliberal Chile*(Berkeley: University of California Press, 2012), 6; ADST, Charlotte Roe, political officer, US embassy, Santiago, 1985-1989, and Harry Barnes, US ambassador to Chile, 1985-1989, interviewed by Charles Stuart Kennedy, January 2005: https://adst.org/2014/11/chiles-1988-plebiscite-and-the-end-of-pinochets-dictatorship/.

29. Gaddafi, radio address, July 21, 1970, in Angelo Del Boca, *Gli italiani in Libia. Dal fascismo a Gheddafi*(Milan: Mondadori, 1994), 270-271.

30. Gaddafi, *The Green Book*, in Muammar Gaddafi, *My Vision. Conversations and Frank Exchanges of Views with Edmond Jouve*, trans. Angela Parfitt(London: John Blake, 2005), 150; Vandewalle, *Libya*, 87; van Genugten, *Libya*, 85; Kevin Dunn, *Imagining the Congo. The International Relations of Identity*(New York: Palgrave Macmillan, 2003), 105-138.

31. ADST, Harold G. Josif, deputy chief of mission, US embassy in Tripoli, interviewed by Charles Stuart Kennedy, October 1999, at: https://adst.org/2016/09/sudden-rise-muammar-qaddafi-hostile-libya/; June 11, 1970, cable from American embassy in Tripoli, in St. John, *Libya*, 142.

32. Chiara Loschi, "La comunità degli italiani nella Libia indipendente," in *Rovesci della fortuna. La minoranza italiana in Libia dalla seconda guerra mondiale all'espulsione*(1940-1970), ed. Francesca Di Giulio and Federico Cresti(Ariccia: Aracne, 2016), 101-118; Plinio Maggi, in Antonino Cimino, "Italiani espulsi dalla Lib-

ia," tesi di laurea, Università di Palermo, 2010, 36; Gaddafi, in Pargeter, *Libya*, 71.

33. New York Times Staff, "Property of Italians and Jews Confiscated by Libya Regime," *New York Times*, July 22, 1970; ADST, George Lane interview; van Genugten, *Libya*, 90-104; Benjamin Smith, "Oil Wealth and Regime Survival in the Developing World, 1960-1999," *American Journal of Political Science*, 48, no. 2(2004): 232-246.

34. Lisa Anderson, *The State and Social Transformation in Tunisia and Libya, 1830-1980*(Princeton, NJ: Princeton University Press, 1986), 266; Gaddafi, *Green Book*, in *My Vision*, 153-158; El-Kikhia, *Libya's Qaddafi*.

35. Gaddafi, 2006, in Selwyn Duke, "Islam Is Taking Over Europe—'Without Swords, without Guns, without Conquest,'" *Observer*, January 25, 2017.

36. Katalin Novák, minister for family and youth affairs, in Valerie Hopkins, "Hungary Chides the Childless as 'Not Normal' as Birth Rate Tops Agenda," *Financial Times*, September 5, 2019.

37. Marcello Dell'Utri, June 2002 statement of the Forza Italia program, in Gabriele Turi, "I 'think tank' di destra," in Ginsborg and Asquer, *Berlusconismo*, 31; Silvio Berlusconi, *Una storia italiana*(Milan: Mondadori, 2001), frontispiece, 42-59, 78.

38. Berlusconi, January 15, 2000, in Giovanni Orsina, *Berlusconism and Italy: A Historical Interpretation*(New York: Palgrave Macmillan, 2014), 69; Gustavo Zagrebelsky, "La neolingua dell'età berlusconiana," in Ginzburg and Asquer, *Berlusconismo*, 225-228.

39. Orsina, *Berlusconism*, 96-97; David Wiley, "Berlusconi Says 'I Am Like Jesus,'" BBC News, February 13, 2006; Renato Schifani, in Marco Travaglio, "Il caso Schifani comincia ora," *Micromega* 4(2008).

40. Berlusconi, interview with Johnson and Farrell.

41. Berlusconi, on "Porta a porta," August 2002, in Stella and Rizzo, *Così parlò*, 125; Berlusconi, April 10, 2008, in Malcolm Moore, "Berlusconi Says Immigrants Are 'an Army of Evil,'" *Telegraph*, April 16, 2008; migration figures and ISTAT results in Barbara Faedda, "'We Are Not Racists, But We Do Not Want Immigrants.' How Italy Uses Immigration Law to Marginalize Immigrants and Create

a [New] National Identity," in *Migrant Marginality: A Transnational Perspective*, ed. Philip Kretsedemas, Jorge Capetillo-Ponce, and Glenn Jacobs(New York: Routledge, 2014): 119, 121. Detention increased to a six-month maximum in 2009.

42. Carlo Giovanardi, in Milena Marchesi, "Reproducing Italians: Contested Bio-politics in the Age of 'Replacement Anxiety,'" *Anthropology & Medicine* 19, no. 2(2012): 175; Hom, *Empire's Mobius Strip*, 118-138.

43. In 2000-2006, 10 percent of illegal migrant entries were by sea, 20 percent were by land, and 70 percent were "overstays" by those in Italy: David Forgacs, "Coasts, Blockades, and the Free Movement of People," in *Italian Mobilities*, ed. Ruth Ben-Ghiat and Stephanie Malia Hom(New York: Routledge, 2015), 181; van Genugten, *Libya*, 143-144; Emidio Diodato and Federico Niglia, *Berlusconi "The Diplomat." Populism and Foreign Policy in Italy*(New York: Palgrave MacMillan, 2019), 124.

44. Putin, in transcript of the September 19, 2013, meeting of the Valdai International Discussion Club: http://en.kremlin.ru/events/president/news/19243; Putin, "Russia at the Turn of the Millenium," in Hill and Gaddy, *Putin*, 61.

45. Putin's December 2013 address to the nation, in Hill and Gaddy, *Putin*, 255-256.

46. Josh Hersh, "How Putin Is Using the Orthodox Church to Build His Power," *Vice*, March 26, 2018; Hill and Gaddy, *Putin*, 66-67; "Russia: New Wave of Anti-LGBY Persecution," *Human Rights Watch*, February 15, 2019; Jeff Sharlet, "Inside the Iron Closet: What It's Like to Be Gay in Putin's Russia," *GQ*, February 4, 2014; Masha Gessen, "How LGBT Couples in Russia Decide Whether to Leave the Country," *New Yorker*, June 11, 2019.

47. Heleniak, "Population Trends," 153-159, and Louise Shelley, "Crime and Corruption," 195, both in *Putin's Russia*, ed. Wegren; Dawisha, *Putin's Kleptocracy*, 313-315.

48. Linda Robinson et al., *Modern Political Warfare. Current Practices and Possible Responses*, RAND Corporation Report, 2018, xvi-xvii, 41-124; BBC Staff, "'Russian Trolls' Promoted California Independence," BBC.com, November 4, 2017; Mansur Mirovalev, "What's Behind Russian Support for World's Separatist Movements," NBCNews.com, July 23, 2016; Alex Finley, John Sipher, and

Asha Rangappa, "Why the 2020 Election Will Be a Mess: It's Just Too Easy for Putin," *Just Security*, February 19, 2020.

49. Margherita Sarfatti, *Dux*(Milan: Mondadori, 1926), 303; Brian Murphy and Paul A. Specht, "'Send Her Back,' Crowd Chants at Rep. Ilhan Omar at Trump Campaign Rally in NC," *News & Observer*, July 17, 2019; Susan Richard, in Kristen Inbody and Phil Drake, "Trump Rally Crowd Jazzed before Campaign Event in Billings, Montana," *Great Falls Tribune*, September 6, 2018.

50. State Sen. Sylvia Allen (R-AZ) warned in July 2019 of the "browning of America." Video: https://twitter.com/nowthisnews/status/1154898693671157760; Louis Nelson, "Rep. King: 'I Meant Exactly What I Said' with 'Babies' Tweet," *Politico*, March 13, 2017.

51. William H. Frey, The US Will Become 'Minority White' in 2045, Census Projects, Brookings, March 14, 2018: https://www.brookings.edu/blog/the-avenue/2018/03/14/the-us-will-become-minority-white-in-2045-census-projects/; Trump, in Peter Baker, "Trump Declares a National Emergency and Provokes a Constitutional Clash," *New York Times*, February 15, 2019; Damien Paletta, Mike DeBonis, and John Wagner, "Trump Declares National Emergency on Southern Border in Bid to Build Wall," *Washington Post*, February 15, 2019.

52. Dan Diamond, "The Religious Activists on the Rise inside Trump's Health Department," *Politico*, January 22, 2018; Andrew Whitehead and Samuel Perry, *Taking America Back for God: Christian Nationalism in the United States*(New York: Oxford University Press, 2020). Trump administration members on the board of directors of Opus Dei's Catholic Information Center include Attorney General William Barr and White House lawyer Pat Cipollone. Larry Kudlow was converted to Catholicism from Judaism by former CIC head Father John McClosky; Joan Walsh, "William Barr Is Neck-Deep in Extremist Catholic Institutions," *Nation*, October 15, 2019; Alison Kodjak, "New Rule Protects Health Care Workers Who Refuse Care for Religious Reasons," NPR, May 2, 2019; Stephen Miller, interviewed by Chris Wallace, Fox News, July 20, 2019; Andy Kroll, "Internal Emails Reveal How Stephen Miller Leads an Extremist Network to Push Trump's Anti-Immigrant Agenda," *Rolling Stone*, December 11, 2019.

53. William Barr, quotes from remarks at the Grand Lodge Fraternal Order of Police's 64th National Biennal Conference," New Orleans, LA, August 12, 2019, https://www.justice.gov/opa/speech/attorney-general-william-p-barr-delivers-remarks-grand-lodge-fraternal-order-polices-64th and November 15, 2019, speech to the Federal- ist Society, https://www.c-span.org/video/?466450-1/attorney-general-barr-federalist-society-convention; Charlie Savage, "Barr Bridges the Reagan Revolution and Trump on Executive Power," *New York Times*, November 18, 2019; Tamsin Shaw, "William Barr: The Carl Schmitt of Our Time," *New York Review of Books*, January 15, 2020; Betsy Woodruff Swan, "DOJ Seeks New Emergency Powers amid Coronavirus Pandemic," Politico, March 21, 2020; Quinta Jurecic and Benjamin Wittes, "Three Plausible—and Troubling—Reasons Why Barr Tried to Force Berman Out," *Atlantic*, June 22, 2020.

54. Nick Danforth, "Turkey's New Maps Are Reclaiming the Ottoman Empire," *Foreign Policy*, October 23, 2016; Gonul Tol, "Turkey's Bid for Religious Leadership," *Foreign Affairs*, January 10, 2019; Tahar Ben Jelloun, "Il piano neo-ottomano di Erdogan: imporsi in Libia per tornare in Maghreb," *La Stampa*, February 6, 2020; Natasha Turak, "Turkey's Erdogan Threatens to Release Millions of Refugees into Europe over Criticism of Syria Offensive," CNBC, October 10, 2019.

55. Acemoglu and Ucer, "Ups and Downs"; "Erdoganomics," Economist, February 4, 2016; Zeynep Tufekci, *Twitter and Teargas: The Power and Fragility of Networked Protest*(New Haven: Yale University Press, 2017).

56. M. Hakan Yavuz and Bayram Balci, eds., *Turkey's July 15th Coup: What Happened and Why*(Salt Lake City: University of Utah Press, 2018).

57. Maximilian Popp, "Revisiting Turkey's Failed Coup Attempt," *Der Spiegel*, July 6, 2017; Christiaan Triebert, "'We've Shot Four People. Everything's Fine. The Turkish Coup through the Eyes of its Plotters," *Bellingcat*, July 24, 2016.

58. Carlotta Gall, "Spurning Erdogan's Vision, Turks Leave in Droves, Draining Money and Talent," *New York Times*, January 2, 2019; Mehul Srivastava, "Turkish Economy Turns in Worst Performance since 2009," *Financial Times*, December 12, 2016; Simon Tisdall, "Erdogan Is on a Lonely Path to Ruin. Will He

Take Turkey Down with Him?" *Guardian*, July 20, 2019. Figures on assets seized through March 2019: https://turkeypurge.com; Stockholm Center for Freedom, "Turkey Has Detained More than 282,000 and Arrested 94,000 since the 2016 Failed Coup," July 15, 2020: https://stockholmcf.org/turkey-has-detained-more-than-282000-arrested-94000-since-2016-failed-coup/.

59. Onur Ant, "Erdogan's Approval Rating Soars after Coup Attempt," *Bloomberg*, August 11, 2016; Ed Finn, "The Power of Social Media. Erdogan's Smart Use of a Smartphone," CNN.com, July 18, 2016.

60. Hürriyet Daily News Staff, "Erdogan Voice Message Surprises Turkey Mobile Users on Failed Coup Anniversary," *Hürriyet Daily News*, July 16, 2017; Tom Stevenson, "Bleak Burial: Turkey's Traitors' Cemetery," DW.com, August 1, 2016; Ishaan Tharoor, "Turkey's Erdogan Turned a Failed Coup into His Path to Greater Power," *Washington Post*, July 17, 2017.

61. Erdoğan, January 2019 speech, in Lorenzo Vidino, "Erdogan's Long Arm in Europe," *Foreign Policy*, May 7, 2019; Bekir Agirdir, in Gall, "Spurning Erdogan's Vision"; Erdoğan, speech of July 15, 2019, in Tisdall, "Erdogan Is on a Lonely Path."

5장 프로파간다

1. Oriana Fallaci, *Interview with History*, trans. John Shepley(Boston: Houghton Mifflin, 1976), 40-41; Henry Kissinger, *White House Years*(Boston: Little, Brown, 1979), 1409.

2. Gaddafi interview in Fallaci, "Italians Are Our Brothers," *New York Times Magazine*, December 16, 1979.

3. Joseph Goebbels, in David Welch, *The Third Reich: Politics and Propaganda*(New York: Routledge, 1993), 22.

4. The classic study is Marc Bloch, *Royal Touch: Sacred Monarchy and Scrofula in England and France*(Toronto: McGill-Queen's University Press, 1973); Traverso, *Fire*, 94-98; Giorgio Bertellini, *Divo/Duce. Promoting Film Stardom and Political Leadership in 1920s America*(Berkeley: University of California Press, 2019); Stephen Gundle, Christopher Duggan, and Giuliana Pieri, eds., *The Cult of the Duce*(Manchester: Manchester University Press, 2015), 72-92; Dikötter, *Dictator*.

5. Simonetta Falasca-Zamponi, *Fascist Spectacle*(Berkeley: University of California Press, 1997), Nicholas O'Shaughnessy, *Selling Hitler. Propaganda and the Nazi Brand*(London: Hurst, 2016).

6. Jacques Ellul, *Propaganda. The Formation of Men's Attitudes*(New York: Vintage Books, 1973), 10.

7. Sohini Mitter, "Inside the New Modi App: Instagram-like Stories, Live Events, Exclusive Content, and More," *YourStory*, October 7, 2019; Varsha Jain, Meetu Chawla, B. E. Ganesh, and Christopher Pich, "Exploring and Consolidating the Brand Personality Elements of the Political Leader," *Spanish Journal of Marketing*, 22, no. 3(2018): 295-318.

8. Gaetano Polverelli to Mussolini, 1933 letter in Archivio Centrale dello Stato(ACS), Ministro della Cultura Popolare(MCP), b.155, f.10; Ruth Ben-Ghiat, "Fascist Italy and Nazi Germany: The Dynamics of an Uneasy Relationship," in *Art, Culture, and Media under the Third Reich*, ed. Richard Etlin(Chicago: University of Chicago Press, 2002), 257-286; Virginia Higginbotham, *Spanish Film under Franco*(Austin: University of Texas Press, 1988), 7.

9. Nina Tumarkin, *Lenin Lives! The Lenin Cult in Soviet Russia*(Cambridge, MA: Harvard University Press, 1997); Dikötter, *Dictator*; Jan Plamper, *The Stalin Cult. A Study in the Alchemy of Power*(New Haven: Yale University Press, 2012); Ben-Ghiat, *Fascist Modernities*.

10. Pamela Constable and Arturo Valenzuela, *A Nation of Enemies. Chile under Pinochet*(New York: W. W. Norton, 1993), 155.

11. Gaetano Salvemini, "Mussolini's Battle of Wheat," *Political Science Quarterly* 46, no. 1(1931): 38.

12. Ellen Nakashima, "U.S. Department of Justice Admits Error but Won't Correct Report Linking Terrorism to Immigration," *Washington Post*, March 1, 2019; Pia Orrenius and Madeline Zavodny, "Do Immigrants Threaten US Public Safety?" *Journal on Migration and Human Security* 7, no. 3(2019): 52-61.

13. Eliza Apperly, "Why Europe's Far Right Is Targeting Gender Studies," *Atlantic*, June 15, 2019.

14. Federico Fellini, "Notes on Censorship"(1958), on Fascist and Christian Democratic censorship, in *Fellini on Fellini*, trans. Isabel Quigley(New York: Delacorte

Press, 1976), 84, 86.

15. Author interview with Guillo; see his graphic history of the regime, *Pinochet Il-lustrado*(Santiago: Editorial Genus, 2008); Randall Bytwerk, *Bending Spines: The Propagandas of Nazi Germany and the German Democratic Republic*(East Lansing: Michigan State University Press, 2004), 155-169; Ruth Ben-Ghiat, *Italian Fascism's Empire Cinema*(Bloomington: Indiana University Press, 2015), 4; Stephen Burt Wiley, "Transnation: Chilean Television Infrastructure and Policy as National Space, 1969-1996," PhD dissertation, University of Illinois Champagne-Urbana, 1999, 121.

16. Ben-Ghiat, *Empire Cinema*. Communists also used mobile cinemas, as did the French and the British in their colonies.

17. Seldes, *Sawdust Caesar*, 375; Bertellini, *Divo/Duce*.

18. Isituto Luce(IL), Archivio Cinematografico(AC), "Mussolini si cimenta nella trebbiatura del grano," Giornale Luce B0707, July 3, 1935, which documents his June 27 visit to Sabaudia; Bertellini, *Divo/Duce*; Alessandra Antola Swan, "The Iconic Body: Mussolini Unclothed," *Modern Italy* 21, no. 4(2016): 361-381.

19. Gaetano Salvemini, *Mussolini diplomatico*(Bari: Laterza, 1952), 384; Bertellini, *Divo/Duce*; Migone, *United States*; John Diggins, *Mussolini and Fascism: The View from America*(1972)(Princeton, NJ: Princeton University Press, 2015); Pierluigi Erbaggio, "Writing Mussolini: Il Duce's American Biographies on Paper and on Screen," PhD dissertation, University of Michigan, 2016.

20. David Kertzer, *The Pope and Mussolini: The Secret History of Pius XI and the Rise of Fascism in Europe*(New York: Random House, 2014); Gundle, Duggan, Pieri, eds., *The Cult of the Duce*; Duggan, *Fascist Voices*, 102; Mack Smith, *Mussolini*, 103; letter from Margherita V., May 8, 1936, in *Caro Duce*, 51.

21. *Corriere della sera*, November 3, 1936, in Duggan, *Fascist Voices*, 230.

22. Luigi Albertini, in Mack Smith, *Mussolini*, 58; Guido Bonsaver, *Censorship and Literature in Fascist Italy*(Toronto: University of Toronto Press, 2007), 27-32.

23. Mussolini, "Il giornalismo come missione," speech of October 10, 1928, in *Scritti e discorsi*, vol. VI, 250-251; Seldes, *Sawdust Caesar*, 312; MCP press directive of September 21, 1939, in Giancarlo Ottaviano, ed., *Le veline di Mussolini*(Viterbo: Stampa Alternativa, 2008), 11.

24. Goebbels, in Welch, *Third Reich*, 43-48; Nicholas O'Shaughnessy, *Marketing the Third Reich: Persuasion, Packaging, and Propaganda*(New York: Routledge, 2018), 214.

25. Peter Longerich, *Goebbels: A Biography*(New York: Random House, 2015); Hitler, *Mein Kampf*, 178-186; letters of Werner M, November 10, 1933, M. von Keyden-Plötz, March 1934, Curt Rudolf Kempe, April 4, 1935, in *Letters to Hitler*, ed. Eberle, 81-83, 91-92, 144-145; Kershaw, "*Hitler Cult.*"

26. O'Shaughnessy, *Marketing*, 197-201; Welch, *Third Reich*, 38-43; Heidi Tworek, *News from Germany. The Competition to Control Wireless Communications, 1900-1945*(Cam- bridge, MA: Harvard University Press, 2019).

27. Italo Calvino, "The Duce's Portraits," *New Yorker*, January 6, 2003; Bainville, *Les dictateurs*, 287; Janet Flannery, in Michael Munn, *Hitler and the Nazi Cult of Film and Fame*(New York: Skyhorse, 2013), 70-73; Traverso, *Fire*, 180-196; Schmölders, *Hitler's Face*; Otto Strasser, cited in F. W. Lambertson, "Hitler, the Orator: A Study in Mob Psychology," *Quarterly Journal of Speech* 28(1942): 126-127.

28. Tubach, *German Voices*, 53; Lower, *Furies*, 26.

29. Welch, *Third Reich*, 43; Fermi, *Mussolini*, 193; Clara Petacci, *Mussolini Segreto. Diari, 1932-1938*, ed. Mauro Sutturo(Milan: RCS Libri, 2009), entry of October 23, 1937, location 801(Kindle edition).

30. IL, AC, "Adunata!" October 8, 1935, Giornale Luce B0761; Ruth Ben-Ghiat, "Five Faces of Fascism," in *Visualizing Fascism*, ed. Thomas and Eley, 94-110.

31. O'Shaughnessy, *Marketing*, 200-201; ACS, Ministero dell'interno(MI), Direzione Generale Pubblica Sicurezza(DGPS), Divisione Polizia Politica(1927-1943), b.132, K111, reports from Genoa, June 13, 1937; Milan, January 12, 1938; April 7, 9, 1938; May 8, 31, 1938.

32. Arendt, *Origins*, 474.

33. Theodor Adorno, "Television and the Patterns of Mass Culture," in *Mass Culture. The Popular Arts in America*, ed. Bernard Rosenberg and David Manning White(New York: The Free Press, 1957), 479.

34. Francisco Franco, *Discursos y mensajes del Jefe del Estado 1955-1959*(Madrid: Dirección General de Información Publicacions Españolas, 1960), 122; Manuel Pala-

cio, "Early Spanish Television and the Paradoxes of a Dictator General," *Historical Journal of Film, Radio, and Television* 25, no. 4(2005): 599-617.

35. Richard Gunther, José Ramón Montero, and José Ignacio Wert, "Media and Politics in Spain: From Dictatorship to Democracy," Working Paper 176, Institut de Ciències Politiques i Socials(1999), 8-9; Luis González Seara, *La España de los años 70*(Madrid: Ed. Moneda y Crédito, 1972), 781; Higginbotham, *Spanish Film*, 7.

36. Rosendorf, *Franco*; Antonio Cazorla Sánchez, *Fear and Progress. Ordinary Lives in Franco's Spain, 1939-1975*(Oxford: Blackwell, 2010), 14-15.

37. Cento Bull and Ravelli, "Pinochet Regime"; Peter Kornbluh, *The Pinochet File: A Declassified Dossier on Atrocity and Accountability*(New York: The New Press, 2003), 232-233; Mayorga, *Il condor nero*; Spooner, *Soldiers*, 97.

38. Muñoz, *Dictator's Shadow*, 53; Stern, *Battling*, 60-62; Munizaga and Ochsenius, *El discurso*, 17-22; Wiley, "Transnation," 23.

39. Gabriel García Márquez tells Littín's story in *Clandestine in Chile. The Adventures of Miguel Littín*, trans. Asa Zatz(New York: Henry Holt, 1986), 16; Ariel Dorfman, *Homeland Security Ate My Speech*(New York: OR Books, 2017), 184-185.

40. Vandewalle, *Libya*, 99-104.

41. Drew O. McDaniel, "Libya," in Douglas A. Boyd, *Broadcasting in the Arab World*(Ames: University of Iowa Press, 1999), 231-236; Abdallah Rached, in Fatima El-Issawi, *Libya Media Transition. Heading to the Unknown*, London School of Economics Polis Report(2013), 27: http://eprints.lse.ac.uk/59906/1/El-Issawi_Libya-media-transition_2013_pub.pdf.

42. Boyd, *Broadcasting*, 130. Televised trials started in Iraq under Abd Al-Karim Qasim, who took power via military coup in 1958 and ruled until 1963.

43. L.S., interview with author. The University of Tripoli was renamed Al-Fateh University.

44. Gaddafi, *Green Book*, in Gaddafi, *My Vision*, 131; Pargeter, *Libya*, 100-102. Peter Bouckaert, Human Rights Watch researcher, worked with the late *Guardian* reporter Tim Heatherington to bring security services footage of this and other executions to safety after Gaddafi's fall: Ian Black, "Gaddafi's Terror Exposed in Lost Picture Archive," *Guardian*, July 18, 2011.

45. L.S., interview with author.

46. "'You Have a Terribly Homosexual Face': Brazil's President Launches Attack on Journalist," *Independent*, December 21, 2019; Colby Itkowitz, "Trump Attacks Rep. Cummings's District, Calling It a 'Disgusting, Rat and Rodent-Infested Mess,'" *Washington Post*, July 27, 2019; Matthew Daly, "House Dems Back Subpoenas for Ivanka, Jared Private Emails," AP News, July 25, 2019; Joel Simon, "Muzzling the Media: How the New Autocrats Threaten Press Freedom," *World Policy Journal* 23, no. 2(2006): 51-61.

47. Gábor Polyak, "How Hungary Shrunk the Media," *Mérték Media Monitor*, February 14, 2019, at European Centre for Press and Media Freedom: https://www.ecpmf.eu/news/ threats/how-hungary-shrunk-the-media.

48. Ronald J. Deibert, "The Road to Unfreedom: Three Painful Truths about Social Media," *Journal of Democracy* 30, no. 1(2019): 25-39; Adrian Shahbaz, *Freedom on the Net 2018: The Rise of Digital Authoritarianism*. Freedom House report, https://freedomhouse.org/report/freedom-net/2018/rise-digital-authoritarianism; Jason Schwartz, "Trump's 'Fake News' Mantra a Hit with Despots," *Politico*, December 8, 2017; Elana Beiser, *Hundreds of Journalists Jailed Globally Becomes the New Normal*, Committee to Protect Journalists, December 13, 2018: https://cpj.org/reports/2018/12/journalists-jailed-imprisoned-turkey-china-egypt-saudi-arabia/.

49. Yakov Smirnoff, in Randall Wood and Carmine DeLuca, *Dictator's Handbook: A Practical Manual for the Aspiring Tyrant*(Newfoundland: Gull Pond Books, 2012), 167; Masha Lipman, "The Media," in *Putin's Russia*, ed. Wegren, 127-150; Ruben Enikolopov, Maria Petrova, and Ekaterina Zhuravskaya, "Media and Political Persuasion: Evidence from Russia," *American Economic Review* 101, no. 7(2011): 3253-3285.

50. Peter Pomerantsev and Michael Weiss, *The Menace of Unreality: How the Kremlin Weaponizes Information, Culture and Money*, The Interpreter Project, Institute of Modern Russia, 2014: https://imrussia.org/media/pdf/Research/Michael_Weiss_and_Peter_Pomerantsev__The_Menace_of_Unreality.pdf; Robinson et al., *Modern Political Warfare*, 66-68: https://www.rand.org/pubs/research_reports/RR1772.html; Lily Hay Newman, "Russia Takes a Big Step To-

wards Internet Isolation," *Wired*, January 5, 2020. As of March 2020, RT had just over 3 million Twitter followers(combined world and UK channels) to CNN's 55 million(combined US and international) and BBC's 37 million(combined world and UK channels). Economist Staff, "Russians Are Shunning State-Controlled TV for YouTube," *Economist*, March 7, 2019.

51. Robinson et al., *Political Warfare*, 56-71; David E. Sanger, "Russian Hackers Appear to Shift Focus to the U.S. Power Grid," *New York Times*, July 27, 2018; Molly K. McKew, "Putin's Real Long Game," *Politico*, January 1, 2017; Alina Polyakova and Chris Meserole, *Exporting Digital Authoritarianism: The Russian and Chinese Models*, Brookings Institute Foreign Policy Brief, August 2019: https://www.brookings.edu/research/exporting-digital-authoritarianism/.

52. Yuri Levada, in Helena Goscilo, "The Ultimate Celebrity. VVP as VIP Objet d'Art," in *Celebrity and Glamour in Contemporary Russia. Shocking Chic*, ed. Helena Goscilo and Vlad Strukov(New York: Routledge, 2011), 41; Peter Pomer-antsev, *Nothing Is True and Everything Is Possible: The Surreal Heart of the New Russia*(New York: Public Affairs, 2015).

53. Ingo Beckendorf, "Russia: Putin Satire as 'Extremist Material' on Prohibition List," European Centre for Press and Media Freedom Newsletter, November 5, 2017; Sergey Shvakin, in Marc Bennetts, "Russia Passes Law to Jail People for 15 Days for 'Disre- specting' Government," *Guardian*, March 6, 2019; BBC Staff, "Russia Laws Ban 'Dis- respect' of Government and 'Fake News,'" BBC.com, March 7, 2019.

54. Ragnedda, "Censorship," 15; Ruben Durante, Paolo Pinotti, and Andrea Tesei, "The Political Legacy of Entertainment TV," *American Economic Review* 109, no. 7(2019): 2497-2530.

55. Paolo Guzzanti, *Mignottocrazia. La sera andavamo a ministre*(Rome: Aliberti, 2010); Jeffrey Edward Green, *Eyes of the People. Democracy in an Age of Specta-torship*(New York: Oxford University Press, 2010); Thomas Meyer, *Media Democ-racy. How the Media Colonize Politics*(Cambridge, UK: Polity Press, 2002), 65-70.

56. Aram Mattioli, "*Viva Mussolini!*" *Die Aufwertung des Faschismus im Italien Ber-lusconis*(Paderborn: Ferdinand Schöningh, 2010); Sara Mondini and Carlo Semen-za, "Research Report: How Berlusconi Keeps His Face," *Cortex* 42, no. 3(2006):

332-335; Berlusconi, September 9, 2009, in Stella and Rizzo, *Cosi parlò*, 67; Sarfatti, *Dux*, 297, for the original "Fortuna c'e Mussolini"; "Berlusconi via satellite su maxi-schermo a Rimini," *La Repubblica*, March 13, 1994; Pasquino, "Five Faces."

57. Ragnedda, "Censorship," 18; Stille, *Sack of Rome*, 294-312; Monica Boria, "Silenced Humor on RAI TV: Daniele Luzzatti, Sabrina Guzzanti & Co," in *Resisting the Tide. Cultures of Opposition under Berlusconi(2001-2006)*, ed. Daniele Albertazzi, Nina Rothenberg, Charlotte Ross, and Clodagh Brook(New York: Continuum, 2011), 97-109.

58. Justin Wise, "Trump: What You're Seeing and Reading in the News 'Is Not What's Happening,'" *Hill*, July 24, 2018.

59. McKay Coppins, "The Billion-Dollar Disinformation Campaign to Reelect the President," *Atlantic*, February 10, 2020; Glenn Kessler, Salvador Rizzo, and Meg Kelly, "President Trump Made 16,241 False or Misleading Claims in His First Three Years," *Washington Post*, January 20, 2020; Michiko Kakutani, *The Death of Truth. Notes on Falsehood in the Age of Trump*(New York: Penguin, 2018); Yochai Benkler, Robert Faris, and Hal Roberts. *Network Propaganda: Manipulation, Disinformation, and Radicalization in American Politics*(New York: Oxford University Press, 2018).

60. Quote in Andrew Marantz, "The Man Behind Trump's Facebook Juggernaut," *New Yorker*, March 2, 2020.

61. Oliver Darcy, "Comey Writes in Memo He Laughed When Trump Floated the Idea of Jailing Journalists," CNN.com; April 20, 2018; Josh Dawsey, "Trump Asked China's Xi to Help Him Win Reelection, According to Bolton Book," *Washington Post*, June 17, 2020, quoting John Bolton's *The Room Where It Happened*(New York: Simon and Schuster, 2020); Guy Snodgrass, former chief speechwriter of Defense Secretary James Mattis, regarding a 2019 meeting with Trump at the Pentagon, tweet from June 17, 2020: https://twitter.com/GuySnodgrass/status/1273359990905024513; Mallory Shel-bourne, "Trump: 'They're Not Going to Take Away My Social Media,'" *Hill*, July 11, 2017; Lauren Egan, "The Fake News Is Creating Violence," NBCNews.com, November 2, 2018; Jim Acosta, *Enemy of the People: A Dangerous Time to Tell the Truth in America*(New

York: Harper Collins, 2019).

62. Tali Arbel, "Trump Bump? NYT Adds Subscribers, Grows Digital Revenue," AP, February 6, 2019; "The Washington Post Announces Plans to Expand Its Investigative Journalism," *Washington Post*, June 20, 2019; "The New York Times Adds to Investigative Muscle with Three New Hires," *New York Times*, March 16, 2017; Katie Rogers, "White House Hosts Conservative Internet Activists at a 'Social Media Summit,'" *New York Times*, July 11, 2019; Alex Kaplan, "Trump Keeps Amplifying Far-Right Racist Katie Hopkins, Who Called for a 'Final Solution' for Muslims," *Media Matters*, August 26, 2019; Katharine Schwab, "Trump Tweets 2020 Campaign Logo Linked to Alt-Right and White Supremacist Groups," *Fast Company*, August 29, 2019; David Niewert, *Alt-America: The Rise of the Radical Right in the Age of Trump* (New York: Verso, 2017). The now-deleted tweet is reproduced in Anthony Smith, "Donald Trump's Star of David Hillary Clinton Meme Was Created by White Supremacists," *Mic*, July 3, 2016.

63. Michael D. Shear, Maggie Haberman, Nicholas Confessore, Karen Yourish, Larry Buchanan, and Keith Collins, "How Trump Reshaped the Presidency in Over 11,000 Tweets," *New York Times*, November 2, 2019; Michael Wilner, "'We All Found Out by Tweet': Trump's Golan Heights Surprise," McClatchy, March 21, 2019.

64. Oliver Darcy, "'I Want to Quit': Fox News Employees Say Their Network's Russia Coverage Was 'an Embarassment,'" CNN.com, October 31, 2017; Matthew Gertz, "I've Studied Trump's Feedback Loop for Months. It's Crazier Than You Think," *Politico*, January 5, 2018; Sean Illing, "How Fox News Evolved into a Propaganda Operation," *Vox*, March 22, 2019; Robert Costa, Sarah Ellison, and Jose Dawsey, "Hannity's Rising Role in Trump's World: 'He Basically Has a Desk in the Place,'" *Washington Post*, April 17, 2018.

6장 정력

1. Michela C., letter of December 14, 1925, in *Caro Duce*, 81.

2. Fermi, *Mussolini*, 66; Franzinelli, *Il Duce*; Roberto Olla, *Il Duce and His Women: Mussolini's Rise to Power* (Richmond: Alma Books, 2011); Duggan, *Fascist Voices*,

216-237; Richard Bosworth, *Claretta: Mussolini's Last Lover*(New Haven: Yale University Press, 2017).

3. Duterte, in Chen, "Populist Demagogue"; Berlusconi, in Franco Vanni, "In discoteca col Cavaliere fino all'alba," *La Repubblica*, October 6, 2008; Sarfatti, *Dux*, 312.

4. Federico Boni, *Il Superleader. Fenomenologia mediatica di Silvio Berlusconi*(Rome: Meltemi, 2008), 11; Ben Dreyfuss, "Stormy Daniels Confirmed She Spanked Trump with a Magazine," *Mother Jones*, March 25, 2018.

5. Claudine Haroche, "Anthropology of Virility: The Fear of Powerlessness," in *A History of Virility*, ed. Alain Corbin, Jean-Jacques Courtine, and Georges Vigarello(New York: Columbia University Press, 2016), 403-415; Beinart, "New Authoritarians"; Berlusconi, in Angelo Bocconeti, "Stupri, gaffe del premier," *Secolo XIX*, January 26, 2009; Alfred Rosenberg, 1930, in Mosse, *Nazi Culture*, 40.

6. Valerie Sperling, *Sex, Politics, and Putin. Political Legitimacy in Russia*(New York: Oxford University Press, 2014); Marc Bennetts, "Putin Poses with Bikers as Thousands Take to Streets," *The Times*, August 12, 2019; Gessen, *Man without a Face*, 43-70; Taylor, *Code of Putinism*, 28-29; Galeotti, "Fear Gives Putin More Power Than He Deserves."

7. Hitler, in Goeschels, *Mussolini and Hitler*, 42; Ruth Ben-Ghiat, "Trump's Twinship with Orbán Shows 'Illiberal Democracy' Has a Home in the US," *Guardian*, May 16, 2019.

8. James Anthony Mangan, ed., *Shaping the Superman. The Fascist Body as Political Icon*(London: Frank Cass, 1999); Calvino, "Duce's Portraits"; Duggan, "The Internalization of the Cult of the Duce: The Evidence of Diaries and Letters," in *Cult of the Duce*, ed. Gundle, Duggan, Pieri, 129-143.

9. Mafiki Yav Marie, in Chris McGreal, "Women Seek Abolition of 'Family Code' as Most Hated Legacy of Regime," *Irish Times*, April 15, 1997.

10. Kamau Mutunga, "'My View, Sir, Is That Marriage Does Not Exist in Nature," *Daily Nation*, December 5, 2012; Jay Nordlinger, *Children of Monsters: An Inquiry into the Sons and Daughters of Dictators*(New York: Encounter Books, 2017), 200; Wen, "Eight Women."

11. Former Pinochet minister, in Matus, *Doña Lucia*, 223; Claudia Farfán and Fer-

nando Vega, *La familia. Historia privada de los Pinochet*(Santiago: Random House Mondadori, 2009); Juan Cristóbal Peña, "Manuel Contreras, 'El Mamo' Por un Camino de Sombras," in *Los Malos*, ed. Leila Guerriero(Santiago: Ediciones Diego Portales, 2015), 21-23.

12. Lyudmila Putina, in Vladimir Putin, *First Person: An Astonishingly Frank Self-Portrait by Russia's President Vladimir Putin*, with Nataliya Gevorkyan, Natalya Timakova, Andrei Kolesnikov, trans. Catherine A. Fitzpatrick(New York: Public Affairs, 2000), 149-150; Etakerina Sokirianskaia, "Vladimir Putin Has One Reliable Set of Allies," *Guardian*, March 22, 2017; Janet Elise Johnson and Alexandra Novitskaya, "Gender and Politics," in *Putin's Russia*, ed. Wegren, 215-232; Misha Friedman, "Babushkas for Putin," *New York Times*, March 15, 2018.

13. Angela Merkel, in George Packer, "The Quiet German," *New Yorker*, November 24, 2014; Dan Kedmey, "Berlusconi Stunned into Silence over Alleged Merkel Insult," *TIME*, May 21, 2014.

14. Alessandro Amadori, *Madre Silvio. Perché la psicologia profonda di Berlusconi è più femminile che maschile*(Milano: Mind Edizioni, 2011); Bolsonaro's hospital video: https://www.youtube.com/watch?v=OkENgrM0VEM; Mariana Simões, "Brazil's Polarizing New President, Jair Bolsonaro, in His Own Words," *New York Times*, October 28, 2018; Ed Pilkington, "Feel the Love, Feel the Hate—My Week in the Cauldron of Trump's Wild Rallies," *Guardian*, November 1, 2018; Christian Carraway of Greenville, NC, in Peter Nicholas, "It Makes Us Want to Support Him More," *Atlantic*, July 18, 2019; BBC Staff, "Trump on Kim Jong-un: 'We Fell in Love,'" BBC.com, September 30, 2018.

15. Indro Montanelli, "Mussolini e noi"(1936), quoted in Oreste del Buono, ed., *Eia, Eia, alalà: La stampa italiana sotto il fascismo*(Milan: Feltrinelli, 1971), 310-311.

16. Emil Ludwig, *Talks with Mussolini*, trans. Eden and Cedar Paul(Boston: Little, Brown, 1933), 193; Fermi, *Mussolini*, 66.

17. Fermi, *Mussolini*, 124-125; Franzinelli, *Il Duce*, 11-66, 81-104; Olla, *Duce*, 123-168.

18. Franzinelli, *Il Duce*, 122; Olla, *Duce*, 256-259.

19. Fermi, *Mussolini*, 66; Duggan, *Fascist Voices*, 216-219; Cederna, preface to *Caro*

Duce, 9; Olla, *Duce*, 353-386; Franzinelli, *Il Duce*, 204-219; Bosworth, *Claretta*; Petacci, *Mussolini segreto*.

20. Bosworth, *Claretta*; Petacci, *Mussolini segreto*; Franzinelli, *Il Duce*, 4, 120; Romano Mussolini, *Il Duce Mio Padre*(Milan: Rizzoli, 2004), 41.

21. Papini, *Maschilità*, *Quaderni della Voce*, series III, no. 25(1915); Filippo Tommaso Marinetti, "Manifeste du Futurisme," *Le Figaro*, February 20, 1909; Stéphane Audoin-Rouzeau, "The Great War and the History of Virility," in *Virility*, ed. Corbin, Courtine, Vigorello, 391-398. For similar fears among German veterans, Klaus Theweleit, *Male Fantasies*, Vol. 1: *Women*, *Floods*, *Bodies*, *Histories*(Minneapolis: University of Minnesota Press, 1987).

22. Giorgio Amendola, *Un'isola*(Milan: Rizzoli, 1980), 30; Johann Chapoutot, "Fascist Virility," in *Virility*, ed. Corbin, Courtine, Vigarello, 491-514.

23. Fermi, *Mussolini*, 281; Ben-Ghiat, *Empire Cinema*, 10-13, 124-146; Lorenzo Benadusi, "Masculinity," in *Everyday Life*, ed. Arthurs, Ebner, Ferris, 51-76; Ara Merjian, "Fascist Revolution, Futurist Spin: Renato Bertelli's Continuous Profile of Mussolini and the Face of Fascist Time," *Oxford Art Journal* 42, no. 3(2019): 307-333.

24. Hitler, in Garry O'Connor, *The Butcher of Poland. Hitler's Lawyer Hans Frank*(Stroud: History Press, 2013), 76.

25. Heike B. Görtemaker, *Eva Braun. Life with Hitler*(New York: Knopf, 2011), 48; Munn, *Hitler*, 2-3.

26. Machtan, *Hitler*; Siemens, *Stormtroopers*, 172-75; Theodor Adorno, Else Frenkel-Brunswik, Daniel Levinson, and R. Nevitt Sanford, *The Authoritarian Personality*(New York: Harper and Row, 1950); Robert Beachy, *Gay Berlin: Birthplace of a Modern Identity*(New York: Knopf, 2014), 244.

27. Karl Larkin, "It's True—Adolf Hitler Was a Woman!" *Weekly World News*, 27, no. 30(1992); Rudolph Hess, in Machtan, *Hitler*, 144; Michael Fry, *Hitler's Wonderland*(London: J. Murray, 1934), 106.

28. Eva Braun, in Guido Knopp, *Hitler's Women*(New York: Routledge, 2003), 19; Görtemaker, *Eva Braun*; Munn, *Hitler*.

29. Hans Frank in O'Connor, *Butcher*, 153; Siemens, *Stormtroopers*, 172-175; Traverso, *Fire*, 211-218.

30. Gaddafi, in Annick Cojean, *Gaddafi's Harem*(New York: Grove Press, 2013), epitaph.

31. Maria Graeff-Wassink, "The Militarization of Women and 'Feminism' in Libya," in *Women Soldiers: Images and Realities*, ed. Elisabetta Addis, Valeria E. Russo, and Lorenza Sebesta(Basingstoke: Palgrave Macmillan, 1994), 137-149; Alison Rogers, "Revolutionary Nuns or Totalitarian Pawns: Evaluating Libyan State Feminism after Mu'ammar Gaddafi," in *Women's Movements in Post-"Arab Spring" North Africa*, ed. Fatima Sadiqi(New York: Palgrave Macmillan, 2016), 177-193.

32. Soraya, in Cojean, *Harem*, 75, 78. Soraya told the story of Gaddafi's system of sexual abuse to French journalist Annick Cojean after his regime collapsed in 2011. Staff, "Gaddafi Formed Special Department to Find Prostitutes," *Deccan Herald*, September 24, 2013; Vivienne Walt, "Gaddafi's Ghost: How a Tyrant Haunts Libya a Year after his Death," *TIME*, October 19, 2012; Marie Colvin, "Viagra-Munching Gaddafi Bedded Five a Day," *Sunday Times*, November 14, 2011; L.S., interview with author.

33. Condoleezza Rice, *No Higher Honor. A Memoir of My Years in Washington*(New York: Crown Publishing, 2011), 703; L.S., interview with author.

34. Cojean, *Harem*.

35. Soraya, in Cojean, *Harem*, 75; L.S., interview with author.

36. L.S., account of an early 1980s assembly of female students in eastern Libya and its consequences, interview with author; Soraya in Cojean, *Harem*, 27, 57, 61.

37. Annalisa Merelli, "What Happens When You Elect a Sexist to Run Your Country? Ask Italian Women," *Quartz*, October 19, 2016; Elisa Giomi, "Da 'Drive in' alla 'Makeover Television.' Modelli femminili e di rapporto fra i sessi nella TV berlusconiana (e non)," *Studi culturali*, IX, no. 1(2012): 3-28.

38. Stille, *Sack of Rome*, 86.

39. Staff, "Acerto (Prc) una vergogna Emilio Fede a un concorso di miss a Pescara," www.6aprile.it, September 17, 2011; Staff, "Per il meteo Fede arruola Miss Italia," *Il Tempo*, September 3, 2003; Piero Colaprico, Giuseppe D'Avanzo, and Emilio Randacio, "Fede: 'Dormirete a casa mia': I provini per le ragazze del Cavaliere," *La Repubblica*, August 13, 2011; United Nations Convention on the

Elimination of All Forms of Discrimination against Women, "Concluding Observations," 2011 session, 5-6: https://www2.ohchr.org/english/bodies/cedaw/docs/co/CEDAW-C-ITA-CO-6.pdf.

40. Berlusconi's March 25, 2006, molestation of the policewoman is on video here: https://www.youtube.com/watch?v=_2xHB1FmWpk, accessed April 20, 2020. Other two episodes in Merelli, "What Happens When You Elect a Sexist?"

41. Amalia Signorelli, "Le ambigue pari opportunità e il nuovo maschilismo," in *Berlusconismo*, ed. Ginsborg and Asquer, 207-222. Letizia Moratti, 2001-2006, and Mariastella Gelmini, 2008-2011, were education ministers.

42. Berlusconi, speech of January 15, 2000, in Orsina, *Berlusconism*, 69; Berlusconi, speech to Federcasalinghe, June 9, 1994, in Stella and Rizzo, *Cosí parlò*, 49; Stille, *Sack of Rome*, 89-90.

43. Evgenia Peretz, "La Dolce Viagra," *Vanity Fair*, May 31, 2011; Rachel Donadio, "Premier's Roving Eye Enrages Wife, but Not His Public," *New York Times*, April 29, 2009; Boni, *Il Superleader*, 167-170.

44. Mussolini's lover Giulia Alliata di Montereale influenced the choice of Alberto Varano as prefect of Palermo in June 1943: Franzinelli, *Il Duce*, 110; Peretz, "La Dolce Viagra"; Vittoria Brambilla, who had starred in Berlusconi's TV shows, became a parliamentarian, and Barbara Matera, who had been on TV and run for Miss Italy, became a Europarliamentarian. Guzzanti, *Mignottocrazia*; Staff, "Profile: Karima El Mahroug," BBC News, June 24, 2013.

45. Paolo Berizzi, interview with Karima El-Mahroug, *La Repubblica*, January 14, 2011; Guzzanti, *Mignottocrazia*; Staff, "Ruby, due nuove ragazze dal pm. 'Un incubo quelle notti ad Arcore,'" *Il Gazzettino*, April 13, 2011; Colaprico, D'Avanzo, Randacio, "Fede."

46. Staff, "Ruby"; "Woman Describes Berlusconi's 'Bunga Bunga' Parties," *USA Today*, May 17, 2013.

47. Berizzi, El Mahroug interview; Chiara Danese, in Francesco Oggiano, "Chiara Danese: 'Come si vive quando tutti ti considerano una prostituta,'" *Vanity Fair*, December 11, 2018.

48. Jane Timm, "Trump on Hot Mic: 'When You're a Star... You Can Do Anything to Women," NBC News, October 7, 2016; Tessa Stuart, "A Timeline of Donald

Trump's Creepiness While He Owned Miss Universe," *Rolling Stone*, October 12, 2016; Jeffrey Toobin, "Trump's Miss Universe Gambit," *New Yorker*, February 19, 2018; Jazz Egger, in Nina Burleigh, *Golden Handcuffs. The Secret History of Trump's Women*(New York: Gallery Books, 2018), 183, 199-208.

49. Michael Snyder, "During the Trump Era, Will Men Finally Start Acting Like Men Again?" *Infowars*, January 25, 2017; Trump tweet, November 27, 2019, at: https://twitter.com/realDonaldTrump/status/1199718185865535490.

50. Compare the current DOJ Office on Violence against Women website page: https://www.justice.gov/ovw/domestic-violence, with the one from April 9, 2018: https://web.archive.org/web/20180409111243/https://www.justice.gov/ ovw/domestic-violence; Maya Oppenheim, "Trump Administration 'Rolling Back Women's Rights by 50 Years' by Changing Definitions of Domestic Violence and Sexual Assault," *Independent*, January 24, 2019.

51. Eric Ortiz and Tyler Kingkade, "Betsy DeVos Releases Final Changes to Campus Sexual Assault Policies," NBC News, May 6, 2020; Philip Rucker, Robert Costa, Josh Dawsey, and Ashley Parker, "Defending Kavanaugh, Trump Laments #MeToo as 'Very Dangerous' for Powerful Men," *Washington Post*, September 26, 2018; Ryan Teague Beckwith, "President Trump Is Defending Kavanaugh the Same Way He Defended Himself and Other Men," *TIME*, September 20, 2018.

52. Tim Dickinson, "A History of Sex and Abuse in the Trump Administration," *Rolling Stone*, February 23, 2018; Jacey Fortin, "Trump's History of Defending Men Accused of Hurting Women," *New York Times*, February 11, 2018; Justin Elliott, "Trump Administration Hires Official Whom Five Students Accused of Sexual Assault," *ProPublica*, May 3, 2017; David Nakamura, "Formal and Casual White House Photos Show Distance between Trump and Increasingly Diverse Nation," *Washington Post*, April 4, 2019; Jennifer Jacobs and Daniel Flatley, "Trump's Protocol Chief Is Quitting Just Before the G-20 Summit," *Bloomberg*, June 26, 2019.

53. Trump, in Kate Briquelet, "How Did Trump and Clinton Pal Jeffrey Epstein Escape #MeToo?" *Daily Beast*, June 22, 2018; Lucia Graves and Sam Morris, "The Trump Allegations," *Guardian*, November 29, 2017; Alva Johnson, "Former

Trump Campaign Staffer Accuses President of Sexual Assault," *Fortune*, February 25, 2019; Burleigh, *Handcuffs*; Nicole Hong, Michael Rothfeld, Rebecca Davis O'Brien, and Rebecca Ballhaus, "Donald Trump Played Central Role in Hush Payoffs to Stormy Daniels and Karen McDougal," *Wall Street Journal*, November 9, 2018.

7장 부패

1. Mobutu Sese Seko, May 20, 1976, in Keith B. Richburg, "Mobutu: A Rich Man in Poor Standing," *Washington Post*, October 3, 1991; Rep. Stephen Solarz, in Léonce Ndikumana and James K. Boyce, "Congo's Odious Debt: External Borrowing and Capital Flight in Zaire," *Development and Change* 29, no. 2(1998): 208; David Smith, "Where Concorde Once Flew: The Story of President Mobutu's 'African Versailles,'" *Guardian*, February 10, 2015; James Brooke, "Mobutu's Village Basks in His Glory," *New York Times*, September 29, 1988; Michela Wrong, *In the Footsteps of Mr. Kurtz. Living on the Brink of Disaster in the Congo*(London: Fourth Estate, 2000), 213-31; Adam Zagorin, "Leaving Fire in his Wake: Mobutu Sese Seko," *TIME*, February 22, 1983.

2. Acemoglu, Verdier, Robinson, "Kleptocracy"; Frantz and Ezrow, *Politics of Dictatorship*, 23; Thomas Turner and Crawford Young, *The Rise and Decline of the Zairian State*(Madison: University of Wisconsin Press, 1985).

3. Jean Nzuga Karl-i-Bond, *Mobutu, ou l'incarnation du Mal Zaïrois*(London: Rex Collings, 1982); Blaine Harden, "Mobutu Is Unchallenged 'Messiah' of Zaire," *Washington Post*, November 10, 1987.

4. Zaire was among the world's top exporters of copper, diamonds, and cobalt during Mobutu's rule. Ndikumana and Boyce, "Odious Debt," 208-212; Kelly, *America's Tyrant*, 200; Anderson and Van Atta, "Mobutu in Search of an Image Boost"; Vanessa Ogle, "'Funk Money': The End of Empires, the Expansion of Tax Havens, and Decolonization as an Economic and Financial Event," forthcoming in *Past and Present*(2020).

5. Rasma Karklins, *The System Made Me Do It. Corruption in Post-Communist Societies*(New York: Routledge, 2005), 4-5, 25; Oskar Kurer, "Definitions of Corruption," in *The Routledge Handbook of Political Corruption*, ed. Paul M. Hey-

wood(London: Routledge, 2015), 30-39. Already in the 1970s, 15 to 20 percent of Zaire's operating budget went to Mobutu directly. Ndikumana and Boyce, "Odious Debt," 206.

6. Gandhi, *Political Institutions*, 73-105; Desai, Olofsgård, Yousef, "Authoritarian Bargains."

7. Daron Acemoglu, "Countries Fail the Same Way Businesses Do, Gradually and Then Suddenly," *Foreign Affairs*, June 15, 2020.

8. Devlin Barrett, Adam Entous, Ellen Nakashima, and Sari Horwitz, "Special Counsel Is Investigating Trump for Possible Obstruction of Justice, Officials Say," *Washington Post*, June 14, 2017.

9. Nadia Popovich, Livia Albeck-Ripka, and Kendra Pierre-Louis, "95 Environmental Rules Being Rolled Back under Trump," *New York Times*, December 21, 2019(updated May 20, 2020); for updates see the Drilled News Climate & COVID-19 Policy Tracker: https://www.drillednews.com/post/the-climate-covid-19-policy-tracker; Evan Osnos, "Trump vs. the 'Deep State,'" *New Yorker*, May 21, 2018; Vanessa Barbara, "Where Do You Turn When the Anti-Corruption Crusaders Are Dirty?" *New York Times*, July 5, 2019; Danielle Brant and Phillippe Watanabe, "Sob Bolsonaro, multas ambientais caem 34% para meno nivel em 24 anos," *Folha de S. Paolo*, March 9, 2020.

10. Pompeo, in Jennifer Hansler, "Pompeo: Melting Sea Ice Presents New 'Opportunities for Trade,'" CNN.com, May 7, 2019. Under the guise of countering Chinese and Russian influence in the Arctic, the US offered Greenland a $12.1 million aid package: Martin Selsoe Sorensen, "U.S. Aid for Greeland Prompts Praise and Suspicion in Denmark," *New York Times*, April 24, 2020; Nina Martyris, "Buying Greenland? That's Nothing to Gabriel García Márquez," NPR. com, August 24, 2019.

11. Acemoglu, Verdier, Robinson, "Kleptocracy"; Wrong, *Footsteps*; Mack Smith, *Mussolini, 175*; *Cliff Sims, Team of Vipers: My 500 Extraordinary Days in the Trump White House*(New York: Thomas Dunne, 2019), 320.

12. Karl H. von Weigand, "Hitler Foresees His End," *Cosmopolitan*, April 1939; El-Kikhia, *Qaddafi*, 5; Maggie Haberman and Russ Buettner, "In Business and in Governing, Trump Seeks Victory in Chaos," *New York Times*, January 20,

2019; Michael Morell, "I Ran the CIA. Now I'm Endorsing Hillary Clinton," *New York Times*, August 5, 2016.

13. Nordlinger, *Children*, 131-147, 197-205; Farfán and Vega, *La familia*; Michael Wolff, *Fire and Fury*, 27.

14. Mauro Canali and Clemente Volpini, *Mussolini e i ladri del regime*(Milan: Mondadori, 2019), 147, 151; Ward, *Kushner, Inc.*; Andrea Bernstein, *American Oligarchs. The Kushners, the Trumps, and the Marriage of Money and Power*(New York: W. W. Norton, 2020); Kendzior, *Hiding in Plain Sight*; "EU Pursues Orbán Son in Law Case Despite Hungary Ending Probe," *Politico*(EU edition), November 8, 2018; Lawrence Norman, "EU Fraud Office Finds Irregularities in Projects Linked to Hungarian Leader's Son-in-Law," *Wall Street Journal*, January 12, 2018; Alexander Christie-Miller, "Erdogan's Son in Law linked to 'Isis Oil Trade,'" *Times*, December 5, 2015.

15. Mussolini, "Discorso sull' Ascensione"; Mattei, "Austerity."

16. James Dodds, British consul general in Palermo, in Duggan, *Fascist Voices*, 145; Seldes, *Sawdust Caesar*, 196-200; Salvatore Lupo, *Il fascismo. La politica in un regime totalitario*(Rome: Donzelli, 2000); Vittorio Coco, "Una carriera emergente in terra di mafia," in *Il fascismo dalle mani sporche. Dittatura, corruzione, affarismo*, ed. Paolo Giovannini and Marco Palla(Rome: Laterza, 2019), 141-162.

17. Canali and Volpini, *Mussolini e i ladri*, 45-46, 116-124; Ilaria Pavan, *Tra indifferenza e odio. Le conseguenze economiche delle leggi razziali in italia, 1938-1970*(Milan: Mondadori, 2019).

18. Emilio De Bono, in MacGregor Knox, "Mussolini and Hitler: Charisma, Regime, and National Catastrophe," in *Political Leadership, Nations and Charisma*, ed. Vivian Ibrahim and Margit Wunsch(New York: Routledge, 2012), 105. Mussolini reshuffled his cabinet in 1924, 1929, 1932, 1935, 1939, and 1943.

19. Mussolini, telegram to prefect of Milan, June 2, 1930, in Benito Mussolini, *Corrispondenza inedita*, ed. Duilio Susmel(Milan: Edizioni del Borghese, 1972), 114; Mack Smith, Mussolini, 127-130.

20. Canali and Volpini, *Mussolini e i ladri*, 183-204; Michela C. to Mussolini, December 14, 1925, in *Caro Duce*, 81; Romano Mussolini, *Il Duce*, 140.

21. Police report of January 31, 1935, in Kershaw, *"Hitler Myth,"* 98; Kalder, *Li-*

brary, 136; Hitler, in Richard Evans, "Corruption and Plunder in the Third Reich," blog post at: https://www.richardjevans.com/lectures/corruption-plunder-third-reich/.

22. Jane Caplan, *Government without Administration*(Oxford: Clarendon Press, 1988); Knox, "Mussolini and Hitler," 105; Arendt, *Origins*, 396-409; António Costa Pinto, "Ruling Elites, Political Institutions and Decision-Making in Fascist-Era Dictatorships: Comparative Perspectives," in *Rethinking the Nature of Fascism. Comparative Perspectives*, ed. António Costa Pinto(New York: Palgrave Macmillan, 2011), 204-207; Alexander De Grand, *Fascist Italy and Nazi Germany. The "Fascist" Style of Rule*(New York: Routledge, 2004), 34-35; Otto Dietrich, *The Hitler I Knew. Memoirs of the Third Reich's Press Chief*(New York: Skyhorse, 2014), 92.

23. On "little dictators," Fathali M. Moghaddam, *The Psychology of Dictatorship*(Washington, DC: American Psychological Association, 2013), 77; Kershaw, "*Hitler Myth*," 96-104; Evans, "Corruption and Plunder." In 1935, the government shut down Die Katakombe. Finck spent six weeks in Esterwegen camp and was banned from performing in public for a year.

24. Götz Aly, *Hitler's Beneficiaries*(New York: Metropolitan Books, 2007); Kershaw, "*Hitler Myth*," 83; Evans, "Corruption and Plunder."

25. Frantz and Ezrow, *Politics of Dictatorship*, 18-46; Huneeus, *Pinochet*, 1-3.

26. Constable and Valenzuela, *Enemies*, 118-122.

27. Former prosecutor, in Constable and Valenzuela, *Enemies*, 115, and 116-136 on the domestication of the judiciary.

28. Spooner, *Soldiers*, 86-87, 102-103, 150; Pinochet also created a new lieutenant general rank and sped up the clock for promotions to general; Huneeus, *Pinochet*, 91-95; Cris- tóbal Peña, *La secreta vida*, 29; Anderson, "The Dictator."

29. Arriagada, *Pinochet*, 30; Erin Carlyle, "Meet Chemicals Billionaire Julio Ponce Lerou, Former Son-in-Law of the Chilean Dictator," *Forbes*, June 19, 2013; Timothy L. O'Brien and Larry Rohter, "The Pinochet Money Trail," *New York Times*, December 12, 2004; "Swiss Lead International Inquiry into Assets of Pinochet Family," *Irish Times*, February 15, 1999.

30. González, *Conjura*; Stern, *Battling*, 57-58; Angélica Thumala Olave, "The Richness of Ordinary Life: Religious Justification among Chile's Business Elite," *Reli-*

gion 40, no. 1(2010): 14-26; Huneeus, *Pinochet*, 162-68; Márquez, *Clandestine*, 29-30.

31. Jonathan Franklin, "Pinochet's Widow under Investigation on Suspicion of Swindling Millions," *Guardian*, August 18, 2016; Nicholas O'Shaughnessy, "Pinochet's Lost Millions: The UK Connection," *Independent*, August 23, 2009; David Leigh and Rob Evans, "Revealed: BAE's Secret (GB Pound)1m to Pinochet," *Guardian*(joint investigation with *La Tercera*), September 15, 2005; Farfán and Vega, *Familia*, 109-146; Huneeus, *Pinochet*, 457-459.

32. Michael Ross, "What Have We Learned about the Resource Curse?" *Annual Review of Political Science* 18(2015): 239-259; Jørgen Juel Andersen and Silje Aslaksen, "Oil and Political Survival," *Journal of Development Economics* 100, no.1(2013): 89-106; Bueno de Mesquita and Smith, *Dictators' Playbook*; Smith, "Oil Wealth and Regime Survival."

33. ADST, Josif interview; van Genugten, *Libya*, 93-101; Anderson, *State and Social Transfomation*, 262.

34. Pargeter, *Gaddafi*, 72-80; El-Kikhia, *Qaddafi*, 84-92; Arendt, *Origins*, 400.

35. *New York Times* Wikileaks Archive, cable from Elizabeth Fritschle, political/ economic chief, US Liaisons Office, Department of State, May 10 2006: https:// archive.nytimes.com/www.nytimes.com/interactive/2010/11/28/ world/20101128-cables-viewer.html#report/libya-06TRIPOLI198.

36. Jessica Donati and Marie-Louise Gumuchian, "Special Report: The Gaddafi Oil Papers," Reuters, December 23, 2011; Jaber Emhemed Masaud Shariha, Bambang Supriyono, M. Mardiyono, Andy Fefta Wijaya, and Soesilo Zauhar, "Corruption in the Regime's Apparatus and State Institutions in Libya during Gaddafi's Rule," *International Refereed Journal of Engineering and Science* 3, no. 11(2014): 1-3.

37. Vandewalle, *Libya*, 173-194; "Libya Documents: A Programme to Enhance the International Reputation of Libya," *Guardian*, March 4, 2011; Kevin Bogardus, "PR Firm Books $1.2 Million from Gadhafi's Libya," *Hill*, July 18, 2011; Kawczynski, *Gaddafi*, 191-213; "Libya's Top 5 Corruption Scandals," Transparency International blog, July 28, 2014, at https://blog.transparency.org/2014/07/28/ libyas-top-5-corruption-scandals-2/; van Genugten, *Libya*, 127-146.

38. John Markoff, "U.S. Group Reaches Deal to Provide Laptops to All Libyan Schoolchildren," *New York Times*, October 11, 2006; James S. Henry, "Gaddafi's Fellow Travellers," *Forbes*, August 26, 2011; Rajiv Syal and Jeevan Vasagar, "Anthony Gidden's Trip to See Gaddafi Vetted by Libyan Intelligence Chief," *Guardian*, March 4, 2011; *Delivered into Enemy Hands. U.S.-Led Rendition of Opponents to Gaddafi's Libya*, Human Rights Watch Report, 2012: https://www.hrw.org/sites/default/files/report_pdf/libya0912_web_0.pdf.

39. Anderson, "King of Kings"; Edwin Durgy, "Did Muammar Gaddafi Die the Richest Man in the World?" *Forbes*, October 25, 2011. *Forbes* did not rank Gaddafi as the richest man because most of his wealth was in accounts in the name of the government of Libya—another example of the melding of state and individual finances under personalist rule.

40. Guriev and Treisman, "Modern Dictators"; Bálint Magyar, *The Post-Communist Mafia State*(Budapest: Central European University Press, 2015); Anders Aslund, *Russia's Crony Capitalism: The Path from Market Economy to Kleptocracy*(New Haven: Yale University Press, 2019).

41. Leighann Spencer and Ali Yildiz, *The Erosion of Property Rights in Turkey*, Platform Peace & Justice, 2020, at: http://www.platformpj.org/wp-content/uploads/EROSION-OF-PROPERTY-RIGHTS-IN-TURKEY-1.pdf.

42. J. C. Sharman, *The Despot's Guide of Wealth Management*(Ithaca, NY: Cornell University Press, 2017); Zucman, *Hidden Wealth*; Alexander Cooley, John Heathershaw, and J. C. Sharman, "Laundering Cash, Whitewashing Reputations," *Journal of Democracy* 29, no. 1(2018): 39-53; Luke Harding, "Revealed: The $2bn Offshore Trail That Leads to Vladimir Putin," *Guardian*, April 3, 2016; Jacob Rund, "House Passes Beneficial Ownership Disclosure Bill," *Bloomberg Law*, October 22, 2019; Foer, "Russian-Style Kleptocracy."

43. Hill and Gaddy, *Putin*, 216; Karklins, *System*, 36; Aslund, *Crony Capitalism*; Staff, "Richest 3% Russians Hold 90% Country's Financial Assets," *Moscow Times*, April 12, 2019.

44. The 2012 Magnitsky Act allowed the US to withhold visas and freeze assets of Russian officials involved in human rights violations. Shelley, "Crime and Corruption," 194, 200-201; Dawisha, *Putin's Kleptocracy*, 317-318. A 2013 amnesty

freed 10,000 business-people. Owen Matthews, "Putin's Russia: Exile Business-men," *Newsweek*, August 14, 2010; James Marson and Thomas Grove, "In Russia, the Corporate Raiders Are Often Cops," *Wall Street Journal*, August 7, 2018.

45. Anders Aslund, "Vladimir Putin Is Russia's Biggest Oligarch," *Washington Post*, June 5, 2019; Vanand Meliksetian, "A Watershed Moment for Gazprom," Oilprice.com, June 15, 2019: https://oilprice.com/Energy/Natural-Gas/A-Watershed-Moment-For-Gazprom.html; Dawisha, *Putin's Kleptocracy*, 326-31; on the Sberbank report, Leonid Bershidsky, "A Fired Analyst Got Too Close to Gazprom's Truth," *Bloomberg Opinion*, May 23, 2018.

46. Aslund, "Vladimir Putin Is Russia's Biggest Oligarch"; Nguyen, "Eric Trump Reportedly Bragged about Access to $100 Million in Russian Money." Eric Trump omitted mention of the $2 billion loaned by Deutsche Bank to the Trump Organization over almost two decades: Enrich, *Dark Towers*.

47. Rubini, "Le vicende giudiziarie," 138; Vannucci, "Controversial Legacy"; Dallara, "Powerful resistance"; Amedeo Benedetti, *Il linguaggio e la retorica della nuova politica italiana: Silvio Berlusconi e Forza Italia*(Genoa: Erga, 2004), 11-12.

48. Vannucci, "Controversial Legacy," 251; Berlusconi, in Stella and Rizzi, *Cosi parlò*, 25.

49. Berlusconi, in Ginsborg, *Berlusconi*, 84; Pierfranco Pellizzetti, *Fenomenologia di Berlusconi*(Rome: Manifestolibri, 2009), 56; Orsina, *Berlusconism*, 96; Vannucci, "Controversial Legacy."

50. Vannucci, "Controversial Legacy," 235.

51. Stratfor, "Italy's Interests in Libya," *Forbes*, March 31, 2011.

52. Putin, in Hill and Gaddy, *Putin*, 166-167, also 280-284; Zygar, *Kremlin's Men*, 32-33, 36-37, 112-113, 118-123; Todd H. Hall, *Emotional Diplomacy*(Ithaca, NY: Cornell University Press, 2015), 94-100; Caroline Wyatt, "Bush and Putin: Best of Friends," BBC News, June 16, 2001.

53. Diodato and Niglia, *Berlusconi*, 91; Maurizio Carbone, "Russia's Trojan Horse in Europe? Italy and the War in Georgia," *Italian Politics*, 24(2008): 138-140; Taylor, *Code of Putinism*; Angela Stent, *Putin's World: Russia against the West and with the Rest*(New York: Twelve, 2019); Mark Galeotti, *We Need to Talk about Putin: How the West Gets Him Wrong*(London: Ebury Press, 2019).

54. Diodato and Niglia, *Berlusconi*, 55-56, 105; Friedman, *My Way*, 138-143.

55. Carbone, "Trojan Horse"; *La Stampa* Staff, "Gaffe di Bersluscuoni che mima un mitra. Putin: 'Si, mi piacciono le belle donne,'" *La Stampa*, April 18, 2008; Spogli, 'Italy-Russia Relations" and "Scenesetter"; Michael Scherer, "Silvio Berlusconi, A Small Man," *TIME*, December 3, 2010. Spogli's concerns were echoed by his successor, Ambassador David Thorne, in "Italy: Scandals Taking Toll on Berlusconi's Personal and Political Health," October 27, 2009: https://www.theguardian.com/world/us-embassy-cables-documents/231600.

56. Olivia Nuzzi, "What Hope Hicks Knows," *New York*, March 18, 2018.

57. Philip Bump, "Nearly a Third of the Days He's Been President, Trump Has Visited a Trump-Branded Property," *Washington Post*, December 30, 2019; David Fahrenthold, Josh Dawsey, Jonathan O'Connell, and Michelle Ye Hee Lee, "When Trump Visits His Clubs, Government Agencies and Republicans Pay to Be Where He Is," *Washington Post*, June 20, 2019; David Leonhardt and Ian Prasad Philbrick, "Trump's Corruption: The Definitive List," *New York Times*, October 28, 2018.

58. Osnos, "'Deep State'"; Ashley Parker, Philip Rucker, and Josh Dawsey, "'Ready, Shoot, Aim': President Trump's Loyalty Tests Cause Hiring Headaches," *Washington Post*, April 29, 2018; Karklins, *System*, 153; Julia Ioffe, "Trump Is Waging War on America's Diplomats," *GQ*, December 3, 2019.

59. Conway, in Aaron Blake, "'Blah, Blah, Blah': This 2-Week-Old Kellyanne Conway Clip Looks a Lot Worse Today," *Washington Post*, June 13, 2019; Margaret Taylor, "I Vetted the State Department Whip Guy," *Lawfare*, July 1, 2019; Andrew Desiderio, "House Oversight Threatens to Subpoena Kellyanne Conway," *Politico*, June 23, 2019.

60. Osnos, "'Deep State'"; Kathryn Dunn Tenpas et al., *Tracking Turnover in the Trump Administration*, Brookings Report, April 2019; Anonymous, "I Am Part of the Resistance Inside the Trump Adminstration," *New York Times*, September 5, 2018; Rucker and Leonnig, *Stable Genius*; Alexander Nazaryan, *The Best People: Trump's Cabinet and the Siege on Washington*(New York: Hachette, 2019); Bob Woodward, *Fear: Trump in the White House*(New York: Simon and Schuster, 2018).

61. Dan Spinelli, "Report: Barr Protected Turkish Bank from Prosecution to Ap-

pease Erdogan," *Mother Jones*, February 15, 2020; Ambassador Thorne, "Italy: Scandals Taking Toll," referred to Valentini as Berlusconi's "bagman."

62. David Graham, "The Unchecked Corruption of Trump's Cabinet," *Atlantic*, May 20, 2019; Osnos, "'Deep State'"; Dan Alexander, "Lies, China, and Putin: Solving the Mystery of Wilbur Ross's Missing Fortune," *Forbes*, June 18, 2019; Steven Mufson, "Wilbur Ross Owned Stock in a Company with Close Ties to Putin Associates. Now He's Facing Questions about What He Did with It," *Washington Post*, June 20, 2018.

63. Alan Rappeport, "Mnuchin Defends Plan to Lift Sanctions on Russian Oligarch's Companies," *New York Times*, January 10, 2019; Christina Maza, "Sanctioned Russian Oligarich's Company to Invest Millions in New Aluminum Plant in Mitch McConnell's State," *Newsweek*, April 15, 2019; Tom Porter, "Russia State Media Mocked Trump by Calling Him 'Our Donald Ivanovych' and Complained US Politicians Had Lost Their Minds over Attempts to Impeach Him," *Business Insider*, November 7, 2019; Brendan Cole, "Trump's Praise of Putin Mocked on Russian TV with 'Señorita' Mashup," *Newsweek*, August 29, 2019.

64. James Comey, "How Trump Co-Opts Leaders Like Bill Barr," *New York Times*, May 1, 2019.

8장 폭력

1. Cristina Godoy-Navarrete, in Kim Sengupta, "Victims of Pinochet's Secret Police Prepare to Reveal Details of Rape and Torture," *Independent*, November 9, 1998.

2. Styron, "Special Report on Chile," 258; Jean Améry, *Beyond the Mind's Limits. Contemplations by a Survivor on Auschwitz and Its Realities*(New York: Schocken Books, 1986), 39, 36, 24; Wolfgang Sofsky, *The Order of Terror. The Concentration Camp*, trans. William Templer(Princeton, NJ: Princeton University Press, 1997), 16-27.

3. Hannah Arendt, *On Violence*(New York: Harcourt, Brace and World, 1969), 56.

4. Styron, "Special Report on Chile," 247; Tubach, *German Voices*, 47.

5. Rubin, *Modern Dictators*, 298.

6. José Ortega y Gasset, *Man and People*, trans. Willard R. Trask(New York: W. W.

Norton, 1957), 196; Michael Ebner, *Ordinary Violence in Mussolini's Italy*(Cambridge, UK: Cambridge University Press, 2010), 177-178; Mosse, *Nazi Culture*, xxx-ix; Eugen Nerdinger, in Annette Dumbach and Jud Newborn, *Sophie Scholl and the White Rose*(London: Oneworld Publications, 2018), 165-166.

7. Fitzpatrick and Lüdtke, "Energizing," 278. In Würzburg, public cooperation led to 64 percent of Gestapo cases opened on questions of "racial defilement" and "friendship with Jews": Darius Rejali, *Torture and Democracy*(Princeton, NJ: Princeton University Press, 2009), 494.

8. Timothy Snyder, *Black Earth. The Holocaust as History and Warning*(New York: Tim Duggan Books, 2015), 82-83; United Nations War Crimes Commission(UN-WCC), PAG-3/2.0, reg no. 4551/Gr/It/35, microfilm p. 1340; also reg. no. 7054/Gr/It/88, microfilm 1589, and reg. no. 6804/Gr/It/76 charge no. 485/45, microfilm 1536.

9. Arendt, *Origins*; Isabel Hull, *Absolute Destruction: Military Culture and the Practices of War in Imperial Germany*(Ithaca, NY: Cornell University Press, 2006); Adam Hochschild, *King Leopold's Ghost: A Story of Greed, Terror, and Heroism in Colonial Africa*(New York: Houghton Mifflin, 1999); Andrea Pitzer, *One Dark Night: A Global History of Concentration Camps*(Boston: Little, Brown, 2017).

10. Douglas Porch, *Counterinsurgency: Exposing the Myths of the New Way of War*(Cambridge, UK: Cambridge University Press, 2013); Rejali, *Torture*, 167-224 on electric shock devices, 108-119 on bathtubs; Perseus Strategies, *The Kremlin's Political Prisoners*.

11. Mussolini, "Stato anti-Stato e fascismo"; Anonymous torturer, in John Perry, *Torture: Religious Ethics and National Security*(Princeton, NJ: Princeton University Press, 2005), 92.

12. Mussolini, "Fascismo," *Enciclopedia Treccani*(Milan: Istituto Trecccani, 1932) at: http://www.treccani.it/enciclopedia/fascismo_%28Enciclopedia-Italiana%29/.

13. Ruth Ben-Ghiat, "A Lesser Evil? Italian Fascism in/and the Totalitarian Equation," in *The Lesser Evil. Moral Approaches to Genocide Practices*, ed. Helmut Dubiel and Gabriel Motzkin(New York: Routledge, 2004), 137-153; Mimmo Franzinelli, *Il tribunale del Duce. La giustizia fascista e le sue vittime*(1927-1943)(Milano: Le Scie, 2017); Ebner, *Violence*, 11, 60-64, 188-191.

14. Marshal Pietro Badoglio to General Graziani, June 20, 1930, in Giorgio Rochat, *Guerre italiane in Libia e in Etiopia. Studi militari 1921-1939*(Treviso: Pagus, 1991), 61; Hom, *Empire's Mobius Strip*, 89-108; Ahmida, *Forgotten Voices*; Jamlila Sa'īd Sulaymān, in Katrina Yeaw, "Women, Resistance, and the Creation of New Gendered Frontiers in the Making of Modern Libya, 1890-1980," PhD dissertation, Georgetown University, 2017, 269-71. The population declined from 110,000 to 40,000, and 300,000 animals died. Between 85,000 and 110,000 people were interned. Knud Holmboe, *Desert Encounter. An Adventurous Journey through Italian Africa*, trans. Helga Holbek(London: George G. Harrap, 1936), 203, 103.

15. Mussolini, to General Emilio De Bono, March 8, 1935, in Mussolini, *Corrispondenza inedita*, 149-151; Bruce Strang, ed., *Collision of Empires: Italy's Invasion of Ethiopia and Its International Impact*(New York: Routledge, 2013); Mattioli, *Experimentierfeld*.

16. Emperor Haile Selassie, *League of Nations Official Journal*, Special Supplement 151, Records of the Sixteenth Ordinary Session of the Assembly, Plenary Meeting, June 30, 1936, 22-25; Thomas Mann, *Diaries 1918-1939*(New York: Harry N. Abrams, 1982), entry of 1935, 246-247.

17. Dana Renga, Elizabeth Leake, and Piero Garofalo, *Internal Exile in Fascist Italy*(Bloomington: Indiana University Press, 2019); Ebner, *Violence*, 103-138; www.campifascisti.it for a list of camps and Italian government agencies that administered them; Vito Ailara and Massimo Caserta, *I relegati libici a Ustica dal 1911 al 1934*(Ustica: Centro Studi Isola di Ustica, 2012); Hom, *Empire's Mobius Strip*, 48-50. Many inmates were sent to Ponza when Ustica closed in 1932.

18. Aldo Pavia and Antonella Tiburzi, "I campi di concentramento italiani 1926-1940": http://www.storiaxxisecolo.it/deportazione/deportazionecampid.html.

19. Gianfranco Goretti and Tommaso Giartosio, *La città e l'isola: Omosessuali al confino nell'Italia fascista*(Rome: Donzelli, 2006), 154; Ebner, *Violence*, 196.

20. Mussolini, in Galeazzo Ciano, *Diario 1937-1943*(Milan: Rizzoli, 1990), entry of July 10, 1938, 156; Dina M. to Mussolini, December 1938, in *Caro Duce*, 49-50; "Come coprire i vuoti"; Gherardo Casini, "Bonifica della cultura italiana," *L'Orto*(January 1938).

21. Mussolini, in Petacci, *Mussolini segreto*, entries of October 9 and 11, 1938, locations 6254-6258, 6275-6278(Kindle edition).

22. Renzetti to Mussolini, July 14, 1934, in De Felice, *Mussolini e Hitler*, 302.

23. Hannah Arendt, "Social Science Techniques and the Study of Concentration Camps," *Jewish Social Studies* 12, no. 1(1950): 58-59; Rejali, *Torture*, 499; Geoffrey Megargee and Martin Dean, eds., *Encyclopedia of Camps and Ghettos, 1933-1945*(Washington, DC: United States Holocaust Memorial Museum, 2009); Caplan, "Introduction," 1-18; Nicholas Wachsmann, *KL. A History of the Nazi Concentration Camps*(New York: Farrar Straus and Giroux, 2016).

24. Pitzer, *Dark Night*, 166-175; Rejali, *Torture*, 92-104.

25. Victor Klemperer, *I Will Bear Witness: A Diary of the Nazi Years 1933-1941*, trans. Martin Chalmers(New York: Knopf, 1999); Cesarani, *Final Solution*, 158-159, 216-221; Caplan, "Introduction," in Herz, *Moringen*, 8-9. In January 1933, the German Jewish population was 523,000. By 1939, 304,000 of them had left, 100,000 fleeing after the 1938 Kristallnacht pogrom.

26. Tubach, *German Voices*, 88-89; Goebbels, in Cesarani, *Final Solution*, 181-199.

27. The phrase "radical cleansing" is from a 1938 division commanders' manual, in Jensen, *Franco*, 78; Javier Rodrigo, "Exploitation, Fascist Violence, and Social Cleansing: An Exploration of Franco's Concentration Camps from a Comparative Perspective," *European Review of History* 19, no. 4(2012): 553-573.

28. Paul Preston, "Franco and Hitler: The Myth of Hendaye, 1940," *Contemporary European History* 1, no. 1(1992): 1-16; Wayne H. Bowen, *Spain during World War Two*(Columbia: University of Missouri Press, 2006).

29. UNWCC, 341/Y/It10 no.R/I/10, October 14 1944, 1078 Rab, 1079 Monigo. Hom, *Empire's Mobius Strip*, 110-112; Alessandra Kersevan, *I lager italiani. Pulizia etnica e campi di concentramento fascisti per civili jugoslavi 1941-1943*(Rome: Nutrimenti, 2008).

30. Schmitt, in Traverso, *Fire*, 73-74; Mark Mazower, *Dark Continent: Europe's Twentieth Century*(New York: Vintage, 2009), 143-147.

31. Hitler, August 22, 1939, order, in Timothy Snyder, *Bloodlands: Europe between Hitler and Stalin*(New York: Basic Books, 2012), 121; Omer Bartov, *Hitler's Army: Soldiers, Nazis, and War in the Third Reich*(New York: Oxford University Press,

1992); Friedrich M., letter September 13, 1939, in Tubach, *German Voices*, 203-204; Jan Gross, *Neighbors. The Destruction of the Jewish Community in Jedwabne, Poland*(Princeton, NJ: Princeton University Press, 2001).

32. Snyder, *Bloodlands*, ix-x; High Command of the German Armed Forces(OKH), "Guidelines for the Behavior of Troops in Russia," May 1941, in Martin Kitchen, *A World in Flames*(New York: Routledge, 1990), 72; Traverso, *Fire*, 104-111; Bartov, *Hitler's Army*, 83; Mark Edele and Michael Geyer, "States of Exception. The Nazi-Soviet War as a System of Violence, 1939-1945," in *Beyond Totalitarianism*, ed. Fitzpatrick and Lüdtke, 345-395.

33. Evans, "Corruption and Plunder"; Aly, *Hitler's Beneficiaries*; O'Connor, *Butcher*.

34. Herman Voss, "The Posen Diaries of the Anatomist Herman Voss," in *Cleansing the Fatherland. Nazi Medicine and Racial Hygiene*, ed. Götz Aly, Peter Chroust, and Christian Pross(Baltimore: Johns Hopkins University Press, 1994), entries of September 30, 1941, and April 27, 1942, 135, 141.

35. Christa Schroeder, in Lower, *Furies*, 5, also 6-8, 21, 36-37.

36. Sofsky, *Order*, 23, 37-38; Raul Hilberg, in Claude Lanzmann, *Shoah. The Complete Text of the Acclaimed Holocaust Film*(New York: Da Capo Press, 1995), 61.

37. Walter Rauff, report of June 5, 1942, in Kate Millett, *The Politics of Cruelty. An Essay on the Literature of Political Imprisonment*(New York: W. W. Norton, 1994), 68. Statistics from "Gas Chambers," at http://auschwitz.org/en/history/auschwitz-and-shoah/gas-chambers.

38. Doris Reiprich, 1984 interview, in May Optiz, Katharina Oguntoye, and Dagmar Schulaz, *Showing Our Colors. Afro-German Women Speak Out*(Amherst: University of Massachusetts Press 1992), 66; Voss, entry of June 2, 1941, and Aly, "Medicine against the Useless," both in Cleansing, ed. Aly, Chroust, Pross, 105-106 and 22-98; Friedlander, "Exclusion and Murder." Nurses trained for euthanasia also worked in the camps: Lower, Furies, 38. Death figures: https://www.ushmm.org/learn/students/learning-materials-and-resources/mentally-and-physically-handicapped-victims-of-the-nazi-era/euthanasia-killings.

39. Primo Levi, *Survival in Auschwitz*(New York: Touchstone Books, 1996), 29, 88; Sofsky, *Order*, 82-93.

40. Nieves Ayress, in Archivio Chile, Centro de Estudios Miguel Enríquez, "El tes-

timonio de Nieves Ayress Moreno se levanta con la fuerza de la Verdad fruente a los cobardes che niegan la tortura en Chile": http://www.archivochile.com/Derechos_humanos/testimo/hhddtestimo0006.pdf; Temma Kaplan, *Taking Back the Streets. Women, Youth, and Direct Democracy*(Berkeley: University of California Press, 2004), 15-39; Jorge Ramos, "This Is How Pinochet Tortured Me," *The Scholar and Feminist Online*, 2, no. 1(2003).

41. Ecuador and Peru joined Operation Condor later and had more marginal roles. Osni Geraldo Gomes, in Yglesias, ed., *Terror*, 43-50; McSherry, *Predatory States*. In 1983-1984, the School of the Americas relocated to Fort Benning, Georgia.

42. Author interview with S.

43. Ravelli, "Far Right Militants"; Matteo Albanese and Pablo Del Hierro, *Transnational Fascism in the Twentieth Century: Spain, Italy and the Global Neofascist Network*(London: Bloomsbury Academic, 2016); Gerald Steinbach, *Nazis on the Run. How Hitler's Henchmen Fled Europe*(New York: Oxford University Press, 2011), 209-210. Colonia Dignidad also hosted an army chemical weapons facility.

44. Quotes from Olderock and Alejandra Holzapfel, in Alejandra Matus, "Ingrid Olderock," in *Los Malos*, ed. Guerriero, 144, 148.

45. Laurence Birns, "The Demise of a Constitutional Society," *New York Review of Books*, November 1, 1973; Jack Chang, "Downstairs From Her Glittering Chilean Salon, There Was a Torture Chamber," McClatchy, August 3, 2008; Ravelli, "Far Right Militants," 178-194.

46. General Carlos Prats González, *Una vida por la legalidad*(México: Fondo de Cultura Económica, 1975), entry of September 21, 1973, 92; Alejandro Carrió, *Los crímenes del Cóndor. El caso Prats y la trama de conspiraciones entre los servicios de inteligencía del Cono Sur*(Buenos Aires: Editorial Sudamericana, 2005).

47. Cristóbal Peña, "Contreras," 39-40; Karen De Young, David Montgomery, Missy Ryan, Ishaan Tharoor, and Jia Lynn Yang, "This Was Not an Accident. This Was a Bomb," *Washington Post*, September 20, 2016; Guardiola-Rivera, *Death Foretold*, 387-395.

48. Cristóbal Peña, "Contreras"; NSA Archive, "Chile and the United States," October 6, 1987, memo from George P. Shultz to President Ronald Reagan: https://nsarchive2.gwu.edu/NSAEBB/NSAEBB532-The-Letelier-Moffitt-Assassina-

tion-Papers/.

49. Sheila Cassidy, "Tortured in Chile," *Index on Censorship* 5, no. 2(1976): 67-73; Israel Bórquez, in Constable and Valenzuela, *Enemies*, 131, 129-130 on the amnesty; Stern, *Battling*.

50. Ayress, in Archivio Chile, "El testimonio de Nieves Ayress Moreno."

51. Faisal Zagallai was shot by a former Green Beret working indirectly for the Libyans. Nadine Dahan, "How Khashoggi Case Brings Back Bad Memories for Libyan Exiles," *Middle East Eye*, October 15, 2018; Matar, *Return*; CIA, *Libya under Gaddafi: A Pattern of Aggression*, 1986 report: https://www.cia.gov/library/readingroom/docs/CIA-RDP91B00874R000200060007-8.pdf.

52. Kawczynski, *Gaddafi*, 41, 88-111; L.S., interview with author; Gaddafi, in Pargeter, *Libya*, 95; Vandewalle, *Libya*, 118-122.

53. Corri Zoli, Sahar Azar, and Shani Ross, *Patterns of Conduct. Libyan Regime Support for and Involvement in Acts of Terrorism*, UNHRC Commission of Inquiry into Human Rights Violations in Libya, 2011: https://papers.ssrn.com/sol3/papers.cfm?abstract_id=2004546.

54. State Department report on Gaddafi's terrorism, in New York Times, January 9, 1986; Seymour Hersh, "Target Qaddafi," *New York Times*, February 22, 1987; Abu Farsan, quoted in Human Rights Watch, *Delivered*, 21, 111-116; van Genugten, *Libya*, 105-125.

55. Patrick J. McDonnell, "Notorious Libyan Prison Now a Symbol of Kadafi Era," *Los Angeles Times*, October 1, 2011; Matar, *Return*, 222, 226-230; Evan Hill, "Libya Survivor Describes 1996 Prison Massacre," *Al Jazeera*, October 21, 2011; Gaddafi, in Pargeter, *Gaddafi*, 105.

56. Tolga's testimony in Rachel Goldberg, "Kidnapped, Escaped, and Survived to Tell the Tale: How Erdogan's Regime Tried to Make Us Disappear," *Haaretz*, December 11, 2018; Erdoğan, in Alexa Liautaud, "Turkey's Spy Agency Has Secretly Abducted 80 Turkish Citizens Living Abroad," *Vice News*, April, 10, 2018; Rick Gladstone, "Turkish Secret Agents Seized 80 People in 18 Countries, Official Says," *New York Times*, April 5, 2019; Vidino, "Erdogan's Long Arm."

57. Gurlev, Treisman, "Modern Dictators"; Simon, "Muzzling the Media"; Stockholm Center for Freedom, "Turkey Has Detained More than 282,000."

58. Putin, February 1, 2000, in Knight, *Orders*, 145, 132-137 on Anna Politkovskaya.

59. Knight, *Orders*, 257-278.

60. Armin Rosen, "Inside Russia's Prison System," *Atlantic*, October 18, 2012; Marc Bennetts, "Putin's Gulag," *Politico*, December 7, 2016; "Russia Admits Slave Labor Used at Pussy Riot Penal Colony," *Moscow Times*, December 25, 2018; Eli Lake, "What Is Vladimir Putin Afraid Of?" *Bloomberg*, April 30, 2019; Perseus Strategies, *The Kremlin's Political Prisoners*.

61. "Poison in the System," *Buzzfeed*, June 12, 2017; Knight, *Orders*, , 145-187 on Litvinenko, 278-281 on Vladimir Kara-Murza, 303 for Leonid Marynyuk quote, October 2016; Tom Peck, "Vladimir Kara-Murza, a Twice Poisoned Russian Dissident, Says 'If It Happens a Third Time, That'll Be It,'" *Independent*, March 18, 2017.

62. Trump and Bill O'Reilly, in Knight, *Orders*, 280; Trump had also aired this view in a 2015 interview with Joe Scarborough, on MSNBC's *Morning Joe*. See Philip Bump, "Trump Isn't Fazed by Vladimir Putin's Journalist-Murdering," *Washington Post*, December 18, 2015.

63. Ayal Feinberg, Regina Branton, and Valerie Martinez-Ebers, "Counties That Hosted a 2016 Trump Rally Saw a 226 Percent Increase in Hate Crimes," *Washington Post*, March 22, 2019; Jeremy Diamond, "Trump on Protester: 'I'd Like to Punch Him in the Face,'" CNN.com, February 23, 2016; FBI statistics on hate crimes at: https://www.fbi.gov/news/pressrel/press-releases/fbi-releases-2017-hate-crime-statistics.

64. Figures from US Immigration and Customs Enforcement, Fiscal Year 2018, ICE Enforcement and Removal Operations Report: https://www.ice.gov/doclib/about/offices/ero/pdf/eroFY2018Report.pdf; tweet by Hispanic Caucus, August 25, 2019: https://twitter.com/HispanicCaucus/status/1165690934820036609; Julie Hirschfeld David and Michael D. Shear, *Border Wars. Inside Trump's Assault on Immigration* (New York: Simon and Schuster, 2019).

65. John Fritze, "Trump Used Words Like 'Invasion' and 'Killer' to Discuss Immigration at Rallies 500 Times: USA Today Analysis," *USA Today*, August 9, 2019; Julia Carrie Wong, "Trump Referred to Immigrant 'Invasion' in 2000 FB Ads,

Analysis Reveals," *New York Times*, August 5, 2019; Philip Rucker, "'How Do You Stop These People?': Trump's Anti-Immigrant Rhetoric Looms over El Paso Massacre," *Washington Post*, August 4, 2019.

66. Jason Zengerle, "How America Got to 'Zero Tolerance' on Immigration: The Inside Story," *New York Times Magazine*, July 16, 2019; Jennifer Jacobs and Justin Sink, "White House Looked into Ways to Block Migrant Children from Going to School," *Bloomberg*, August 17, 2019; Caitlin Dickerson, "'There Is a Stench': Soiled Clothes and No Baths for Migrant Children at a Texas Center," *New York Times*, June 21, 2019; Michael Edison Hayden, "Miller Dismisses DACA in Emails, Mirroring Anti-Immigrant Extremists' Views," Hatewatch, Southern Poverty Law Center, January 14, 2020: https://www.splcenter.org/hatewatch/2020/01/14/miller-dismisses-daca-emails-mirroring-anti-immigrant-extremists-views.

67. Melissa Nann Burke, "Bethany: Migrant Children Still Being Separated from Parents at the Border," *Detroit News*, February 7, 2019; E. Kay Trimberger, "Separating Children of Immigrants and Unethical Adoptions," *Psychology Today*, July 18, 2018; Maria Sacchetti, "ACLU: U.S. Has Taken Nearly 1000 Child Migrants from Their Parents Since Judge Ordered Stop to Border Separations," *Washington Post*, July 30, 2019; AP, "The U.S. Has Held a Record 69,550 Children in Government Custody in 2019," NBCNews.com, November 12, 2019. The Dick and Betsy DeVos Foundation gave $343,000 in grants to Bethany, 2001-2015, and the Richard and Helen DeVos Foundation, run by DeVos's father-in-law, gave $750,000. Kathryn Joyce, *The Child Catchers: Rescue, Trafficking, and the New Gospel of Adoption* (New York: Public Affairs, 2013); Jane Chambers, "Chile's Stolen Children," BBC, September 26, 2019.

68. Caitlin Dickerson and Zolan Kanno-Youngs, "Border Patrol Will Deploy Elite Tactical Agents to Sanctuary Cities," *New York Times*, February 14, 2020; Maya Srikrishnan, "Border Report: The Link between Border Enforcement and Corruption," *Voice of San Diego*, October 14, 2019; Ben Penn, "Human Trafficking Victims Blocked from Visas by Trump Wage Boss," *Bloomberg*, June 24, 2019; Franklin Foer, "How Trump Radicalized ICE," *Atlantic*, September 2018; Jenn Budd, interview with author.

69. James Sargent, Elinor Aspegren, Elizabeth Lawrence, and Olivia Sanchez, "Chilling First-Hand Reports of Migrant Detention Centers Highlight Smell of 'Urine, Feces,' Overcrowded Conditions," *USA Today*, July 17, 2019; Cynthia Pompa, "Kids Keep Dying in CBP Detention Centers, and DHS Won't Take Accountability," ACLU.org, June 24, 2019: https://www.aclu.org/blog/immigrants-rights/immigrants-rights-and-detention/immigrant-kids-keep-dying-cbp-detention.

70. Sargent et al., "Chilling"; Jessica Bursztynsky, "The US Won't Provide Flu Vaccines to Migrant Families in Detention Camps," CNBC, August 20, 2019; Sam Levin, "Caged Alone 24 Hours a Day, Denied Medicine: Lawsuit Claims 'Torture' in Migrant Jails," *Guardian*, August 19, 2019; Mihir Zaveri, "El Paso Immigrant Center Is Dangerously Overcrowded, Authorities Warn," *New York Times*, May 31, 2019; Guardian Staff, "Texas Migrant Detention Facilities 'Dangerously Overcrowded'—US Government Report," *Guardian*, July 2, 2019; DHS Office of Inspector General report, released July 2, 2019, is at: https://www.oig.dhs.gov/sites/default/files/assets/2019-07/OIG-19-51-Jul19.pdf.

71. Ken Klippenstein, "Saudi-Linked Lobby Group Pitched Film to Humanize Child Detention Camp," *The Young Turks*, September 6, 2019; Aaron Rupar, "Trump Turns Shooting Migrants into a Punchline at Florida Rally," *Vox*, May 9, 2019.

9장 저항

1. Georg Elser, in Chris Bowlby, "The Man Who Missed Killing Hitler by 13 Minutes," BBC, April 5, 2015; Roger Moorhouse, *Killing Hitler: The Plots, the Assassins, and the Dictator Who Cheated Death*(New York: Bantam Books, 2006), 49-78; Joachim Fest, *Plotting Hitler's Death. The Story of German Resistance*(New York: Metropolitan Books, 1996). Three other people died of their injuries, bringing the death toll to eight.

2. Mussolini, *My Autobiography*(New York: Charles Scribner's Sons, 1928), 237; Gárcia Márquez, *Clandestine*, 36-37; Will Stewart, "Vladimir Putin Assassination Attempt 'Foiled,'" *Telegraph*, March 15, 2008.

3. Maria Castro, in Wright and Oñate, *Flight*, 89.

4. Guillo, in Natalia Pinazola, "El humor que desnudó a Pinochet," BBC Mundo,

July 22, 2008; Guillo, interview with author.

5. Maria Stephan and Erica Chenoweth, *Why Civil Resistance Works*(New York: Columbia University Press, 2012).

6. Mischa Gabowitsch, *Protest in Putin's Russia*(Cambridge, UK: Polity Press, 2017), 8-9; Marwan Kraidy, "Public Space, Street Art, and Communication in the Arab Uprisings," in *Bullets and Bulletins. Media and Politics in the Wake of the Arab Uprisings*, ed. Mohamed Zayani and Suzi Mirgani(New York: Oxford University Press, 2016), 116-121; Gárcia Márquez, *Clandestine*, 47-48.

7. Renato Gomez, in Constable and Valenzuela, *Enemies*, 165.

8. Duggan, *Fascist Voices*, 165; Moorhouse, *Killing Hitler*, 59; Gissi, "Reproduction"; Maria Bucur, "Policing the Womb 2.0," *Public Seminar*, February 28, 2019.

9. Dorfman, *Homeland Security*, 98-100; Leonardo Sciascia, *Le parrocchie del Regelpetra*(1956)(Milan: Adelphi, 1991), 43; Matar, *Return*, 151; Hill, "Libya Survivor Describes 1996 Prison Massacre"; Paul Preston, "The Crimes of Franco," in *Looking Back at the Spanish Civil War*, ed. Jim Jump(London: Lawrence and Wishart, 2010), 181-182.

10. Dietrich Von Hildebrand, with John Crosby, *My Battle against Hitler: Defiance in the Shadow of the Third Reich*(New York: Image Books, 2016), 173; Eduardo Saavedra, in White and Oñate, *Flight*, 97.

11. Natalia Ginzburg, "Chiarezza," *Italia libera*, December 31, 1944.

12. Quote from Carlo Rosselli from Alberto Tarchiani, "L'impresa di Lipari," in *No al fascismo*, ed. Ernesto Rossi(Turin: Einaudi, 1963), 119; Caroline Moorhead, *A Bold and Dangerous Family: The Remarkable Story of an Italian Mother, Her Two Sons, and Their Fight against Fascism*(New York: HarperCollins, 2017), 221-235, Francesco Cannata cable, 230; Isabelle Richet, *Women, Anti-Fascism, and Mussolini's Italy. The Life of Marion Cave Rosselli*(London: I.B. Tauris, 2018), 94-115; Stanislao Pugliese, *Carlo Rosselli. Socialist Heretic and Antifascist Exile*(Cambridge: MA: Harvard University Press, 1999).

13. Ebner, *Violence*, 74-102, 78 for May 1, 1930, propaganda campaign.

14. Stanislao Pugliese, ed., *Fascism and Anti-Fascism*(Manchester: Manchester University Press, 2001), 167; H. Stuart Hughes, *The United States and Italy*(Cambridge, MA: Harvard University Press, 1953), 102-105; Richet, *Women*, 87, 157; Pugliese,

Rosselli, 84-120, 189-194.

15. George Orwell, *Homage to Catalonia*(New York: Harcourt Brace and World, 1952), 47; Bray, *Antifa*, 31-32.

16. Rosselli, *Oggi in Spagna, domani in italia*(Turin: Einaudi, 1967), 70-75; Mussolini, in Yvon de Begnac, *Palazzo Venezia: storia di un regime*(Rome: La Rocca, 1950), 613; Pugliese, *Rosselli*, 220.

17. Political Police reports, January 12, April 7, April 9, May 8, May 31, 1938, all in ACS, MI, DGPS, DPP, b.132, f.K11; Giulia Veronesi, "Chi siamo," *Campo di Marte*, September 1, 1938.

18. Ben–Ghiat, *Empire Cinema*, 243-266.

19. White Rose, quote from first letter, 1942, in Dumbach and Newborn, *White Rose*, 187; Christiane Moll, "Acts of Resistance: The White Rose in the Light of New Archival Evidence," in *Resistance against the Third Reich 1933-1990*, ed. Michael Geyer and John W. Boyer(Chicago: University of Chicago Press, 1994), 173-200.

20. First quote by Hans Scholl, second by Sophie Scholl, in Moll, "Resistance," 181.

21. White Rose, first and second letters, Dumbach and Newborn, *White Rose*, 189, 190.

22. Dumbach and Newborn, *White Rose*, 183; Hans Scholl, interrogated by the Gestapo, in Moll, "Resistance," 192; George Axelsson, "Nazi Slur Stirred Students' Revolt," *New York Times*, April 18, 1943.

23. Moorhouse, *Killing Hitler*, 79-114; 248, 260-269.

24. Klemens von Klemperer, "'What Is the Law That Lies behind These Words?' Antigone's Question and the German Resistance against Hitler," and Alfred G. Frei, "'In the End I Just Said O.K.': Political and Moral Dimensions of Escape Aid at the Swiss Border," both in *Resistance*, ed. Geyer and Boyer, 141-150, 75-88; Freya von Moltke and Helmuth James von Moltke, *Last Letters: the Prison Correspondence, 1944-1945*, eds. Dorothea von Moltke and Johannes von Moltke(New York: New York Review of Books, 2019); Mark Roseman, *Lives Reclaimed: A Story of Rescue and Resistance in Nazi Germany*(New York: Metropolitan Books, 2019).

25. May 4, 1939, letter to the Württemberg officials, *Nazi Culture*, 252; Richard

Steigmann-Gall, *The Holy Reich. Nazi Conceptions of Christianity, 1919-1945*(Cambridge, UK: Cambridge University Press, 2003); Claudia Koonz, "Ethical Dilemmas and Nazi Eugenics: Single-Issue Dissent in Religious Contexts," in *Resistance*, eds. Geyer and Boyer, 15-38.

26. "Text of the State Department Report on Libya under Qaddafi," *New York Times*, January 9, 1986.

27. Muñoz, *Dictator's Shadow*, 160-181.

28. Pinochet, in Muñoz, *Dictator's Shadow*, 173-74. One FPMR fighter sustained leg wounds and was treated at an underground clinic; the others were unharmed.

29. Muñoz, *Dictator's Shadow*, 177; CIA, "Chile: Pinochet under Pressure," 1984 report: https://www.cia.gov/library/readingroom/docs/DOC_0000451427. pdf.

30. ADST, Barnes interview; Arriagada, *Pinochet*, 40-45; Ensalaco, *Chile*, 125-155.

31. Arriagada, *Pinochet*, 49-55.

32. Rodolfo Seguel, in Constable and Valenzuela, *Enemies*, 242-243; Cooper, *Pinochet*, 71; CIA, "Chile: Pinochet under Pressure," 1-2.

33. Hunees, *Pinochet Regime*, 376-380; Constable and Valenzuela, *Enemies*, 122-123.

34. Constable and Valenzuela, *Enemies*, 260-268; Stern, *Battling*.

35. Fernando Balcells, in Robert Neustadt, *Cada Día: La Creación de un arte social*(Santiago: Editorial Cuarto Propio, 2001), 73. CADA was composed of sociologist Balcells, writer Diamela Eltit, poet Raúl Zurita, and visual artists Juan Castillo and Lotty Rosenfeld.

36. Matus, *Doña Lucia*, 207-210; Anderson; "The Dictator"; arrest figures in Arriagada, *Pinochet*, 63; Elliot Abrams, in Tom Gjelten, "Augusto Pinochet: Villain to Some, Hero to Others," NPR, December 10, 2006; CIA, "Chile: Pinochet under Pressure," 5.

37. Among seventy leadership positions in the Revolutionary Committees in 1993, the Warfalla tribe held twenty-four and the Gaddafi tribe forty-two: El-Kikhia, *Qaddafi*, 160-163; Pargeter, *Libya*, 158-163.

38. Ross, "What Have We Learned about the Resource Curse?"; Lisa Anderson, "Qadhdhafi and His Opposition," *Middle East Journal* 40, no. 2(1986), 225-228,

reports an average of three overthrow attempts a year and up to ten in the early 1980s; CIA, "Libya: Qadhafi's Domestic and International Position"; Herbert H. Denton, "Libyan Officers Try to Murder Qaddafi, U.S. Sources Say," *Washington Post*, April 12, 1985; L.S., interview with author; ADST, Josif interview.

39. CIA, "Libyan Opposition Groups: Much Sound, Little Fury," 1987 report, 2; Alfred Hackensberger, "The Desolate Wasteland of Gaddafi's Education System," Qantara.de, January 13, 2012.

40. CIA, "Libyan Opposition Groups," 5-12.

41. "USA/Chad: Target Gaddafi," *Africa Confidential* 30, no. 1(1989): 1-2; Matar, *Return*, 111.

42. Patrick Tucker, "One of the World's Top Protest Apps Was Just Blocked in Russia," *Defense One*, April 12, 2017; Deibert, "Road to Unfreedom"; Charles Arthur, "Turkish Protestors Using Encryption Software to Evade Censors," *Guardian*, June 4, 2013; Ellen Ioanes, "Hong Kong Protesters Use 'Pokemon Go' and Tinder to Organize as Police Crack Down on Protests," *Business Insider*, August 7, 2019.

43. Enikolopov, Makarin, and Petrova, "Social Media"; Tufekci, *Twitter*; Clay Shirky, "The Political Power of Social Media," *Foreign Policy*(January-February 2011); Diana Matar, "Narratives and the Syrian Uprising," in *Bullets*, ed. Ziyani and Mirgani, 89-106; "Masked Men Raid Office of Russian Opposition Leader Sobol," *Radio Free Europe Liberty*, August 10, 2019, with video: https://www.rferl.org/a/russia-lyubov-sobol-opposition/30103137.html; Natalia Vasilyeva, "Russian Police Raid Opposition Activists' Homes in 43 Cities," AP, September 12, 2019; Will Vernon, BBC, September 13, 2019, retweet of Novosibirsk activist Sergei Boyko's photo of his drone: https://twitter.com/BBCWillVernon/status/1172456679675432960.

44. Christopher Mele, "Russia Bans a Not-So-Manly Image of Putin," *New York Times*, April 6, 2017; Constable and Valenzuela, *Enemies*, 178.

45. Ellen Ioanes and Reuters, "Hong Kong Protestors Are Forming a Human Chain 30 Years After the Baltic Way Democratic Protests," *Business Insider*, August 23, 2019.

46. "Russian Calendar Girls in Putin Birthday Battle," BBC News, October 8, 2010;

Miriam Elder, "Russian Journalism Students Hit Back with Rival Anti-Putin Calendar," *Guardian*, October 7, 2010; Sperling, *Sex*.

47. Sarah Oates, *Revolution Stalled: The Political Limits of the Internet in the Post-Soviet Sphere*(Oxford: Oxford University Press, 2013); Alfred B. Evans, Jr., "Civil Society and Protest," in *Putin's Russia*, ed. Wegren, 103-125; Gabowitsch, *Protest*, 181. The Voina performance protested the new "tandem government" that made Putin's then-protégé Medvedev president and allowed Putin, as prime minister, to continue to control the government.

48. Kira Sokolova, in Gabowitsch, *Protest*, 46-51, also 2-10, 27; Enikolopov, Makarin, and Petrova, "Social Media."

49. Pussy Riot, in Gabowitsch, *Protest*, 164-173, also 16-17, 34-36; Eliot Bornstein, *Pussy Riot: Speaking Punk to Power*(London: Bloomsbury, 2020).

50. Yegor Zhukov, in Evan Gershkovich, "Trying to Maintain Momentum as Election Approaches, Moscow Protests Again," *Moscow Times*, August 31, 2019; Marc Bennetts, "Russia Passes Law to Jail People for 15 Days for 'Disrespecting Government,'" *Guardian*, March 6, 2019; Lake, "What Is Vladimir Putin Afraid Of?"

51. Francesca Ebel, "Russian Protestors Aided by Digital Tools, Self-Organizing," AP, September 6, 2019; Gershkovich, "Trying to Maintain Momentum"; Lucian Kim, "'The Government Is Very Afraid': Meet Moscow's New Opposition Leader, Lyubov Sobol," NPR, August 21, 2019.

52. Sabina Guzzanti, in Boria, "Silenced Humor," 103. The talk show host and satirist Daniele Luttazzi had his RAI television show *Satirycon* canceled in 2001.

53. Ginsborg, *Berlusconi*, 163-166; Dallara, "Powerful Resistance."

54. Paolo Ceri, "Challenging from the Grass Roots: The Girotondi and the No Global Movement," in *Resisting*, ed. Albertazzi et al., 83-93; Ginsborg, *Berlusconi*, 169-174.

55. Cristian Vaccari, "Web Challenges to Berlusconi," in *Resisting*, ed. Albertazzi et al., 140-143. Beppe Grillo, "L'etat c'est moi!" August 29, 2005 blog post: https://web.archive.org/web/20050830182506/http:/www.beppegrillo.it/.

56. Orsina, *Berlusconism*, 123-133; Nanni Moretti, in Ceri, "Challenging," 92, James Newell, "Italy during the Berlusconi Years," 19-31, and Brooks and Ross,

"Splinters of Resistance," 231-240, all in *Resisting*, ed. Albertazzi et al.

57. "Una manifestazione nazionale per chiedere le dimissioni di Berlusconi," Facebook page and text of appeal here: https://www.facebook.com/pg/no.berlusconi.day/about/; Lorenzo Coretti and Daniele Pica, "The Rise and Fall of Collective Identity in Networked Movements: Communication Protocols, Facebook, and Anti-Berlusconi Protest," *Information, Communication and Society* 18, no. 8(2015): 951-967.

58. Cinzia Padovani, "Berlusconi's Italy: The Media between Structure and Agency," *Modern Italy* 20, no. 1(2015), 49. Another TG1 anchor, Elisa Anzaldo, resigned from TG1 in 2011. Nadia Urbinati, Michela Marzano, and Barbara Spinelli, "Contro il machismo di Berlusconi," *La Repubblica*, October 22, 2009.

59. Gloria Steinem, in Diana Bruk, "Here's the Full Transcript of Gloria Steinem's Historic Women's March Speech," Elle.com, January 21, 2017; Dana Fisher, *American Resistance: From the Women's March to the Blue Wave*(New York: Columbia University Press, 2019); Jan-Werner Müller, "Reviving Civil Disobedience," *Project Syndicate*, December 21, 2018; Marie Berry and Erica Chenoweth, "Who Made the Women's March?" and Doug McAdam, "Putting Donald Trump in Historical Perspective," in *The Resistance. The Dawn of the Anti-Trump Opposition Movement*, ed. David S. Meyer and Sidney Tarrow(New York: Oxford University Press, 2018), 75-89 and 27-53.

60. Teresa Shook of Hawaii created a Facebook page on November 9, 2016. Other pages quickly followed, including one by Bob Bland, a fashion designer who served on the march's organizing committee with Vanessa Wruble, Tamika D. Mallory, Carmen Perez, and Linda Sarsour; another 273 marches, involving over 2 million more people, were held in eighty foreign countries.

61. Colleen Shalby, "A record Number of Women Are Running for Office. This Election Cycle, They Didn't Wait for an Invite," *Los Angeles Times*, October 10, 2018; Fisher, *American Resistance*.

62. Chris Mooney, "Historians Say the March for Science Is 'Pretty Unprecedented,'" *Washington Post*, April 22, 2017; James Doubek, "Thousands Protest at Airports Nationwide against Trump's Immigration Order," NPR, January 29, 2017; Jillian Stampher, "More Than 1,200 Comcast Employees Are Walking Off

Their Jobs to Protest Trump Immigration Ban," *Geekwire*, February 2, 2017; Tierney McAfee, "'Not My Presidents Day': Thousands Protest President Trump in Rallies across U.S.," *TIME*, February 20, 2017; Michael C. Dorf and Michael S. Chu, "Lawyers as Activists: From the Airport to the Courtroom," in *Resistance*, ed. Meyer and Tarrow, 127-142.

63. Megan E. Brooker, "Indivisible: Invigorating and Redirecting the Grassroots," in *Resistance*, ed. Meyer and Tarrow, 162-86; Nadia Prupis, "Groups Nationwide Create Campaign of 'United Resistance' to Trump," *Common Dreams*, January 10, 2017. For United Resistance's current partners: http://www.unstoppabletogether.org.

64. Erica Chenoweth and Jeremy Pressman, "In July, the Trump-Era Wave of Protests Started Taking a Back Seat to Campaign Rallies," *Washington Post*, October 19, 2018; Maria J. Stephan, "An Inside-Outside Strategy for Defending the US Republic," *Open Democracy*, January 27, 2017; Meyer and Tarrow, "Introduction," in *Resistance*, ed. Meyer and Tarrow, 1-26; Molly Ball, "Trench Lawfare: Inside the Battles to Save Democracy from the Trump Administration," *TIME*, June 25, 2020; Greg Sargent, "A Blueprint for Resistance to Trump Has Emerged. Here's What It Looks Like," *Washington Post*, February 10, 2019.

65. Daniel Hemel and Eric Posner, "The Strongest Pushback against the President Came from His Own Branch of Government," *New York Times*, April 23, 2019; Elaina Plott, "Ignoring Trump's Orders, Hoping He'll Forget," *Atlantic*, May 15, 2019; J. W. Verret, "The Mueller Report Was My Tipping Point," *Atlantic*, April 23, 2019; Maria J. Stephan, "Staying True to Yourself in the Age of Trump: A How-To Guide for Federal Employees," *Washington Post*, February 10, 2017; Anonymous, *A Warning* (New York: Twelve, 2019).

66. Black Lives Matter website, accessed June 26, 2020: https://blacklivesmatter.com/about; Jelani Cobb, "An American Spring of Reckoning," *New Yorker*, June 14, 2020.

67. Amanda Barroso and Rachel Minkin, "Recent Protest Attendees Are More Racially and Ethnically Diverse, Younger Than Americans Overall," FactTank, June 24, 2020, summarize the results of the Pew Research Survey, original link here: https://www.pewresearch.org/fact-tank/2020/06/24/recent-protest-at-

tendees-are-more-racially-and-ethnically-diverse-younger-than-americans-overall/. Event and crowd statistics from Jeremy Pressman and Erica Chenoweth, Crowd Counting Consortium: https://sites.google.com/view/crowd-countingconsortium/home.

68. "Hischfield Davis and Shear, *Border Wars*, 329-337; Jeremy Scahill, "The Counterinsurgency Paradigm; How US Politics Have Become Paramilitarized," *Intercept*, November 25, 2018; Tanvi Misra, "Militarization of Local Police Isn't Making Anyone Safer," *CityLab*, August 30, 2018; Susie Cagle, "'Protestors as Terrorists': Growing Number of States Turn Anti-Pipeline Activism into a Crime," *Guardian*, July 8, 2019. The Inter- national Center for Not-for-Profit Law tracks the status of state bills against protest: http://www.icnl.org/us-protestlawtracker/.

69. Danielle Schulkin, "White Supremacist Infiltration of US Police Forces: Fact-Checking National Security Advisor O'Brien," *Just Security*, June 1, 2020; The Plain View Project description and database can be accessed here: https://www.plainviewproject.org/. Will Carless and Michael Corey, "To Protect and Slur," June 14, 2019, report, Center for Investigative Reporting: https://www.revealnews.org/article/inside-hate-groups-on-facebook-police-officers-trade-racist-memes-conspiracy-theories-and-islamophobia/.

70. Trump tweet of June 9, 2020: https://twitter.com/realDonaldTrump/status/127033 3484528214018; Betsy Woodruff Swan, "Trump Says He's Naming Antifa a 'Terrorist Organization.' Can He Do That?" *Politico*, May 31, 2020; Department of Justice, "Attorney General William P. Barr's Statement on Riots and Domestic Terrorism," May 31, 2020: https://www.justice.gov/opa/pr/attorney-general-william-p-barrs-statement-riots-and-domestic-terrorism; Barr, "Memo for all Heads of Department Components and US Attorneys," June 26, 2020, obtained by *Huffington Post* justice reporter Ryan Reilly: https://twitter.com/ryanjreilly/status/1276641618574131200; Ruth Ben-Ghiat, "How Journalists Become Objects of Hate," CNN.com, June 11, 2020.

71. In 2019, Trump threatened NBC with a Federal Communications Commission investigation or other "retribution," leading Alec Baldwin, who plays Trump on the show, to worry for his family's safety. Ellen Cranley, "Trump Seemingly

Threatens 'SNL' with Federal Investigation over Critical Sketch," *Business Insider*, March 17, 2019; Kate Lyons, "Alec Baldwin Fears for Family's Safety after Trump 'Retribution' Threats," *Guardian*, February 21, 2019; Rob Rogers, "I Was Fired for Making Fun of Trump," *New York Times*, June 15, 2018; "SVA Gets Politically Charged for 'Art As Witness,'" October 4, 2018: https://sva.edu/features/sva-gets-politically-charged-for-art-as-witnesrob.

72. Author interview with Robin Bell.

73. Ates Ilyas Bassoy (whose 2019 campaign manual *Radical Love* inspired the strategy), in Carlotta Gall, "How a Message of Unity and Mistakes by Erdogan Tipped the Istanbul Election," *New York Times*, June 26, 2019; Suleyman Celebri, Imamoğlu aide, in Ali Kucukgocmen and Organ Coskun, "Losing Its Luster—How Erdogan's Party Campaign Put Off Istanbul Voters," Reuters, April 5, 2019.

74. Ekrem Imamoğlu, "How I Won the Race for Mayor of Istanbul—And How I'll Win Again," *Washington Post*, June 4, 2019; Kucukgocmen and Coskun, "Luster"; Gall, "Unity"; Melvyn Ingleby, "A Turkish Opposition Leader Is Fighting Erdogan with 'Radical Love,'" *Atlantic*, June 14, 2019.

75. Imamoğlu, "How I Won the Race"; Ingleby, "Opposition Leader"; Kucukgocmen and Coskun, "Luster"; Gall, "Unity."

76. Imamoğlu, "How I Won the Race"; Ingleby, "Opposition Leader."

10장 최후

1. Gaddafi, in "Gaddafi Defiant as State Teeters," *Al Jazeera*, February 23, 2011.

2. Post, *Leaders*, 68; Constable and Valenzuela, *Enemies*, 319, on Pinochet's egg and tomato reception when he left the 1990 inauguration of Patricio Aylwin.

3. Trump, in Eliana Johnson and Daniel Lippman, "Trump's 'Truly Bizarre' Visit to Mt. Vernon," *Politico*, April 10, 2019; Taylor, *Code of Putinism*, 34-35; Stanislav Belkovsky, in "Putin's Revenge," PBS, *Frontline*, July 13, 2018, transcript: https://www.pbs.org/wgbh/frontline/film/putins-way/transcript/.

4. Barbara Geddes, Joseph Wright, and Erica Frantz, "Autocratic Breakdowns and Regime Transitions: A New Data Set," *Perspectives on Politics* 12, no. 2(2014), 325; Klaas, *Despot's Accomplice*, 123-133; Mussolini, in Seldes, *Sawdust Caesar*, 367; Desai, Olofsgård, Yousef, "Authoritarian Bargains," 7; Henk E. Goemans, Kris-

tian Skrede Gleditsch, and Giacomo Chiozza, "Introducing Archigos: A Dataset of Leaders," *Journal of Peace Research* 46, no. 269(2009): 269-283; Frantz and Ezrow, *Politics of Dictatorship*, 2-3.

5. Wrong, *Footsteps*, 215, Kelly, *America's Tyrant*, 250-257; Abu Fida, caretaker of Rabat European Cemetery, in "20 Years Later, Mobutu's Body Still in Moroccan Burial Place," *Daily Nation*, September 7, 2017; Anderson and Van Atta, "Mobutu."

6. Fermi, *Mussolini*, 193; Geddes, Wright, Frantz, "Autocratic Breakdowns," 314.

7. Ciano, *Diario*, entries of August 11-12 and 25, 1939, 326-327, 334; Goeschels, *Mussolini and Hitler*, 154-189.

8. Braglia, *Donna Rachele*, 207; Lina Romani, letter, June 15, 1940, in *Caro Duce*, 145-146.

9. James J. Sadkovitch, "The Italo-Greek War in Context: Italian Priorities and Axis Diplomacy," *Journal of Contemporary History* 28, no. 3(1993): 439-464; Mussolini, in Duggan, *Fascist Voices*, 340-341.

10. Duggan, *Fascist Voices*, 168, 230, 379-83; Maria Pia di Bella, "A Duce's Trajectory," in *The Death of the Father. An Anthropology of the End in Political Authority*, ed. John Borneman(New York: Berghahn, 2004), 45-46.

11. Friedrich-Karl von Plehwe, *The End of an Alliance. Rome's Defection from the Axis in 1943*(New York: Oxford University Press, 1971), 103; Giuseppe Bottai, *Diario, 1935-1944*(Milan: Rizzoli, 1982), entries of January 17 and 21, 1941, 246-247.

12. Duggan, *Fascist Voices*, 386-393; von Plehwe, *End of an Alliance*, 39-48; Goeschels, *Mussolini and Hitler*, 248-249.

13. Braglia, *Donna Rachele*, 240-248.

14. Emanuele Artom, *Diario di un partigiano ebreo: Gennaio 1940-febbraio 1944*(Turin: Bollati Boringhieri, 2008), entry of September 9, 1943, 55; Claudio Pavone, *A Civil War: A History of the Italian Resistance*(New York: Verso, 2013); Goeschels, *Mussolini and Hitler*, 254-290.

15. Simon Levis Sullam, *The Italian Executioners. The Genocide of the Jews of Italy*(Princeton, NJ: Princeton University Press, 2018), 50-58; Anna Saxon, interview with author; Duggan, *Fascist Voices*, 305-18. The Risiera di San Sabbia was part

of the German-annexed Adriatic Littoral zone. On the seizure of Jewish assets, Pavan, *Tra indifferenza e odio*; Valerio Antonelli, Raffaele D'Alessio, Roberto Rossi, and Warwick Funnell, "Accounting and the Banality of Evil: Expropriation of Jewish Property in Fascist Italy(1939-1945)," *Accounting, Auditing and Accountability Journal* 31, no. 8(2018): 2165-2191.

16. Wu Ming, "Partigiani migranti. La Resistenza internazionalista contro il fascismo italiano," January 15, 2019: https://www.wumingfoundation.com/giap/2019/01/partigiani-migranti/.

17. Ada Gobetti, *Diario partigiano*(Turin: Einaudi, 1972), 15; Nicolas Virtue, "'Ha detto male di Garibaldi,'" in *The Concept of Resistance in Italy*, ed. Maria Laura Mosco and Pietro Pirani(Lanham, MD: Rowman and Littlefield, 2017), 153-170; Elio Barontini, *Ilio Barontini. Fuoriscito, internazionalista e partigiano*(Rome: Edizioni Robin, 2013).

18. Mussolini, *Storia di un anno. Il tempo del bastone e della carota*(Milan: Mondadori, 1945), 145; Kalder, *Library*, 110-12; Tullio Cianetti, in Duggan, *Fascist Voices*, 236.

19. Sergio Luzzato, *Il corpo del Duce*: *Un cadavere tra immaginazione, storia e memoria*(Turin: Einaudi, 1998); Bello, "Duce's Journey"; Margaret Schwartz, *Dead Matter*: *The Meaning of Iconic Corpses*(Minneapolis: University of Minnesota Press, 2015); Curzio Malaparte, *Mussolini. Il grande imbecille*(Milan: Luni Editrice, 1999), 90.

20. Rachele Mussolini, interview with Bruno D'Agostini, February 12-15, 1946, in Braglia, *Donna Rachele*, 275.

21. André Gide, July 7, 1940, in O'Connor, *Butcher*, 141-142; Josef Ranald, *How to Know People by Their Hands*(New York: Modern Age Books, 1938), 123.

22. Kershaw, "*Hitler Myth*," 169-199, 202; Traverso, *Fire*, 112-118; 199; Irene Guenther, *Nazi Chic*(New York: Berg, 2004), 220-223, 229, 252.

23. General Walter Warlimont, in Laurence Rees, *Hitler's Charisma*(New York: Pantheon Press, 2012), 200; Kershaw, "*Hitler Myth*," 182-187.

24. Kershaw, "*Hitler Myth*," 200-225(Schweinfurt and Stuttgart quotes, 200, 221); Post, *Leaders*, 52-53; General Franz Halder, in Rees, *Hitler's Charisma*, 265.

25. Cesarani, *Final Solution*, 746-759; Guenther, *Nazi Chic*, 261; Hitler, in Moor-

house, *Killing Hitler*, 285, on Speer, 291-292; Martin Kitchen, *Albert Speer, Hitler's Architect*(New Haven: Yale University Press, 2017), 265-267.

26. Guenther, *Nazi Chic*, 263; Longerich, *Goebbels*, 686-87; Anton Joachimsthaler, *Hitlers Ende: Legenden und Dokumente*(Munich: Verlag Harbig, 2003).

27. Christian Goeschels, *Suicide in Nazi Germany*(New York: Oxford University Press, 2009), 149-172; "Suicides: Nazis Go Down to Defeat in a Wave of Selbstmord," *Life Magazine*, May 14, 1945; Paula Hitler, in Hancock, *Tyrannical Minds*, 266.

28. Preston, "Franco and Hitler"; Sánchez, *Fear*, 23-24; Rosendorf, *Franco*; Salvador de Madariaga, *España. Ensayo de historia contemporanea*(Madrid: Espasa-Calpe, 1979), 511.

29. Nazario Lazano, in Sánchez, *Fear*, 33. The 1977 amnesty, which was part of the negotiated process of democratization, also removed the subject of civil war repression from public discourse.

30. Zoé de Kerangst, "Beyond Local Memories: Exhumations of Francoism's Victims as Counter-Discourse during the Spanish Transition to Democracy," in *The Twentieth Century in European Memory*, ed. Tea Sinbæk Andersen and Barbara Törnquist-Plewa(Leiden: Brill, 2017), 104-121; Alfredo González-Ruibal, *An Archeology of the Contemporary Era*(New York: Routledge, 2019).

31. Martin Diaz, in Nuño Dominguez, "Un sonajero une a una madre fusilada y su hijo 83 años despues," *El Pais*, June 23, 2019; Almudena Álvarez/Efe, "Martín recupera el sonajero que llevaba su madre cuando fue asesinada en la Guerra Civil hace 83 años," *El Periódico*, June 22, 2019; González-Ruibal, *Archeology*. González-Ruibal was part of the team of archaeologists who exhumed Catarina Muñoz's remains.

32. Raphael Minder, "Franco's Remains Are Exhumed and Reburied after Bitter Battle," *New York Times*, October 24, 2019; Carlos E. Cué, "Los restos de Franco saldrán del Valle de los Caidos antes del 25 de octubre," *El Pais*, October 12, 2019.

33. Spooner, *Soldiers*, 151-152; Constable and Valenzuela, *Enemies*, 289-291, 296-300; ADST, Harry Barnes, Elizabeth Barnes, and George Jones(Deputy Chief of Mission, US embassy, Santiago), interviewed by Charles Stuart Kennedy, Jones in 1996 and the Barneses in 2001: https://adst.org/2016/06/chile-burn-victims-case-containment-vs-human-rights-pinochet/; ADST, Roe and Barnes, inter-

viewed by Kennedy.

34. Constable and Valenzuela, *Enemies*, 300-305. The Vicariate of Solidarity re-corded 1,780 arrests in January 1988 alone. Huneeus, *Pinochet*, 407-409; Stern, *Battling*, 358-360; 1987 CIA report: "Pinochet and the Military: An Intelligence Assessment": https://www.cia.gov/library/readingroom/docs/DOC_0000451568.pdf.

35. Constable and Valenzuela, *Enemies*, 300-310; Mark Palmer, *Breaking the Real Axis of Evil. How to Oust the World's Last Dictators by 2025*(Lanham, MD.: Rowman and Littlefield, 2005), 110-125; Huneeus, Pinochet, 409-410.

36. Stern, *Battling*, 360-370.

37. Stern, *Battling*, 354.

38. Pinochet also passed measures to prevent future purges of his civil service and folded his secret police into army intelligence to prevent prying into human rights violations.

39. Matus, "Ingrid Olderock,"145; Peña, "Contreras," 43-55; Muñoz, *Dictator's Shadow*, 274-279, 283 for conviction statistics; Elizabeth Liras, "Human Rights in Chile: The Long Road to Truth Justice and Reconciliation," in *After Pinochet: The Chilean Road to Democracy and the Market*, ed. Silvia Borzutsky and Lois Hecht Oppenheim(Gainesville: University Press of Florida, 2006), 3-25.

40. Pinochet, *Camino Recorrido*, vol. 3, part 2, 159, 204, 220.

41. Ingrid Wuerth, "Pinochet's Legacy Reassessed," *American Journal of International Law* 106, no. 73(2012): 731-768; Mary E. Black, "Diagnosing Pinochet Syndrome," *British Medical Journal* 332, no. 7534(2006): 185.

42. Sengupta, "Victims"; Liras, "Human Rights," 13.

43. Huneeus, *Pinochet*, 456-460; Leigh and Evans, "Revealed"; Farfán and Vega, *La Familia*, 109-146; Muñoz, *Dictator's Shadow*, 283-296.

44. Muñoz, *Dictator's Shadow*, 301; Cristóbal Edwards, "Pinochet's Long Goodbye," *TIME*, December 15, 2006; Pedro Lemebel, "Farewell, Meatbag: On the Death of Pinochet," NACLA.org, April 10, 2008, at: https://nacla.org/article/farewell-meatbag-death-pinochet; originally published as "Las exequias del fiambre," in *La Nación*, December 17, 2006.

45. Dorfman, *Homeland Security*, 102; Francesca Lessa, "Operation Condor on Tri-

al: Justice for Transnational Human Rights Crimes in South America," *Journal of Latin American Studies* 51, no. 2(2019): 413; Lorenzo Tondo, "Italian Court Jails 24 over South American Operation Condor," *Guardian*, July 8, 2019.

46. Ian Black, "Libya Power Struggle Results in Arrest of Journalists," BBC, November 8, 2010; van Genugten, *Libya*, 127-146; Vandewalle, *Libya*, 173-203; Carola Richter, "Libyan Broadcasting under al-Qadhafi: The Politics of Pseudo-Liberalization," in *National Broadcasting and State Policy in Arab Countries*, ed. Tourya Guaaybess(New York: Palgrave Macmillan, 2013), 150-165.

47. Eric Lichtblau, David Rohde, and James Risen, "Shady Dealings Helped Qaddafi Build Fortune and Regime," *New York Times*, March 24, 2011, write that industry officials "declined to identify" which companies paid Gaddafi's reparations bill. David Rose, "The Lockerbie Deal," *Vanity Fair*, January 26, 2011; *New York Times* Wikileaks Archive, February 4, 2009, cable from Gene A. Cretz, ambassador to Libya: https://archive.nytimes.com/www.nytimes.com/interactive/2010/11/28/world/20101128-cables-viewer.html#report/libya-09TRIPOLI99.

48. David Wagner and Aram Roston, "Donald and the Dictator," *Buzzfeed*, June 7, 2016. Gaddafi's public relations firm Brown Lloyd James was the intermediary.

49. Gaddafi, in Pargeter, *Gaddafi*, 105; Mahmoud Cherif Bassiouni, *Libya from Repression to Revolution. A Record of Armed Conflict and International Law Violations, 2011-2013*(Leiden: Martin Ninjhus Publishers, 2013), 123-196; van Genugten, *Libya*, 148-163; Ali Abdullatif Ahmida, "Social Origins of Dictatorship and the Challenge for Democracy," *Journal of the Middle East and Africa* 3, no. 1(2012): 70-81.

50. Anne Barnard, "Libya's War-Tested Women Hope to Keep New Power," *New York Times*, September 12, 2011.

51. Akram Al-Warfalli, in "Gaddafi's Son in Civil War Warning," *Al Jazeera*, February 21, 2011; Wolfgang Lacher, "Families, Tribes, and Cities in the Libyan Revolution," *Middle East Policy Council* 18, no. 4(2011): 140-154.

52. Gaddafi, in Christine Amanpour, "'My People Love Me': Moammar Gaddafi Denies Demonstrations against Him Anywhere in Libya," ABCNews.com, February 28, 2011; Gaddafi, in Hancock, *Tyrannical Minds*, 155; Gaddafi, in Mi-

chael Tomasky, "Gaddafi's Speech," *Guardian*, March 17, 2011; Jerrold M. Post, "Qaddafi under Siege," *Foreign Policy*, March 15, 2011; "Gaddafi: 'Voy a entrar en Bengasi como Franco entró en Madrid,'" *La Razón*, March 18, 2011.

53. Amandla Thomas-Johnson and Simon Hooper, "'Sorted' by MI5: How UK Govt Sent British-Libyans to Fight Gaddafi," *Middle East Eye*, January 29, 2019; Hill, "Libya Survivor," Al Jazeera, October 21, 2011.

54. Nick Squires, "Libya: Colonel Gaddafi 'not brave enough to do a Hitler,'" *Daily Telegraph*, August 20, 2011; Bassiouni, *Libya*, 197-288.

55. Damien McElroy, "Colonel Gaddafi Died after Being Stabbed with Bayonet, Says Report," *Telegraph*, October 17, 2012; Peter Beaumont and Chris Stephen, "Gaddafi's Last Words as He Begged for Mercy: 'What Did I Do to You?'" *Guardian*, October 22, 2011; Anderson, "King of Kings"; Rania El Gamal, "Libya Ends Public Showing of Gaddafi's Body," Reuters, October 24, 2011.

56. Bassiouni, *Libya*, 529, 554, 630, 662, 741, 799; Soraya, in Cojean, *Harem*, 7; Sara Sidner and Amir Ahmed, "Psychologist: Proof of Hundreds of Rape Cases during Libya's War," CNN, May 23, 2011. Polygamy was legal under Gaddafi, but the husband needed approval of his first wife to take other wives. Now no female permission was needed. Sergiwa, who provided her investigation data to the International Criminal Court, was elected to Parliament in 2014. In 2019, she was kidnapped and has not been found. Samar Auassoud, in "Libyan Women"; Karlos Zurutuza, "Libyan Women Lose Hope in the Revolution," DW.com, December 12, 2018.

57. Matar, *Return*, 222.

58. "Berlusconi: 'sic transit Gloria mundi,'" *Corriere della sera*, October 20, 2011; van Genugten, *Libya*, 153-154.

59. Beppe Severgnini, "Il Cavaliere spiegato di posteri. Dieci motivi per 20 anni di 'regno,'" *Corriere della sera*, October 27, 2010; Urbinati, Marzano, Spinelli, "Contro il machismo"; Boni, *Il superleader*.

60. Orsina, *Berlusconismo*, 133; Berlusconi, in Filippo Ceccarelli, "'Io star e tycoon': Va in scena il falò delle vanità," *La Repubblica*, December 6, 2010.

61. Padovani, "Berlusconi's Italy," 50; Friedman, *My Way*, 158-159; Tom Kington, "George Clooney Called as Witness in Silvio Berlusconi Trial," *Guardian*, Oc-

tober 19, 2012.

62. Andrea Benvenuti, "Between Myth and Reality: The Euro Crisis and the Downfall of Silvio Berlusconi," *Journal of Modern Italian Studies* 22, no. 4(2017), 512-529.

63. Benvenuti, "Myth and Reality"; Spogli, "Italy-Russia Relations"; Evans, Harding, and Hooper, "WikiLeaks Cables." For Berlusconi's view of these events, Friedman, *My Way*, 211-251.

64. BBC Staff, "The Many Trials of Silvio Berlusconi Explained," BBC, May 6, 2014; Rubini, "Le vicende giudiziarie." Forza Italia got 29.4 percent versus 29.8 percent for the center-left; Christopher Brennan, "Italy's Berlusconi Gives Putin Duvet Cover with Their Picture on It as Birthday Gift," *Daily News*, October 9, 2017.

65. Editorial Staff, "Emilio Fede, condannato a 4 anni e 7 mesi non va in carcere: 'Enorme sofferenza,'" *Milano Today*, October 12, 2019; Ed Vulliamy, "Berlusconi Ally Marcello Dell'Utri Caught in Lebanon after Fleeing Italy," *Guardian*, April 12, 2014; BBC, "The Many Trials."

66. Friedman, *My Way*, 259; Bill Emmott, "The Bunga Bunga Party Returns to Italy," *Project Syndicate*, January 4, 2018; Barbie Latza Nadeau, "Cracking Oral Sex Jokes, Power Pervert Berlusconi Mounts a Comeback While Italy Laughs at Weinstein Victims," *Daily Beast*, October 15, 2017.

67. Franco "Bifo" Berardi, Facebook post of November 15, 2011, in *Skizo-Mails*(Dijon: Les Presses du Reél, 2012), 96-97; Redazione ANSA, "Matteo Salvini, pulizie di masse," ANSA, February 19, 2017.

68. Ben Berkowitz and Everett Rosenfeld, "Donald Trump Forms Presidential Exploratory Committee," CNBC, March 18, 2015; Berlusconi, in Friedman, *My Way*, 272-73; Norris, "Measuring Populism Worldwide"; Manifesto Project: https://manifesto-project.wzb.eu/; Ben Walker, "How Do Trump's Republicans Compare to the Rest of the World's Political Parties?" *New Statesman*, June 6, 2020, with an interactive chart.

맺는 말

1. Ludovico Greco, in Duggan, *Fascist Voices*, 281.

2. Author interview with Guillo; Allert, *Hitler Salute*, 93-94; Ortega y Gasset, *Man and People*, 198; González-Ruibal, *Archeology*.

3. Ruth Ben-Ghiat, "Why Are So Many Fascist Monuments Still Standing?" *New Yorker*, October 5, 2017; Tom Philipps, "Pinochet Retreat Turns into Marijuana Plantation," *Guardian*, July 7, 2011.

4. Rosselli, in Richet, *Women*, 130. Rosselli's statement came during his testimony for Giovanni Bassanesi, who crashed on the Swiss side of the Italian-Swiss border after dropping anti-Fascist messages over Milan and stood trial in Lugano in 1930. Rosselli partly financed Bassanesi's flight.

5. Retired Chilean officer, in Spooner, *Soldiers*, 14; Hunees, *Pinochet*, 459; Bartov, *Hitler's Army*; Jaber et al., "Corruption"; El Issawi, "Libya Media," 33; Geddes, Wright, Franz, "Autocratic Breakdown," 321.

6. A study of 184 countries from 1960 to 2010 suggests that growth under democracies is "significant and sizeable": Daron Acemoglu, Suresh Naidu, Pascual Restrepo, and James A. Robinson, "Democracy Does Cause Growth," *Journal of Political Economy* 127, no. 1(2019): 47.

7. Han, *Life in Debt*; Erik Meyersson, "Political Man on Horseback: Coups and Development," Stockholm Institute for Transition Economics, paper, April 5, 2016, at: https://www.hhs.se/en/research/institutes/site/publications/2015-political-man-on-horseback/; Michael McFaul and Kathryn Stoner-Weiss, "The Myth of the Authoritarian Model: How Putin's Crackdown Holds Russia Back," *Foreign Affairs* 87, no. 1(2008): 68-80, 82-84.

8. Edna Bonhomme, "The Disturbing Rise of 'Femonationalism,'" *N+1*, May 7, 2019; Michaela Köttig, Renate Bitzan, and Andrea Petö, eds., *Gender and Far Right Politics in Europe*(New York: Palgrave Macmillan, 2017).

9. Piero Gobetti, *La rivoluzione liberale. Saggio sulla politica della lotta in Italia*(Fano: Aras Edizioni, 2016); Piero Rachetto, "Fascismo," in *Poesie della Resistenza*(Turin: Voci Nuove, 1973), 13; Jon Blitzer, "A Scholar of Fascism Sees Similarities in Trump," *New Yorker*, November 4, 2016.

10. Fallaci, *Interview*, 12; Elsa Morante, "Pagine di diario, 1945," in *Paragone letteratura*, 39, no. 7, new series(1988): 3-16; Svetlana Alexievich, in Rachel Donadio, "The Laureate of Russian Misery," *New York Times*, May 21, 2016; Yalcin

Akdogan, *Political Leadership and Erdogan*(Cambridge, UK: Cambridge Scholars Publishing, 2018), 40.

11. Malaparte, *Tecnica*, 240; Post, *Leaders*, 191-192.

12. Mussolini, in Ciano, *Diario*, entry of January 29, 1940, 391.

13. Guriev and Treisman, "Modern Dictators"; Marlies, "Authoritarianism"; New York Times Staff, "Fact-Checking Trump's 2020 State of the Union Address and the Democratic Response," *New York Times*, February 5, 2020; Norah O'Donnell, tweet of February 4, 2020: https://twitter.com/norahodonnell/status/1224897706415529986?lang=en;fa.

14. Karklins, *System*, 155-168. On the Ibrahim Prize for Achievement in African Leadership: https://mo.ibrahim.foundation/prize.

15. Martha Nussbaum, *Political Emotions. Why Love Matters for Justice*(Cambridge, MA: Harvard University Press, 2013), 2; Ruth Ben-Ghiat, "Liberals Are Reclaiming Patriotism from the Right," CNN.com, July 2, 2017; George Packer, "We Are Living in a Failed State," *Atlantic*, June 2020.

16. Kate Ackley, "Before Trump Meeting, Hungary Hired a Powerhouse K Street Firm," *Roll Call*, May 22, 2019; Clay Fuller, *Dismantling the Authoritarian-Corruption Nexus*, American Enterprise Institute Report, July 8, 2019; Elsa Peraldi, "Kleptocracy—A Global Phenomenon, with Local Consequences," *Global Integrity* blog post, June 13, 2019: https://www.globalintegrity.org/2019/06/13/kleptocracy/.

17. Adam Klasfeld, "Boom Times for Turkey's Lobbyists in Trump's Washington," *Courthouse News*, October 31, 2019; Peter Baker and Matthew Rosenberg, "Michael Flynn Was Paid to Represent Turkey's Interests during Trump Campaign," *New York Times*, March 10, 2017; Dan Spinelli, "How Jack Abramoff's Old Lobbying Firm Became Turkey's Biggest Defender," *Mother Jones*, November 7, 2019; Brogan, "Torturers' Lobby"; Ben Judah and Nate Sibley, "The West Is Open for Dirty Business," *Foreign Policy*, October 5, 2019.

18. Tweet by Clyde Haberman, March 21, 2020: https://twitter.com/ClydeHaberman/status/1241347252821602304.

19. Dylan Scott and Rani Molla, "How the US Stacks Up to Other Countries in Confirmed Coronavirus Cases," *Vox*, April 27, 2020; Dan Mangan, "Trump Dismissed Coronavirus Pandemic Worry in January—Now Claims He Long

Warned about It," CNBC, March 17, 2020; Philip Rucker, Josh Dawsey, Yasmeen Abutaleb, and Lena H. Sun, "Trump Floats Another Bogus Coronavirus Cure—And His Administration Scrambles to Stop People from Injecting Disinfectants," *Washington Post*, April 24, 2020; McKay Coppins, "Trump's Dangerously Effective Coronavirus Propaganda," *Atlantic*, March 11, 2020.

20. Stephen Gandel and Graham Kates, "Phunware, a Data Firm for Trump Campaign, Got Millions in Coronavirus Small Business Help," CBSNews.com, April 23, 2020. Companies run by Trump and GOP donors have benefited from $600 billion allocated for taxpayer-funded loans. Ashford Hospitality Trust, a large hotel chain run by Trump donor Monty Bennett, received $96.1 million of the funds meant for small businesses. Ilma Hasan, "Trump-Tied Companies Receive Millions in Small Business Aid," Open-Secrets.org, May 1, 2020; Trump, in Amber Phillips, "What You Need to Know from Tuesday's White House Coronavirus Briefing," *Washington Post*, April 8, 2020; Rep. Adam Schiff, in Michelle Goldberg, "Trump to Governors: I'd Like You to Do Us a Favor, Though," *New York Times*, March 30, 2020; Marcy Gordon and Mary Clare Jalonick, "Treasury Chief Refusing to Disclose Recipients of Aid," AP News, June 12, 2020.

21. Matt Zapotosky, "Trump Threatens Military Action to Quell Protests, and the Law Would Let Him Do It," *Washington Post*, June 1, 2020; Thomas Gibbons-Neff, Eric Schmitt, and Helene Cooper, "Aggressive Tactics by National Guard, Ordered to Appease Trump, Wounded the Military, Too," *New York Times*, June 10, 2020; Greg Miller, "CIA Veterans Who Monitored Crackdowns Abroad See Troubling Parallels in Trump's Handling of Protests," *Washington Post*, June 2, 2020.

22. President Trump's Rose Garden speech on protests, transcript, CNN.com, June 1, 2020; Philip Rucker and Ashley Parker, "Lafayette Square Clash, Still Reverberating, Becomes an Iconic Episode in Donald Trump's Presidency," *Washington Post*, June 13, 2020.

23. Sarah Pulliam Bailey, "Televangelist Pat Robertson Blasts Trump for His Protest Response," *Washington Post*, June 2, 2020; Jeffrey Goldberg, "James Mattis Denounces President Trump, Describes Him as a Threat to the Constitution," *At-*

lantic, June 3, 2020; Mike Baker, Thomas Fuller, Sergio Olmos, "Federal Agents Push into Portland Streets, Stretching Limits of Their Authority," *New York Times*, July 25, 2020.

24. Marc Polymeropoulos, in Miller, "CIA Veterans Who Monitored Crackdowns"; Ambassador Robert Ford and Ambassador Dennis Ross, in Tony Badran, "Bringing the Middle East Back Home," *Tablet*, June 7, 2020, original Tweets here: https://twitter.com/fordrs58/status/1267521267294494724 and https://twitter.com/AmbDennisRoss/status/1267608046261481477; Franklin Foer, "The Trump Regime Is Beginning to Topple," *Atlantic*, June 6, 2020.

25. Helt and Spanberger in Miller, "CIA Veterans"; Spanberger Tweet here: https://twitter.com/RepSpanberger/status/1267649988831690756.

26. Jessie Yeung, Steve George, and Emma Reynolds, "June 8 Coronavirus News," CNN, June 9, 2020; Rakesh Kochhar, "Unemployment Rose Higher in Three Months of COVID-19 Than It Did in Two Years of the Great Recession," Fact-tank, Pew Research Center, June 11, 2020; Jennifer Agiesta, "CNN Poll: Trump Losing Ground to Biden Amid Chaotic Week," CNN, June 8, 2020; White House, "Press Briefing by Press Secretary Kayleigh McEnany, June 8, 2020: https://www.whitehouse.gov/briefings-statements/press-briefing-press-secretary-kayleigh-mcenany-060820/.

27. Mussolini, in Mack Smith, *Mussolini*, 57; Alberto Lattuada, *Occhio quadrato*(1941), in *Alberto Lattuada fotografo*, ed. Piero Berengo Gardin(Florence: Alinari, 1982), 15.

28. Masha Gessen, "A Powerful Statement of Resistance from a College Student on Trial in Moscow," *New Yorker*, December 7, 2019.

29. Franklin Foer, "Cory Booker's Theory of Love," *Atlantic*, December 17, 2018; Arlie Russel Hochschild, *Strangers in Their Own Land: Anger and Mourning on the American Right*(New York: The New Press, 2016); Duggan, *Fascist Voices*, 383, on this syndrome among Fascist supporters; Bassoy, in Gall, "Message of Unity"; Peter Wehner, on Trump supporters: "To indict him would be to indict themselves." Interviewed by Brian Stelter on "Reliable Sources," CNN, October 13, 2019: https://www.cnn.com/videos/tv/2019/10/13/exp-former-bush-aide-trump-is-mentally-not-well.cnn.

참고문헌

인터뷰

Guillo Bastías, Santiago, November 9, 2018.

Robin Bell, New York, March 11, 2018.

Jenn Budd, telephone interview, August 4, 2019.

L.S., email interview, February-April 2019.

S., Santiago, November 8, 2018.

Anna Saxon, New York, June 17, 2016.

아카이브

Archivio Centrale dello Stato, Rome

Archivio Chile, Centro de Estudios Miguel Enríquez(digital)

Association for Diplomatic History and Training, Oral History Collections(digital)

CIA, Freedom of Information Act Electronic Reading Room(digital)

Istituto Luce, Archivio Cinematografico(digital)

National Security Agency Archive(digital)

New York Times Wikileaks Archive(digital)

The Nixon Tapes, www.nixontapes.org(digital)

Richard Nixon Presidential Library and Museum, Yorba Linda, CA

Ruth First Papers(digital)

United Nations Archives, New York

저널 기사, 보고서 및 논문

Acemoglu, Daron. "Countries Fail the Same Way Businesses Do, Gradually and Then Suddenly." *Foreign Affairs*, June 15, 2020.

Acemoglu, Daron, Suresh Naidu, Pascual Restrepo, and James A. Robinson. "Democracy Does Cause Growth." *Journal of Political Economy* 127, no. 1(2019): 47-100.

Acemoglu, Daron, and Murat Ucer. "The Ups and Downs of Turkish Growth, 2002-2015: Political Dynamics, the European Union and the Institutional Slide." Working Paper no. 21608. Cambridge, MA: National Bureau of Economic Research, October 2015.

Acemoglu, Daron, Thierry Verdier, and James A. Robinson. "Kleptocracy and Divide-and-Rule: A Model of Personal Rule." *Journal of the European Economic Association* 2, nos. 2-3(2004): 162-192.

Ahmida, Ali Abdullatif. "Social Origins of Dictatorship and the Challenge for Democracy." *Journal of the Middle East and Africa* 3, no. 1(2012): 70-81.

Andersen, Jørgen Juel, and Silje Aslaksen. "Oil and Political Survival." *Journal of Development Economics* 100, no. 1(2013): 89-106.

Anderson, Lisa. "Qadhdhafi and His Opposition." *Middle East Journal* 40, no. 2(1986): 225-237.

Antonelli, Valerio, Raffaele D'Alessio, Roberto Rossi, and Warwick Funnell. "Accounting and the Banality of Evil: Expropriation of Jewish Property in Fascist Italy(1939-1945)." *Accounting, Auditing and Accountability Journal* 31, no. 8(2018): 2165-2191.

Arendt, Hannah. "Social Science Techniques and the Study of Concentration Camps." *Jewish Social Studies* 12, no.1(1950): 49-64.

Beckendorf, Ingo. "Russia: Putin Satire as 'Extremist Material' on Prohibition List," European Centre for Press and Media Freedom. November 5, 2017. https://www.ecpmf.eu/archive/news/legal/russia-putin-satire-as-extremist-material-on-prohibition-list.html.

Beiser, Elana. *Hundreds of Journalists Jailed Globally Becomes the New Normal.* Committee to Protect Journalists, December 13, 2018. https://cpj.org/reports/2018/12/journalists-jailed-imprisoned-turkey-china-egypt-saudi-arabia/.

Benvenuti, Andrea. "Between Myth and Reality: The Euro Crisis and the Down-fall of Silvio Berlusconi." *Journal of Modern Italian Studies* 22, no. 4(2017): 512-529.

Black, Mary E. "Diagnosing Pinochet Syndrome." *British Medical Journal* 332, no. 7534(2006): 185.

Blackwell, Stephen. "Saving the King: Anglo-American Strategy and British Counter-Subversion Operations in Libya, 1953-1959." *Middle Eastern Studies* 39, no. 1(2003): 1-18.

Brogan, Pamela. *The Torturers' Lobby. How Human Rights-Abusing Nations Are Represented in Washington*. Washington, DC: The Center for Public Integrity, 1992. https://cloudfront-files-1.publicintegrity.org/legacy_projects/pdf_reports/THETORTURERSLOBBY.pdf.

Bucur, Maria. "Policing the Womb 2.0." *Public Seminar*. February 2019.

Canali, Mauro. "The Matteotti Murder and the Origins of Mussolini's Totalitarian Dictatorship." *Journal of Modern Italian Studies* 14, no. 2(2009): 143-167.

Carbone, Maurizio. "Russia's Trojan Horse in Europe? Italy and the War in Georgia." *Italian Politics* 24(2008): 135-151.

Casini, Gherardo. "Bonifica della cultura italiana." *L'Orto*. January 1938.

Cassidy, Sheila. "Tortured in Chile." *Index on Censorship* 5, no. 2(1976): 67-73.

Cimino, Antonino. "Italiani espulsi dalla Libia." Tesi di laurea, Università di Palermo, 2010.

"Come coprire i vuoti." *Vita Universitaria*. October 5, 1938.

Cooley, Alexander, John Heathershaw, and J. C. Sharman. "Laundering Cash, Whitewashing Reputations." *Journal of Democracy* 29, no. 1(2018): 39-53.

Coretti, Lorenzo, and Daniele Pica. "The Rise and Fall of Collective Identity in Networked Movements: Communication Protocols, Facebook, and Anti-Berlusconi Protest." *Information, Communication and Society* 18, no. 8(2015): 951-967.

Corporate Europe Observatory. *Spin Doctors to the Autocrats: European PR Firms Whitewash Repressive Regimes*. January 20, 2015 report. https://corporateeurope.org/sites/default/ files/20150120_spindoctors_mr.pdf.

Csaky, Zselyke. *Dropping the Democratic Façade*. Freedom House Nations in Transit 2020 report. https://freedomhouse.org/sites/default/files/2020 05/NIT_2020_FINAL_05062020.pdf.

Dallago, Francesca, and Michele Roccato. "Right-Wing Authoritarianism: Big Five and Perceived Threat to Safety." *European Journal of Personality* 24, no. 2(2010):

106-122.

Dallara, Cristina. "Powerful Resistance against a Long-Running Personal Crusade: The Impact of Silvio Berlusconi on the Italian Judicial System." *Modern Italy* 20, no. 1(2015): 59-76.

Deibert, Ronald. "The Road to Unfreedom: Three Painful Truths about Social Media." *Journal of Democracy* 30, no. 1(2019): 25-39.

Desai, Raj M., Anders Olofsgård, and Tarik M. Yousef. "The Logic of Authoritarian Bargains: A Test of a Structural Model." Brookings Global Economy and Development Working Paper no. 3(January 2007).

Devine, Jack. "What Really Happened in Chile," *Foreign Affairs* 93, no. 4(2014): 26-35.

Dunlop, John G. "Aleksandr Dugin's Foundation of Geopolitics." *Demokratizatskiya* 23, no. 1(2004): 41-58.

Durante, Ruben, Paolo Pinotti, and Andrea Tesei. "The Political Legacy of Entertainment TV." *American Economic Review* 109, no. 7(2019): 2497-2530.

El-Issawi, Fatima. *Libya Media Transition. Headingtothe Unknown.* Polis Report, London School of Economics, 2013. http://eprints.lse.ac.uk/59906/1/El-Issawi_Libya-media-transition_2013_pub.pdf.

Enikolopov, Ruben, Maria Petrova, and Ekaterina Zhuravskaya. "Media and Political Persuasion: Evidence from Russia." *American Economic Review* 101, no. 7(2011): 3253-3285.

Erbaggio, Pierluigi. "Writing Mussolini: Il Duce's American Biographies on Paper and on Screen." PhD dissertation. University of Michigan, 2016.

Evans, Richard J. "Corruption and Plunder in the Third Reich." https://www.richardjevans.com/lectures/corruption-plunder-third-reich/.

Ezrow, Natasha. "Authoritarianism in the 21st Century." *Politics and Governance* 6, no. 2(2018): 83-86.

Fedele, Santi. "Francesco Saverio Nitti dal lungo esilio al rientro in Italia." *Humanities* 1, no. 1(2012): 1-18.

Fishman, Joel. "The Postwar Career of Nazi Ideologue Johann von Leers, aka Omar Amin, the 'First Ranking German' in Nasser's Egypt." *Jewish Political Studies Review* 26, nos. 3-4(2014): 54-72.

Frantz, Erica. "Authoritarian Politics: Trends and Debates." *Politics and Governance* 6, no. 2(2018): 87-89.

Frantz, Erica, and Andrea Kendall-Taylor, "A Dictator's Toolkit: Understanding

How Cooptation Affects Repression in Dictatorships." *Journal of Peace Research* 51, no. 3(2014): 332-346.

Frey, William H. *The US Will Become 'Minority White' in 2045, Census Projects*. Brookings Institute, March 14, 2018. https://www.brookings.edu/blog/the-avenue/2018/03/14/the-us-will-become-minority-white-in-2045-census-projects/.

Fuller, Clay. *Dismantling the Authoritarian-Corruption Nexus*. American Enterprise Institute Report. July 8, 2019. https://www.aei.org/research-products/report/dismantling-authoritarian-corruption-nexus.

Geddes, Barbara, Joseph Wright, and Erica Frantz. "Autocratic Breakdowns and Regime Transitions: A New Data Set." *Perspectives on Politics* 12, no. 2(2014): 313-331.

Giomi, Elisa. "Da 'Drive in' alla 'Makeover Television'. Modelli femminili e di rapporto fra i sessi nella TV belusconiana (e non)." *Studi culturali* 9, no. 1(2012): 3-28.

Glasius, Marlies. "What Authoritarianism Is… and Is Not: A Practice Perspective." *International Affairs* 94, no. 3(May 2018): 513-533.

Goemans, Henk E., Kristian Skrede Gleditsch, and Giacomo Chiozza. "Introducing Archigos: A Dataset of Leaders." *Journal of Peace Research* 46, no. 2(2004): 269-283.

Gunther, Richard, José Ramón Montero, and José Ignacio Wert. "Media and Politics in Spain: From Dictatorship to Democracy." Working Paper 176. Institut de Ciències Politiques i Socials, 1999.

Guriev, Sergei, and Daniel Treisman. "How Modern Dictators Survive: An Informational Theory of the New Authoritarianism." NBER Working Paper 21136(April 2015).

Hahl, Oliver, Minjae Kim, and Ezra W. Zuckerman Sivan. "The Authentic Appeal of the Lying Demagogue: Proclaiming the Deeper Truth about Political Illegitimacy." *American Sociological Review* 83, no. 1(2018): 1-33.

Herr, Orna. "How Is Chinese Censorship Affecting Reporting of the Coronavirus?" *Index on Censorship*, February 5, 2020.

Human Rights Watch. *Delivered into Enemy Hands. U.S.-Led Rendition of Opponents to Gaddafi's Libya*. Human Rights Watch Report, 2012. https://www.hrw.org/sites/default/files/report_pdf/libya0912_web_0.pdf.

Jain, Varsha, Meetu Chawla, B. E. Ganesh, and Christopher Pich. "Exploring and

Consolidating the Brand Personality Elements of the Political Leader." *Spanish Journal of Marketing* 22, no. 3(2018): 295-318.

Jones, Benjamin F., and Benjamin A. Olken. "Do Leaders Matter? Leadership and Growth since World War II." *Quarterly Journal of Economics* 120, no. 3(2005): 835-864.

Kavanagh, Jennifer, and Michael D. Rich. *Truth Decay: An Initial Exploration of the Diminishing Role of Facts and Analysis in American Public Life*. RAND Corporation Report, 2018. https://www.rand.org/pubs/research_reports/RR2314.html.

Lacher, Wolfgang. "Families, Tribes, and Cities in the Libyan Revolution." *Middle East Policy Council* 18, no. 4(2011): 140-154.

Lambertson, F. W. "Hitler, the Orator: A Study in Mob Psychology." *Quarterly Journal of Speech* 28, no. 2(1942): 123-131.

Lemebel, Pedro. "Farewell, Meatbag: On the Death of Pinochet." *NACLA.org*, April 10, 2008. https://nacla.org/article/farewell-meatbag-death-pinochet.

Lessa, Francesca. "Operation Condor on Trial: Justice for Transnational Human Rights Crimes in South America." *Journal of Latin American Studies* 51, no. 2(2019): 409-439.

Malka, Ariel, Yphtach Lelkes, Bert N. Bakker, and Eliyahu Spivack. "Who Is Open to Authoritarian Governance within Western Democracies?" *Perspectives on Politics*, forthcoming.

Marchesi, Milena. "Reproducing Italians: Contested Biopolitics in the Age of 'Replacement Anxiety'." *Anthropology & Medicine* 19, no. 2(2012): 171-188.

Mattei, Clara Elisabetta. "Austerity and Repressive Politics: Italian Economists in the Early Years of the Fascist Government." *The European Journal of the History of Economic Thought* 24, no. 5(October 2017): 998-1026.

McFaul, Michael, and Kathryn Stoner-Weiss. "The Myth of the Authoritarian Model: How Putin's Crackdown Holds Russia Back." *Foreign Affairs* 87, no. 1(2008): 68-80, 82-84.

Merjian, Ara. "Fascist Revolution, Futurist Spin: Renato Berilli's Continuous Profile of Mussolini and the Face of Fascist Time." *Oxford Art Journal* 42, no. 3(2019): 307-333.

Meyersson, Erik. "Political Man on Horseback: Coups and Development." Stockholm: Institute for Transition Economics, April 5, 2016. https://www.hhs.se/en/research/institutes/site/publications/2015-political-man-on-horseback/.

Mondini, Sara, and Carlo Semenza. "Research Report: How Berlusconi Keeps His Face." *Cortex* 42, no. 3(2006): 332-335.

Morante, Elsa. "Pagine di diario, 1945." *Paragone letteratura* 39, no. 7, new series(1988): 3-16.

Ndikumana, Léonce, and James Boyce. "Congo's Odious Debt: External Borrowing and Capital Flight in Zaire." *Development and Change* 29, no. 2(1998): 195-217.

Norris, Pippa. "Measuring Populism Worldwide." Harvard Kennedy School Faculty Research Working Paper No. RWP20-002, February 2020. https://www.hks.harvard.edu/publications/measuring-populism-worldwide.

Ogle, Vanessa. "'Funk Money': The End of Empires, the Expansion of Tax Havens, and Decolonization as an Economic and Financial Event." *Past and Present*. Forthcoming, 2020.

Olave, Angélica Thumala. "The Richness of Ordinary Life: Religious Justification among Chile's Business Elite." *Religion* 40, no. 1(2010): 14-26.

Orrenius, Pia, and Madeline Zavodny. "Do Immigrants Threaten US Public Safety?" *Journal on Migration and Human Security* 7, no. 3(2019): 52-61.

Padovani, Cinzia. "Berlusconi's Italy: The Media between Structure and Agency." *Modern Italy* 20, no. 1(2015): 41-57.

Palacio, Manuel. "Early Spanish Television and the Paradoxes of a Dictator General." *Historical Journal of Film, Radio, and Television* 25, no. 4(2005): 599-617.

Papini, Giovanni. "Maschilità." *Quaderni della Voce*, series III, no. 25(1915).

Pasquino, Gianfranco. "The Five Faces of Silvio Berlusconi: The Knight of Anti-Politics." *Modern Italy* 12, no. 1(2007): 39-54.

Perseus Strategies. *The Kremlin's Political Prisoners. Advancing a Political Agenda by Crushing Dissent*. Washington, DC: May 2019 Report. https://www.perseus-strategies.com/wp-content/uploads/2019/04/The-Kremlins-Political-Prisoners-May-2019.pdf.

Polyak, Gábor. "How Hungary Shrunk the Media," *Mérték Media Monitor*, February 14, 2019, at European Centre for Press and Media Freedom. https://www.ecpmf.eu/news/threats/how-hungary-shrunk-the-media.

Polyakova, Alina, and Chris Meserole. *Exporting Digital Authoritarianism: The Russian and Chinese Models*. Brookings Institute Policy Brief, Democracy and Disorder Series, 2019, https://www.brookings.edu/research/exporting-digital-authoritarianism/: 1-22.

Pomerantsev, Peter, and Michael Weiss. *The Menace of Unreality: How the Kremlin Weaponizes Information, Culture and Money.* The Interpreter Project Report, Institute of Modern Russia, 2014. https://imrussia.org/media/pdf/Research/Michael_Weiss_and_Peter_Pomerantsev__The_Menace_of_Unreality.pdf.

Preston, Paul. "Franco and Hitler: The Myth of Hendaye, 1940." *Contemporary European History* 1, no. 1(1992): 1-16.

Preston, Paul. "General Franco as Military Leader." *Transactions of the Royal Historical Society* 4(1994): 21-41.

Ragnedda, Massimo. "Censorship and Media Ownership in Italy in the Era of Berlusconi." *Global Media Journal: Mediterranean Edition* 9, no. 1(2014), 13.

Ramos, Jorge. "This Is How Pinochet Tortured Me." *The Scholar and Feminist Online* 2, no. 1(2003).

Ravelli, Galadriel. "Far-Right Militants and Sanctuaries in the Cold War: The Transnational Trajectories of Italian Neo-Fascism." PhD dissertation. University of Bath, 2017.

Robinson, Linda, Todd C. Helmus, Raphael S. Cohen, Alireza Nader, Andrew Radin, Madeline Magnuson, and Katya Migacheva. *Modern Political Warfare. Current Practices and Possible Responses.* RAND Corporation Report, 2018. https://www.rand.org/pubs/research_reports/RR1772.html.

Rodrigo, Javier. "Exploitation, Fascist Violence and Social Cleansing: A Study of Franco's Concentration Camps from a Comparative Perspective." *European Review of History* 19, no. 4(2012): 553-573.

Ross, Michael. "What Have We Learned about the Resource Curse?" *Annual Review of Political Science* 18(2015): 239-259.

Rupprecht, Tobias. "Formula Pinochet: Chilean Lessons for Russian Liberal Reformers during the Soviet Collapse, 1970-2000." *Journal of Contemporary History* 51, no. 1(2016): 165-186.

Sadkovich, James J. "The Italo-Greek War in Context: Italian Priorities and Axis Diplomacy." *Journal of Contemporary History* 28, no. 3(1993): 439-464.

Salvemini, Gaetano. "Mussolini's Battle of Wheat." *Political Science Quarterly* 46, no. 1(1931): 25-40.

Saz, Ismael. "Fascism and Empire: Fascist Italy against Republican Spain." *Mediterranean Historical Review* 13, nos. 1-2(1998): 116-134.

Selassie, Haile. *League of Nations Official Journal.* Special Supplement 151. Records of the Sixteenth Ordinary Session of the Assembly, Plenary Meeting, June 30,

1936: 22-25.

Shahbaz, Adrian. *Freedom on the Net 2018: The Rise of Digital Authoritarianism*. New York: Freedom House, 2018. https://freedomhouse.org/report/freedom-net/2018/rise-digital-authoritarianism.

Sharia, Jaber Emhemed Masaud, Bambang Supriyono, M. Mardiyono, Andy Fefta Wijaya, and Soesilo Zauhar. "Corruption in the Regime's Apparatus and State Institutions in Libya during Gaddafi's Rule." *International Refereed Journal of Engineering and Science* 3, no. 11(2014): 1-3.

Simon, Joel. "Muzzling the Media: How the New Autocrats Threaten Press Freedom." *World Policy Journal* 23, no. 2(2006): 51-61.

Smith, Benjamin. "Oil Wealth and Regime Survival in the Developing World, 1960-1999." *American Journal of Political Science* 48, no. 2(2004): 232-246.

Spencer, Leighann, and Ali Yildiz. *The Erosion of Property Rights in Turkey*. Platform Peace & Justice, 2020. Accessed March 18, 2020. http://www.platformpj.org/wp-content/uploads/EROSION-OF-PROPERTY-RIGHTS-IN-TURKEY-1.pdf.

Swan, Alessandra Antola. "The Iconic Body: Mussolini Unclothed." *Modern Italy* 21, no. 4(2016): 361-381.

Tenpas, Kathryn Dunn, Elaine Kamarck, and Nicholas W. Zeppos. *Tracking Turnover in the Trump Administration*. Washington, DC: Brookings Institution Report, 2018.

Tol, Gonul. "Turkey's Bid for Religious Leadership." *Foreign Affairs*, January 10, 2019.

Travaglio, Marco. "Il caso Schifani cominicia ora." *Micromega* 4(2008).

Vaccari, Christian. "The Features, Impact, and Legacy of Berlusconi's Campaigning Language and Style." *Modern Italy* 20, no. 1(2015): 25-39.

Vannucci, Alberto. "The Controversial Legacy of '*Mani Pulite*': A Critical Analysis of Italian Corruption and Anti-Corruption Policies." *Bulletin of Italian Politics* 1, no. 2(2009): 233-264.

Veronesi, Giulia. "Chi siamo." *Campo di Marte*, September 1, 1938.

Viñas, Angel, and Carlos Collado Seidel. "Franco's Request to the Third Reich for Military Assistance." *Contemporary European History* 11, no. 2(2002): 191-210.

Wiley, Stephen Bert. "Transnation: Chilean Television Infrastructure and Policy as National Space, 1969-1996." PhD dissertation. University of Illinois at Urbana-Champaign, 1999.

Wuerth, Ingrid. "Pinochet's Legacy Reassessed." *American Journal of International Law* 106, no. 73(2012): 731-768.

Yeaw, Katrina. "Women, Resistance, and the Creation of New Gendered Frontiers in the Making of Modern Libya, 1890-1980." PhD dissertation. Georgetown University, 2017.

Zakaria, Fareed. "The Rise of Illiberal Democracy." *Foreign Affairs* 76, no. 6(1997): 22-43.

Zoli, Corri, Sahar Azar, and Shani Ross. *Patterns of Conduct. Libyan Regime Support for and Involvement in Acts of Terrorism.* UNHRC Commission of Inquiry into Human Rights Violations in Libya Report, 2011.

도서

Acosta, Jim. *Enemy of the People: A Dangerous Time to Tell the Truth in America.* New York: HarperCollins, 2019.

Addis, Elisabetta, Valeria E. Russo, and Lorenza Sebesta, eds. *Women Soldiers: Images and Realities.* Basingstoke, UK: Macmillan, 1994.

Adorno, Theodor, Else Frenkel-Brunswik, Daniel Levinson, and R. Nevitt Sanford. *The Authoritarian Personality.* New York: Harper and Row, 1950.

Agamben, Giorgio. *State of Exception.* Translated by Kevin Attell. Chicago: University of Chicago Press, 2005.

Ahmida, Ali. *Forgotten Voices. Power and Agency in Colonial and Postcolonial Libya.* New York: Routledge, 2005.

Ailara, Vito, and Massimo Caserta. *I relegati libici a Ustica dal 1911 al 1934.* Ustica: Centro Studi Isola di Ustica, 2012.

Akdogan, Yalcin. *Political Leadership and Erdoğan.* Cambridge, UK: Cambridge Scholars Publishing, 2018.

Albanese, Giulia. *La Marcia su Roma.* Rome: Laterza, 2006.

Albanese, Matteo, and Pablo Del Hierro. *Transnational Fascism in the Twentieth Century: Spain, Italy and the Global Neofascist Network.* London: Bloomsbury Academic, 2016.

Alberta, Tim. *American Carnage.* New York: HarperCollins, 2019.

Albertazzi, Daniele, Nina Rothenberg, Charlotte Ross, and Clodagh Brook, eds. *Resisting the Tide. Cultures of Opposition under Berlusconi.* New York: Continuum, 2011.

Aliano, David. *Mussolini's National Project in Argentina.* Madison, NJ: Farleigh

Dickinson Press, 2012.

Allert, Tilman. *The Hitler Salute. On the Meaning of a Gesture*. New York: Picador, 2009.

Aly, Götz. *Hitler's Beneficiaries*. New York: Metropolitan Books, 2007.

Aly, Götz, Peter Chroust, and Christian Pross, eds. *Cleansing the Fatherland. Nazi Medicine and Racial Hygiene*. Baltimore: Johns Hopkins University Press, 1994.

Amadori, Alessandro. *Madre Silvio. Perché la psicologia profonda di Berlusconi è più femminile che maschile*. Milano: Mind Edizioni, 2011.

Amendola, Giorgio. *Un'isola*. Milan: Rizzoli, 1980.

Améry, Jean. *Beyond the Mind's Limits. Contemplations by a Survivor on Auschwitz and Its Realities*. New York: Schocken Books, 1986.

Amnesty International. *Report on Torture*. New York: Farrar, Straus and Giroux, 1975.

Andersen, Tea Sinbæk, and Barbara Törnquist-Plewa, eds. *The Twentieth Century in European Memory*. Leiden, Neth.: Brill, 2017.

Anderson, Lisa. *The State and Social Transformation in Tunisia and Libya, 1830–1980*. Princeton, NJ: Princeton University Press, 1986.

Anonymous. *A Warning*. New York: Twelve, 2019.

Apor, Balázs, Jan C. Behrends, Polly Jones, and E. A. Rees, eds. *The Leader Cult in Communist Dictatorships*. New York: Palgrave Macmillan, 2004.

Arendt, Hannah. *Eichmann in Jerusalem*. New York: Viking Press, 1964.

Arendt, Hannah. *On Violence*. New York: Harcourt Brace and World, 1969.

Arendt, Hannah. *Origins of Totalitarianism*. New York: Meridian Press, 1958.

Arriagada, Genaro. *Pinochet. The Politics of Power*. Boston: Unwin Hyman, 1988.

Arthurs, Joshua, Michael Ebner, and Kate Ferris, eds. *The Politics of Everyday Life in Fascist Italy: Outside the State?* New York: Palgrave Macmillan, 2017.

Artom, Emanuele. *Diario di un partigiano ebreo: Gennaio 1940-febbraio 1944*. Turin: Bollati Boringhieri, 2008.

Aslund, Anders. *Russia's Crony Capitalism: The Path from Market Economy to Kleptocracy*. New Haven: Yale University Press, 2019.

Bainville, Jacques. *Les Dictateurs*. Paris: Denoël et Steele, 1935.

Baldinetti, Anna. *The Origins of the Libyan Nation. Colonial Legacy, Exile and the Emergence of the Nation-State*. New York: Routledge, 2010.

Barontini, Elio. *Ilio Barontini. Fuoriscito, internazionalista e partigiano*. Rome: Edizioni Robin, 2013.

Barrett, Wayne. *Trump: The Deals and the Downfall*. New York: HarperCollins, 1992.

Bartov, Omer. *Hitler's Army: Soldiers, Nazis, and War in the Third Reich*. New York: Oxford University Press, 1992.

Bassiouni, Mahmoud Cherif. *Libya: From Repression to Revolution. A Record of Armed Conflict and International Law Violations, 2011–2013*. Leiden, Neth.: Martin Ninjhus Publishers, 2013.

Bastianini, Giuseppe. *Uomini cose fatti. Memorie di un ambasciatore*. Milan: Vitagliano, 1959.

Bastías, Guillermo. *Pinochet Illustrado*. Santiago: Editorial Genus, 2008.

Bawden, John R. *The Pinochet Generation: The Chilean Military in the Twentieth Century*. Tuscaloosa: University of Alabama Press, 2016.

Beachy, Robert. *Gay Berlin: Birthplace of a Modern Identity*. New York: Knopf, 2014.

Becker, Ernest. *The Birth and Death of Meaning*. New York: Free Press, 1971.

Benadusi, Lorenzo. *The Enemy of the New Man: Homosexuality in Fascist Italy*. Translated by Suzanne Dingee and Jennifer Pudney. Madison: University of Wisconsin Press, 2012.

Benedetti, Amedeo. *Il linguaggio e la retorica della nuova politica italiana: Silvio Berlusconi e Forza Italia*. Genoa: Erga, 2004.

Ben-Ghiat, Ruth. *Fascist Modernities: Italy, 1922–1945*. Berkeley: University of California Press, 2001.

Ben-Ghiat, Ruth. *Italian Fascism's Empire Cinema*. Bloomington: Indiana University Press, 2015.

Ben-Ghiat, Ruth, and Mia Fuller, eds. *Italian Colonialism*. New York: Palgrave Macmillan, 2005.

Ben-Ghiat, Ruth, and Stephanie Malia Hom, eds. *Italian Mobilities*. New York: Routledge, 2015.

Benjamin, Walter. *Illuminations*. Edited by Hannah Arendt. Translated by Harry Zohn. New York: Schocken, 1968.

Benkler, Yochai, Robert Faris, and Hal Roberts. *Network Propaganda: Manipulation, Disinformation, and Radicalization in American Politics*. New York: Oxford University Press, 2018.

Beradt, Charlotte. *The Third Reich of Dreams*. Translated by Adriane Gottwald. Chicago: Quadrangle Books, 1966.

Berardi, Francesco Bifo. *Skizo-Mails*. Dijon: Les Presses du Reél, 2012.

Berlet, Chip, ed. *Trumping Democracy: From Reagan to the Alt-Right*. New York: Routledge, 2020.

Berlusconi, Silvio. *Una storia italiana*. Milan: Mondadori, 2001.

Berman, Sheri. *Democracy and Dictatorship in Europe from the Ancien Régime to the Present Day*. New York: Oxford University Press, 2019.

Bernstein, Andrea. *American Oligarchs. The Kushners, the Trumps, and the Marriage of Money and Power*. New York: W. W. Norton, 2020.

Bertellini, Giorgio. *Divo/Duce. Promoting Film Stardom and Political Leadership in 1920s America*. Berkeley: University of California Press, 2019.

Bianco, Mirella. *Gaddafi: Voice from the Desert*. London: Longman, 1975.

Birns, Lawrence. *The End of Chilean Democracy: An IDOC Dossier on the Coup and Its Aftermath*. New York: Seabury Press, 1974.

Bloch, Marc. *Royal Touch: Sacred Monarchy and Scrofula in England and France*. Toronto: McGill-Queen's University Press, 1973.

Boni, Federico. *Il Superleader. Fenomenologia mediatica di Silvio Berlusconi*. Rome: Meltemi, 2008.

Bonsaver, Guido. *Censorship and Literature in Fascist Italy*. Toronto: University of Toronto Press, 2007.

Borgese, G. A. *Goliath. The March of Fascism*. New York: Viking, 1937.

Borneman, John, ed. *The Death of the Father. An Anthropology of the End in Political Authority*. New York: Berghahn, 2004.

Bornstein, Eliot. *Pussy Riot: Speaking Punk to Power*. London: Bloomsbury, 2020.

Borzutzky, Silvia, and Lois Hecht Oppenheim, eds. *After Pinochet: The Chilean Road to Democracy and the Market*. Gainesville: University Press of Florida, 2006.

Bosworth, Richard. *Claretta: Mussolini's Last Lover*. New Haven: Yale University Press, 2017.

Bosworth, Richard. *Mussolini*. London: Bloomsbury, 2011.

Bottai, Giuseppe. *Diario*, 1935-1944. Milan: Rizzoli, 1982.

Bowen, Wayne H. *Spain during World War Two*. Columbia: University of Missouri Press, 2006.

Boyd, Douglas A. *Broadcasting in the Arab World*. Ames: University of Iowa Press, 1999.

Braglia, Elena Bianchini. *Donna Rachele*. Milan: Mursia, 2007.

Bray, Mark. *Antifa: The Anti-Fascist Handbook*. New York: Melville House, 2017.

Brown, Archie. *The Myth of the Strong Leader: Political Leadership in the Modern*

Age. New York: Basic Books, 2014.

Bueno de Mesquita, Bruce, James D. Morrow, Randolph M. Siverson, and Alastair Smith. *The Logic of Political Survival*. Cambridge, MA.: MIT Press, 2003.

Bueno de Mesquita, Bruce, and Alastair Smith. *The Dictator's Handbook: Why Bad Behavior Is Almost Always Good Politics*. New York: Public Affairs, 2011.

Burgwyn, James. *The Legend of the Mutilated Victory. Italy, the Great War and the Paris Peace Conference, 1915–1919*. Westport, CT: Praeger Press, 1993.

Burleigh, Michael, and Wolfgang Wipperman. *The Racial State. Germany, 1933–1945*. Cambridge, UK: Cambridge University Press, 1991.

Burleigh, Nina. *Golden Handcuffs. The Secret History of Trump's Women*. New York: Gallery Books, 2018.

Bytwerk, Randall. *Bending Spines: The Propagandas of Nazi Germany and the German Democratic Republic*. East Lansing: Michigan State University Press, 2004.

Cagaptay, Soner. *Erdoğan's Empire: Turkey and the Politics of the Middle East*. London: I.B. Tauris, 2019.

Canali, Mauro. *La scoperta dell'Italia. Il fascismo raccontato dai corrispondenti americani*. Venice: Marsilio, 2017.

Canali, Mauro, and Clemente Volpini. *Mussolini e i ladri del regime. Gli arrichimenti illeciti del fascismo*. Milan: Mondadori, 2019.

Canterbury, Douglas C. *Neoextractivism and Capitalist Development*. New York: Routledge, 2018.

Caplan, Jane. *Government without Administration: State and Civil Service in Weimar and Nazi Germany*. Oxford: Clarendon Press, 1988.

Caro Duce. Lettere di donne italiane a Mussolini 1922–1943. Milan: Rizzoli, 1989.

Carrió, Alejandro. *Los crímenes del Cóndor. El caso Prats y la trama de conspiraciones entre los servicios de inteligencía del Cono Sur*. Buenos Aires: Editorial Sudamericana, 2005.

Casanova, Julian. *A Short History of the Spanish Civil War*. London: I.B. Tauris, 2013.

Casey, Steven, and Jonathan Wright, eds. *Mental Maps in the Era of Two World Wars*. New York: Palgrave Macmillan, 2008.

Césaire, Aimé. *Discourse on Colonialism*. New York: Monthly Review Press, 2000.

Cesarani, David. *Final Solution. The Fate of the Jews, 1933–1949*. New York: St. Martin's Press, 2016.

Cheeseman, Nicholas, and Brian Klaas. *How to Rig an Election*. New Haven: Yale

University Press, 2019.

Ciano, Galeazzo. *Diario 1937–1943*. Milan: Rizzoli, 1990.

Cojean, Annick. *Gaddafi's Harem*. New York: Grove Press, 2013.

Constable, Pamela, and Arturo Valenzuela. *A Nation of Enemies. Chile under Pinochet*. New York: W. W. Norton, 1993.

Cooper, Marc. *Pinochet and Me. A Chilean Anti-Memoir*. New York: Verso, 2000.

Corbin, Alain, Jean-Jacques Courtine, and Georges Vigarello, eds. *A History of Virility*. New York: Columbia University Press, 2016.

Darnton, Robert. *Censors at Work. How States Shaped Literature*. New York: W. W. Norton, 2014.

David, Julie Hirschfeld, and Michael D. Shear. *Border Wars. Inside Trump's Assault on Immigration*. New York: Simon and Schuster, 2019.

Dawisha, Karen. *Putin's Kleptocracy: Who Owns Russia?* New York: Simon and Schuster, 2015.

De Begnac, Yvon. *Palazzo Venezia: Storia di un Regime*. Rome: La Rocca, 1950.

De Felice, Renzo. *Mussolini e Hitler. I Rapporti Segreti, 1922–1933*. Rome: Laterza, 2013.

De Felice, Renzo. *Mussolini il rivoluzionario, 1883–1920*. Turin: Einaudi, 1965.

De Grand, Alexander. *Fascist Italy and Nazi Germany. The "Fascist" Style of Rule*. New York: Routledge, 2004.

De Grazia, Victoria. *How Fascism Ruled Women*. Berkeley: University of California Press, 1992.

Del Boca, Angelo. *Gli italiani in Libia. Dal fascismo a Gheddafi*. Milan: Mondadori, 1994.

Del Boca, Angelo. *Mohamed Fekini and the Fight to Free Libya*. New York: Palgrave Macmillan, 2011.

Del Buono, Oreste, ed. *Eia, Eia, alalà: La stampa italiana sotto il fascismo*. Milan: Feltrinelli, 1971.

Delmer, Sefton. *Trail Sinister. An Autobiography, Volume One*. London: Secker and Warburg, 1961.

De Madariaga, Salvador. *España. Ensayo de Historia Contemporanea*. Madrid: Espasa-Calpe, 1979.

Dietrich, Otto. *The Hitler I Knew. Memoirs of the Third Reich's Press Chief*. New York: Skyhorse, 2014.

Diggins, John Patrick. *Mussolini and Fascism: The View from America*(1972). Princeton, NJ: Princeton University Press, 2015.

Di Giulio, Francesca, and Federico Cresti, eds. *Rovesci della fortuna. La minoranza italiana in Libia dalla seconda guerra mondiale all'espulsione 1940–1970.* Ariccia, Italy: Aracne, 2016.

Dikötter, Frank. *How to Be a Dictator. The Cult of Personality in the Twentieth Century.* London: Bloomsbury, 2019.

Diodato, Emidio, and Federico Niglia. *Berlusconi 'The Diplomat': Populism and Foreign Policy in Italy.* New York: Palgrave Macmillan, 2019.

Dorfman, Ariel. *Homeland Security Ate My Speech.* New York: OR Books, 2017.

Dubiel, Helmut, and Gabriel Motzkin, eds. *The Lesser Evil: Moral Approaches to Genocide Practices.* New York: Routledge, 2004.

Duggan, Christopher. *Fascism and the Mafia.* New Haven: Yale University Press, 1989.

Duggan, Christopher. *Fascist Voices. An Intimate History of Mussolini's Italy.* New York: Oxford University Press, 2013.

Dumbach, Annette, and Jud Newborn. *Sophie Scholl and the White Rose.* London: Oneworld Publications, 2018.

Dunn, Kevin. *Imagining the Congo. The International Relations of Identity.* New York: Palgrave Macmillan, 2003.

Eatwell, Roger, and Matthew Goodwin. *National Populism. The Revolt against Liberal Democracy.* New York: Penguin Random House, 2018.

Eberle, Henrik, ed. *Letters to Hitler.* Translated by Steven Rendall. Cambridge, UK: Polity Press, 2012.

Ebner, Michael R. *Ordinary Violence in Mussolini's Italy.* Cambridge, UK: Cambridge University Press, 2010.

El-Kikhia, Mansour O. *Libya's Qaddafi. The Politics of Contradiction.* Gainesville: University Press of Florida, 1997.

Ellul, Jacques. *Propaganda. The Formation of Men's Attitudes.* New York: Vintage Books, 1973.

Enciclopedia Treccani. Edited by Giovanni Treccani. Milan: Istituto Trecccani, 1932.

Enrich, David. *Dark Towers: Deutsche Bank, Donald Trump, and an Epic Trail of Destruction.* New York: Custom House, 2020.

Ensalaco, Mark. *Chile under Pinochet: Recovering the Truth.* Philadelphia: University of Pennsylvania Press, 1999.

Errázuriz, Luis Hernán, and Gonzalo Leiva Quijada. *El Golpe Estético. Dictadura*

Militar en Chile 1973–1989. Santiago: Ocholibros, 2012.

Esposito, Roberto. *Bios: Biopolitcs and Philosophy*. Translated by Timothy Campbell. Minneapolis: University of Minnesota Press, 2008.

Etlin, Richard, ed. *Art, Culture, and Media under the Third Reich*. Chicago: University of Chicago Press, 2002.

Evans, Richard. *The Coming of the Third Reich*. New York: Penguin, 2003.

Falasca-Zamponi, Simonetta. *Fascist Spectacle*. Berkeley: University of California Press, 1997.

Fallaci, Oriana. *Interview with History*. Translated by John Shepley. Boston: Houghton Mifflin, 1976.

Farcau, Bruce W. *The Coup. Tactics in the Seizure of Power*. Westport, CT: Praeger, 1994.

Farfán, Claudia, and Fernando Vega. *La familia. Historia Privada de los Pinochet*. Santiago: Random House Mondadori, 2009.

Fellini, Federico. *Fellini on Fellini*. Translated by Isabel Quigley. New York: Delacorte Press, 1976.

Fermi, Laura. *Mussolini*. Chicago: University of Chicago Press, 1961.

Ferrario, Rachele. *Margherita Sarfatti: La regina dell'arte nell'Italia fascista*. Milan: Mondadori, 2015.

Fest, Joachim. *Hitler*. New York: Mariner Books, 2002.

Fest, Joachim. *Plotting Hitler's Death. The Story of German Resistance*. New York: Metropolitan Books, 1996.

Finchelstein, Federico. *A Brief History of Fascist Lies*. Berkeley: University of California Press, 2020.

Finchelstein, Federico. *From Fascism to Populism in History*. Berkeley: University of California Press, 2017.

Fisher, Dana. *American Resistance: From the Women's March to the Blue Wave*. New York: Columbia University Press, 2019.

Franco, Francisco. *Discursos y mensajes del Jefe del Estado 1955–1959*. Madrid: Dirección General de Información Publicaciones Españolas, 1960.

Frantz, Erica. *Authoritarianism: What Everyone Needs to Know*. New York: Oxford University Press, 2018.

Frantz, Erica, and Natasha Ezrow. *The Politics of Dictatorship. Institutions and Outcomes in Authoritarian Regimes*. Boulder, CO: Lynne Rienner, 2011.

Franzinelli, Mimmo. *Il Duce e le donne. Avventure e passioni extraconiugali di Mus-*

solini. Milan: Mondadori, 2013.

Franzinelli, Mimmo. *Squadristi. Protagonisti e techniche della violenza fascista, 1919–1922.* Milan: Mondadori, 2003.

Franzinelli, Mimmo. *Il tribunale del Duce. La giustizia fascista e le sue vittime(1927–1943).* Milan: Le Scie, 2017.

Friedman, Alan. *My Way. Berlusconi in His Own Words.* London: Biteback Publishing, 2015.

Fry, Michael. *Hitler's Wonderland.* London: John Murray, 1934.

Fuller, Mia. *Moderns Abroad. Architecture, Cities, and Italian Imperialism.* New York: Routledge, 2006.

Gabowitsch, Mischa. *Protest in Putin's Russia.* Cambridge, UK: Polity Press, 2017.

Gaddafi, Muammar. *Escape to Hell and Other Stories.* Toronto: Hushion House, 1998.

Gaddafi, Muammar. *My Vision. Conversations and Frank Exchanges of Views with Edmond Jouve.* Translated by Angela Parfitt. London: John Blake, 2005.

Galeotti, Mark. *We Need to Talk about Putin: How the West Gets Him Wrong.* London: Ebury Press, 2019.

Gandhi, Jennifer. *Political Institutions under Dictatorship.* Cambridge, UK: Cambridge University Press, 2008.

Geddes, Barbara. *How Dictatorships Work. Power, Personalization, and Collapse.* Cambridge, UK: Cambridge University Press, 2018.

Gellately, Robert, and Nathan Stoltzfus, eds. *Social Outsiders in Nazi Germany.* Princeton, NJ: Princeton University Press, 2018.

Gessen, Masha. *The Future Is History: How Totalitarianism Reclaimed Russia.* New York: Riverhead Books, 2017.

Gessen, Masha. *The Man without a Face: The Unlikely Rise of Vladimir Putin.* New York: Riverhead Books, 2012.

Geyer, Michael, and John W. Boyer, eds. *Resistance against the Third Reich: 1933–1990.* Chicago: University of Chicago Press, 1994.

Geyer, Michael, and Sheila Fitzpatrick, eds. *Beyond Totalitarianism: Stalinism and Nazism Compared.* Cambrdige, UK: Cambridge University Press, 2009.

Ginsborg, Paul. *Silvio Berlusconi. Television, Power, and Patrimony.* New York: Verso, 2004.

Ginsborg, Paul, and Enrica Asquer, eds. *Berlusconismo. Analisi di un fenomeno.* Rome: Laterza, 2011.

Giovannini, Paolo, and Marco Palla. *Il fascismo dalle mani sporche. Dittatura, corruzione, affarismo*. Rome: Laterza, 2019.

Gobetti, Ada. *Diario partigiano*. Turin: Einaudi, 1972.

Gobetti, Piero. *La rivoluzione liberale. Saggio sulla politica della lotta in Italia*. Fano, Italy: Aras Edizioni, 2016.

Goebbels, Joseph. *Die Tagebücher von Joseph Goebbels*. Vol. 1. *Sämtliche Fragmente: Aufzeichnungen 1923–1941*. Edited by Elke Fröhlich. Munich: K.G. Saur Verlag, 1998-2006.

Goeschels, Christian. *Mussolini and Hitler: The Forging of the Fascist Alliance*. New Haven: Yale University Press, 2018.

Goeschels, Christian. *Suicide in Nazi Germany*. New York: Oxford University Press, 2009.

González, Mónica. *La Conjura. Los mil y un dias del golpe*. Santiago: Ediciones B Chile, 2000.

González-Ruibal, Alfredo. *An Archeology of the Contemporary Era*. New York: Routledge, 2019.

Goretti, Gianfranco, and Tommaso Giartosio. *La Città e l'Isola: Omosessuali al confino nell'Italia fascista*. Rome: Donzelli, 2006.

Görtemaker, Heike B. *Eva Braun. Life with Hitler*. New York: Knopf, 2011.

Goscilo, Helena, ed. *Putin as Celebrity and Cultural Icon*. New York: Routledge, 2013.

Goscilo, Helena, and Vlad Strukov, eds. *Celebrity and Glamour in Contemporary Russia: Shocking Chic*. New York: Routledge, 2011.

Graham, Helen. *The Spanish Civil War. A Very Short Introduction*. New York: Oxford University Press, 2005.

Green, Jeffrey Edward. *Eyes of the People. Democracy in an Age of Spectatorship*. New York: Oxford University Press, 2010.

Gross, Jan. *Neighbors. The Destruction of the Jewish Community in Jedwabne, Poland*. Princeton, NJ: Princeton University Press, 2001.

Guaaybess, Tourya, ed. *National Broadcasting and State Policy in Arab Countries*. New York: Palgrave Macmillan, 2013.

Guardiola-Rivera, Oscar. *Story of a Death Foretold. The Coup against Salvador Allende, September 11, 1973*. London: Bloomsbury, 2013.

Guenther, Irene, *Nazi Chic*. New York: Berg, 2004.

Guerriero, Leila, ed. *Los Malos*. Santiago: Ediciones Diego Portales, 2015.

Gundle, Stephen, Christopher Duggan, and Giuliana Pieri, eds. *The Cult of the Duce: Mussolini and the Italians*. Manchester, UK: Manchester University Press, 2015.

Guzzanti, Paolo. *Mignottocrazia. La sera andavamo a ministre*. Rome: Aliberti, 2010.

Hall, Todd H. *Emotional Diplomacy*. Ithaca, NY: Cornell University Press, 2015.

Han, Clara. *Life in Debt. Times of Care and Violence in Neoliberal Chile*. Berkeley: University of California Press, 2012.

Hancock, Dean. *Tyrannical Minds. Psychological Profiling, Narcissism, and Dictatorship*. New York: Pegasus Books, 2019.

Herz, Gabriele. *The Women's Camp in Moringen. A Memoir of Imprisonment in Nazi Germany 1936–1937*. Edited by Jane Caplan. New York: Berghahn, 2006.

Hetherington, Marc J., and Jonathan D. Weiler. *Authoritarianism and Polarization in American Politics*. Cambridge, UK: Cambridge University Press, 2009.

Hett, Benjamin Carter. *Burning the Reichstag*. New York: Oxford University Press, 2014.

Heywood, Paul, ed. *The Routledge Handbook of Political Corruption*. New York: Routledge, 2015.

Higginbotham, Virginia. *Spanish Film under Franco*. Austin: University of Texas Press, 1988.

Hill, Fiona, and Clifford Gaddy. *Mr. Putin. Operative in the Kremlin*. Washington, DC: Brookings Institution Press, 2013.

Hitler, Adolf. *Mein Kampf*. Translated by Ralph Manheim. Boston: Houghton Mifflin, 1999.

Hochschild, Adam. *King Leopold's Ghost: A Story of Greed, Terror, and Heroism in Colonial Africa*. New York: Houghton Mifflin, 1999.

Hochschild, Arlie Russel. *Strangers in Their Own Land: Anger and Mourning on the American Right*. New York: The New Press, 2016.

Hockenos, Paul. *Free to Hate. The Rise of the Right in Post-Communist Europe*. New York: Routledge, 1993.

Holmboe, Knud. *Desert Encounter. An Adventurous Journey through Italian Africa*. Translated by Helga Holbek. London: George G. Harrap, 1936.

Hom, Stephanie Malia. *Empire's Mobius Strip. Historical Echoes in Italy's Crisis of Migration and Detention*. Ithaca, NY: Cornell University Press, 2019.

Hughes, H. Stuart. *The United States and Italy*. Cambridge, MA.: Harvard University Press, 1953.

Hull, Isabel. *Absolute Destruction*: *Military Culture and the Practices of War in Imperial Germany*. Ithaca, NY: Cornell University Press, 2006.

Huneeus, Carlos. *The Pinochet Regime*. Translated by Lake Sagaris. Boulder: Lynne Rienner, 2007.

Ibrahim, Vivian, and Margit Wunsch. *Political Leadership, Nations and Charisma*. New York: Routledge, 2012.

Ignazi, Piero. *Postfascisti? Dal Movimento sociale italiano ad Alleanza Nazionale*. Bologna: Il Mulino, 1994.

Isikoff, Michael, and David Corn. *Russian Roulette*: *The Inside Story of Putin's War on America and the Election of Donald Trump*. New York: Twelve, 2018.

Jansen, Jan C., and Jürgen Osterhammel. *Decolonization*: *A Short History*. Translated by Jeremiah Riemer. Princeton, NJ: Princeton University Press, 2017.

Jensen, Geoffrey. *Franco*: *Soldier, Commander, Dictator*. Dulles, VA: Potomac Books, 2005.

Joachimsthaler, Anton. *Hitlers Ende*: *Legenden und Dokumente*. Munich: Verlag Harbig, 2003.

Jones, Raymond. *Adwa*: *African Victory in an Age of Empire*. Cambridge, MA: Harvard University Press, 2011.

Joubert, Alain. *Le moustache d'Adolf Hitler, et autres essais*. Paris: Gallimard, 2016.

Joyce, Kathryn. *The Child Catchers*: *Rescue, Trafficking, and the New Gospel of Adoption*. New York: Public Affairs, 2013.

Jump, Jim, ed. *Looking Back at the Spanish Civil War*. London: Lawrence and Wishart, 2010.

Kakutani, Michiko. *The Death of Truth. Notes on Falsehood in the Age of Trump*. New York: Penguin, 2018.

Kalder, Daniel. *The Infernal Library*: *On Dictators, the Books They Wrote, and Other Catastrophes of Literacy*. New York: Henry Holt, 2018.

Kallis, Aristotle. *Fascist Ideology*: *Territory and Expansionism in Italy and Germany, 1922–1945*. New York: Routledge, 2000.

Kaplan, Temma. *Taking Back the Streets. Women, Youth, and Direct Democracy*. Berkeley: University of California Press, 2004.

Karklins, Rasma. *The System Made Me Do It. Corruption in Post-Communist Societies*. New York: Routledge, 2005.

Karl-i-Bond, Jean Nguza. *Mobutu, ou l'incarnation du Mal Zaïrois*. London: Rex Collings, 1982.

Kawczynski, Daniel. *Seeking Gaddafi: Libya, the West and the Arab Spring*. London: Biteback Publishing, 2011.

Kelly, Sean. *America's Tyrant. The CIA and Mobutu of Zaire*. Washington, DC: American University Press, 1993.

Kendzior, Sarah. *Hiding in Plain Sight. The Invention of Donald Trump*. New York: Flatiron Books, 2020.

Kersevan, Alessandra. *I lager italiani. Pulizia etnica e campi di concentramento fascisti per civili jugoslavi 1941–1943*. Rome: Nutrimenti, 2008.

Kershaw, Ian. *The "Hitler Myth": Image and Reality in the Third Reich*. Oxford: Oxford University Press, 1987.

Kertzer, David. *The Pope and Mussolini: The Secret History of Pius XI and the Rise of Fascism in Europe*. New York: Random House, 2014.

Kissinger, Henry. *White House Years*. Boston: Little, Brown, 1979.

Kissinger, Henry. *Years of Upheaval*. Boston: Little, Brown, 1982.

Kitchen, Martin. *A World in Flames*. New York: Routledge, 1990.

Kitchen, Martin. *Albert Speer, Hitler's Architect*. New Haven: Yale University Press, 2017.

Klaas, Brian. *The Despot's Accomplice. How the West Is Aiding and Abetting the Decline of Democracy*. New York: Oxford University Press, 2016.

Klemperer, Viktor. *I Will Bear Witness. A Diary of the Nazi Years 1933–1941*. Translated by Martin Chalmers. New York: Knopf, 1999.

Knight, Amy. *Orders to Kill. The Putin Regime and Political Murder*. New York: Thomas Dunne, 2017.

Knipp, Kersten. *Die Kommune der Faschisten Gabriele D'Annunzio, die Republik von Fiume und die Extreme des 20. Jahrhundert*. Stuttgart: WBG Theiss, 2019.

Knopp, Guido. *Hitler's Women*. New York: Routledge, 2003.

Koonz, Claudia. *The Nazi Conscience*. Cambridge, MA: Belknap Press, 2003.

Korherr, Riccardo. *Regresso delle nascite: Morte dei popoli*. Rome: Unione Editoriale d'Italia, 1928.

Kornbluh, Peter. *The Pinochet File: A Declassified Dossier on Atrocity and Accountability*. New York: The New Press, 2003.

Köttig, Michaela, Renate Bitzan, and Andrea Pető, eds. *Gender and Far Right Politics in Europe*. New York: Palgrave Macmillan, 2017.

Kretsedemas, Philip, Jorge Capetillo-Ponce, and Glenn Jacobs, eds. *Migrants and Marginality*. London: Routledge, 2014.

Kubizek, August. *The Young Hitler I Knew*. Translated by E. V. Anderson. Boston: Houghton Mifflin, 1955.

Lanzmann, Claude. *Shoah. The Complete Text of the Acclaimed Holocaust Film*. New York: Da Capo Press, 1995.

Lattuada, Alberto. *Alberto Lattuada fotografo*. Edited by Piero Berengo Gardin. Florence: Alinari, 1982.

Leeson, Robert, ed. *Hayek: A Collaborative Biography: Part XIII: "Fascism" and Liberalism in the (Austrian) Classical Tradition*. Basingstoke, UK: Palgrave Macmillan, 2018.

Lendval, Paul. *Orbán: Hungary's Strongman*. New York: Oxford University Press, 2018.

Levi, Primo. *Survival in Auschwitz*. New York: Touchstone Books, 1996.

Levitsky, Steven, and Daniel Ziblatt. *How Democracies Die*. New York: Crown Books, 2018.

Linz, Juan J. *Totalitarian and Authoritarian Regimes*. Boulder: Lynne Rienner, 2000.

Livingston, Michael. *The Fascists and the Jews of Italy: Mussolini's Race Laws, 1938–1945*. Cambridge, UK: Cambridge University Press, 2014.

Longerich, Peter. *Goebbels: A Biography*. New York: Random House, 2015.

Lower, Wendy. *Hitler's Furies: German Women in the Nazi Killing Fields*. New York: Houghton Mifflin, 2013.

Ludwig, Emil. *Talks with Mussolini*. Translated by Eden and Cedar Paul. Boston: Little, Brown, 1933.

Lupo, Salvatore. *Il fascismo. La politica in un regime totalitario*. Rome: Donzelli, 2000.

Lusane, Clarence. *Hitler's Black Victims. The Historical Experiences of Afro-Germans, European Blacks, Africans, and African-Americans in the Nazi Era*. New York: Routledge, 2002.

Luzzato, Sergio. *Il corpo del Duce: Un cadavere tra immaginazione, storia e memoria*. Turin: Einaudi, 1998.

Machtan, Lothar. *The Hidden Hitler*. Translated by John Brownjohn. New York: Basic Books, 2001.

Mack Smith, Denis. *Mussolini*. New York: Alfred A. Knopf, 1982.

Magyar, Bálint. *The Post-Communist Mafia State*. Budapest: Central European University Press, 2015.

Malaparte, Curzio. *Mussolini. Il grande imbecille*. Milan: Luni Editrice, 1999.

Malaparte, Curzio. *Tecnica del colpo di Stato*. Florence: Vallecchi, 1994.

Mangan, James Anthony, ed. *Shaping the Superman. The Fascist Body as Political Icon*. London: Frank Cass, 1999.

Mann, Thomas. *Diaries 1918–1939*. New York: Harry N. Abrams, 1982.

Manne, Kate. *Down Girl: The Logic of Misogyny*. New York: Oxford University Press, 2018.

Márquez, Gabriel García. *Clandestine in Chile. The Adventures of Miguel Littín*. Translated by Asa Zatz. New York: Henry Holt, 1986.

Maschmann, Melita. *Account Rendered. A Dossier on My Former Self*. Translated by Geoffrey Strachan. New York: Abelard-Shuman, 1965.

Matar, Hisham. *The Return: Fathers, Sons and the Land in Between*. New York: Random House, 2016.

Matard-Bonnard, Marie-Anne. *L'Italia fascista e la persecuzione degli ebrei*. Bologna: Mulino, 2007.

Mattioli, Aram. *Experimentierfeld der Gewalt: der Abessinienkrieg und seine international Bedeutung, 1935–1941*. Zürich: Orell Füssli, 2005.

Mattioli, Aram. *"Viva Mussolini!" Die Aufwertung des Faschismus im Italien Berluscos-nis*. Paderborn, Germany: Ferdinand Schöningh, 2010.

Matus, Alejandra. *Doña Lucia. La biografía no autorizada*. Santiago: Ediciones B, 2013.

Mayorga, Patricia. *Il condor nero. L'internazionale fascista e i rapporti segreti con il regime di Pinochet*. Milan: Sperling and Kupfer, 2003.

Mazower, Mark. *Dark Continent: Europe's Twentieth Century*. New York: Vintage, 2009.

McLean, Nancy. *Democracy in Chains: The Deep History of the Radical Right's Stealth Plan for America*. New York: Viking, 2017.

McSherry, Patrice. *Predatory States: Operation Condor and Covert War in Latin America*. Lanham, MD: Rowman and Littlefield, 2005.

Megargee, Geoffrey, and Martin Dean, eds. *Encyclopedia of Camps and Ghettos, 1933–1945*. Washington, DC: United States Holocaust Memorial Museum, 2009.

Meyer, David S., and Sidney Tarrow, eds. *The Resistance. The Dawn of the An-ti-Trump Opposition Movement*. New York: Oxford University Press, 2018.

Meyer, Thomas. *Media Democracy. How the Media Colonize Politics*. Cambridge, UK: Polity Press, 2002.

Migone, Gian Giacomo. *The United States and Italy. The Rise of American Finance in Europe*. Cambridge, UK: Cambridge University Press, 2015.

Millett, Kate. *The Politics of Cruelty. An Essay on the Literature of Political Imprisonment*. New York: W. W. Norton, 1994.

Moghaddam, Fathali M. *The Psychology of Dictatorship*. Washington, DC: American Psychological Association, 2013.

Moghaddam, Fathali M. *Threat to Democracy: The Appeal of Authoritarianism in an Age of Uncertainty*. Washington, DC: American Psychological Association, 2019.

Moorhead, Caroline. *A Bold and Dangerous Family: The Remarkable Story of an Italian Mother, Her Two Sons, and Their Fight against Fascism*. New York: HarperCollins, 2017.

Moorhouse, Roger. *Killing Hitler: The Plots, the Assassins, and the Dictator Who Cheated Death*. New York: Bantam Books, 2006.

Moradiellos, Enrique. *Franco: Anatomy of a Dictator*. London: I.B. Tauris, 2018.

Mosco, Maria Laura, and Pietro Pirani. *The Concept of Resistance in Italy*. Lanham, MD: Rowman and Littlefield, 2017.

Mosse, George. *Nazi Culture. A Documentary History*. New York: Schocken Books, 1966.

Mudde, Cas. *The Far Right Today*. Oxford: Polity Press, 2019.

Mudde, Cas. *Populism: A Very Short Introduction*. New York: Oxford University Press, 2017.

Müller, Jan-Werner. *What Is Populism*? Philadelphia: University of Pennsylvania Press, 2016.

Munizaga, Giselle, and Carlos Ochsenius. *El discurso publico de Pinochet*. Buenos Aires: Consejo Latinoamericano de Ciencias Sociales, 1983.

Munn, Michael. *Hitler and the Nazi Cult of Film and Fame*. New York: Skyhorse, 2013.

Muñoz, Heraldo. *The Dictator's Shadow: Life under Augusto Pinochet*. New York: Basic Books, 2008.

Mussolini, Benito. *Corrispondenza inedita*. Edited by Duilio Susmel. Milan: Edizioni del Borghese, 1972.

Mussolini, Benito. *My Autobiography*. New York: Charles Scribner's Sons, 1928.

Mussolini, Benito. *Opera Omnia*. Edited by Edoardo and Duilio Susmel. 44 vols. Florence: La Fenice, 1951-1980.

Mussolini, Benito. *Scritti e Discorsi*. Vol. VI. Milan: Ulrico Hoepli Editore, 1934.

Mussolini, Benito. *Storia di un anno. Il tempo del bastone e della carota*. Milan: Mondadori, 1945.

Mussolini, Romano. *Il Duce Mio Padre*. Milan: Rizzoli 2004.

Nazaryan, Alexander. *The Best People: Trump's Cabinet and the Siege on Washington*. New York: Hachette, 2019.

Neustadt, Robert. *Cada Día: La Creación de un arte social*. Santigao: Editorial Cuarto Propio, 2001.

Niewert, David. *Alt-America: The Rise of the Radical Right in the Age of Trump*. New York: Verso, 2017.

Nordlinger, Jay. *Children of Monsters: An Inquiry into the Sons and Daughters of Dictators*. New York: Encounter Books, 2017.

Norris, Pippa. *Cultural Backlash: Trump, Brexit, and Authoritarian Populism*. Cambridge, UK: Cambridge University Press, 2019.

Nussbaum, Martha. *Political Emotions. Why Love Matters for Justice*. Cambridge, MA: Harvard University Press, 2013.

O'Connor, Garry. *The Butcher of Poland: Hitler's Lawyer Hans Frank*. Stroud, UK: The History Press, 2013.

O'Shaughnessy, Nicholas. *Marketing the Third Reich: Persuasion, Packaging and Propaganda*. New York: Routledge, 2018.

O'Shaughnessy, Nicholas. *Selling Hitler. Propaganda and the Nazi Brand*. London: Hurst, 2016.

Oates, Sarah. *Revolution Stalled: The Political Limits of the Internet in the Post-Soviet Sphere*. New York: Oxford University Press, 2013.

Olla, Roberto. *Il Duce and His Women: Mussolini's Rise to Power*. Richmond: Alma Books, 2011.

Optiz, May, Katharina Oguntoye, and Dagmar Schulaz. *Showing Our Colors. Afro-German Women Speak Out*. Amherst: University of Massachusetts Press, 1992.

Orsina, Giovanni. *Berlusconism and Italy: A Historical Interpretation*. New York: Palgrave Macmillan, 2014.

Ortega y Gasset, José. *Man and People*. Translated by Willard R. Trask. New York: W. W. Norton, 1957.

Orwell, George. *Homage to Catalonia*. New York: Harcourt Brace and World, 1952.

Ottaviano, Giancarlo, ed. *Le veline di Mussolini*. Viterbo, Italy: Stampa Alternativa, 2008.

Palmer, Mark. *Breaking the Real Axis of Evil: How to Oust the World's Last Dictators by 2025*. Lanham, MD: Rowman and Littlefield, 2005.

Pargeter, Alison. *Libya: The Rise and Fall of Gaddafi*. New Haven: Yale University Press, 2012.

Pavan, Ilaria. *Tra indifferenza e odio. Le conseguenze economiche delle leggi razziali in italia, 1938–1970*. Milan: Mondadori, 2019.

Pavone, Claudio. *A Civil War: A History of the Italian Resistance*. New York: Verso, 2013.

Paxton, Robert. *The Anatomy of Fascism*. New York: Vintage, 2005.

Payne, Stanley G., and Jesus Palacios. *Franco: A Personal and Political Biography*. Madison: University of Wisconsin Press, 2018.

Pedersen, Susan. *The Guardians. World War One and the Crisis of Empire*. New York: Oxford University Press, 2017.

Peet, Basharat. *A Question of Order. India, Turkey, and the Return of Strongmen*. New York: Columbia Global Reports, 2017.

Pellizzetti, Pierfranco. *Fenomenologia di Berlusconi*. Rome: Manifestolibri, 2009.

Peña, Juan Cristóbal. *La secreta vida literaria de Augusto Pinochet*. Santiago: Random House Mondadori, 2013.

Perry, John. *Torture: Religious Ethics and National Security*. Princeton, NJ: Princeton University Press, 2005.

Petacci, Clara. *Mussolini Segreto. Diari, 1932–1938*. Edited by Mauro Sutturo. Milan: RCS Libri, 2009.

Pini, Giorgio. *Filo diretto con Palazzo Venezia*. Bologna: Cappelli, 1950.

Pinochet, Augusto. *Camino Recorrido. Memorias de un Soldado*. Vols. 2 and 3. Santiago: Istituto Geografico Militar de Chile, 1991-1994.

Pinochet, Augusto. *El Dia Decisivo: 11 de Septiembre de 1973*. Santiago: Andres Bello, 1979.

Pinto, António Costa, ed. *Rethinking the Nature of Fascism: Comparative Perspectives*. New York: Palgrave Macmillan, 2010.

Pitzer, Andrea. *One Dark Night: A Global History of Concentration Camps*. Boston: Little, Brown, 2017.

Plamper, Jan. *The Stalin Cult: A Study in the Alchemy of Power*. New Haven: Yale University Press, 2012.

Policzer, Pablo. *The Rise and Fall of Repression in Chile*. Notre Dame: University of Notre Dame Press, 2009.

Pomerantsev, Peter. *Nothing Is True and Everything Is Possible: The Surreal Heart of the New Russia*. New York: Public Affairs, 2015.

Porch, Douglas. *Counterinsurgency: Exposing the Myths of the New Way of War*. Cambridge, UK: Cambridge University Press, 2013.

Post, Jerrold M. *Leaders and Their Followers in a Dangerous World: The Psychology of Political Behavior*. Ithaca, NY: Cornell University Press, 2004.

Prats, Carlos González. *Una vida por la legalidad*. Mexico City, México: Fondo de Cultura Económica, 1975.

Preston, Paul. *Franco: A Biography*. New York: Basic Books, 1994.

Pugliese, Stanislao. *Carlo Rosselli. Socialist Heretic and Antifascist Exile*. Cambridge: MA: Harvard University Press, 1999.

Pugliese, Stanislao, ed. *Fascism and Anti-Fascism*. Manchester, UK: Manchester University Press, 2001.

Putin, Vladimir. *First Person: An Astonishingly Frank Self-Portrait by Russia's President Vladimir Putin*. With Nataliya Gevorkyan, Natalya Timakova, and Andrei Kolesnikov. Translated by Catherine A. Fitzpatrick. New York: Public Affairs, 2000.

Rachetto, Piero. *Poesie della Resistenza*. Turin: Voci Nuove, 1973.

Ranald, Josef. *How to Know People by Their Hands*. New York: Modern Age Books, 1938.

Rees, Laurence. *Hitler's Charisma*. New York: Pantheon Press, 2012.

Reich, Jacqueline. *The Maciste Films of Italian Silent Cinema*. Bloomington: Indiana University Press, 2015.

Reichardt, Sven. *Faschistische Kampfbünde: Gewalt und Gemeinschaft im italienischen Squadrismus und in der deutschen SA*. Vienna and Cologne: Böhlau-Verlag Gmbh, 2009.

Rejali, Darius. *Torture and Democracy*. Princeton, NJ: Princeton University Press, 2009.

Renga, Dana, Elizabeth Leake, and Piero Garofalo. *Internal Exile in Fascist Italy*. Bloomington: Indiana University Press, 2019.

Rice, Condoleezza. *No Higher Honor. A Memoir of My Years in Washington*. New York: Crown Publishing, 2011.

Richet, Isabelle. *Women, Anti-Fascism, and Mussolini's Italy. The Life of Marion Cave Rosselli*. London: I.B. Tauris, 2018.

Roberts, David D. *Fascist Interactions. Proposals for a New Approach to Fascism and Its Era*. New York: Berghahn, 2016.

Rochat, Giorgio. *Guerre italiane in Libia e in Etiopia: Studi militari 1921–1939*. Treviso, Italy: Pagus, 1991.

Roseman, Mark. *Lives Reclaimed: A Story of Rescue and Resistance in Nazi Germany*. New York: Metropolitan Books, 2019.

Rosenberg, Bernard, and David Manning White, eds. *Mass Culture. The Popular Arts in America*. New York: The Free Press, 1957.

Rosendorf, Neal M. *Franco Sells Spain to America. Hollywood Tourism and PR as Postwar Spanish Soft Power*. New York: Palgrave Macmillan, 2014.

Rosenfeld, Gavriel. *Hi Hitler! How The Nazi Past Is Being Normalized in Contemporary Culture*. Cambridge, UK: Cambridge University Press, 2015.

Rosenfeld, Sophia. *Democracy and Truth. A Short History*. Philadelphia: University of Pennsylvania Press, 2018.

Rosenwald, Brian. *Talk Radio's America. How An Industry Took Over a Political Party That Took Over the United States*. Cambridge, MA: Harvard University Press, 2019.

Ross, Steven J. *Hitler in Los Angeles. How Jews Foiled Nazi Plots against Hollywood and America*. New York: Bloomsbury, 2017.

Rosselli, Carolo. *Oggi in Spagna, domani in italia*. Turin: Einaudi, 1967.

Rossi, Ernesto, ed. *No al fascismo*. Turin: Einaudi, 1963.

Rubin, Barry. *Modern Dictators. Third World Coup Makers, Strongmen, and Populist Tyrants*. New York: McGraw-Hill, 1987.

Rucker, Philip, and Carol Leonnig. *A Very Stable Genius: Donald J. Trump's Testing of America*. New York: Penguin, 2020.

Ruggeri, Giovanni, and Mario Guarino. *Berlusconi. Inchiesta sul signor TV*. Milan: Kaos, 1994.

Runciman, David. *How Democracy Ends*. London: Profile Books, 2018.

Sadiqi, Fatima, ed. *Women's Movements in Post–"Arab Spring" North Africa*. New York: Palgrave Macmillan, 2016.

Saini, Angela. *Superior: The Return of Race Science*. Boston: Beacon, 2019.

St. John, Ronald Bruce. *Libya: From Colony to Revolution*. London: Oneworld Publications, 2017.

Salvemini, Gaetano. *Mussolini diplomatico*. Bari, Italy: Laterza, 1952.

Sánchez, Antonio Cazorla. *Fear and Progress. Ordinary Lives in Franco's Spain, 1939–1975*. Oxford, UK: Blackwell, 2010.

Sarfatti, Margherita. *Dux*. Milan: Mondadori, 1926.

Sarfatti, Michele. *The Jews in Mussolini's Italy: From Equality to Persecution*. Madison: University of Wisconsin Press, 2006.

Satter, David. *Darkness at Dawn: The Rise of the Russian Criminal State*. New Haven: Yale University Press, 2004.

Schieder, Wolfgang. *Adolf Hitler. Politischer Zauberlehrling Mussolinis*. Berlin: De Gruyter Oldenbourg, 2017.

Schivelbusch, Wolfgang. *The Culture of Defeat: On National Trauma, Mourning, and Recovery*. New York: Picador, 2001.

Schmölders, Claudia. *Hitler's Face. The Biography of an Image*. Philadelphia: University of Pennsylvania Press, 2006.

Schoenberg, Arnold. *Letters*. Edited by Erwin Stein. Berkeley: University of California Press, 1987.

Schwartz, Margaret. *Dead Matter. The Meaning of Iconic Corpses*. Minneapolis: University of Minnesota Press, 2015.

Sciascia, Leonardo. *Le parrocchie del Regelpetra*. Milan: Adelphi, 1991.

Seara, Luis González. *La España de los años 70*. Madrid: Editorial Moneda y Crédito, 1972.

Seldes, George. *Sawdust Caesar. The Untold History of Mussolini and Fascism*. New York: Harper and Brothers, 1935.

Sharman, J. C. *The Despot's Guide of Wealth Management*. Ithaca, NY: Cornell University Press, 2017.

Shepard, Todd. *Voices of Decolonization: A Brief History with Documents*. New York: Bedford/St. Martins, 2014.

Siemens, Daniel. *Stormtroopers. A New History of Hitler's Brownshirts*. New Haven: Yale University Press, 2017.

Sims, Cliff. *Team of Vipers: My 500 Extraordinary Days in the Trump White House*. New York: Thomas Dunne, 2019.

Singh, Naumihal. *Seizing Power. The Strategic Logic of Military Coups*. Baltimore: Johns Hopkins University Press, 2014.

Snyder, Timothy. *Black Earth. The Holocaust as History and Warning*. New York: Tim Duggan Books, 2015.

Snyder, Timothy. *Bloodlands: Europe between Hitler and Stalin*. New York: Basic Books, 2012.

Sofsky, Wolfgang. *The Order of Terror. The Concentration Camp*. Translated by William Templer. Princeton, NJ: Princeton University Press, 1997.

Sperling, Valerie. *Sex, Politics, and Putin: Political Legitimacy in Russia*. New York: Oxford University Press, 2014.

Spooner, Mary Helen. *Soldiers in a Narrow World. The Pinochet Regime in Chile*. Berkeley: University of California Press, 1999.

Stanley, Jason. *How Fascism Works. The Politics of Us and Them*. New York: Random House, 2018.

Steigmann-Gall, Richard. *The Holy Reich. Nazi Conceptions of Christianity, 1919–1945*. Cambridge, UK: Cambridge University Press, 2003.

Steinbach, Gerald. *Nazis on the Run. How Hitler's Henchmen Fled Europe*. New York: Oxford University Press, 2011.

Stella, Gian Antonio, and Sergio Rizzo. *Così parlò il cavaliere*. Milan: Rizzoli 2011.

Stenner, Karen. *The Authoritarian Dynamic*. Cambridge, UK: Cambridge University Press, 2005.

Stent, Angela. *Putin's World: Russia against the West and with the Rest*. New York: Twelve, 2019.

Stephan, Maria, and Erica Chenoweth. *Why Civil Resistance Works*. New York: Columbia University Press, 2012.

Stern, Steve J. *Battling for Hearts and Minds. Memory Struggles in Pinochet's Chile, 1973–1988*. Durham: Duke University Press, 2006.

Stille, Alexander. *The Sack of Rome: How a Beautiful European Country with a Fabled History and a Storied Culture Was Taken Over by a Man Named Silvio Berlusconi*. New York: Penguin, 2006.

Strang, Bruce, ed. *Collision of Empires: Italy's Invasion of Ethiopia and Its International Impact*. New York: Routledge, 2013.

Stuckler, David, and Sanjay Basu. *The Body Economic: Why Austerity Kills*. New York: Basic Books, 2013.

Stutje, Jan Willem, ed. *Charismatic Leadership and Social Movements: The Revolutionary Power of Ordinary Men and Women*. New York: Berghahn, 2012.

Sullam, Simon Levis. *The Italian Executioners. The Genocide of the Jews of Italy*. Princeton, NJ: Princeton University Press, 2018.

Svolik, Milan. *The Politics of Authoritarian Rule*. Cambridge, UK: Cambridge University Press, 2012.

Taylor, Brian D. *The Code of Putinism*. New York: Oxford University Press, 2018.

Theweleit, Klaus. *Male Fantasies. Vol. 1. Women, Floods, Bodies, Histories*. Minneapolis: University of Minnesota Press, 1987.

Thomas, Julia Adeney, and Geoff Eley, eds. *Visualizing Fascism: The Twentieth-Century Rise of the Global Right*. Durham: Duke University Press, 2020.

Thyssen, Fritz. *I Paid Hitler*. New York: Farrar and Rhinehart, 1941.

Traverso, Enzo. *Fire and Blood. The European Civil War 1914–1945*. Translated by David Fernbach. New York: Verso, 2016.

Traverso, Enzo. *The Origins of Nazi Violence*. Translated by Janet Lloyd. New York: The New Press, 2003.

Tubach, Friedrich C. *German Voices: Memories of Life during Hitler's Third Reich*. Berkeley: University of California Press, 2011.

Tufekci, Zeynep. *Twitter and Teargas: The Power and Fragility of Networked Protest*. New Haven: Yale University Press, 2017.

Tumarkin, Nina. *Lenin Lives! The Lenin Cult in Soviet Russia*. Cambridge, MA: Harvard University Press, 1997.

Turner, Thomas, and Crawford Young. *The Rise and Decline of the Zairian State*. Madison: University of Wisconsin Press, 1985.

Tworek, Heidi. *News from Germany. The Competition to Control Wireless Communications, 1900–1945*. Cambridge, MA: Harvard University Press, 2019.

Ulrich, Volker. *Hitler: Ascent 1889–1939*. New York: Knopf, 2016.

Unger, Craig. *House of Trump, House of Putin*. New York: Dutton, 2019.

Uzal, Maria José Henríquez. *Viva la verdadera Amistad! Franco y Allende, 1970–1973*. Santiago: Editorial Unversitaria, 2014.

Vandewalle, Dirk. *A History of Modern Libya*. Cambridge, UK: Cambridge University Press, 2012.

van Genugten, Saskia. *Libya in Western Foreign Policies, 1911–2011*. New York: Palgrave Macmillan, 2016.

Varvelli, Arturo. *L'Italia e l'ascesa di Gheddafi. La cacciata degli italiani, le armi e il petrolio(1969–1974)*. Milan: Baldini Castoldi Dalai, 2009.

von Hildebrand, Dietrich, and John Henry Crosby. *My Battle against Hitler: Defiance in the Shadow of the Third Reich*. New York: Image Books, 2016.

von Moltke, Freya, and Helmuth James von Moltke. *Last Letters: The Prison Correspondence, 1944–1945*. Edited by Dorothea von Moltke and Johannes von Moltke. New York: New York Review of Books, 2019.

von Plehwe, Friedrich-Karl. *The End of an Alliance. Rome's Defection from the Axis in 1943*. New York: Oxford University Press, 1971.

Wachsmann, Nicholas. *KL. A History of the Nazi Concentration Camps*. New York:

Farrar, Straus and Giroux, 2016.

Ward, Vicky. *Kushner, Inc. Greed. Ambition, Corruption*. New York: St. Martin's Press, 2019.

Weber, Max. *Economy and Society: An Outline of Interpretive Sociology*. Vol. 1. Edited by Guenther Roth and Claus Wittich. Berkeley: University of California Press, 1978.

Wegren, Stephen K., ed. *Putin's Russia: Past Imperfect, Future Uncertain*. Lanham, MD: Rowman and Littlefield, 2015.

Welch, David. *The Third Reich: Politics and Propaganda*. New York: Routledge, 1993.

Whitehead, Andrew, and Samuel Perry. *Taking America Back for God: Christian Nationalism in the United States*. New York: Oxford University Press, 2020.

Wolff, Michael. *Fire and Fury. Inside the Trump White House*. New York: Henry Holt, 2018.

Wood, Randall, and Carmine DeLuca. *Dictator's Handbook: A Practical Manual for the Aspiring Tyrant*. Newfoundland: Gull Pond Books, 2012.

Woodward, Bob. *Fear: Trump in the White House*. New York: Simon and Schuster, 2018.

Worth, Owen. *Morbid Symptoms: The Global Rise of the Far-Right*. London: Zed Books, 2019.

Wright, Thomas, and Rody Oñate, *Flight from Chile. Voices from Exile*. Albuquerque: University of New Mexico Press, 1998.

Wrong, Michela. *In the Footsteps of Mr. Kurtz. Living on the Brink of Disaster in the Congo*. London: Fourth Estate, 2000.

Yavuz, M. Hakan, and Bayram Balci, eds. *Turkey's July 15th Coup: What Happened and Why*. Salt Lake City: University of Utah Press, 2018.

Yglesias, José. *Chile's Days of Terror: Eyewitness Accounts of the Military Coup*. Edited by Judy White. New York: Pathfinder, 1974.

Zakaria, Fareed. *The Future of Freedom: Illiberal Democracy at Home and Abroad*. New York: W. W. Norton, 2003.

Zayani, Mohamed, and Suzi Mirgani, eds. *Bullets and Bulletins. Media and Politics in the Wake of the Arab Uprisings*. New York: Oxford University Press, 2016.

Zucman, Gabriel. *The Hidden Wealth of Nations. The Scourge of Tax Havens*. Translated by Teresa Laven-der Fagan. Chicago: University of Chicago Press, 2015.

Zygar, Mikhail. *All the Kremlin's Men. Inside the Court of Vladimir Putin*. New York: Public Affairs, 2016.

찾아보기

ㄱ

가르손, 발타사르Garzón, Baltasar 381

간디, 인디라Gandhi, Indira 19

고도이-나바레트, 크리스티나Godoy-Navarrete, Cristina 271~272

고르바초프, 미하일Gorbachev, Mikhail 98

고메스, 레나토Gomez, Renato 317

고베티, 피에로Gobetti, Piero 166, 368, 399, 403

곤살레스, 마리오González, Mario 79

괴링, 헤르만Göring, Hermann 246

괴벨스, 요제프Goebbels, Joseph 52~53, 113, 155, 157, 168~169, 172, 213, 215, 284, 373

구기노, 마틴Gugino, Martin 349

구스만, 하이메Guzmán, Jaime 250

구신스키, 블라디미르Gusinsky, Vladimir 258

구찬티, 사비나Guzzanti, Sabina 189, 341~342

「군사 쿠데타를 되돌리는 법How to Undo a Military Coup」 336

『권위주의적 성격The Authoritarian Personality』 214

귀디, 라켈레Guidi, Rachele 39, 208~210, 366, 370

귈, 압둘하미트Gül, Abdulhamit 273

귈렌, 무함메드 펫훌라흐Gülen, Muhammed Fethullah 146~147, 300

그라치아니, 로돌포Graziani, Rodolfo 71~72, 278

그람시, 안토니오Gramsci, Antonio 279

그로브, 브랜든Grove, Brandon 28

『그린 북Green Book』 131, 179, 181

그릴로, 베페Grillo, Beppe 343, 393

기슬러, 파울Giesler, Paul 325

기요Guillo 161, 315~316, 343, 398

긴즈부르그, 나탈리아Ginzburg, Natalia 319

김정은 206

깅리치, 뉴트Gingrich, Newt 90

ㄴ

나발니, 알렉세이Navalny, Alexei 303,
340~341
나비울리나, 엘비라Nabiullina, Elvira 205
나세르, 가말 압델Nasser, Gamal Abdel 68,
70, 78, 179
『나의 투쟁Mein Kampf』 53, 56, 125, 245
나폴리타노, 조르조Napolitano, Giorgio
389, 391
네르딩거, 오이겐Nerdinger, Eugen 274
넴초프, 보리스Nemtsov, Boris 99, 302,
407
노리스, 피파Norris, Pippa 394
노바크, 커털린Novák, Katalin 134
누스바움, 마사Nussbaum, Martha 407
누지, 올리비아Nuzzi, Olivia 264
니묄러, 마르틴Niemöller, Martin 346
니티, 프란체스코 사베리오Nitti, Frances-
co Saverio 50
니티, 프란체스코 파우스토Nitti, Frances-
co Fausto 320~321
닉슨, 리처드Nixon, Richard 65~67, 77,
153, 189

ㄷ

다네세, 키아라Danese, Chiara 226
다딘, 일다르Dadin, Ildar 302
다위샤, 카렌Dawisha, Karen 101, 258
단눈치오, 가브리엘레D'Annunzio, Gabriele
43
단턴, 로버트Darnton, Robert 18
달세르, 이다Dalser, Ida 208~209
대처, 마거릿Thatcher, Margaret 19, 135

데 보노, 에밀리오De Bono, Emilio 243,
278
데 보시스, 라우로 De Bosis, Lauro
320~321
데리파스카, 올레그Deripaska, Oleg 267
델레 치아이에, 스테파노Delle Chiaie, Ste-
fano 61, 77, 177, 294
델머, 세프턴Delmer, Sefton 52
델우트리, 마르첼로Dell'Utri, Marcello 92,
134, 221, 260, 392
도르프만, 아리엘Dorfman, Ariel 382
도즈, 제임스Dodds, James 242
「돌아온 조종사A Pilot Returns」 323
두미니, 아메리고Dumini, Amerigo 48~49
두테르테, 로드리고Duterte, Rodrigo 18,
22, 26, 105, 118, 144, 199
뒤발리에, 장 클로드Duvalier, Jean-Claude
103
『듀스Dux』 199
디보스, 벳시DeVos, Betsy 228, 306
디아스 에스트라다, 니카노르Díaz Estra-
da, Nicanor 249
디트리히, 오토Dietrich, Otto 246

ㄹ

라고스, 리카르도Lagos, Ricardo 379
라리오, 베로니카Lario, Veronica 224
라마단, 모하메드 무스타파Ramadan, Mo-
hammed Mustafa 297
라우발, 겔리Raubal, Geli 213
라우프, 발터Rauff, Walter 77, 129, 289,
293
라이브먼, 마빈Leibman, Marvin 177
라이스, 콘돌리자Rice, Condoleezza 218
라투아다, 알베르토Lattuada, Alberto 414

라트, 에른스트 폼Rath, Ernst vom 284

라파넬리, 레다Rafanelli, Leda 209

라흐드, 압달라Rached, Abdallah 180

러몬트, 토머스Lamont, Thomas 51

레 페라, 안토니오Le Pera, Antonio 243

레닌, 블라디미르Lenin, Vladimir 96~97, 158

『레드 북Red Book』 179

레메벨, 페드로Lemebel, Pedro 382

레바다, 유리Levada, Yuri 186

레비, 프리모Levi, Primo 290, 368

레이건, 로널드Reagan, Ronald 90, 135, 295, 333

레잘리, 다리우스Rejali, Darius 282

레텔리에르, 올란도Letelier, Orlando 294~296, 319, 380

렌체티, 주세페Renzetti, Giuseppe 54, 57, 282

렌치, 마테오Renzi, Matteo 398

로버트슨, 팻Robertson, Pat 233, 412

로셀리, 카를로Rosselli, Carlo 320~322, 399

로스, 윌버Ross, Wilbur 266

로시, 체사레Rossi, Cesare 48~49

로젠베르크, 알프레트Rosenberg, Alfred 200

룀, 에른스트Röhm, Ernest 53, 213, 281

루수, 에밀리오Lussu, Emilio 320~321

루트비히, 에밀Ludwig, Emil 208

르펜, 마린Le Pen, Marine 402

리, 구스타보Leigh, Gustavo 79, 83

리벤트로프, 요아힘 폰Ribbentrop, Joachim von 362

리트비넨코, 알렉산드르Litvinenko, Alexander 303

리틴, 미구엘Littín, Miguel 178

ㅁ

마그니츠키, 세르게이Magnitsky, Sergei 258

마다리아가, 살바도르 데Madariaga, Salvador de 374

마르코스, 페르디난드Marcos, Ferdinand 106

마르티뉴크, 레오니드Martynyuk, Leonid 303

마린, 글래디스Marín, Gladys 381

마슈만, 멜리타Maschmann, Melita 126

마시, 크리스티앙Masuy, Christian 276

마오쩌둥毛澤東 19, 179

마타르, 자발라Matar, Jaballa 74, 118, 297, 336, 388

마타르, 히샴Matar, Hisham 118~119, 297, 299, 336, 388

마테오티, 자코모Matteotti, Giacomo 47, 301, 318, 407

마트비옌코, 발렌티나Matviyenko, Valentina 205

마틴, 트레이번Martin, Trayvon 348

만, 토마스Mann, Thomas 279

만, 토머스 E.Mann, Thomas E.

만데타, 루이스 엔리케Mandetta, Luiz Henrique 17

말라파르테, 쿠르치오Malaparte, Curzio 27, 369, 405

매너포트, 폴Manafort, Paul 106, 235, 360

매케이브, 앤드루McCabe, Andrew 265

매코널, 미치McConnell, Mitch 104~105, 267

매키, 일제McKee, Ilse 127

매티스, 제임스Mattis, James 191, 412

맥엘다우니, 낸시McEldowney, Nancy 264

맥이너니, 케일리McEnany, Kayleigh 414

머렐리, 애널리사Merelli, Annalisa 220

메나, 오들라니에르Mena, Odlanier 295

메드베데프, 드미트리Medvedev, Dmitri 302, 339

메르켈, 앙겔라Merkel, Angela 205, 262, 391

메리노, 호세 토리비오Merino, José Toribio 78~79

멘도사, 세사르Mendoza, Cesár 79

멜리코바, 나탈리아Melikova, Natalia 263

모디, 나렌드라Modi, Nahrendra 18, 118, 157, 202, 394

모렐, 마이클Morell, Michael 240

모리, 체사레Mori, Cesare 242

모부투 세세 세코Mobutu Sese Seko 18, 23, 28, 30, 32, 65~67, 106, 115, 120, 131, 155, 160, 172, 180, 199, 203, 233~236, 239~240, 251, 255, 257, 259, 275, 298, 358, 360~361, 383, 399~401, 412

모세, 조지Mosse, George 126, 274

「목격자로서의 예술Art as Witness」 350

몬타넬리, 인드로Montanelli, Indro 207~208

몬탈바, 에두아르도 프레이Montalva, Eduardo Frei 81

몬티, 마리오Monti, Mario 389

몰라, 에밀리오Mola, Emilio 60~61

무뇨스, 카탈리나Muñoz, Catalina 375~376

무바라크, 호스니Mubarak, Hosni 357

「무방비 도시Rome Open City」 323

「무솔리니의 말Mussolini Speaks」 164

무어, 로이Moore, Roy 228

무크타르, 오마르 알Mukhtar, Omar al- 70, 72~73, 138, 180

뮬러, 로버트Mueller, Robert 106, 266

므누신, 스티븐Mnuchin, Stephen 266

미네티, 니콜레Minetti, Nicole 224~225

미스마리, 누리 알Mismari, Nuri al- 218~219

밀러, 스티븐Miller, Stephen 108, 144, 192, 273, 306

ㅂ

바, 윌리엄Barr, William 144~145, 266, 349

바캄, 데이비드Barkham, David 28

바돌리오, 피에트로Badoglio, Pietro 278, 365~366

바레, 무함마드 시아드Barre, Mohamed Siad 18, 66, 106, 131, 143,

바론티니, 일리오Barontini, Ilio 368

바르비, 클라우스Barbie, Klaus 77

바를리몬트, 발터Warlimont, Walter 371

바사네시, 조반니Bassanesi, Giovanni 320

바소이, 아테스 일리야스Bassoy, Ates Ilyas 351

바이네르트, 한스Weinert, Hans 124

바임러, 한스Beimler, Hans 283

반스, 해리Barnes, Harry 377, 380

발라바노바, 안젤리카Balabanoff, Angelica 40

발렌티니, 발렌티노Valentini, Valentino 14, 266

발보, 이탈로Balbo, Italo 243

발첼스, 페르난도Balcells, Fernando 332

배넌, 스티브Bannon, Steve 102, 105, 107, 192, 228
「백색의 부대The White Squadron」212
버먼, 제프리Berman, Geoffrey 145
버슨, 낸시Burson, Nancy 350
버클리, 윌리엄 F.Buckley, William F. 177
베라르디, 프랑코 '비포'Berardi, Franco "Bifo" 393
베라하, 자코모Beraha, Giacomo 243
베레좁스키, 보리스Berezovsky, Boris 99
베로네시, 줄리아Veronesi, Giulia 323
베르텔리, 레나토Bertelli, Renato 212
「베를루스-푸틴Berlus-Putin」16
베버, 막스Weber, Max 31
베커, 어니스트Becker, Ernest 25
베크, P. F.Beck, P. F. 56
벤 아메르, 후다Ben Amer, Huda 181, 253
벤 알리, 엘아비디네Ben Ali, Zine El Abidine 357
벤야민, 발터Benjamin, Walter 26
벨, 로빈Bell, Robin 350~351
벨콥스키, 스타니슬라프Belkovsky, Stanislav 359
보디지, 시드Bowdidge, Sid 265
보렐리, 프란체스코 사베리오Borrelli, Francesco Saverio 91, 342
보르제세, 주세페Borgese, Giuseppe 57
보르케스, 이스라엘Bórquez, Israel 296
보우소나루, 자이르Bolsonaro, Jair 17~18, 20, 117, 182, 206, 238
보이코, 세르게이Boyko, Sergey 337
보키니, 아르투로Bocchini, Arturo 210, 277, 293, 320
보타이, 주세페Bottai, Giuseppe 364~365
본회퍼, 디트리히Bonhoeffer, Dietrich 326

볼턴, 존Bolton, John 191
부시, 마리아 루이사Busi, Maria Luisa 344
부시, 빌리Bush, Billy 226
부시, 조지 W.Bush, George W. 101~102, 189, 262, 307, 409
부아지지, 무함마드Bouazizi, Mohamed 317
브라우더, 윌리엄Browder, William 257~258
브라운, 메리앤Braun, Marianne 125
브라운, 에바Braun, Eva 213, 215, 245, 372
블레어, 토니Blair, Tony 254
블루멘탈, 에르빈Blumenthal, Erwin 235
비간트, 카를 H. 폰Wiegand, Karl H. von 240
비아지, 엔조Biagi, Enzo 189
비치, 로버트Beachy, Robert 214
비토리오 에마누엘레 3세Victor Emmanuel III 46
빌더르스, 헤이르트Wilders, Geert 143

ㅅ
사르코지, 니콜라Sarkozy, Nicolas 254, 391
사르파티, 마르게리타Sarfatti, Margherita 47, 54, 123~124, 142, 199, 208, 210
산후르호, 호세Sanjurjo, José 60~61
살라자르, 안토니우Salazar, António 101
살베미니, 가에타노Salvemini, Gaetano 159, 164
살비니, 마테오Salvini, Matteo 105, 393
샌더스, 세라 허커비Sanders, Sarah Huckabee 121
샬리, 압둘 아지즈 엘Shalhi, Abdul Aziz el

73

세구엘, 로돌포Seguel, Rodolfo 331

세그레, 디노Segre, Dino 321

세르기와, 세함Sergiwa, Seham 388

세베르니니, 베페Severgnini, Beppe 389

세베리노, 로저Severino, Roger 144

세션스, 제프Sessions, Jeff 105

셀데스, 조지Seldes, George 28, 163, 167

셰퍼, 파울Schäfer, Paul 293, 380

셸리, 루이스Shelly, Louise 141

소볼, 류보프Sobol, Lyubov 337, 341

솔라즈, 스티븐Solarz, Stephen 234

솔제니친, 알렉산드르Solzhenitsyn, Aleksandr 302

쇤베르크, 아르놀트Schoenberg, Arnold 126

쇼빈, 데릭Chauvin, Derek 347

숄, 조피Scholl, Sophie 324~326

숄, 한스Scholl, Hans 324~326

수호멜, 프란츠Suchomel, Franz 290, 367

술라이만, 자밀라 사이드Sulaymān, Jamila Sa'id 278

슈로더, 크리스타Schroeder, Christa 288

슈뢰더, 게르하르트Schroeder, Gerhard 262

슈미트, 카를Schmitt, Carl 117, 145, 286

슈웨디, 사디크 하메드Shwehdi, Sadik Hamed 181, 335

슈트라서, 오토Strasser, Otto 171

슈페어, 알베르트Speer, Albert 372

스코르체니, 오토Skorzeny, Otto 366

스키파니, 레나토Schifani, Renato 136

스타이넘, 글로리아Steinem, Gloria 345

스타이런, 로즈Styron, Rose 271

스탈린, 이오시프Stalin, Joseph 20, 97, 158, 320

스톤, 로저Stone, Roger 106, 235, 360

스틸, 알렉산더Stille, Alexander 93

스팬버거, 애비게일Spanberger, Abigail 413

스포글리, 로널드Spogli, Ronald 14, 16, 263, 391

시세리, 카를로Ciseri, Carlo 365

시진핑習近平 17~18, 106

시프, 애덤Schiff, Adam 103, 411

ㅇ

아넬리, 잔니Agnelli, Gianni 95

아도르노, 테오도어Adorno, Theodor 175, 214

아라베나, 호르헤Aravena, Jorge 249

아렌트, 한나Arendt, Hannah 33, 175, 252, 272, 282

아르멜리노, 퀴리노Armellino, Quirino 367

아르톰, 에마누엘레Artom, Emmanuele 366

아리아가다, 게나로Arriagada, Genaro 249

아만푸어, 크리스티안Amanpour, Christine 386

아메리, 장Améry, Jean 272

아멘돌라, 조르조Amendola, Giorgio 49, 211

아미, 딕Armey, Dick 90

아민, 이디Amin, Idi 18, 23, 28~29, 33, 66, 273, 358, 383, 400

아사냐, 마누엘Azaña, Manuel 60

아세베도, 세바스티안Acevedo, Sebastián 317

아옌데, 살바도르Allende, Salvador 76~79, 81, 104, 115, 128~129, 294, 318, 378

아와수드, 사마르Auassoud, Samar 388

아이레스 모레노, 니에베스Ayress Moreno, Nieves 290

아이르디르, 베키르Agirdir, Bekir 149

아이히만, 아돌프Eichmann, Adolf 273, 283

아일윈, 파트리시오Aylwin, Patricio 378~379

아제모을루, 다론Acemoglu, Daron 237

「악어The Caiman」 344

알렉시예비치, 스베틀라나Alexievich, Svetlana 404

알리, 무함마드Ali, Muhammad 160

알바이라크, 베라트Albayrak, Berat 241

알베르티니, 루이지Albertini, Luigi 167

압둘 잘릴, 무스타파Abdul Jalil, Mustafa 388

앤더슨, 존 리Anderson, Jon Lee 29

앳킨슨, 마이클Atkinson, Michael 347

야누코비치, 빅토르Yanukovych, Viktor 106

야닝스, 에밀Jannings, Emil 171

어코스타, 알렉스Acosta, Alex 228~229

어코스타, 짐Acosta, Jim 191

에르도안, 레제프 타이이프Erdoğan, Recep Tayyip 18, 28, 32, 117~119, 146~149, 237, 240~241, 256, 266, 273, 300, 337, 342, 351~352, 394, 400, 404, 408, 413

에스퍼, 마크Esper, Mark 412

에이브럼스, 엘리엇Abrams, Elliott 333

엑스, 맬컴X, Malcolm 66

엔리케스, 라울 실바Henríquez, Raúl Silva 331

엘 마루그, 카리마El Mahroug, Karima 224~226, 390

엘륄, 자크Ellul, Jacques 157

엘저, 게오르크Elser, Georg 313~314, 317, 327

엡스타인, 제프리Epstein, Jeffrey 229

에이젠시테인, 세르게이Eisenstein, Sergei 158

예이츠, 샐리Yates, Sally 265

옐친, 보리스Yeltsin, Boris 98~100

오도넬, 노라O'Donnell, Norah 406

오라일리, 빌O'Reilly, Bill 228, 304

오르반, 빅토르Orbán, Victor 17~18, 21, 160, 167, 183, 202, 241, 408

오르시나, 조반니Orsina, Giovanni 390

오르테가 이 가세트, 호세Ortega y Gasset, José 274, 398

오른스타인, 노먼 J.Ornstein, Norman J. 104

오마, 일한Omar, Ilhan 142~143

오바마, 버락Obama, Barack 14, 103~105, 115, 144, 227, 229, 262, 307

오베르도르퍼, 에리히Oberdorfer, Erich 127

오스노스, 에반Osnos, Evan 266

오스터, 한스Oster, Hans 326

오슬룬드, 안데르스Aslund, Anders 258

오웰, 조지Orwell, George 321

오제티, 우고Ojetti, Ugo 42, 49

올데로크, 잉그리드Olderock, Ingrid 293~295, 380, 403

와르팔리, 아르캄 알Warfalli, Akram al- 385

요한 바오로 2세John Paul II 233, 287

우에르타, 이스마엘Huerta, Ismael 128

응반다, 오노레Ngbanda, Honoré 360

「의지의 승리Triumph of the Will」 172

「이두동체The Two-Headed Anomaly」 14

이드리스 1세Idris I 69, 72~74, 180, 279

이마모을루, 에크렘Imamoğlu, Ekram 351~354, 416

이을드름, 비날리Yildirim, Binali 352~353

『이탈리아 이야기An Italian Story』 135

『이탈리아 인민Il Popolo d'Italia』 40, 209, 244

ㅈ

자비에르, 주랑디르 안토니오Xavier, Jurandir Antonio 80

『자이르의 악의 화신, 모부투Mobutu, Or the Incarnation of Zairian Evil』 235

자크시치, 이반Jaksić, Iván 119

잘루드, 압데살람Jalloud, Abdessalam 70, 387

저카리아, 퍼리드Zakaria, Fareed 21

젤렌스키, 볼로디미르Zalensky, Volodymyr 347

조바나르디, 카를로Giovanardi, Carlo 137

조지프, 해럴드 G.Josif, Harold G. 251

『족장의 가을Autumn of the Patriarch』 239

존슨, 보리스Johnson, Boris 136

졸리티, 조반니Giolitti, Giovanni 44, 51

주코프, 예고르Zhukov, Yegor 341, 415

줄리아니, 루돌프Giuliani, Rudolph 145, 266, 408

지드, 앙드레Gide, André 370

『지옥으로의 탈출Escape to Hell』 75

『지정학Geopolitica』 117

ㅊ

차오, 일레인Chao, Elaine 267

차우셰스쿠, 니콜라에Ceausescu, Nicolae 19, 32

차일드, 리처드 워시번Child, Richard Washburn 46

채플린, 찰리Chaplin, Charlie 30

체카토, 비앙카Ceccato, Bianca 209

치아네티, 툴리오Cianetti, Tullio 368

치아노, 갈레아초Ciano, Galeazzo 212, 240, 280, 362, 405

ㅋ

카라-무르자, 블라디미르Kara-Murza, Vladimir 303~304

카레라, 마리아 엘레나Carrera, María Elena 78~79

카로, 루이스Caro, Luis 119

카르바할, 오스카르Carvajal, Oscar 328

카르바할, 파트리시오Carvajal, Patricio 76

카르파냐, 마라Carfagna, Mara 223~224

카를, 안톤Karl, Anton 246

카빌라, 로랑Kabila, Laurent 361

카스트로, 마리아Castro, Maria 315

카스트로, 세르히오 데Castro, Sergio de 129

카스트로, 피델Castro, Fidel 77, 328, 380

카스틸, 필란도Castile, Philando 347

카터, 지미Carter, Jimmy 295

칸나타, 프란체스코Cannata, Francesco 320

칼비노, 이탈로Calvino, Italo 171, 202

칼이본드, 장 응우자Karl-i-Bond, Jean Nguza 234~235

캐릴, 크리스천Caryl, Christian 262

캐버노, 브렛Kavanaugh, Brett 228

캐시디, 실라Cassidy, Sheila 296

커들로, 래리Kudlow, Larry 144

커밍스, 일라이자Cummings, Elijah 182

케이시, 윌리엄Casey, William 233

코리, 에드워드Korry, Edward 78

코미, 제임스Comey, James 191, 265, 267

코언, 마이클Cohen, Michael 145, 229

코텔니코바, 안나Kotelnikova, Anna
258~259

코핀스, 매케이Coppins, McKay 190

콘웨이, 켈리앤Conway, Kellyanne
107~108, 265

콘트레라스, 마누엘Contreras, Manuel 81,
204, 273, 291, 293~296, 380

『쿠데타의 기술The Technique of the Coup
d'Etat』 27

쿠르츠, 세바스티안Kurz, Sebastian 20

쿠비시, 잭Kubisch, Jack 128

쿠비체크, 아우구스트Kubizek, August 52

쿠슈너, 재러드Kushner, Jared 182, 241

크락시, 베티노Craxi, Bettino 93, 221

크루시우스, 패트릭Crusius, Patrick 305

크리스피, 프란체스코Crispi, Francesco
123

클라스, 하인리히Class, Heinrich 42

클라크, 찰스 패트릭Clark, Charles Patrick
176~177

클렘페러, 빅토르Klemperer, Victor 283

클린턴, 힐러리Clinton, Hillary 14, 107,
190, 192, 267, 391, 420

키신저, 헨리Kissinger, Henry 77, 101,
106, 153, 294, 380

킹, 스티브King, Steve 143

ㅌ

타운리, 마이클Townley, Michael 294~295

테르빌, 파티Terbil, Fathi 385

투바흐, 프리드리히 C.Tubach, Friedrich C.

126, 272~273

티센, 프리츠Thyssen, Fritz 57, 247

틸러슨, 렉스Tillerson, Rex 107, 239

ㅍ

파르산, 아부Farsan, Abu 299

파스케일, 브래드Parscale, Brad 190

「파시즘의 절정The Apotheosis of Fascism」
398

파크, 알렉스Fak, Alex 258

팔라치, 오리아나Fallaci, Oriana 153~154,
404

패럴, 니컬러스Farrell, Nicholas 136

패커, 조지Packer, George 407

「패튼Patton」 177

퍼스트, 루스First, Ruth 75

퍼즈더, 앤디Puzder, Andy 228

페데, 에밀리오Fede, Emilio 221~222,
225, 392

페르미, 라우라 카폰Fermi, Laura Capon
49, 124, 173, 212, 361

페르미, 엔리코Fermi, Enrico 124

페키니, 무함마드Fekini, Mohamed 71~72,
386

페타치, 클라라Petacci, Clara 172~173,
210~211, 281, 362, 369

펜스, 마이크Pence, Mike 144

펠리니, 페데리코Fellini, Federico 160

포드, 로버트Ford, Robert 413

포드, 크리스틴 블레이시Ford, Christine
Blasey 228

포스트, 제럴드Post, Jerrold 358

폰체 레로우, 훌리오Ponce Lerou, Julio 249

폴리메로풀로스, 마크Polymeropoulos,
Marc 413

폴릿콥스카야, 안나Politkovskaya, Anna 263, 301, 339

폴베렐리, 가에타노Polverelli, Gaetano 157

폴야크, 가보르Polyak, Gábor 183

폼페이오, 마이크Pompeo, Mike 239

퐁탕주, 마그다Fontanges, Magda 211

「푸틴, 부패Putin. Corruption」 302

프라이, 마이클Fry, Michael 215

프라츠, 카를로스Prats, Carlos 78, 294, 382

프란치넬리, 밈모Franzinelli, Mimmo 211

프랑코 바아몬데, 프란시스코Franco Bahamonde, Francisco 18, 21, 58~61, 65~66, 70, 77, 80, 96, 115~116, 123, 144, 155, 158, 160, 176~177, 243, 250, 274, 284~285, 290, 318, 321~322, 373~377, 381~383, 386, 393

프랑크, 한스Frank, Hans 216, 287, 373

프레스노, 후안 프란시스코Fresno, Juan Francisco 331

프리드먼, 밀턴Friedman, Milton 129

프리드먼, 앨런Friedman, Alan 392

프리모 데 리베라, 미겔Primo de Rivera, Miguel 58

프리츨, 엘리자베스Fritschle, Elizabeth 252

플래너리, 재닛Flannery, Janet 171

플레베, 프리드리히 카를 폰Plehwe, Friedrich Karl von 364

플레처, 이본Fletcher, Yvonne 298

플로이드, 조지Floyd, George 347

플린, 마이클Flynn, Michael 408

피니, 잔프랑코Fini, Gianfranco 90, 94~95

피커링, 토머스Pickering, Thomas 99

ㅎ

하누센, 에리크 얀Hanussen, Erik Jan 171

하든, 블레인Harden, Blaine 235

하라가, 안와르Haraga, Anwar 299, 386

하버만, 클라이드Haberman, Clyde 409

하이더, 외르크Haider, Jörg 90

하일레 셀라시에 1세Haile Selassie I 278, 363

한프슈탱글, 에른스트 폰Hanfstaengl, Ernst von 54

할더, 프란츠Halder, Franz 371

해니티, 숀Hannity, Sean 193

헤르츠, 가브리엘레Herz, Gabriele 33

헤스, 루돌프Hess, Rudolph 214

헬름스, 리처드Helms, Richard 77

헬트, 게일Helt, Gail 413

호케노스, 폴Hockenos, Paul 90

호프만, 하인리히Hoffmann, Heinrich 54, 171

홀름보에, 크누드Holmboe, Knud 278

홀사펠, 알레한드라Holzapfel, Alejandra 294

홉킨스, 케이티Hopkins, Katie 192

회플러, 요제프Höfler, Josef 327

후겐베르크, 알프레트Hugenberg, Alfred 56

후버, 쿠르트Huber, Kurt 324, 326

후세인, 사담Hussein, Saddam 32, 180, 189, 203, 253, 359, 383, 387

후안 카를로스 1세Juan Carlos I 374

히리아르트, 루시아Hiriart, Lucia 80, 129, 204, 250

힌덴부르크, 파울 폰Hindenburg, Paul von 56~57

힐데브란트, 디트리히 폰Hildebrand, Dietrich von 319

힐베르크, 라울Hilberg, Raul 289

극우, 권위주의, 독재

초판인쇄 2025년 2월 27일
초판발행 2025년 3월 7일

지은이 루스 벤 기앳
옮긴이 박은선
펴낸이 강성민
편집장 이은혜
기획   노만수
마케팅 정민호 박치우 한민아 이민경 박진희 황승현 김경언
브랜딩 함유지 함근아 박민재 김희숙 이송이 김하연 박다솔 조다현 배진성 이준희

펴낸곳 (주)글항아리 | 출판등록 2009년 1월 19일 제406-2009-000002호

주소 경기도 파주시 문발로 214-12, 4층
전자우편 bookpot@hanmail.net
전화번호 031-955-2689(마케팅) 031-941-5161(편집부)

ISBN 979-11-6909-362-0 03900

www.geulhangari.com